A ORDEM ECONÔMICA NA CONSTITUIÇÃO DE 1988
(Interpretação e crítica)

Eros Roberto Grau

A ORDEM ECONÔMICA NA CONSTITUIÇÃO DE 1988
(Interpretação e crítica)

12ª edição,
revista e atualizada

MALHEIROS EDITORES

A ORDEM ECONÔMICA NA CONSTITUIÇÃO DE 1988

(Interpretação e crítica)

1ª edição, 1990; 2ª edição, 1991; 3ª edição, 04.1997; 4ª edição, 10.1998; 5ª edição, 01.2000; 6ª edição, 01.2001; 7ª edição, 01.2002; 8ª edição, 01.2003; 9ª edição, 07.2004; 10ª edição, 06.2005; 11ª edição, 03.2006 .

ISBN 978-85-7420-829-9

Direitos reservados desta edição por
MALHEIROS EDITORES LTDA.
Rua Paes de Araújo, 29, conjunto 171,
CEP: 04531-940 – São Paulo - SP
Tel.: (011) 3078-7205 – Fax: (011) 3168-5495
URL: www.malheiroseditores.com.br
e-mail: malheiroseditores@terra.com.br

Composição
Scripta

Capa
Criação: Vânia Lúcia Amato
Arte: PC Editorial Ltda.

Impresso no Brasil
Printed in Brazil
09.2007

SUMÁRIO

NOTA INTRODUTÓRIA À 8ª EDIÇÃO

Caminhando para sua 8ª edição, este livro foi algumas vezes reescrito ao correr do tempo.

Sua 1ª edição, publicada em 1990, correspondeu à versão exata da tese que ofereci à Faculdade de Direito da Universidade de São Paulo, visando à obtenção do cargo de Professor Titular das Arcadas. Trata-se, como observei então, de exposição desenvolvida desde a perspectiva crítica, contida nos lindes não de uma dogmática que, mercê de uma falsa rigidez metodológica, feche os olhos às verdades "metajurídicas" de seus impulsos e fins sociais e éticos, porém de dogmática que — como observa Joseph Esser (*Principio y norma en la elaboración jurisprudencial del Derecho Privado*, p. 399) — não há de chamar-se "normativista", porém "doutrinalista".

Não é o mesmo livro, mas sim um outro, na medida em que tenho tido a oportunidade de compatibilizá-lo às transformações da realidade. Alteraram-se tanto o texto da Constituição, quanto as circunstâncias históricas. A versátil ideologia hegemônica, sempre renovada, passou de um momento dito "social" para o neoliberal, nutrido em leitura distorcida do fenômeno da globalização, e, neste instante, aparenta estar em busca de algumas correções de rumo.

A tudo resistiu a essência do texto da Constituição de 1988, embora múltiplas vezes emendado. E isso se deu de modo tal que ela permanece contemporânea à realidade; deixa de ser a Constituição de 1988, para ser a Constituição do Brasil, tal como hoje, aqui e agora, está sendo interpretada/aplicada. A explicação disso, o leitor a encontrará nas páginas que dedico a sua interpretação e no adendo à conclusão, ao final desta 8ª edição.

Ademais, da sua primeira versão destaquei dois capítulos, que deram origem a um outro livro, o *Ensaio e discurso sobre a interpretação/aplicação do direito*,[1] menos com a intenção de pregar uma peça ao leitor, induzindo-o à sua leitura, do que pelo fascínio de desenvolver as idéias nesses dois capítulos alinhadas. Os aspectos fundamentais neles feridos foram, contudo, reexplorados no atual capítulo quarto desta edição, como ali explicitado.

Livros que tratam da realidade social — e o direito é uma porção da realidade social — devem estar sendo permanentemente reescritos. De sorte que, em suas futuras edições, este meu livro de agora há de multiplicar-se em outros mais.

Tiradentes, dezembro de 2002

1. São Paulo, Malheiros Editores (3ª ed., 2005).

Capítulo 1
ESTADO E ECONOMIA

1. O direito: análise funcional e perspectiva crítica. 2. O Estado moderno. 3. O Estado, até a passagem do século XIX para o século XX. 4. Imperfeições do liberalismo: 4.1 A liberdade; 4.2 A igualdade; 4.3 A fraternidade. 5. Estado agente regulador da economia. 6. (segue). 7. O mercado. 8. Calculabilidade e previsibilidade 9. Ainda o mercado. 10. (segue). 11. Funções de legitimação e repressão. 12. Constituição formal. 13. Legitimação da hegemonia do capital; "estatização" da economia; novo papel do Estado; preservação do sistema capitalista; Constituição "progressista". 13a. A desregulação e o neoliberalismo. 14. A sociedade brasileira, Constituição e programa de governo. 15. O neoliberalismo e a globalização. 15a. O declínio do neoliberalismo. 15b. Globalização e neoliberalismo.

1. O tratamento do tema da ordem econômica reclama, do estudioso do direito, o desenvolvimento de análise não exclusivamente dogmática, porém funcional. Mais ainda, é adequado, também, que tal análise seja empreendida desde uma perspectiva crítica.

A contemplação, nas nossas Constituições, de um conjunto de normas compreensivo de uma "ordem econômica", ainda que como tal não formalmente referido, é expressiva de marcante transformação que afeta o direito, operada no momento em que deixa de meramente prestar-se à harmonização de conflitos e à legitimação do poder, passando a funcionar como instrumento de implementação de políticas públicas (no que, de resto, opera-se o reforço da função de legitimação do poder).

Tratei detidamente dessas questões na primeira e na segunda edições deste livro, em seu primeiro capítulo, denominado "O direito e os direitos". O passar do tempo e, nele, a reflexão a propósito daquelas questões levaram-me a reescrever o capítulo, uma primeira vez, a ele incorporando distintas análises, de modo que ele se transformou em livro. Esse livro – *O direito posto e o direito pressuposto* (Malheiros Editores, 1ª ed., 1996; 6ª ed., 2005) – tomo-o, portanto, como texto introdutório à análise que segue, a respeito da ordem econômica na Constituição de 1988.

Uma segunda vez o reescrevo, agora – em janeiro de 2005 – procurando aprimorar a perspectiva desde a qual analiso o tema do capítulo, a relação entre Estado e economia.

2. Em síntese, seguindo a exposição de Norbert Elias,[1] podemos afirmar que o Estado moderno surge, como Estado burguês, quando o poder real, monopolizadamente consolidado, nele se transforma. Uso esta expressão, "Estado burguês", no seu sentido histórico, sem necessária carga ideológica.

Em um primeiro momento, na expressão de Elias,[2] "O monopólio das armas e do poder militar passou de todo o estado nobre para as mãos de um único membro, o príncipe ou rei que, apoiado na renda tributária de toda a região, podia manter o maior exército. Por isso mesmo, a maior parte da nobreza mudou, de guerreiros ou cavaleiros realmente livres, para guerreiros ou oficiais assalariados a serviço do suserano".

O que caracteriza a sociedade moderna, permitindo o aparecimento do Estado moderno é por um lado a divisão do trabalho,[3] por outro a monopolização da tributação e da violência física. Inicialmente o rei detinha esses dois monopólios; de monopólios pessoais, monopólios privados, portanto, se tratava.

A Revolução Francesa permitiu a sua abertura, de modo que, perecendo a monarquia, os monopólios da força física e da tributação foram transferidos ao controle institucionalmente garantido[4] de amplas classes sociais.

Na monarquia absoluta o governo (= monopólios da violência e da tributação) consistia em um monopólio pessoal de um único indivíduo. Com a emergência do Terceiro Estado, a burguesia, ter-se-ia operado a transformação dos monopólios pessoais em monopólios públicos, no sentido institucional. Transcrevo tre-

1. *O processo civilizador*, vol. II, 1993.
2. Ob. cit., pp. 21-22.
3. Vide Pierre Rosanvallon, *Le libéralisme économique – Histoire de l'idée de marché*, p. 165.
4. A expressão é de Norbert Elias (ob. cit., p. 141).

cho de Elias:[5] "A capacidade do funcionário central de governar toda rede humana, sobretudo em seu interesse pessoal, só foi seriamente restringida quando a balança sobre a qual se colocava se inclinou radicalmente em favor da burguesia e um novo equilíbrio social, com novos eixos de tensão, se estabeleceu. Só nessa ocasião, os monopólios pessoais passaram a tornar-se monopólios públicos no sentido institucional. Numa longa série de provas eliminatórias, na gradual centralização dos meios de violência física e tributação, em combinação com a divisão de trabalho em aumento crescente e a ascensão das classes burguesas profissionais, a sociedade francesa foi organizada, passo a passo, sob a forma de Estado".

Essa transformação, dos monopólios pessoais em monopólios públicos, apenas se opera, no entanto, em termos institucionais, vale dizer, formais.

Pois é certo que, não obstante tenha perecido o monopólio do monarca ou rei, transferido ao Estado, quem o detém efetivamente – isto é, quem detém aquele monopólio efetivamente – é a burguesia, que assume o controle do Estado.

Note-se bem que estou, neste passo, a referir ainda o *Estado de classes*, arrebatado pela burguesia e, assim, posto ao serviço do sistema capitalista da produção.

Posterior a ele, porque o suprassume, é o Estado hegeliano, Estado da racionalidade como razão efetiva. Neste, deverão desaparecer os antagonismos, dado que, dialeticamente, o que dá sentido às partes é a totalidade.

O *Estado moderno, Estado burguês*, é ainda determinado por certos particularismos, antagônicos a outros. Ele ainda se confunde, por uma larga parte, com o *Estado do exterior*, o *Estado da necessidade e do entendimento*, isto é, carrega ainda características da sociedade civil *(Bürgerliche Gesellschaft)*, que, logicamente suprassumida no sistema hegeliano, ainda não encontrou a sua plena realização nas estruturas engendradas pela modernidade. Nele se constrói a paz burguesa, dotada de caráter temporário na medida em que o dissenso entre os particularismos antagônicos é apenas mediado, superado pela conveniência – o que, no direito,

5. Ob. cit., p. 171.

não consubstancia, a rigor, nenhuma mediação efetiva, nem supressunção, mas justaposição conflitante.

Por certo superpõem-se, no mundo da vida, manifestações próprias a ambos, ao *Estado burguês* e ao *Estado na concepção hegeliana*. Mas o que prevalece, na forma institucional do *Estado moderno*, é a apropriação, pela burguesia, dos monopólios da violência e da tributação, caracterizando uma eticidade (*Sittlichkeit*) ainda não de todo permeada pela racionalidade como razão efetiva. Daí, na medida em que a serviço do modo de produção social capitalista, o *Estado moderno* caracteriza, sem dúvida, um *Estado de classes*. Dizendo-o de outro modo: não é ainda o Estado hegeliano em plenitude, mesmo porque nele não há classes, que consubstanciam uma manifestação própria da sociedade civil.

Como anota Joaquim Carlos Salgado (*A idéia de justiça em Hegel*, Edições Loyola, São Paulo, 1996, p. 366) "O *bourgeois* é o que serve a si mesmo, servindo indiretamente ao Estado (a comunidade); o cidadão grego, o que serve ao Estado, servindo indiretamente a si mesmo. O cidadão de Hegel é o que no plano ético serve ao Estado servindo a si mesmo e, ao servir a si mesmo, tem como finalidade servir ao Estado".

Então o direito posto por esse Estado moderno, Estado burguês, encontra seu fundamento de legitimidade exclusivamente na violência, sem compromisso ético. Por isso mesmo sustenta-se que a Justiça não é um assunto a ser tratado no quadro do direito moderno.

3. Tem-se afirmado que ao Estado, até o momento neoconcorrencial ou intervencionista – qualquer que seja o vocábulo ou expressão que se adote para designar a mudança de regime que marca, no sistema capitalista, a passagem do século XIX para o século XX – estava atribuída, fundamentalmente, a função de produção do direito e segurança. Para referir, em largos traços, o regime anterior, poderíamos afirmar, singelamente, que não se admitia interferisse o Estado na "ordem natural" da economia, ainda que lhe incumbisse a defesa da propriedade. Essa concepção porta em si a pressuposição de que ambos, Estado e sociedade, existissem separadamente um do outro, o que não é correto.

Nosso primeiro constitucionalista, Pimenta Bueno, assevera que: "Inibir ou empecer direta ou indiretamente esta faculdade, o livre direito de contratar, é não só menosprezar essa liberdade, mas atacar simultaneamente o direito que o homem tem de dispor de seus meios e recursos como de sua propriedade... Os contratos devem ser entregues à vontade das partes, essa é a sua *verdadeira lei, a razão de sua existência e o princípio e regra de sua interpretação*" (grifei). "A plenitude da garantia da propriedade não é só justa, como reclamada pelas noções econômicas, e pela razão política dos povos livres; na colisão, antes o mal de alguma *imprudência* do proprietário, do que a violação do seu livre domínio" (grifei) (*Direito Público Brasileiro e Análise da Constituição do Império*, edição do Ministério da Justiça e Negócios Interiores, Rio de Janeiro, 1958, pp. 395 e 420). A Constituição do Império, no seu art. 179, dispunha: "XXIV – Nenhum gênero de trabalho, de cultura, indústria, ou commercio póde ser prohibido, uma vez que não se oponha aos costumes públicos, à segurança, e saúde dos cidadãos"; "XXV – Ficam abolidas as Corporações de Officios, seus Juízes, Escrivães e Mestres"; "XXII – É garantido o Direito de Propriedade em toda sua plenitude (...)". Não deixou a nossa primeira Constituição de mencionar a *intervenção*, porém nos seguintes termos: "Art. 71. A Constituição reconhece, e garante o *direito de intervir* todo o cidadão nos negócios da sua Província, e que são imediatamente relativos a seus interesses particulares".

A afirmação de que até o momento neoconcorrencial ou "intervencionista" estava atribuída ao Estado a função de produção do direito e segurança – bem assim a de que o direito deixa de meramente prestar-se à harmonização de conflitos e à legitimação do poder, passando a funcionar como instrumento de implementação de políticas públicas – não deve ser tomada em termos absolutos. O Estado moderno nasce sob a vocação de atuar no campo econômico. Passa por alterações, no tempo, apenas o seu modo de atuar, inicialmente voltado à *constituição* e à *preservação* do modo de produção social capitalista, posteriormente à *substituição* e *compensação* do mercado.

Habermas, em especial no *Legitimationsprobleme im Spatkapitalismus*,[6] observa que, diante das crises – transtornos que se produzem na integração do sistema, colocando em risco a sua

6. Frankfurt am Main, Suhrkamp, 1973. Há tradução publicada pela Edições Tempo Brasileiro: *A crise de legitimação no capitalismo tardio*, trad. de Vamireh Chacon, Rio de Janeiro, 1980.

contínua existência, isto é, a integração social – o Estado passa a perseguir o fim declarado de conduzi-lo (isto é, ao sistema), para evitá-las. Assim, o Estado tem de cumprir funções que não se pode explicar mediante a invocação das premissas da existência contínua do modo de produção, nem deduzir-se do movimento imanente do capital.[7] Daí a identificação de quatro categorias de atividade estatal. A fim de *constituir* e *preservar* o modo de produção, certas premissas de existência contínua hão de ser realizadas (o Estado garante o sistema de direito civil, com as instituições básicas da propriedade e da liberdade de contratar; protege o sistema de mercado contra efeitos secundários autodestrutíveis – jornada especial de trabalho, legislação antitruste, estabilização do sistema monetário etc.; assegura as premissas da produção dentro da economia global – tais como educação, transportes e comunicações; promove a capacidade da economia nacional para competir internacionalmente – política comercial e aduaneira, *v.g.* – e se reproduz mediante a conservação da integridade nacional, no exterior com meios militares e, no interior, mediante a eliminação paramilitar dos inimigos do sistema). Para *complementar* o mercado, o sistema jurídico é adequado a novas formas de organização empresarial, de concorrência e de financiamento (por exemplo, através da criação de novas instituições no direito bancário e empresarial e da manipulação do sistema fiscal), sem, porém, conturbar a dinâmica do processo de acumulação. Tendo em vista a *substituição* do mercado, em reação frente a debilidade das forças motrizes econômicas, reativa a fluência do processo de acumulação, que já não resta, então, abandonado a sua própria dinâmica, criando novas situações econômicas (seja proporcionando ou melhorando possibilidades de inversão – demanda estatal de bens de uso improdutivo –, seja através da criação de novas formas de produzir mais-valia – organização estatal do progresso técnico-científico, qualificação profissional dos trabalhadores etc.); aí a afetação do princípio de organização da sociedade, como o demonstra o surgimento de um setor público estranho ao sistema. Finalmente, *compensa* disfunções do processo de acumulação, que se manifestam no seio de certas parcelas do capital, da classe operária ou de outros grupos organizados, produtoras de reações que se procuram impor pelas vias políticas (aí o Estado,

7. Ob. cit., p. 77.

por um lado, assume efeitos externos da economia privada – *v.g.*, danos ecológicos; assegura, através de políticas estruturais, a capacidade de sobrevivência de setores ameaçados – *v.g.*, mineração e economia agrícola; de outro lado, implementa regulações e intervenções reclamadas pelos sindicatos e pelos partidos reformistas, tendo em vista a melhoria da situação social dos trabalhadores – os "gastos sociais" e o "consumo social"). Estas duas últimas modalidades de atuação – *substitutiva* e *compensatória* – são típicas do capitalismo organizado.[8]

Nessa evolução, movimenta-se de forma múltipla e variada, mais recentemente sob e a partir de renovadas motivações e mediante a dinamização de instrumentos mais efetivos, o que confere substância a suas políticas. Mas ainda ao tempo do liberalismo o Estado era, seguidas vezes, sempre no interesse do capital, chamado a "intervir" na economia.

> O Decret d'Allard, de 2-17 de março de 1791, no seu art. 7º, determinou que, a partir de 1º de abril daquele ano, seria livre a qualquer pessoa a realização de qualquer negócio ou o exercício de qualquer profissão, arte ou ofício que lhe aprouvesse, sendo contudo ela obrigada a munir-se previamente de uma "patente" (imposto direto), a pagar as taxas exigíveis, e a sujeitar-se aos regulamentos de polícia aplicáveis.

Insisto, neste ponto, em que a idéia de "intervenção" tem como pressuposta a concepção da existência de uma cisão entre Estado e sociedade civil. Então, ao "intervir", o Estado entraria em campo que não é o seu, campo estranho a ele, o da sociedade civil – isto é, o mercado. Essa concepção é, porém, equivocada. Família, sociedade civil e Estado são manifestações, que não se anulam entre si, manifestações de uma mesma realidade, a realidade do homem associando-se a outros homens.

4. Inicialmente as imperfeições do liberalismo,[9] bem evidenciadas na passagem do século XIX para o século XX e nas primei-

8. Ob. cit., pp. 77-79.

9. Podemos resumi-las no surgimento dos monopólios, no advento de cíclicas crises econômicas e no exacerbamento do conflito capital *x* trabalho (cf. Geraldo de Camargo Vidigal, *Teoria Geral do Direito Econômico*, p. 14).

ras décadas deste último, associadas à incapacidade de autorregulação dos mercados, conduziram à atribuição de novas funções ao Estado.

À idealização de *liberdade*, *igualdade* e *fraternidade* se contrapôs a realidade do poder econômico.

4.1 A pretexto de defesa da concorrência haviam sido suprimidas as corporações de ofício, mas isso ensejou, em substituição do domínio pela tradição, a hegemonia do capital. A liberdade econômica, porque abria campo às manifestações do poder econômico, levou à supressão da concorrência. O proprietário de uma coisa, *res* – como observou Karl Renner[10] –, impõe sua vontade; o poder sobre as coisas engendra um *poder pessoal;* a propriedade, assim, de mero título para dispor de objetos materiais, se converte em um *título de poder* sobre pessoas e, enquanto possibilita o exercício do poder no interesse privado, converte-se em um título de domínio.

O *modelo* clássico de mercado ignorava e recusava a idéia de poder econômico. Na práxis, todavia, os defensores do poder econômico, porque plenamente conscientes de sua capacidade de dominação, atuando a largas braçadas sob a égide de um princípio sem princípios[11] – o princípio do livre mercado –, passaram e desde então permanecem a controlar os mercados. Daí o arranjo inteligente das leis *anti-trust*, que preservam as estruturas dos mercados, sem, contudo, extirpar a hegemonia dos monopólios e oligopólios.

4.2 A *igualdade*, de outra parte, alcançava concreção exclusivamente no nível formal. Cuidava-se de uma igualdade à moda do porco de Orwell, no bojo da qual havia – como há – os "iguais" e os "mais iguais".[12] O próprio enunciado do princípio – "todos são iguais *perante a lei*" – nos dá conta de sua inconsistência, visto

10. *Gli istituti del diritto privato e la loro funzione giuridica*, pp. 85 e ss.

11 A expressão é de Marshall Berman, *Tudo que é sólido desmancha no ar*, p. 109.

12. "All animals are equal/But some animals are more/Equal than others" (*Animal Farm*, p. 114). V. itens 12 e 14 e nota (07.4).

que a lei é uma abstração, ao passo que as relações sociais são reais. Daí a tão brusca quanto verdadeira assertiva de Adam Smith: do "governo", o verdadeiro fim é defender os ricos contra os pobres.[13]

A respeito da igualdade no antigo processo civil romano, ouça-se von Ihering (*Jurisprudencia en broma y en serio.* Trad. de Román Riaza. Madrid, Editorial Revista de Derecho Privado, 1933, pp. 190-192): "En lugar de hablar yo, dejo que tome la palabra un antiguo romano, del siglo IV de la ciudad, un hombre pobre y de la plebe. Sólo me cuesta unas cuantas chupadas a mi cigarro: ya está. La escena se desarrolla en el Forum, ante el Pretor. Ante él comparece nuestro hombre como demandante, y le acompaña un rico patricio, a quien ha citado *in ius.* Mientras el demandante se encontraba en operaciones, como soldado, murió su padre, y el vecino, actual demandado, aprovechó la ocasión para posesionarse de todo lo que encontró. Como se niega a la devolución vienen al pleito. El demandante ha presentado su caso al Pretor y entre ellos se desarrolla el siguiente diálogo, del que acotaremos entre comillas la parte del Pretor, concediendo este honor a su categoria. – 'A cuanto se eleva el valor de tus predios, a mil ases o a menos?' – Lo menos, a mil quinientos. – 'Pues necesitas antes de que podamos formalizar el pleito, depositar en manos de los Pontífices quinientos ases. Vete, pues, entrega esa cantidad, recoge el recibo y cuando me lo presentes, admitiré la demanda.' – Me es imposible proporcionarme esa cantidad. De dónde he de sacar yo quinientos ases, cuando soy un pobre hombre, a quien el demandado despojó de toda su hacienda? – 'Eso es asunto de tu incumbencia; sin previa prestación del *sacramentum*, yo no puedo admitir la demanda.' – Pero si mi asunto es lo más claro del mundo! Los testigos que he traído conmigo, están dispuestos a confirmar, con juramento, cada palabra que yo pronuncie; no soy yo sino el demandado quien perderá el pleito y éste en definitiva, será el que haya de pagar el *sacramentum*. – 'Eso dice todo el mundo. Por mi parte no puedo ayudarte: tengo atadas las manos; dirígete a los Padres y acaso te dispensen el depósito.' Con esto concluye la primera escena. La segunda tiene lugar en el *Pons sublicius*, ante el miembro del Colegio Pontificial, que en aquel ano está encargado de los asuntos jurídicos; su asunto es la prestación del *sacramentum*. El demandante suplica que se le dispense del depósito, porque no está en situación de procurarse ese dinero al contado. – 'El que tú seas pobre o rico, no constituye motivo para establecer diferencias; ante nosotros no hay acepción de personas:

13. *An Inquiry into the Nature of Causes of the Wealth of Nations*, Encyclopaedia Britannica, Chicago, 1952, p. 311.

la ley os iguala a todos.' – ¡Hermosa igualdad! Lo que para un rico constituye una pequeñez, para un pobre forma un obstáculo insuperable; es la igualdad que equipa a un niño débil y a un hombre robusto para los efectos de transportar igual peso. Eso del *sacramentum* de los quinientos ases lo han inventado los ricos para que a nosotros, pobres diablos, nos resulte inaccesible un pleito. – 'Guárdate de censurar la leyes de Roma, porque te podría ir peor. Yo sólo estoy autorizado para aplicar la leyes, no para hacerlas.' – Concédeme ese crédito de quinientos ases; tú lo puedes hacer sin peligro, porque mi pleito no puede perderse. – 'Los dioses no abren créditos: solo tratan con pagos al contado, y yo no puedo estropear sus derechos, porque los libros sagrados me lo prohíben. Pero solicita el préstamo de otro.' – ¿Y quién me prestará? Si yo tuviese mi herencia, la cosa resultaría fácil, pero precisamente eso es lo que me han quitado. – 'Es cierto, pero como no puedo ayudarte, vete.' Con tales palabras, nuestro hombre se marcha; el humanitario Pontífice, se dirige, sin embargo, por la tarde a casa del demandado, que es su primo y le cuenta lo ocurrido. – 'Tu adversario no ha conseguido reunir el *sacramentum*; te felicito, porque su finca es tan buena como la tuya. Ahora que esto lo debes exclusivamente a nosotros y a nuestra sabia institución del *sacramentum*. Ya puedes dedicar, por tanto, a la Iglesia uno de tus bueyes más lucidos.' – Y no me detendré en eso, sino que probaré mi agradecimiento más ampliamente; cuenta entre otras cosas con el buey. Con esto termina la pieza. El pobre no consigue reunir el dinero y al rico se queda el campo. Es la fábula de Natán, del hombre rico y de la ovejilla del pobre y habrá sucedido no una, sino mil veces en Roma".

E adiante (ob. cit., pp. 200-201): "Como el *vindex*, caso de vencimiento en juicio, se comprometía personalmente, se hacía garantizar, como es natural, por sus clientes. Tratándose de un rico, bastaba la simple promesa; entre los patricios pobres, proporcionaban el *vindex* los parientes o en último caso la *gens*. ¿Pero qué hacía el pobre plebeyo? Llamaba a ésta y a la otra puerta, se encomendaba a gentes peritas en derecho, pero en todas partes oía la misma respuesta: 'Sin un deposito previo, no puedo encargarme de tu pleito, pues si salgo derrotado seré yo mismo el que haya de pagar el importe de la deuda, puesto que he impugnado la demanda del acreedor: proporciónate ese dinero.' – Pero mi asunto es claro y sin ninguna sombra de duda, tú no corres el más pequeño riesgo. – 'Eso lo dice cualquiera. Es posible que en efecto tu asunto, sea un buen asunto, ¿pero quién puede predecir el resultado final? Ante los jueces nada hay imposible: tenemos ejemplos.' – Te daré fiadores. – 'Con eso nada más, no puedo entrar en el asunto. ¿Es que, además del servicio que te presto voy a tener que preocuparme luego en reclamar el dinero mío que pago por ti? Comprenderás que esto no es para animarse. Pero si tú tienes amigos que son capaces de salir fiadores por ti, ¿por qué no aprontan desde luego el dinero?' – Es que ellos mismos no lo tienen. – 'Precisamente por eso es por lo que no los puedo recibir como fiadores.' El resultado es así exactamente el mismo que antes indicábamos en el proceso sacramental, cuanto los pobres no podían llegar a reunir los 500 ases: sin dinero contante no había pleito. El fundamento capital del proceso en las acciones de la ley: *nulla actio sine lege*, encuentra su anejo en este otro adagio: *nulla actio sine aere*".

Por fim (ob. cit., p. 233): "Si he logrado lo que deseaba, deberá acompañar a ustedes en el camino hacia su casa el cuadro del hombre pobre, que tiene que luchar por su derecho contra el rico, con armas desiguales".

4.3 Quanto à *fraternidade*, a toda evidência não poderia ser lograda no seio de uma sociedade na qual compareciam o egoísmo e a competição como motores da atividade econômica. O próprio Adam Smith sustentava que a melhor contribuição que cada um poderia dar à ordem social seria a contribuição do seu egoísmo pessoal. Como poderia uma ordem tal e qual realizar a fraternidade?

A propósito, a observação de Tobias Barreto: "Liberdade, igualdade e fraternidade, três palavras que se espantam de se acharem unidas, porque significam três coisas reciprocamente estranhas e contraditórias, principalmente as duas primeiras".[14] A sociedade capitalista, à toda evidência, não as podia – como não pode – realizar.

Não estou a atribuir, com isso e em razão de tudo quanto anteriormente observado a propósito do princípio da igualdade, desvalia ou inocuidade a sua consagração. Evidente que a igualdade expressa uma nova potencialidade na história da humanidade – e tanto mais nova se afigura quanto se considere que o ideário do século XVIII ainda é, em especial nas sociedades latino-americanas, plenamente revolucionário.

5. Evidente a inviabilidade do capitalismo liberal, o Estado, cuja penetração na esfera econômica já se manifestava na instituição do monopólio estatal da emissão de moeda – *poder emissor* –,

14. "Um discurso em mangas de camisa", in *A questão do Poder Moderador e outros ensaios brasileiros*, Editora Vozes, Petrópolis, 1977, p. 176.

na consagração do *poder de polícia* e, após, nas *codificações*, bem assim na ampliação do escopo dos serviços públicos, assume nitidamente o papel de agente regulador da economia.

Entre nós, ainda no século XIX, quanto à ordenação da atividade financeira, a Lei n. 1.083, de 22.8.1860, que poderia ser referida como a nossa primeira "lei bancária", regulamentada pelo Decreto n. 2.711, de 19.12.1860 (depois, pelo Decreto n. 370, de 2.5.1890). Isso, sem que se considere a Resolução n. 172, de 3.1.1848, do Conselho de Estado do Império, e o Decreto n. 575, de 16.1.1849 (art. 9º).

A própria constituição do modo de produção capitalista dependeu da ação estatal. Em outros termos, não existiria o capitalismo sem que o Estado cumprisse a sua parte, desenvolvendo vigorosa atividade econômica, no campo dos serviços públicos. O Estado desempenha, marcadamente, função de integração capitalista como prestador do serviço de transporte público de carga – aí a constituição do sistema de transporte ferroviário e, após, marítimo. De outra parte, relembre-se o seu papel na área da saúde, instalando, na primeira metade do século, verdadeiras oficinas de controle de qualidade da mercadoria trabalho.

O Estado deixa de ser, às escâncaras – como observa Miguel Reale ("Estruturas Jurídico-Políticas Contemporâneas", in *RDP* 13/149) –, um simples árbitro das competições econômicas, destinado a garantir aos vencedores os frutos de uma luta socialmente desigual. Ainda no século XIX, inicialmente sob motivação de ordem ética, surgem, na França, em 1810, a lei sobre estabelecimentos incômodos, insalubres e perigosos; na Inglaterra, em 1819, a regulamentação sobre emprego de crianças na indústria algodoeira; ainda na França, em 1814, a lei sobre trabalho infantil. Posteriormente, já então tendo em vista a preservação do abastecimento de gêneros alimentícios, nos Estados Unidos, as *granger laws*; aí a origem do caso *Munn x Illinois*, que a Corte Suprema americana julgou em 1876. E, a seguir, em 1890, a Lei Sherman: o despotismo econômico, expresso no aparecimento de unidades econômicas que assumiam destacada posição nos mercados, suficiente para lhes permitir a sua "regulamentação", em benefício próprio, conduziu o Estado a tornar evidente a sua "intervenção" no processo econômico, tendo em vista, através da organização dos mercados, preservar o ideal da livre concorrência. Entre nós, anteriormente aos decretos federais ns. 13.069/18, 13.167/18 e 13.533/18, o Convênio de Taubaté, celebrado, por iniciativa do Governo de São Paulo – Lei estadual n. 959, de 3.1.1905 – com os Estados de Minas Gerais e do Rio de Janeiro (v. Alberto Venâncio Filho, *A intervenção do Estado no domínio econômico*, FGV, Rio de Janeiro, 1968, pp. 82 e ss.). O Estado de São Paulo, aliás, já no art. 154 do seu Código Sanitário (decreto n. 233, de 2.3.1894) dispunha sobre relocalização industrial ("As auctoridades locaes deverão determinar onde devem ser construídas as fábricas e officinas, e para onde deverão ser removidas as que são prejudiciaes"); é interessante observarmos, ainda em relação ao Código Sanitário, que enfrentou de modo direto e objetivo a distinção entre classes sociais: no seu Capítulo II trata das "habitações das classes pobres", aí dispondo, no art. 141, que "as villas operárias deverão ser estabelecidas fóra da agglomeração urbana". No nível federal, a Lei n. 2.049, de 31.12.1908, autoriza o Poder Executivo a conceder subvenções a sindicatos e cooperativas agrícolas que cultivassem o trigo, benefício que a lei orçamentária para o exercício de 1910 (Lei n. 2.210, de 28.12.1909), na sua extensa "cauda orçamentária", estendeu aos imigrantes localizados em núcleos coloniais, bem assim a qualquer agricultor que satisfizesse as condições da primeira; esta – a Lei n. 2.049/1908 – isentava ainda dos impostos aduaneiros máquinas, instrumentos, adubos, inseticidas e insumos utilizados na cultura e beneficiamento do trigo, quando importados para uso exclusivo dos sindicatos e cooperativas (v. o regulamento aprovado pelo Decreto n. 7.909, de 17.3.1910). Por outro lado, o Decreto n. 2.543A, de 5.1.1912 (resolução decretada pelo Congresso Nacional e sancionada pelo Presidente da República), "estabelece medidas destinadas a facilitar e desenvolver a cultura da seringueira, do caucho, da maniçoba e da mangabeira e a colheita e beneficiamento da borracha extraída dessas árvores e autoriza o Poder Executivo não só a abrir os créditos precisos à execução de taes medidas, mas ainda a fazer as operações de crédito que para isso forem necessárias"; nisso a instituição de verdadeiro programa de desenvolvimento da cultura da borracha – ou de "defesa da borracha" (Alberto Venâncio Filho, ob. cit., pp. 145 e 464 e ss.) – que prevê: a isenção de impostos de importação; a instituição de prêmios em benefício dos que fizerem plantações regulares e inteiramente novas dos produtos; a criação de estações experimentais, refinarias, hospedarias de imigrantes e hospitais; a instituição de prêmios de animação às primeiras refinarias de borracha seringa que reduzam as diversas qualidades a um tipo uniforme e superior de exportação, estabelecidas em determinados Estados; a construção de estradas de ferro e obras necessárias à navegabilidade em determinados rios (prevendo inclusive a dispensa de concorrência pública para a contratação dessas obras); inúmeras outras isenções tributárias e prêmios; a promoção e auxílio à criação de centros produtores de gêneros alimentícios; o entendimento, entre a União e os Estados, tendo em vista a redução das alíquotas dos impostos de exportação que incidissem sobre a borracha. Tem-se, aí, talvez a experiência pioneira, entre nós, de instituição de um programa de medidas caracterizantes de *intervenção por indução* (v. item 64) na economia.

No correr do século XX a extensão de suas funções manifesta-se como exigência do processo de acumulação de capital, redobrada quando a realização do desenvolvimento é erigida à condição de ideal social. Em um quadro no qual por um lado a força de trabalho/mercadoria é o único bem que constitui propriedade de largas parcelas da população e, por outro, era imperiosa a necessidade de formação de poupanças para a reprodução do capital, por força se havia de convocar o Estado para suprir as insuficiências do sistema.

Há evidente conexão entre a tendência à acumulação de capital e a extensão das funções do Estado; a ação pública, desta sorte, é condição necessária do desenvolvimento econômico (v. Francesco Galgano, *Storia del diritto commerciale*, 2ª ed., Bologna, Il Mulino, 1980, pp. 142-143).

6. A ampliação do Estado-aparato e do Estado-ordenamento germina nesse clima, no qual se reafirma a vocação do direito para a defesa da propriedade: o espírito das leis, como observa Linguet, é a propriedade.[15]

A busca do desenvolvimento, ademais, impunha a formalização de uma aliança entre o setor privado – isto é, a burguesia – e o setor público, este a serviço daquele. A parceria (*Gemeinschaft*) é então selada, tal qual entrevista por Goethe, em síntese entre poder público e poder privado, "simbolizada – a expressão é de Marshall Berman[16] – na união de Mefistófeles, o pirata e predador privado, que executa a maior parte do trabalho sujo, e Fausto, o administrador público, que concebe e dirige o trabalho como um todo".

De outra parte, o capitalismo, inicialmente "ordenado" no interesse de cada Estado, vai à busca de uma "ordenação internacional" – a *ordem econômica internacional* – que enseja aos Estados

15. Citado por Marx, *El Capital*, v. I, p. 520, nota 4.
16. Ob. cit., p. 73.

desenvolvidos recolher nos subdesenvolvidos as parcelas de mais-valia já não coletáveis internamente de modo intenso.

Manifesta-se então um certo *capitalismo assistencial*, que sobrevive graças à crescente transferência dos custos das empresas ao conjunto da coletividade – isto é, à classe trabalhadora – e através da inversão financeira massiva em títulos públicos de crédito. Os custos empresariais, assim, são "bancados" pelo Estado e, nos mais desenvolvidos, o imperialismo os exporta aos de capitalismo mais frágil.[17] Esse movimento cede nos últimos anos do século XX, em decorrência da crise fiscal dos Estados, mas tudo indica que, em movimento pendular, tende a recrudescer.

Cumpre enfatizar, de toda sorte, a circunstância de que, embora o capitalismo reclame a estatização da economia, o faz tendo em vista a sua própria integração e renovação (modernização). Essa estatização jamais configurou qualquer passo no sentido de socialização/coletivização; pelo contrário, o Estado, no exercício de função de acumulação, sempre se voltou à promoção da renovação do capitalismo.

> Quanto às *nacionalizações* – salvo, e parcialmente, as *nacionalizações-sanções*, ao final da Segunda Guerra – não expressavam senão um movimento, na evolução do setor público, tendente à superação de um ponto de estrangulamento no sistema capitalista. Por isso que, como observa Arturo Frondizi (*Petróleo y política*, Buenos Aires, 1965, p. 60), por si mesma a nacionalização também não pode definir a orientação econômica básica seguida por um país.

Permanece válida a assertiva de Galbraith: "Apenas os defensores profissionais do sistema da livre iniciativa, membros de um ofício humilde e mal pago, ainda defendem o domínio da competição, sendo este o teste pelo qual melhor se pode calcular que seus clientes fracassarão".[18]

7. O mercado é uma *instituição jurídica*. Dizendo-o de modo mais preciso: *os mercados são instituições jurídicas*.

17. Francesco Galgano, "Las instituciones de la economía capitalista", in *Crítica Jurídica – Revista Latinoamericana de Política, Filosofía y Derecho*, n. 1, p. 76.
18. *O Novo Estado Industrial*, p. 57.

Antes, porém, o mercado deve ser compreendido, qual observa Avelãs Nunes,[19] como "uma *instituição social*, um produto da história, uma *criação histórica* da humanidade (correspondente a determinadas circunstâncias econômicas, sociais, políticas e ideológicas), que veio servir (e serve) os interesses de uns (mas não os interesses de todos), uma *instituição política* destinada a regular e a manter determinadas *estruturas de poder* que asseguram a prevalência dos interesses de certos grupos sobre os interesses de outros grupos sociais". Neste sentido, tanto o Estado como o mercado são espaços ocupados pelo *poder social*, entendido o *poder político* nada mais do que como uma certa forma daquele.[20-21]

A exposição de Natalino Irti[22] é incisiva: o mercado não é uma instituição espontânea, natural – não é um *locus naturalis* – mas uma instituição que nasce graças a determinadas reformas institucionais, operando com fundamento em normas jurídicas que o regulam, o limitam, o conformam; é um *locus artificialis*.

O fato é que, a deixarmos a economia de mercado desenvolver-se de acordo com as suas próprias leis, ela criaria grandes e permanentes males. "Por mais paradoxal que pareça – dizia Karl Polanyi[23] – não eram apenas os seres humanos e os recursos naturais que tinham que ser protegidos contra os efeitos devastadores de um mercado auto-regulável, mas também a própria organização da produção capitalista".

O mercado, anota ainda Irti,[24] é uma *ordem*, no sentido de *regularidade* e *previsibilidade de comportamentos*, cujo funcionamento pressupõe a obediência, pelos agentes que nele atuam, de determinadas condutas. Essa uniformidade de condutas permite a cada um desses agentes desenvolver cálculos que irão informar as decisões a serem assumidas, de parte deles, no dinamismo do mercado. Ora, como o mercado é movido por interesses egoísticos – a busca do maior lucro possível – e a sua relação típica é a rela-

19. *Noção e objecto da economia política*, cit., p. 63.

20. Cf. Norbert Elias, ob. cit., p. 63.

21. Sendo instituições sociais – observa ainda Avelãs Nunes (ob. e loc. cits.), mercado e Estado não apenas coexistem, como são interdependentes, construindo-se e reformando-se no processo de sua interação.

22. *L'ordine giuridico del mercato*, 3ª ed., 1998.

23. *A grande transformação – As origens da nossa época*, pp. 161 e 163.

24. Ob. cit., p. 5.

ção de intercâmbio, a expectativa daquela regularidade de comportamentos é que o constitui como uma ordem. E essa regularidade, que se pode assegurar somente na medida em que critérios subjetivos sejam substituídos por padrões objetivos de conduta, implica sempre a superação do individualismo próprio ao atuar dos agentes do mercado.

Insisto, neste passo, em que o cálculo econômico e a "racionalidade" reclamados para as economias de mercado, exigências vitais da maximização do lucro, são o produto de um processo histórico concreto, "um método próprio e característico do modo de produção capitalista", como ensina o velho Marx.[25] Não é por acaso que o Estado Moderno tenha surgido na Europa quase concomitantemente com o mercado capitalista e o cálculo econômico.[26]

Daí, na dicção de Antonio Baldassarre,[27] por que a exigência de um sistema de normas jurídicas uniformes e de um sistema de decisões políticas integrado em relação a determinado território é essencial para o funcionamento e o desenvolvimento dos mercados, ou, de modo mais geral, da sociedade civil, isto é, da coletividade que participa da distribuição dos bens e das oportunidades que nascem dos mercados.

O fato é que o *Terceiro Estado*, a burguesia, apropriou-se do Estado e é a seu serviço que este põe o direito, instrumentando a dominação da sociedade civil pelo mercado.[28] O Estado, que inicialmente regulava a vida econômica da nação para atender a necessidades ditadas pela suas finanças, desenvolvendo políticas mercantilistas,[29] passou a fazê-lo para assegurar o *laissez faire* e,

25. Vide Avelãs Nunes, ob. cit., pp. 48-49.

26. Pressuposto necessário do modo de produção capitalista, a uniformidade (*universalidade abstrata*) das pessoas – sujeitos de direito – enseja a consagração do contratualismo como princípio regulador da vida pessoal, social e econômica. Contratualismo muito especial, do qual participam sujeitos de direito integrados em uma sociedade atomisticamente constituída por indivíduos livres e iguais em direitos, sob a suposição de que as trocas livres entre eles resolveriam todos os problemas da sociedade, sempre, porém, em função de interessas específicos da burguesia.

27. *Globalizzazione contro democrazia*, p. 58.

28. Vide Karl Polanyi, ob. cit., pp. 92-94.

29. Vide Tullio Ascarelli, *Corso di Diritto Commerciale – Introduzione e Teoria dell'Impresa*, 3ª ed., p. 24.

concomitantemente, prover a proteção social, visando à defesa e preservação do sistema.[30] Na sexta década do Século XIX, o capitalismo constitui as forças produtivas adequadas ao seu conceito e, daí, engendra sua dinâmica específica, a busca incessante da acumulação da riqueza abstrata.

Em suma:

(i) a sociedade capitalista é essencialmente jurídica e nela o direito atua como mediação específica e necessária das relações de produção que lhe são próprias;

(ii) essas relações de produção não poderiam estabelecer-se, nem poderiam reproduzir-se sem a forma do direito positivo, direito posto pelo Estado;

(iii) este direito posto pelo Estado surge para disciplinar os mercados, de modo que se pode dizer que ele se presta a permitir a fluência da circulação mercantil, para domesticar os determinismos econômicos.

Veja-se, da jurisprudência do STF, as ADIs 1.950 e 3.512.

8. Sem a calculabilidade e a previsibilidade instaladas pelo direito moderno o mercado não poderia existir.

São clássicas as considerações de Weber: as exigências de *calculabilidade* e confiança no funcionamento da ordem jurídica e na administração constituem uma exigência vital do capitalismo racional;[31] o capitalismo industrial depende da possibilidade de previsões seguras – deve poder contar com estabilidade, segurança e objetividade no funcionamento da ordem jurídica e no caráter racional e, em princípio, previsível das leis e da administração.[32]

Ferdinand Lassalle[33] observa que, ao final do absolutismo, a pequena burguesia passa a almejar, "em benefício do seu comércio e de suas incipientes indústrias, a ordem e a tranqüilidade

30. Aí o "duplo movimento" a que refere Polanyi, ob. cit., pp. 163-164.

31. *Economia y sociedad*, vol. II, p. 238.

32. Ob. cit., vol. II, p. 834.

33. *A essência da Constituição*, pp. 34-35. A conferência *Über die Verfassung* foi também editada, em tradução de Walter Stönner, pela Kairós Livraria Editora, 2ª ed., 1985, sob o título *Que é uma Constituição*; a tradução, na edição de que me utilizo, é mais aprimorada.

pública e ao mesmo tempo a organização de uma justiça correta dentro do país, auxiliando o *príncipe*, para consegui-lo, com homens e com dinheiro". Lembre-se, a propósito, o que anotei no item 2, acima, ao expor o surgimento do Estado moderno: a monopolização, pelo rei, do poder militar e do poder de tributar.

A ordem pública é constituída pelas normas jurídicas que constituem o núcleo mais expressivo daquilo de Nicos Poulantzas[34] chama de "*le besoin de calcul de prévision*": os agentes econômicos, no interior de um mercado extremamente complexo, no qual o ganho voltado à acumulação de capital joga um papel preponderante, necessitam de uma justiça e de uma administração cujo funcionamento possa ser, em princípio, calculado racionalmente.

A totalidade estrutural que constitui a ordem pública – valho-me ainda da concepção de Poulantzas[35] – apresenta como caracteres particulares a constância e a estabilidade, sem as quais seria impossível esse cálculo. Essa possibilidade corresponde a uma exigência inafastável do mercado. Nesse quadro, a ordem pública, para além da racionalidade da generalidade da lei, garante a execução dos contratos, pois saber com certo grau de certeza que os contratos serão respeitados, isso é indispensável ao sucesso empresarial.[36]

Dissera-o já, em outras palavras, Hermann Heller:[37] "Com o desenvolvimento da divisão do trabalho e das trocas, impõe-se a segurança das trocas que no seu todo se identifica com aquilo que o jurista costuma chamar certeza do direito. A segurança das trocas ou certeza do direito tornaram-se possíveis em decorrência de uma notável calculabilidade e previsibilidade das relações sociais, que se tornam realizáveis somente se as relações sociais, e sobretudo as econômicas, forem reguladas de modo crescente por um único ordenamento, ou seja, emanado de um único ponto eqüidistante. O resultado final, ainda que não definitivo, desse processo de racionalização social é o moderno Estado de direito, nas-

34. *Nature des choses et droit*, p. 326.
35. Ob. cit., pp. 323 e ss.
36. Vide Franz Neumann, *Estado democrático e Estado autoritário*, pp. 49 e ss.
37. "Stato di diritto o dittatura?", *L'Europa e il fascismo*, p. 208.

cido substancialmente de uma legislação sempre mais ampla, com a conseqüente consciente imposição de regras de comportamento social que excluem a autotutela em um âmbito sempre mais vasto de pessoas e coisas, em opção por uma normatividade e execução centralizadas".

Lembro, neste ponto, a observação de Norbert Elias:[38] "A cristalização de normas legais gerais por escrito, que é parte integral das relações de propriedade na sociedade industrial, pressupõe um grau muito alto de integração social e a formação de instituições centrais capazes de dar à mesma lei validade universal em toda a área que controlam, e suficientemente fortes para exigir o cumprimento de acordos escritos. O poder que confere força aos títulos legais e direitos de propriedade não é mais diretamente visível nos tempos modernos. Em proporção ao indivíduo, ele é tão grande, sua existência e a ameaça que dele emana são tão axiomáticas que raramente é submetido a teste. É esse o motivo por que há uma tendência tão forte a considerar a lei como algo que dispensa explicação, como se tivesse sido baixada pelos céus, um 'Direito' absoluto que existiria mesmo sem o apoio dessa estrutura de poder ou se a estrutura de poder fosse diferente".

O cumprimento dos contratos não podia ser assegurado sob a eqüidade, que, como anotou Franz Neumann[39] ao tratar da teoria jurídica liberal [*liberal legal theory*], era sempre denunciada como incompatível com a calculabilidade, o primeiro requisito do direito liberal [= *direito moderno*]. Era necessário transformar-se a eqüidade em um sistema rígido de normas, a fim de que fosse assegurada a calculabilidade exigida pelas transações econômicas. Como o mercado reclamava a produção de normas jurídicas, pelo Estado, que garantissem a calculabilidade e confiança nas relações econômicas, essa necessidade justificou, ainda segundo Neumann,[40] a limitação de poder da monarquia patrimonial e do feudalismo. Essa limitação culminou na instituição do poder legislativo dos parlamentos; a tarefa primordial do Estado é a criação de uma ordem jurídica que torne possível o cumprimento das obrigações contratuais e calculável a expectativa de que es-

38. Ob. cit., p. 62.
39. *Estado democrático e Estado autoritário*, cit., p. 190.
40. Ob. cit., p. 186.

sas obrigações serão cumpridas. A eqüidade comprometia essa calculabilidade e a segurança jurídica. Daí o direito posto pelo Estado, que a rejeita e substitui.

O próprio Neumann[41] observa, contudo, que essa rejeição somente poderia ser absoluta no quadro de um sistema econômico competitivo. Por isso o ponto de vista da eqüidade é retomado na medida em que cresce a concentração do poder econômico e o Estado passa a desenvolver atividades "intervencionistas".[42] Daí, inicialmente, a regra da *razoabilidade*, que surge no bojo da legislação antitruste.

O fato é que, como anota Avelãs Nunes,[43] a intervenção do Estado na vida econômica é um redutor de riscos tanto para os indivíduos quanto para as empresas, identificando-se, em termos econômicos, com um *princípio de segurança*: "a intervenção do Estado não poderá entender-se, com efeito, como uma *limitação* ou um *desvio* imposto aos próprios objectivos das empresas (particularmente das grandes empresas), mas antes como uma diminuição de riscos e uma garantia de segurança maior na prossecução dos fins últimos da acumulação capitalista".

9. O mercado – insisto neste ponto – é uma instituição jurídica constituída pelo *direito positivo*, o *direito posto* pelo Estado moderno.

Ao final do século XVIII, toma forma como projeto político e social e serve ao tipo de sociedade que os liberais desejavam instaurar. O mercado se desdobra: sem deixar de referir os lugares que designamos como *mercado* e *feira*, assume o caráter de *idéia*, lógica que reagrupa uma série de atos, de fatos e de objetos.[44]

Mercado deixa então de significar exclusivamente o *lugar* no qual são praticadas relações de troca, passando a expressar um projeto político, como *princípio de organização social*. Neste senti-

41. Ob. cit., p. 191.

42. Atividades "intervencionistas" porque o liberalismo supõe uma nítida separação entre Estado e sociedade civil, vale dizer, entre Estado e mercado.

43. *Do capitalismo e do socialismo*, p. 125.

44. Marthe Torre-Schaub, *Essai sur la construction juridique de la catégorie de marché*, pp. 3-4.

do, há autores, como Rosanvallon,[45] que o tomam como *representação da sociedade civil*.

A noção de mercado como *atividade* – conjunto de operações econômicas e modelo de trocas; conjunto de contratos, convenções e transações relativas a bens ou operações realizadas no lugar/mercado[46] – supõe a *livre competição*.

Como o mercado é instituição jurídica, constituída pelo direito posto pelo Estado, deste se reclama, a um tempo só, que garanta a liberdade econômica e, concomitantemente, opere a sua regulamentação [= regulação].[47] Sendo atividade, as *regras do mercado* consubstanciam o seu substrato.[48]

"A livre concorrência – dizia Franz Neumann[49] – precisa da generalidade da lei e do direito por ser ela a mais alta forma de racionalidade. Necessita também da absoluta subordinação do juiz ao direito, e daí a separação de poderes. (...) A tarefa primordial do Estado é criar um Estado legal que garanta a execução dos contratos, pois uma parte indispensável para o sucesso empresarial é saber com certo grau de certeza que os contratos serão respeitados. (...)".

O modo de produção social capitalista, que elege como *ratio fundamentalis* do ordenamento político o lucro, coloca o direito positivo a seu serviço; é isso que explica a estruturação do direito posto pelo Estado moderno.[50] Ele existe fundamentalmente – desejo deixar este ponto bem vincado – para permitir a fluência da circulação mercantil, para tentar "domesticar" os determinismos econômicos. Porta em si a pretensão de dominar a realidade e expõe marcante contradição, que pode ser enunciada nos seguintes termos: o capitalismo [leia-se: o Terceiro Estado, a burguesia] necessita da ordem, mas a detesta, procurando a qualquer custo exorcizá-la.

45. Pierre Rosanvallon, *Le libéralisme économique – Histoire de l' idée de marché*, p. III.

46. Isto é, atos de comércio caracterizados definido pelo ciclo D-M-D (dinheiro-mercadoria-dinheiro).

47. Marthe Torre-Schaub, ob. cit., p. 4.

48. Idem, p. 11.

49. *Estado democrático e Estado autoritário*, pp. 49-50.

50. Que poderíamos descrever, enquanto modelo, como *direito posto, direito positivo, direito moderno, direito formal, direito burguês*.

Dizendo-o de outro modo: o mercado exige, para satisfação do seu interesse, o afastamento ou a redução de qualquer entrave social, político ou moral[51] ao processo de acumulação de capital. Reclama atuação estatal para garantir a fluência de suas relações, porém, ao mesmo tempo, exige que essa atuação seja mínima.[52]

Uma última nota ainda, a respeito da *racionalidade* do direito moderno: ele é racional porque permite a instalação de um horizonte de *previsibilidade* e *calculabilidade* em relação aos comportamentos humanos, sobretudo àqueles que se dão nos mercados. Nada disso era possível enquanto as decisões do príncipe ou monarca fossem subjetivamente tomadas, ainda que com fundamento na eqüidade; no direito moderno o seu fundamento é objetivo, é a lei.

10. Repito: o mercado – além de lugar e *princípio de organização social* – é instituição jurídica (= institucionalizado e conformado pelo direito posto pelo Estado). Sua consistência é função da *segurança* e *certeza jurídicas* que essa institucionalização instala, permitindo a previsibilidade de comportamentos e o cálculo econômico.

Para Colbert, o mercado significava a constituição de um espaço unificado organizado pela centralidade real, ao passo que Turgot e os liberais o tomavam como um espaço unificado e homogêneo, mas *a-centré*.[53] Mas essa unificação e homogeneização eram indispensáveis ao surgimento dos mercados.

A garantia da fluência de suas relações é uma *dupla garantia*, contra o Estado e contra os outros agentes econômicos que atuam no mercado.

Quando a burguesia manifesta plenamente sua força política, assumindo o projeto de autonomia e auto-regulação da vida

51. Etienne Balibar, *L'Europe, l'Amérique, la guerre*, p. 117.

52. O jornal satírico francês, *Le Canard enchaîné* (n. 4.341, 7.1.2004, p. 1), dá notícia de que, no mesmo momento em que o Primeiro Ministro afirmava que *l'excès de législation nuit la sécurité juridique*, o Presidente da República propunha uma luta contra o desemprego com "*une grande loi*". O comentário é encerrado com uma indagação irônica: será possível construir-se uma grande lei sobre a *prolifération réglementaire*?

53. Cf. Rosanvallon, ob. cit., p. 102.

econômica (= mercado), passa a sujeitar a controle o Estado, que deve ser racionalizado integralmente segundo os interesses da *sociedade*.[54] Observa Jorge Reis Novais[55] que essa racionalização, "requerida essencialmente pelas necessidades de cálculo e segurança inerentes à produção capitalista, projecta-se na exigência de racionalização das funções do Estado e, em primeiro lugar, no controlo da Administração; um Estado racionalizado será um Estado cuja actuação é previsível, em que a Administração está limitada por regras gerais e abstractas, em que as esferas de autonomia dos cidadãos e a vida económica não estão à mercê de ingerências arbitrárias do Monarca, mas antes protegidas e salvaguardadas pelas decisões racionais da *sociedade esclarecida*, representada no órgão da vontade geral".

A generalidade e a abstração da lei *garantem o indivíduo contra a arbitrariedade estatal*, porque isso é indispensável ao "cálculo e segurança inerentes à produção capitalista"; mas o "cálculo e segurança inerentes à produção capitalista" reclamam também previsibilidade no comportamento dos agentes econômicos.

Isto é: cada agente econômico necessita de garantias (i) *contra o Estado* e (ii) *contra os outros agentes econômicos que atuam no mercado*. Vale dizer, cálculo e segurança inerentes à produção capitalista exigem uma *dupla garantia*: (*a*) contra o Estado (= *liberalismo político*) e (*b*) em favor do mercado (= *liberalismo econômico*).

A lei assegura a primeira garantia (correspondente ao *liberalismo político*) e, concomitantemente, é posta a serviço da preservação do mercado (= *liberalismo econômico*; a liberdade econômica em suas duas faces, *liberdade pública* e *liberdade privada*[56]).

Em síntese: o que se protege são as *autonomias individuais dos agentes econômicos* (em termos diretos e incisivos: as *autonomias individuais dos produtores burgueses*[57]). Daí a fundamental importância, para a circulação mercantil, do conceito de sujeito de direitos, que supõe a capacidade de contratar de indivíduos livres e iguais.[58]

54. Vide Jorge Reis Novais, *Contributo para uma teoria do Estado de Direito*, pp. 32-33.
55. Idem, p. 33.
56. Neste livro, item 89, pp. 203-205.
57. Vide Jorge Reis Novais, ob. cit., p. 33, nota 64.
58. Vide meu *O direito posto e o direito pressuposto*, cit., pp. 118 e ss. e 167.

A racionalidade jurídica do direito moderno coincide com a afirmação jurídica da primazia das autonomias individuais, o que envolve as *declarações de direitos*, o movimento do constitucionalismo liberal e suas técnicas, especialmente a da separação dos poderes e a da legalidade (= princípio da legalidade da Administração). Objetivamente: *liberalismo político* e *liberalismo econômico* se entrelaçam de modo tal que, sob pena de comprometimento da essência de um e outro, não se os pode cindir. E que fique bem nítido que os adeptos do primeiro estão, ingenuamente ou não, a serviço do segundo.

Daí ser necessário desnudarmos o comprometimento dos "direitos fundamentais" e dos "direitos do homem" com a afirmação da primazia das autonomias individuais, quer dizer, autonomias individuais dos que podem tê-las, ou seja, dos proprietários burgueses. O fato é que as teorizações do Estado de direito nascem da luta da burguesia contra o poder absoluto do monarca, isto é, da luta pelo Estado juridicamente controlado/limitado, cuja legitimidade não carece mais de fundamento teológico, transcendente, metafísico.

11. Paralelamente ao desempenho da função de integração e modernização capitalista, originariamente referida como de *acumulação*, o Estado implementa duas outras, a de *legitimação* e a de *repressão*.[59]

No exercício da função de legitimação o Estado pretende atribuir ao sistema capitalista e à sua ordem política o reconhecimento de que sejam corretos e justos. Neste sentido, observa Habermas (*Zur Rekonstruktion des Historischen Materialismus*, cit., pp. 271 e 272; pp. 243 e 244 na tradução espanhola) que a legitimidade constitui uma pretensão de validez discutível, de cujo reconhecimento (ao menos) fático depende (também) a estabilidade de uma ordem de dominação. Enfatiza, porém, o fato de que os problemas de legitimidade só afetam as ordens políticas: apenas elas podem ter e perder legitimidade e somente elas requerem legitimidade.

59. V. Edward S. Greenberg, "A regra de classe sob a Constituição", in *A Constituição norte-americana*, pp. 51 e ss.

No exercício da função de *legitimação* o Estado, promovendo a mediação de conflitos de classe, dá sustentação à hegemonia do capital. Atuando como agente unificador de uma sociedade economicamente dividida e, ademais, fragmentada em grupos de interesses adversos, promove – e o direito positivo é o instrumento primordial dessa promoção – o que tenho referido como a transformação da luta social em jogo.[60]

Papel dos mais relevantes é desempenhado, nesse contexto, pela Constituição formal, que, enquanto sistema semântico ideologizado, constitui o modo de institucionalização – porque lhe dá forma – do mundo capitalista.[61] Constitui, porém, uma interpretação parcial desse mundo, ou seja, da ordem capitalista, que é de ser completada pela Constituição material. Essa interpretação parcial introduz uma falsa consciência desse mundo, à qual não se pode escapar mercê da *repressão*.

> A Constituição, como ensinou Ferdinand Lassalle,[62] é a expressão escrita da soma dos *fatores reais* do poder que regem uma nação; incorporados a um papel, já não são simples *fatores reais* do poder, mas *fatores jurídicos*, são instituição jurídica. Daí a concepção da oposição entre *constituição real e efetiva* e *Constituição escrita*. A Constituição escrita é boa e duradoura enquanto corresponder à constituição real e encontrar suas raízes nos *fatores reais do poder* hegemônicos no país; onde a Constituição escrita já não corresponder à constituição real instalar-se-á um conflito no qual a primeira sucumbirá.[63]

Observe-se neste passo que a *repressão* capitalista não se manifesta necessariamente *ex post*, como instância subseqüente à da *legitimação*. A *repressão* está imiscuída na concepção de *hegemonia*, de modo que ela se manifesta em um primeiro momento como *auto-repressão*, suficiente para colocar em situação de lealdade e

60. V. meu *O direito posto e o direito pressuposto*, pp. 115-117. Lembre-se que o Estado moderno não é um todo homogêneo, no seu interior desenrolando-se também a luta de classes.

61. V. Umberto Eco, *Tratado Geral de Semiótica*, p. 245. O Estado, por outro lado, pode e deve ser visualizado como a *forma* da sociedade capitalista, como a forma atual do político (Michel Miaille, *El estado del Derecho*, p. 28).

62. *A essência da Constituição*, ob. cit., p. 19.

63. Lassalle, ob.cit., p. 41.

adesão ao capitalismo a massa quantitativamente mais significativa da sociedade civil.

E, naturalmente, tanto maior será o grau de eficácia da legitimação e da auto-repressão capitalista quanto mais convincente forem os mitos na Constituição formal.

12. A Constituição formal, em especial enquanto concebida como meramente programática – continente de normas que não são *normas jurídicas*, na medida em que define direitos que não garante, na medida em que esses direitos só assumem eficácia plena quando implementados pelo legislador ordinário ou por ato do Executivo –, consubstancia um instrumento retórico de dominação. Porque esse o seu perfil, ela se transforma em mito.

O mito é forma específica de manifestação do ideológico no plano do discurso (cf. Warat, *Mitos e teorias na interpretação da lei*, Síntese, Porto Alegre, 1979, p. 127). A respeito do tema, desenvolvi as seguintes observações em meu *A Constituinte e a Constituição que teremos*, Ed. RT, São Paulo, 1985, pp. 20-22: "A ideologia, mediatizada pela linguagem, é fonte de produção de sentido. Não, porém, na acepção comum de sentido, mas como *valor de referência*. A ideologia não produz *significados* que valham por si mesmos, mas valores-verdades que se auto-referenciam, ou seja, *valores referenciais* que são verdadeiros ou falsos conforme suas relações com as pautas ideológicas que compõem sua instância de enunciação, seja como conformidade, seja como contraste. O valor do *verdadeiro* ou *falso*, assim, no âmbito da ideologia, é arbitrário, formal – não ontológico, conteudístico. Por isso mesmo a ideologia é *referencial* ou *monossignificativa*, desconhecendo no real, por não reconhecer, tudo quanto seja com ela incompatível. Nisso é que o discurso ideológico e o discurso mítico se aproximam: ambos instauram um horizonte objetivo para os comportamentos e atitudes do homem, embora o primeiro se insira e viva da História e o segundo se desenvolva em uma realidade não-histórica, atemporal e sem espaço. Note-se que o mito aparenta ser uma revelação do que foi e permanece sendo. Não obstante, o mito funciona como recurso lingüístico no discurso ideológico de quem tem condições de, através dele, exercer dominação social. Os mitos são descritos como formas de fé popular que não nasceram da reflexão racional do povo, mas de sentimentos pré-racionais, emotivos. Desvendados, porém, desnuda-se a racionalidade deles em quem os *inventa*, o que evidencia não serem senão uma manifestação cultural. O mito, em verdade, não passa de uma *invenção*, consciente ou inconsciente, do homem ou de um grupo de homens, cuja finalidade é a instauração de uma (nova?) ordem. Penso possamos sustentar, assim, que o momento da 'desmitização da cultura', no iluminismo racionalista, estruturado sobre a afirmação da obscuridade dos mitos, característica – conforme se alegou – das Idades Antiga e Média, não consubstanciou senão um momento de *substituição de mitos*. Mitos irracionais ou inconscientes são, então, substituídos por outros, mitos também, porém definidamente conscientes e racionais nos que os inventam – como racionais e conscientes, embora hermeticamente, foram aqueles nos que os inventaram. Invenção nítida do homem (ou de um grupo de homens), os *mitos modernos* – não o mito *para o homem*, como o mito drumondiano de 'fulana', mas o mito para o povo – são como expressões esotéricas, a serem 'consumidas' pela sociedade. São, assim, impostos à sociedade, funcionando como instrumentos lingüísticos de dominação que tanto mais prosperam quanto mais sejam acreditados. As Constituições formais inúmeras vezes consubstanciam modalidade exemplar de mito moderno. Por um lado, instalam no seio da coletividade a convicção de que se vive sob a égide do Estado de Direito: se a Constituição, documento formal, existe, temos instituído o regime do Estado de Direito. Por outro – sobretudo a partir do instante em que, tocadas por um gesto de brilhantismo invulgar, a burguesia faz incluir nela um capítulo atinente aos direitos econômicos e sociais – funcionam como anteparo às expansões da sociedade, amortecida naquilo que seria expressão de sua ânsia de buscar a realização de aspirações econômicas e sociais. A Constituição, então, instaura o 'Estado Social' e passa a ser exaustivamente 'consumida' pela sociedade. Pouco importa que suas disposições tenham caráter programático, contemplem direitos não juridicamente exeqüíveis, isto é, não garantidos. Outro lance de brilhantismo invulgar encontra-se na teorização da distinção entre direitos e garantias. Pacificam-se as consciências das ordens privilegiadas e os néscios encontram o conforto próprio aos que vivem sob a égide da Constituição, devidamente conformados – seja porque se tornam pacíficos, seja porque seus comportamentos assumem padrões predeterminados, na dupla denotação do vocábulo. A Constituição, assim – isto é, o documento formal denominado 'Constituição' –, desnuda-se como instrumento de dominação ideológica. É mito que acalentamos, dotado de valor referencial exemplar, na medida em que contribui eficazmente para a preservação da ordem que não se pretendia *instaurar*, mas, simplesmente, *manter*. Não importa – repita-se – que os direitos econômicos e sociais nela instituídos não se realizem em relação a cada qual ('fulana sequer me vê') se cada qual pode se refestelar no gáudio de viver sob a égide da Constituição". V. também Alicia E. C. Ruiz, "La ilusión de lo jurídico", in *Crítica Jurídica, Revista Latinoamericana de Política, Filosofía y Derecho*, 4, 1986, Universidad Autónoma de Puebla, pp. 161 e ss.

Por isso mesmo é que se pretende, sempre, conferir *racionalidade* à Constituição. O episódio da instituição de uma "comissão de notáveis", incumbida da elaboração de um anteprojeto que se prestaria a servir de modelo para os constituintes da "Nova República", em 1987, é bem expressivo dessa circunstância. Essa "comissão de notáveis", de toda sorte, não deixaria Aristóteles de qualificá-la como *oligárquica*. Recorro a trecho de *A Política*: "Cependant il peut exister aussi certaines magistratures particulières à des formes spéciales de gouvernement, par exemple l'office des conseillers préparateurs. Cet office n'a rien de démocratique, bien qu'un Conseil soit de nature populaire, car il faut bien qu'il y ait quelque corps du genre de ce dernier qui aura le soin de préparer les délibérations du peuple, pour lui éviter d'être distrait de ses occupations; mais si les membres qui composent cette commission préparatoire sont en petit nombre, on est en pleine oligarchie, et comme c'est une nécessité que les conseillers préparateurs soient peu nombreux, *il en résulte qu'ils constituent bien un élément oligarchique*" (grifei) (IV, 15, trad. de J. Tricot, Librairie Philosophique J. Vrin, 4ª tir., Paris, 1982, p. 327).

Mítica foi a Constituição Mexicana, de 1917, dedicando um longo capítulo à definição de princípios aplicáveis ao trabalho e à previdência social, sem porém institucionalizar os direitos que enunciou – atribuiu ao Congresso da União a emissão de leis que o fariam.

A Constituição de Weimar, de 1919, é também programática. Nela e na do México, ademais, a evidência do projeto ideológico que contemplam, de amortecimento do conflito de classes, é flagrante. Veja-se o art. 165: "Os operários e empregados são chamados a colaborar, em comum, com os patrões em igualdade de direitos, na regulamentação das condições de salários e de trabalho, assim como no conjunto do desenvolvimento econômico das forças de produção". A mexicana remete a composição dos conflitos entre capital e trabalho a Juntas de Conciliação e Arbitragem (art. 123, A, XX) e admite como lícitas as greves "quando tiverem por fim conseguir o equilíbrio entre os diversos fatores de produção, harmonizando os direitos do trabalho com os do capital" (art. 123, A, XVIII). A de Weimar, além de tudo, menos do que encaminhar uma organização coletivista – Conselhos Operários e Conselhos Econômicos – introduz um modelo de organização econômica corporativista (veja-se o art. 156, parte final).

Na mesma linha prosperam as Constituições formais capitalistas que se seguem a elas, seja na provisão da institucionalização de um "Estado Social", seja na implantação do "capitalismo social", noção que não resiste nem mesmo à contradição dos vocábulos que integram a expressão que a designa – só o processo de produção é social; o processo de acumulação capitalista é essencialmente individualista.

13. A legitimação da hegemonia do capital, nutrida pela mitificação da Constituição formal, é de outra parte reforçada mediante o desenvolvimento, pela burguesia, de uma retórica que distorce a realidade.

Assim, ela investe, freqüentemente, contra a "estatização da economia". Apenas, no entanto, essas investidas são consumadas à margem do Poder Judiciário. Tais discussões são produzidas fora de âmbitos nos quais poderiam prosperar, no sentido de coartar o desenvolvimento, pelo Estado, de sua função de integração e modernização capitalista. E isso porque – repita-se – o capitalismo assistencial reclama a estatização parcial da economia. Observe-se enfaticamente que, embora a estatização e o intervencionismo estatal no domínio econômico possam aqui ou ali contrariar os *interesses de um ou outro capitalista*, serão sempre adequados e coerentes com os *interesses do capitalismo.*

Pesquisa desenvolvida pela Fundação Casa de Rui Barbosa sobre a jurisprudência atinente à intervenção do Estado no domínio econômico (*Jurisprudência de Direito Administrativo – Domínio público e intervenção do Estado,* Fundação Casa de Rui Barbosa, Rio de Janeiro, 1981) detectou, no período de dez anos – 1967 a 1977 – entre 1.764 acórdãos examinados, menos de quarenta diretamente relacionados ao tema. E, diga-se mais, destes, a quase totalidade respeita a controle do abastecimento, preços, monopólio e repressão ao abuso do poder econômico.

Quanto à oposição entre interesse de capitalistas e interesses do capitalismo, o mesmo ocorria, tal qual observa Galgano (ob. cit., pp. 42 e 49), com o *ius mercatorum,* que protegia o interesse geral da burguesia e não os interesses de cada burguês em particular, pouco importando se, em nome daquele, cumprisse eventualmente sacrificar estes últimos.

No desempenho do seu *novo papel*, o Estado, ao atuar como agente de implementação de políticas públicas, enriquece suas funções de integração, de modernização e de legitimação capitalista.

Essa sua atuação, contudo, não conduz à substituição do sistema capitalista por outro. Pois é justamente a fim de impedir tal substituição – seja pela via da transição para o socialismo, seja mediante a superação do capitalismo e do socialismo – que o Estado é chamado a atuar sobre e no domínio econômico.

O *sistema capitalista* é assim preservado, renovado sob *diverso regime*. O modo de produção, os esquemas de repartição do produto e os mercados capitalistas, no âmbito interno e no quadro internacional, são mantidos em sua integridade. Daí porque interessa ao capitalismo uma Constituição "progressista". Justamente no ser "progressista" é que a Constituição formal não apenas ensejará a manutenção da "ordem capitalista", mas conferirá operacionalidade plena ao poder detido pelas classes dominantes.

Uso o vocábulo "progressista", aqui, para qualificar movimentos – e a Constituição deve ser vista como um dinamismo – que, embora neguem e se oponham a uma perspectiva revolucionária, de ruptura político-social, supõem algum avanço e evolução, no sentido de prover alterações na organização de um sistema dado, sem contudo ferir a essência do sistema.

Observa Michel Foucault (*Histoire de la sexualité*, v. 1, "La volonté de savoir", Éditions Gallimard, 1976, p. 190): "Les Constitutions écrites dans le monde entier depuis de la Révolution française, les Codes rédigés et remaniés, toute une activité législative permanente et bruyante ne doivent pas faire illusion: ce sont là les formes qui rendent acceptable un pouvoir essentiellement normalisateur".

Paralelamente a isso, ademais, o capitalismo modernizado – "progressista" – promove a fragmentação social, o que também é induzido pela Constituição formal: os cidadãos se refletem nela como parte não da sociedade de classes, mas da sociedade de massa.[64]

64. Cf. Edward S. Greenberg, ob. cit., p. 55.

O crescimento populacional implica a ocupação dos espaços do mundo. Mas essa ocupação é fragmentada, na medida em que a intercomunicação entre os indivíduos é comprometida. Embora os homens estejam mais próximos uns dos outros, não se comunicam entre si: a competição em que estão envolvidos os aparta. É a morte da *Gemeinschaft*, pelo predomínio da *Gesellschaft*. A energia que vem da densidade populacional, estranhamente, afasta os homens uns dos outros, não os fraterniza.

E assim – o que é mais importante para a integridade do capitalismo – essa fragmentação, além de comprometer a autenticidade da representação política, impede a superação da "ordem capitalista", que apenas se autotransforma – isto é, se aperfeiçoa. Não se torna possível, destarte, a *mudança* dessa ordem senão desde perspectivas coartáveis pela repressão.

13a. Sucede que o *novo papel* do Estado passou a ser vigorosamente questionado desde os anos oitenta do século passado, na afirmação dos discursos da *desregulação* e do *neoliberalismo*. Tratei desses dois temas também em meu *O direito posto e o direito pressuposto*,[65] que já me permiti tomar como texto introdutório a esta minha análise da ordem econômica na Constituição de 1988.

14. Em relação à sociedade brasileira, algumas breves indicações devem ser anotadas.

Em primeiro lugar, tem-se como evidente que, no nosso caso, qualquer reformulação da participação do Estado na economia pressupõe, necessariamente, a sua *desprivatização* (*desprivatização* dele, Estado). Quanto a essa participação, aliás, quando quantificada em termos de PIB, não resulta mais elevada do que a que se manifesta, *v.g.*, no Japão, nos Estados Unidos, na Alemanha, na França, na Inglaterra. No que tange às arrecadações tributárias, decorrem, basicamente, da imposição de tributos indiretos regressivos. A carga tributária não é relativamente tão elevada, como se tem afirmado (geralmente por ignorância, mas também por má-

65. Ob. cit., pp. 90-106.

fé, em alguns casos), mas acentuadamente regressiva. O trabalho é muito mais vigorosamente tributado do que o capital.

No que respeita à redefinição do papel do Estado, reclama a identificação de setores indevida e injustificadamente, do ponto de vista social, atribuídos ao setor privado – aqui as áreas da educação e da saúde – bem assim de outros nos quais vem ele atuando, como agente econômico, também do ponto de vista social, injustificada e indevidamente.[66] É desde essas verificações que se haveria de orientar a política de privatização das empresas estatais. A política *neoliberal* também nessa matéria implementada é incompatível com os fundamentos do Brasil, afirmados no art. 3º da Constituição de 1988, e com a norma veiculada pelo seu art. 170.

A Constituição do Brasil, de 1988, define, como resultará demonstrado ao final desta minha exposição, um modelo econômico de bem-estar. Esse modelo, desenhado desde o disposto nos seus arts. 1º e 3º, até o quanto enunciado no seu art. 170, não pode ser ignorado pelo Poder Executivo, cuja vinculação pelas definições constitucionais de caráter conformador e impositivo é óbvia.

Assim, os programas de governo deste e daquele Presidentes da República é que devem ser adaptados à Constituição, e não o inverso. A incompatibilidade entre qualquer deles e o modelo econômico por ela definido consubstancia situação de inconstitucionalidade, institucional e/ou normativa.

Sob nenhum pretexto, enquanto não alteradas aquelas definições constitucionais de caráter conformador e impositivo poderão vir a ser elas afrontadas por qualquer programa de governo. E assim há de ser, ainda que o discurso que agrada à unanimidade nacional seja dedicado à crítica da Constituição.

66. Note-se bem, de toda sorte, que, no Brasil, os empresários nacionais e estrangeiros não assumiram o papel de inovadores, arcando com as responsabilidades disso decorrentes. Paradoxalmente, foi sempre o Estado que, entre nós, promoveu, suportando o seu custo, inovações empresariais. Neste sentido, o Estado brasileiro caracterizou-se como "schumpeteriano". Basta lembrarmos, aqui, os movimentos de criação de empresas estatais no governo Getúlio (década de 40 do século passado) e durante a ditadura militar (segunda metade da década de 60), além do desenvolvimentismo do governo Juscelino Kubitschek e do papel do BNDES e de outras agências e sociedades governamentais, como a EMBRAPA.

A substituição do modelo de economia de bem-estar, consagrado na Constituição de 1988, por outro, *neoliberal*, não poderá ser efetivada sem a prévia alteração dos preceitos contidos nos seus arts. 1º, 3º e 170. À luz dessa verificação cabe cogitarmos da relação de compatibilidade ou incompatibilidade entre a Constituição de 1988 e o programa de governo *neoliberal* introduzido por Collor e retomado por Fernando Henrique; a semelhança entre as propostas de reforma constitucional de ambos ainda não foi suficientemente analisada.

15. A unanimidade nacional a propósito da excelência do *neoliberalismo* e da *globalização da economia* basta, no mínimo, para que ambos sejam colocados sob suspeição, já que – como, em algum momento, disse Nelson Rodrigues – *toda unanimidade é burra.*

É sempre difícil escrevermos sobre o presente, especialmente se a prosa que produzimos é de caráter científico. Força é não nos perdermos no circunstancial, que inúmeras vezes ilude e nos desvia dos pontos centrais a serem apreciados na realidade. É sob essa reserva, necessária, que mantenho a exposição que segue, bem assim a que prossegue no item *15a*, consciente de sua provisoriedade.

As conclusões de Perry Anderson, em texto no qual faz um balanço do neoliberalismo,[67] são expressivas: "Economicamente, o neoliberalismo fracassou, não conseguindo nenhuma revitalização básica do capitalismo avançado. Socialmente, ao contrário, o neoliberalismo conseguiu muitos dos seus objetivos, criando sociedades marcadamente mais desiguais, embora não tão desestatizadas como queria. Política e ideologicamente, todavia, o neoliberalismo alcançou êxito num grau com o qual seus fundadores provavelmente jamais sonharam, disseminando a simples idéia de que não há alternativas para os seus princípios, que todos, seja confessando ou negando, têm de adaptar-se a suas normas".

O fato é que a apologia ideológica do mercado é produzida em função exclusivamente do interesse do investidor, que é o de

67. "Balanço do neoliberalismo", in *Pós-neoliberalismo*, p. 23.

baixar os custos que oneram a empresa (os salários, os tributos e as cargas sociais).[68]

> Isso compreendemos plenamente na medida em que seja bem ponderada a estreita vinculação que anela o *individualismo*, o *liberalismo* e o *utilitarismo*, produtos históricos surgidos em um mesmo período (o Século XVII), em um mesmo lugar (a Inglaterra e a França), conduzidos pela burguesia ascendente (Matthieu Douérin, ob. cit., p. 180).

O comprometimento, a partir dos anos setenta do século XX, dos níveis necessários de lucros das empresas e o desencadeamento de processos inflacionários que inevitavelmente conduziriam a uma crise generalizada das economias de mercado impunham, na concepção neoliberal – observa ainda Perry Anderson[69] – a manutenção de um Estado forte em sua capacidade de romper o poder dos sindicatos e no controle do dinheiro, mas parco em todos os gastos sociais e nas intervenções econômicas. "A estabilidade monetária – prossegue o autor[70] – deveria ser a meta suprema de qualquer governo. Para isso seria necessária uma disciplina orçamentária, com a contenção dos gastos com bem-estar, e a restauração da taxa 'natural' de desemprego, ou seja, a criação de um exército de reserva de trabalho para quebrar os sindicatos. Ademais, reformas fiscais eram imprescindíveis, para incentivar os agentes econômicos, então às voltas com uma estagflação, resultado direto dos legados combinados de Keynes e de Beveridge, ou seja, a intervenção anticíclica e a redistribuição social, as quais haviam tão desastrosamente deformado o curso normal da acumulação e do livre mercado". O desenho do programa se completa com a política de privatizações.

O capitalismo é essencialmente conformado pela *microrracionalidade* da empresa, não pela *macrorracionalidade* reclamada pela sociedade.[71] Mais do que apenas isso, no entanto, o neoliberalismo

68. Cf. Matthieu Douérin, "Idéal-type libéral et légitimation individualiste", in *Prétentaine*, n. 5, maio/1996, p. 174.
69. Ob. cit., pp. 10-11.
70. Ob. e loc. cits.
71. Ralph Miliband, *Socialismo para una época de escepticismo*, p. 29.

é fundamente anti-social, gerando conseqüências que unicamente as unanimidades cegas não reconhecem. O desemprego estrutural na Comunidade Européia alcança cifras elevadíssimas. Os países avançados suportam a estagnação econômica, com o empobrecimento dos assalariados. A América Latina passa por um processo de marcante desindustrialização. Os Estados nacionais, cujas dívidas explodem, "uma vez que seus títulos públicos alimentam o capital a juros globalizado",[72] entram em situação de falência fiscal.

Voltando os olhos para a nossa realidade verificamos que, ainda que a economia se recupere – o que é duvidoso, dado que a estabilidade monetária não é, por si, expressiva de recuperação econômica –, o social piora.[73] O fato é que, nas palavras de Pierre Salama,[74] é eticamente "inaceitável viver em uma sociedade que se fratura cada vez mais; é inaceitável viver nessas condições de desigualdade na distribuição de renda (desigualdade que se amplia cada vez mais); é extremamente inaceitável viver em um país onde são tão profundas as diferenças sociais entre pobres e ricos e, sobretudo, também onde essas desigualdades são tão acentuadas entre os próprios pobres".

De outra parte, a globalização é, essencialmente, *globalização financeira*; é isso que a distingue da característica internacionalizante do capitalismo.

> A desregulamentação financeira, que o programa neoliberal postula, criou condições muito mais propícias para a inversão especulativa do que produtiva, ensejando a prática de um volume astronômico de transações puramente monetárias (v. Perry Anderson, ob. cit., p. 16).
>
> Sobre a globalização, vide meu *O direito posto e o direito pressuposto*, cit., pp. 270 e ss.

Ademais – anotei em outra ocasião[75] – o modo de produção social globalizado dominante, além de conduzir não apenas à

72. José Carlos de Souza Braga, *Economia e fetiche da globalização capitalista*, 1996.

73. Neste sentido, Francisco de Oliveira, "Neoliberalismo à brasileira", in *Pós-neoliberalismo*, p. 26.

74. "Para uma nova compreensão da crise", in *Pós-neoliberalismo*, p. 53.

75. *O direito posto e o direito pressuposto*, cit., p. 81.

perda de importância dos conceitos de "país" e "nação", mas também ao comprometimento da noção de Estado, nos coloca diante do desafio, enunciado por Dahrendorf,[76] da quadratura do círculo entre crescimento econômico (criação de riqueza), sociedade civil (coesão social) e liberdade política: como harmonizar esses valores no clima do mercado global?

E mais: a *globalização* ameaça a sociedade civil, na medida em que:[77] (i) está associada a novos tipos de exclusão social, gerando um subproletariado (*underclass*), em parte constituído por marginalizados em função da raça, nacionalidade, religião ou outro sinal distintivo; (ii) instala uma contínua e crescente competição entre os indivíduos; (iii) conduz à destruição do serviço público (= destruição do espaço público e declínio dos valores do serviço por ele veiculados). Enfim, a *globalização*, na fusão de competição global e de desintegração social, compromete a liberdade.[78]

Por fim, a alusão às esperanças de um *globalismo* no sentido de uso eficiente dos recursos mundiais é de uma hipocrisia monumental. O nosso futuro mais imediato lastimavelmente pode ter sido antevisto por Pierre Salama,[79] na afirmação de que, nos países como a Argentina, o México e o Brasil, as modalidades de integração ao comércio mundial supõem uma volta aos antigos modelos baseados na exportação de recursos naturais, ainda que esses países, em maior ou menor tamanho, sejam economias industriais já quase totalmente urbanizadas; isso conduzirá à quebra do aparato industrial e à geração de alto grau de desemprego.

15a. Os fatos se sucedem, em nosso tempo, com enorme velocidade, reclamando a contínua atualização de quaisquer textos que tratem da relação entre Estado e Economia. Ainda me parecem oportunas, não obstante, as notas que reproduzo, da edição anterior, sobre a crise que desde os últimos anos afeta os mercados, estendendo seus efeitos pelo mundo todo e assinalando o declínio do neoliberalismo.

76. *Quadrare il cerchio*, 4ª ed., pp. 20-21.
77. Cf. Ralf Dahrendorf, ob. cit., pp. 31 e ss.
78. Idem, p. 45.
79. Ob. cit., p. 52.

Altas taxas de desemprego, a crescente insegurança e precariedade das novas formas de ocupação, a exclusão social, deixam suas marcas em todos os cantos, inclusive na Europa. A economia capitalista apresenta (i) taxas de crescimento desanimadoras e (ii) taxas de investimento empresarial extremamente reduzidas. Apenas os mercados financeiros prosperam, aproveitando-se ainda dos efeitos da desregulamentação, que, como observa Luiz Gonzaga de Mello Belluzzo,[80] permitiram, mercê da fantástica mobilidade de capitais entre diferentes praças, uma crescente velocidade de inovação financeira, (i) sustentando elevadas taxas de valorização dos ativos e (ii) facilitando as fusões e aquisições de empresas em todos os setores.

O movimento de centralização do capital produtivo em escala mundial dá lugar a duas conseqüências relevantes: (i) surtos intensos de reorganização e redução de custos, com efeitos negativos sobre o emprego, e (ii) a redução do volume de ações nos mercados, ensejando novas ondas de "inflação de ativos".

Com esse panorama contrasta a "era dourada" dos trinta anos posteriores à II Guerra, quando vivemos um tempo mais feliz, caracterizado por altas taxas de crescimento do produto e incrementos da produtividade, elevação dos salários reais, reduzidas taxas de desemprego, ampliação do consumo de massa e criação de abrangentes sistemas de proteção ao bem-estar dos trabalhadores e dos cidadãos.

As críticas dos "reformistas-conservadores" a essa etapa do capitalismo são bem conhecidas, conduzindo, todas elas, à perversidade social.

O Estado é transformado no grande vilão e a receita passada é a seguinte: (i) desregulamentação dos mercados domésticos e eliminação das barreiras à entrada e saída de capital-dinheiro, de modo que a taxa de juros possa exprimir, sem distorções, a oferta e demanda de "poupança" nos espaços integrados da finança mundial; (ii) para os mercados de bens, submissão das empresas à concorrência global, eliminando-se os resquícios do protecionismo e de quaisquer políticas deliberadas de fomento; (iii) para

80. "Prefácio" da obra *Crise e trabalho no Brasil*. Para a exposição que segue valho-me reiteradamente do texto desse prefácio de Belluzzo.

os mercados de trabalho, flexibilização e remoção das cláusulas sociais.

A receita efetivamente conduziu à superação dos regimes inflacionários e ao desmantelamento progressivo das instituições e formas de coordenação da "era keynesiana", em especial de modo a enfraquecer o poder de barganha dos trabalhadores.

Quanto ao crescimento, ao emprego e à eqüidade o resultado é francamente negativo.

As taxas de crescimento são inferiores às do período "intervencionista". Além disso, o capitalismo falha escandalosamente em sua capacidade de gerar empregos, de oferecer segurança aos que consegue empregar e de alentar os empregados com as perspectivas de melhores salários. Aumentam significativamente as desigualdades, tanto nas sociedades desenvolvidas quanto nas regiões periféricas.

As taxas de desemprego alcançam o percentual de 10% da população economicamente ativa na Comunidade Européia.

> Estudo mostra que nos últimos anos, na França, a soma dos que se encontram em situação precária (3 milhões) e dos que são obrigados a aceitar tempo parcial (3,2 milhões) chega ao dobro da cifra estimada para os oficialmente desempregados (3 milhões). Desempregados, "precarizados" e trabalhadores em tempo parcial representam cerca de 37,5% da população economicamente ativa na França.

A observação de Ignacio Ramonet é veraz: "Cada epidemia, todos os historiadores o confirmam, é não apenas causa, mas também conseqüência de um momento histórico preciso".[81]

Não é por acaso que a epidemia de febre aftosa que arrasa os rebanhos ingleses se manifestou em um país que há vinte anos serve de laboratório do ultraliberalismo. A Inglaterra está hoje imergida em uma crise sem tamanho: "vaca-louca", inundações, regiões bloqueadas sob a neve, sem eletricidade, catástrofes ferroviárias etc.

As decisões que permitiram esses dramas foram tomadas, muito conscientemente, inspiradas pelo neoliberalismo.

81. *Le Monde Diplomatique*, abril de 2001.

A epidemia de febre aftosa é devida à busca de rentabilidade, que levou os operadores a economizar custos, sacrificando a segurança em favor de suas margens de lucro.

Em nome da desregulamentação, os governos de Margaret Thatcher mandaram às favas o princípio da precaução e chegaram ao ponto de destruir inteiramente o serviço nacional de Veterinária.

Além disso, outra decisão nefasta foi adotada em 1991: para economizar 1 bilhão de euros e favorecer as exportações, proibiu-se a vacinação de animais.

Essas medidas, próprias de uma agricultura produtivista, é que criaram as condições da peste, contra a qual somente se pode lutar conforme os métodos arcaicos aplicados desde a Antigüidade – ou seja, mediante a instauração de rigoroso protecionismo.

Também o desespero da competição, a corrida desenfreada ao maior benefício e ao mais barato, encontram-se na origem da doença da "vaca-louca".

Diz o *Le Monde* de 13.3.2001 que todas as pesquisas revelam um liame entre certas modificações do processo de fabricação de farinhas animais inglesas e o surgimento do *prion*, partícula infecciosa protéica, de natureza e método de ação mal-conhecidos, que seria o agente de encefalopatias espongiformes.

Em 1981 os fabricantes britânicos suprimiram uma etapa do processo de fabricação dessas farinhas: eles reduziram a temperatura (economia de energia) e suprimiram os solventes (economia de matérias-primas). Essas duas modificações impedem a erradicação do *prion* e induzem a sua expansão.

Uma lógica idêntica a essa conduziu os governos britânicos, desde 1979, a multiplicar as privatizações, com o quê as estradas de ferro foram vendidas ao setor privado a partir de 1996. Desde então os acidentes se sucederam, com a morte de 56 pessoas e mais de 730 feridos... A mídia acusa os novos operadores das ferrovias de sacrificar a segurança a fim de engordar seus lucros, em benefício de seus acionistas.

O total fracasso dessas privatizações torna-se evidente no colapso da *Railtrack*, apelidada de *Failtrack*, que, privatizada, faliu, sendo agora, no segundo semestre de 2001, "renacionalizada".

Por isso mesmo o governo britânico teria já afastado definitivamente de seus planos a privatização do "Metrô" de Londres.

A Inglaterra apresenta os mais violentos contrastes sociais da Europa.

No que tange à assistência médica, uma pesquisa da Organização Mundial da Saúde coloca o Reino Unido na derradeira posição na União Européia.

As desigualdades entre os mais ricos e os mais pobres aumentaram. Mais de 5 milhões de britânicos se encontram em estado de pobreza absoluta. Quase a metade das mulheres são assalariadas a tempo parcial. A Inglaterra – segundo o *Le Monde* de 28.9.2000 e o *L'Expansion Paris* de 5.3.2001 – tem o maior número de crianças pobres de todos os países industrializados... (leia-se "países industrializados do hemisfério Norte").

15b. Examinei, em meu *O direito posto e o direito pressuposto*, na 5ª edição[82] – ao qual remeto o leitor – o fenômeno da globalização. Além das observações ali produzidas, algumas das quais – especialmente no que concerne ao mercado – reiteradas neste livro, permito-me anotar o quanto segue.

A globalização é um fato histórico; o neoliberalismo, uma ideologia.

A "globalização" decorre da terceira Revolução Industrial – informática, microeletrônica e telecomunicações –, realizando-se como "globalização financeira".

É isso que efetivamente surge de novo, a "globalização financeira", que permitiu que o dinheiro deixasse de ser, definitivamente, um mero intermediário na troca entre valores de uso, exercendo uma função própria, como propõe a fórmula de Marx, *D-M-D*.

O que agora se vê nos mercados financeiros internacionais é *D-D*, e não *D-M-D*. O dinheiro dobra-se sobre si mesmo, na esperança "de uma reprodução hermafrodita da riqueza abstrata".[83]

82. Pp. 270 e ss.

83. V. Luiz Gonzaga de Mello Belluzzo, Prefácio de *Crise e trabalho no Brasil*, p. 18.

O neoliberalismo é uma ideologia.

Quero dizer, com, isso, (i) que não há uma relação necessária entre globalização e neoliberalismo e (ii) que, outras fossem as condições político-sociais, a globalização poderia conviver com outras ideologias que se tornassem hegemônicas.

Seria perfeitamente viável a concepção de uma sociedade socialista globalizada. Precisamente essa, aliás, é a forma – internacional – que ela assume na utopia possível.

Élie Cohen,[84] após examinar detidamente a grande transformação da segunda metade do século XX, as várias modalidades de regulação e desregulação, aponta o nascimento de um poder arbitral internacional compartido, em diferentes níveis, por inúmeros organismos e entidades dotados de competências móveis e fluidas, com o marcante comprometimento das soberanias nacionais.

A resposta a essa preocupação não há de ser encontrada necessariamente em discursos radicais.

Encontramo-la, por exemplo, na alocução feita por Lionel Jospin no dia 6 de abril de 2001 na Universidade Cândido Mendes, no Rio de Janeiro.[85]

A mundialização – dizia o então Primeiro-Ministro francês – é uma questão de natureza política, que exige uma resposta política, a resposta dos governos: "Les associations et les organisations non gouvernementales n'ont pas une légitimité ni une capacité d'agir du même ordre que celle que confère la souveraineté, surtout lorsque celle-ci procède du suffrage universel. Le rôle des États reste donc déterminant".

O bom funcionamento de uma economia de mercado depende de regras estáveis. As instituições de *Breton Woods* devem perseguir sua evolução. Necessitamos de novas regras prudenciais, que devem reforçar as legislações dos Estados.

E Jospin dizia esperar que o FMI examine em quais condições uma "viscosidade" – fonte de estabilidade – possa ser introduzida na circulação dos capitais.

84. *L'ordre économique mondial – Essai sur les autorités de régulation*, 2001.
85. *Le Monde* de 18.4.2001, p. 16.

Defendia a taxação sistemática dos fluxos de capital, com objetivo não diferente do que a "taxa *Tobin*". A anulação da dívida pública dos países mais pobres era por ele assumida.

E prosseguia afirmando que a mundialização controlada pelos Estados pode conduzir a um novo universalismo, aquele dos direitos humanos – uma mundialização com rosto humano, isto é, humanizada.

Para tanto – concluiu –, as forças econômicas que se manifestam na economia globalizada devem ser orientadas, o que exige governos responsáveis, determinados a agir com voluntarismo, instituições multilaterais legítimas e transparentes que respeitem os direitos de todos os Estados. Assim a comunidade internacional poderá organizar a mundialização segundo e conforme o Direito e a Justiça.

O caminho alternativo, do abandono das responsabilidades políticas em benefício de leis pretensamente naturais, que passariam a guiar os destinos de nossa sociedade – agora digo eu –, conduzirá ao sacrifício ainda maior da sociedade.

Há marcante contradição entre o neoliberalismo – que exclui, marginaliza – e a democracia, que supõe o acesso de um número cada vez maior de cidadãos aos bens sociais. Por isso dizemos que a racionalidade econômica do neoliberalismo já elegeu seu principal inimigo: o Estado Democrático de Direito.

O discurso neoliberal confronta o *discurso liberal*, que viabilizou o acesso da generalidade dos homens não apenas a direitos e garantias sociais, mas também aos direitos e garantias individuais. Pois é contra as *liberdades formais*, no extremo, que o *discurso neoliberal* investe.

A exclusão social se dá sob múltiplas modalidades – são excluídos, afinal, tanto a vítima do crime quanto o criminoso.

Vivemos um momento marcado pela insegurança e pelo comprometimento da coesão social.

Como reagem os intelectuais diante disso? Como reagem os intelectuais em face das novas formas da Revolução?

Faltam horizontes aos intelectuais, preocupados com a restauração das condições mínimas para que se assegure a dignidade dos homens.

Não obstante, a Revolução assume novas formas, freqüentando o nosso cotidiano.

Mais trágica e cruel do que jamais se pudera imaginar, ela está às nossas portas; nas ruas e em nossas casas, onde já não vivemos mais tranqüilos, em segurança, em paz; em cada sinal de trânsito, onde nos esperam nossas pobres crianças assassinas.

Não bastará, para contê-la, o "Estado-Javert",[86] que a isso pretendem reduzir o Estado os neoliberais mais exaltados, crentes de que a questão social é um caso de polícia.

Urge reconstruirmos o Estado Social, projeto que não pode ser recusado mesmo pelos adeptos bem-intencionados do capitalismo.

A verdade é que – como salienta John Gray[87] – em um mundo no qual as forças do mercado não estejam sujeitas a um controle ou regulamentação global a paz estará permanentemente em risco.

Dizendo-o de outro modo: é necessário que o Estado se empenhe na defesa do capitalismo contra os capitalistas.

> É oportuna a lembrança, aqui, da imagem do feiticeiro que já não consegue dominar as forças demoníacas que evocara. Para aplacá-las, afinal, é que o Estado aí está, com o direito que produz – o direito posto[88] –, a serviço da preservação do sistema.

Essa é uma contradição que somente pode ser plenamente compreendida quando tomamos consciência de que o capitalismo é portador de uma vigorosa virtude – a virtude da transformação. Ele não apenas se preserva, de modo a assegurar a possibilidade de reprodução das relações capitalistas, plasmando um mundo à sua própria imagem, mas também se encontra permanentemente em processo de transformação. Os movimentos, as ondas de juridificação, constituem prova cabal disso, na medida em que configuram, substancialmente, também a ampliação de

86. Faço alusão, aqui, ao personagem de Victor Hugo, n'*Os miseráveis*.
87. *False dawn*, p. 196.
88. V. meu *O direito posto e o direito pressuposto*.

direitos – direitos sociais e econômicos – titulados pelos indivíduos. Daí por que o neoliberalismo é autofágico: ao investir contra esses direitos, fere profundamente o próprio sistema.

Capítulo 2
ORDEM ECONÔMICA

16. Ainda que se oponha à *ordem jurídica* a *ordem econômica,*[1] a última expressão é usada para referir uma parcela da *ordem jurídica*. Esta, então — tomada como sistema de princípios e regras jurídicas — compreenderia uma *ordem pública*, uma *ordem privada*, uma *ordem econômica,* uma *ordem social.*

A ambigüidade de todas essas expressões é de tal ordem — e uso aqui, propositadamente, o vocábulo "ordem" — que a operacionalização dos conceitos que designam é sempre tormentosa.

A expressão *ordem pública*, não obstante, ganha sentido bem definido ao referir o conjunto de normas cogentes, imperativas, que prevalece sobre o universo das normas dispositivas, de direito privado (René Savatier, *La théorie des obligations*, 3ª ed., Dalloz, Paris, 1974, pp. 165 e ss.). Daí outra expressão, *lei de ordem pública*, isto é, norma jurídica que impacta sobre o universo das relações jurídicas privadas, de modo impositivo. A noção de *ordem pública*, assim firmada, é, nitidamente, expressão da ideologia liberal. Em torno dela (da noção de *ordem pública*), uma das questões mais ácidas que o estudioso do

1. Max Weber (*Economia y Sociedad*, v. I, cit., pp. 251 e ss.) refere a ordem jurídica como esfera ideal do dever ser e a ordem econômica como esfera dos acontecimentos reais.

direito tem a enfrentar. É que a distinção entre normas de ordem pública e normas que instrumentam o que denomino *intervenção por direção* (v. item 64) se impõe por inúmeras razões, bastando contudo, para assinalar a sua relevância, observarmos que, segundo o entendimento praticamente unânime da doutrina e da jurisprudência, as normas de ordem pública aplicam-se de imediato às situações às quais se voltam, apenas não impactando sobre *facta praeterita*, mas atingindo, além de *facta futura*, *facta pendentia*; já quanto às normas de intervenção por direção, não abrangeriam *facta pendentia*. É certo ser impossível, como afirma Vicente Ráo (*O direito e a vida dos direitos*, v. I, reedição, Max Limonad, São Paulo, 1960, p. 237), indicarmos *a priori*, por via de definição ou conceito geral, todas as normas de ordem pública. Ademais, a doutrina tem incidido no equívoco de superpor, de um lado, ordem pública e Direito Público e, de outro, ordem privada e Direito Privado. A propósito, lê-se em Gabba (*Teoria della retroattivitá delle leggi*, v. 1, 3ª ed., Unione Tipográfico-Editrice, Milão, 1891, p. 152): "Chi puó invero tracciare un confine fra l'ordine privato e l'ordine pubblico, fra il bene privato e l'interesse della societá?" Ora, ainda que no último termo da sentença como que invertendo os critérios do Digesto 1.1 — *publicum jus est quod ad statum rei publicae spectat; privatum, quod ad singulorum utilitatem* — o que subjaz nas afirmações da impossibilidade de se distinguir *ordem pública* do seu oposto — a *ordem privada* — não é senão conseqüência daquela equivocada superposição (v. Carlos Maximiliano, *Hermenêutica e aplicação do direito*, 6ª ed., Livraria Freitas Bastos, Rio, 1957, p. 270). Nisso, o que no fundo se tem sustentado não é simplesmente a aplicação imediata das *disposições de ordem pública*, mas sim da *generalidade das normas de Direito Público*! Ocorre, todavia, que nem se superpõem ordem pública e Direito Público — basta que se mencione, para cabalmente demonstrá-lo, o direito premial (legislação de incentivos tributários e financeiros, *v.g.*, no quadro das normas de intervenção por indução), integrado no bojo do Direito Público — nem o confronto se esgota na oposição entre dois termos (ordem pública e ordem privada). Considere-se a exposição de Gerard Farjat (*Droit Économique*, 2ª ed., PUF, Paris, 1982, pp. 49-50): *ordem pública econômica* é o conjunto das medidas, empreendidas pelo poder público, tendentes a organizar as relações econômicas; opõem-se à *ordem pública econômica* tanto a *ordem privada econômica* quanto a *ordem mista*, que constitui a economia concertada — esta última compreende, além de medidas "incitativas", medidas autoritárias; a ordem pública retira sua força da noção técnica do Direito Civil, inserida no art. 6º do Código Civil francês; respeita ao conjunto das medidas *autoritárias* (cogentes) tomadas pelos poderes públicos e concernentes à atividade econômica; o *conteúdo* da noção (isto é, da noção de *ordem pública*) marca-se na circunstância de expressar legislações de exceções, exteriores ao Direito Civil clássico; o conteúdo da *ordem pública econômica* se opõe, traço por traço, à *ordem pública clássica*; esta última é uma ordem de *exceção* (a liberdade contratual é a regra); a *ordem pública clássica* é definível pelo seu conteúdo: é constituída pelo conjunto dos princípios fundamentais sobre os quais repousa a sociedade; ela — a *ordem pública clássica* — é puramente *proibitiva* ou negativa; já a *ordem pública econômica* não é mais uma *noção de exceção*, porém um "instrumento técnico de uma legislação diversificada concorrente com o Direito Civil clássico"; cuida-se de uma noção funcional; a natureza do comando é que se transformou: à interdição (proibição, negação), sucedeu uma grande diversidade de técnicas de intervenção. Farjat distingue, com nitidez, as imagens de *ordem pública clássica* e do que denomina *ordem pública econômica*. Assim, ao contrário do que tantas vezes tem ocorrido, não se perde na equivocidade da própria *imagem* intencionada (de *intenção*, e não *intensão*) por quem pronuncia a expressão "ordem econômica", cuja vagueza, enquanto *termo* do *conceito* de ordem pública, é evidente (v. meu *O direito posto e o direito pressuposto*, cit., 1ª ed., pp. 144 e ss., 5ª ed., pp. 195 e ss.). A exposição que desenvolve resulta no entanto obnubilada, mercê da insistência no emprego da expressão *ordem pública* (*ordem pública clássica* e *ordem pública econômica*, além de *ordem pública mista*). Aí, mais uma vez, a linguagem arma ciladas nas quais nós, os estudiosos do direito, nos enredamos. Embora estejamos diante de objetos distintos, diversos entre si — e Farjat o demonstra — por que permanecemos a referi-los, ambos, por uma mesma expressão, ainda que diversamente qualificada? Recorro, aqui, ao que observa Genaro Carrió (*Notas sobre Derecho y lenguaje*, 3ª ed., Abeledo-Perrot, Buenos Aires, 1986, pp. 35-36): imaginemos que alguém me pergunta se há um gato na casa ao lado; abro a porta e vejo um animal cuja aparência reúne todas as características que normalmente exibem os gatos; respondo, portanto, que sim; meu interlocutor, no entanto, insiste, perguntando-me se estou seguro do que afirmo; torno a abrir a porta e examino o animal mais de perto; neste momento o gato me encara e, em um impecável português, exclama: "não me amole!" (ou algo semelhante); e, ato contínuo, começa a crescer de modo a, em um instante, alcançar a altura de dois metros, para em seguida reassumir seu tamanho e comportamento habituais; a pergunta que cabe é a seguinte: posso continuar chamando a este curioso espécime de gato? Em outros termos: posso continuar (pode Farjat fazê-lo?) chamando o espécime em questão de "ordem pública", ainda que a qualifique como "econômica"? Embora possa responder afirmativamente a essa questão, enfatizando a ressalva de que sempre especificarei o tipo de "gato" a que me refiro — e o adjetivo "econômico" estará se prestando a tal —, tudo indica que, no caso, o compromisso com a clareza, a que deveríamos estar jungidos, recomenda uma substituição de expressões. Daí porque não me refiro a "gato" — ou "gato + adjetivo A" e a "gato + adjetivo B" — mas sim a *ordem pública* e a *intervenção por direção* (se pretendesse aludir a *"ordem mista"*, usaria, conjuntamente, as expressões *intervenção por direção* e *intervenção por indução*). O que se tem como certo, de toda sorte — ainda que seja impossível indicar *a priori*, por via de definição ou conceito geral, como anota Vicente Ráo, todas as normas de ordem pública —, é o fato de que traços bem definidos apartam as disposições de ordem pública das normas de intervenção por direção, permitindo-nos iluminar a zona cinzenta nas bordas da linha que as separa, de modo a indicarmos as que em um e em outro grupo se inserem: (a) as normas de ordem pública estão voltadas à preservação das condições que asseguram e sobre as quais repousa a estrutura orgânica da sociedade, ao passo que as normas de intervenção por direção instrumentam políticas públicas cuja dinamização envolve não meramente a preservação da paz social, mas a perseguição de determinados fins, nos mais variados setores da atividade econômica; as normas de ordem pública não apenas são compatíveis com ela, mas se compõem no núcleo da ordem jurídica do liberalismo, enquanto que as normas de intervenção por direção conduzem à transformação dessa ordem jurídica; (b) voltadas ao estabelecimento de um regime de segurança social, mediante a vedação de comportamentos que afetem o *status quo* prevalente na organização social, as normas de ordem pública incidem sobre a generalidade dos agentes, setores e atividades econômicas, de modo indistinto; já as normas de intervenção por direção preenchem o conteúdo funcional de determinadas situações jurídicas, distinguindo-as de outras — o estilo das disposições de ordem pública, ademais, não é amoldável às características destas últimas; (c) as normas de ordem pública compreendem uma *ordem de exceção* — são proibitivas, negativas, externas ao Direito Privado; as normas de intervenção por direção não expressam noção de exceção — compõem ordenação concorrente com a definida pelo Direito Privado, respeitando à regulação das obrigações, em geral, e dos contratos, de modo a, como anotam René David (Prefácio a *Le dirigisme économique et les contracts*, de Magdi Sobhi Khalil, LGDJ, Paris, 1967, p. VII) e René Savatier (*Du Droit Civil au Droit Public*, 2ª ed., LGDJ, Paris, 1950, p. 65), configurá-los como verdadeiros instrumentos de política econômica, transformados menos em uma livre construção da vontade humana do que em uma contribuição das atividades humanas, coordenadas pelo Estado, à arquitetura geral da economia nacional; (d) não se superpõem ordem pública e Direito Público, de um lado, e ordem privada e Direito Privado, de outro, nem o confronto de que se cuida, quando cogitamos da ordem pública, se esgota na oposição entre dois termos, *ordem pública* e *ordem privada*.

Cumpre anotar, ademais, a distinção que os franceses estabelecem entre *ordem pública econômica de direção* e *ordem pública econômica de proteção*. Farjat (*Droit Privé de l'Économie*, PUF, Paris, 1975, pp. 306-309) observa que a primeira tende a estabelecer uma certa organização da economia nacional, enquanto a segunda tem por fim proteger, em certos contratos, a parte economicamente mais fraca. Daí, também, a distinção entre uma *ordem pública superior* e uma *ordem pública inferior*. A *ordem pública econômica de direção*, mais próxima da ordem pública clássica, dela se distingue por não ser exclusivamente negativa, como no liberalismo, mas também positiva; seu conteúdo é extremamente *móvel*. A *ordem pública econômica de proteção*, por outro lado, engloba disposições (de proteção) das quais podem eventualmente renunciar os protegidos, embora somente após a sua efetiva aquisição. A propósito, as considerações de Jacques Ghestin (*Traité de Droit Civil — Les obligations — Le contrat*, LGDJ, Paris, 1980, pp. 90-91): "Ce qui justifie cet effort de qualification, malgré sa difficulté, c'est la nécessité d'y avoir recours afin d'essayer de systématiser le régime des regles qui constituent l'ordre public économique. Les regles que se rattachent à la protection de certaines catégories de personnes ne peuvent, en effet, être soumises au même régime que celles de l'ordre public de direction. Tout d'abord, si une regle impérative vise à protéger l'une des parties contre l'autre, il semble difficile d'ouvrir à cette derniere l'action en annulation. On a vu également que l'ordre public de protection constituait un minimum auquel les contracts pouvaient toujours déroger à la condition que ce soit en faveur de la partie protégée. Un tel principe est évidemment inapplicable à l'ordre public de direction, qui vise à imposer une politique économique et sociale. Enfin il est logique de permettre à la personne protégée de renoncer au bénéfice des droits qu'elle a ainsi obtenus, une fois du moins que sa protection n'est plus nécessaire. Une telle renonciation ne se conçoit guere pour l'ordre public de direction."

Além disso, o vocábulo *ordem* porta em si, na sua rica ambigüidade, uma nota de desprezo em relação à *desordem*, embora esta, em verdade, não exista: a desordem é apenas, como observa Gofredo da Silva Telles Júnior,[2] uma ordem com a qual não estamos de acordo. A defesa da *ordem*, desta sorte, sobretudo no campo das relações sociais e de sua regulação, envolve uma prefe-

2. *O Direito quântico*, 5ª ed., Max Limonad, São Paulo, 1980, p. 245.

rência pela manutenção de situações já instaladas, pela preservação de suas estruturas.

Esta preferência, se posta em termos radicais, envolverá uma opção pelo imobilismo, o que resulta insustentável, visto que mesmo as estruturas são, concomitantemente, *ato* e *potência*: toda estrutura é, em ato, o que é e, potencialmente, uma nova estrutura.

Assim, a passagem de uma ordem para outra envolveria a ruptura das estruturas da primeira. Esta suposição subjaz nas afirmações de que à *ordem jurídica liberal* sucede uma *ordem jurídica intervencionista*. E, ainda que isso, muitas vezes, não seja explicitamente declarado, o que marcaria essa sucessão seria a ampliação dos contornos da ordem jurídica liberal, decorrente da "regulação" da ordem econômica.

Aqui, também, inúmeras vezes, uma nota de ressentimento ideológico. A ordem jurídica liberal ratificaria e reforçaria uma *ordem (social) espontânea*, ao passo que a ordem jurídica intervencionista pretenderia a substituição dessa *ordem espontânea* por outra: daí a perniciosidade da ordem jurídica intervencionista, que estaria voltada à exclusão do *natural*, em benefício do *artificial*.

Nisso a suposição de que essa "regulação" seria uma inovação da ordem jurídica intervencionista.

17. A expressão "ordem econômica" é incorporada à linguagem dos juristas, sobretudo — mas também do direito — a partir da primeira metade deste século. Sob esse uso, de expressão nova, repousa, indiscutida — e como se fora indiscutível — a afirmação de que a ordem econômica (mundo do ser) do capitalismo foi rompida. Para tanto contribui, com enorme eficácia, a Constituição de Weimar, de 1919.

Entre nós, a referência a uma "ordem econômica e social", nas Constituições de 1934 até a de 1967, com a Emenda n. 1, de 1969 — salvo a de 1937, que apenas menciona a "ordem econômica" — e a duas ordens, uma "econômica", outra "social", na Constituição de 1988, reflete de modo bastante nítido a afetação ideológica da expressão. O que se extrai da leitura despida de senso crítico, dos textos constitucionais, é a indicação de que o capitalismo se transforma na medida em que assume novo caráter, *social*.

Além disso, faz-se também alusão a uma *ordem econômica internacional*,[3] expressão que, a um tempo só, conota ordem jurídica e ordem de fato.

A reiterada decisão, da Assembléia Geral da ONU, de estabelecer uma Nova Ordem Econômica Internacional — *v.g.*, Resoluções 3.281 (XXIX), de 12.12.74, que aprovou a Carta de Direitos e Deveres Econômicos dos Estados, e 3.362 (b-VII), de 16.9.75, sobre Desenvolvimento e Cooperação Econômica Internacional — supõe a preexistência de uma (velha) Ordem Econômica Internacional, que é necessário substituir por uma nova ordem como tal. Tratar-se-ia então, a velha, de uma ordem de fato; a nova, de uma ordem normativamente regulada (Héctor Gross Espiell, "El Nuevo Orden Económico Internacional", in *Derecho Económico Internacional*, Jorge Castaneda et alii, Fondo de Cultura Económica, México, 1976, p. 84). Dominique Carreau, Patrick Juillard e Thiebaut Flory (*Droit International Économique*, LGDJ, Paris, 1978, p. 24) a referem como a soma dos princípios diretivos e das regras jurídicas que organizam as trocas entre espaços econômicos submetidos a soberanias estatais diversas — uma *ordem jurídica*, pois. Já Julian D. M. Lew ("La loi applicable aux contracts internationaux dans la jurisprudence des tribunaus arbitraux", in *Le contract économique international*, Établissements Bruylant e Éditions A. Pedone, Bruxelas e Paris, 1975, p. 154), distinguindo *ordem pública interna*, *ordem pública externa* e *ordem pública internacional* — mas todas elas visualizadas desde a perspectiva do Direito Internacional Privado e não do Direito Internacional Público —, define a última como a ordem pública do *jus gentium*, referindo-a como equivalente à regra da moralidade internacional.

Daí por que se impõe apartarmos distintas conotações sob as quais a expressão é usada. As anotações de Vital Moreira[4] são extremamente úteis:

— em um primeiro sentido, "ordem econômica" é o modo de ser empírico de uma determinada economia concreta; a expressão, aqui, é

3. Washington Peluso Albino de Souza, *Direito Econômico*, Saraiva, São Paulo, 1980, pp. 207 e ss.

4. *A ordem jurídica do capitalismo*, Centelha, Coimbra, 1973, pp. 67-71.

termo de um *conceito de fato* e não de um conceito normativo ou de valor (é conceito do mundo do ser, portanto); o que o caracteriza é a circunstância de referir-se não a um conjunto de regras ou normas reguladoras de relações sociais, mas sim a uma relação entre fenômenos econômicos e materiais, ou seja, relação entre fatores econômicos concretos; conceito do mundo do ser, exprime a realidade de uma inerente articulação do econômico como fato;

— em um segundo sentido, "ordem econômica" é expressão que designa o conjunto de todas as *normas* (ou regras de conduta),[5] qualquer que seja a sua natureza (jurídica, religiosa, moral etc.), que respeitam à regulação do comportamento dos sujeitos econômicos; é o sistema normativo (no sentido sociológico) da ação econômica;

— em um terceiro sentido, "ordem econômica" significa ordem *jurídica* da economia.

18. O esclarecimento dessas distinções é indispensável à correta compreensão das sentenças nas quais esteja sendo utilizada a expressão. Não obstante a obviedade disso seja plena, é fora de dúvida que, inúmeras vezes, seja por culpa de quem a pronuncia, seja por falta de quem a ouve ou lê, a fluência e a coerência da sentença resultam comprometidas.

Evidente que, no contexto de um discurso jurídico, espera-se esteja a expressão a conotar o derradeiro sentido indicado por Vital Moreira: é de supor que a alusão, nesse contexto, a "ordem econômica" indique uma parcela da ordem jurídica. Isso, contudo, nem sempre ocorre. Tomo, para demonstrá-lo, do preceito inscrito no art. 170 da Constituição de 1988: "A ordem econômica, fundada na valorização do trabalho humano e na livre iniciativa, tem por fim assegurar a todos existência digna, conforme os ditames da justiça social, observados os seguintes princípios".

Ora, é natural que o leitor da Constituição nutra a expectativa de, ao tomar conhecimento do seu Título VII, nele encontrar, desde logo, no preceito que o encabeça, enunciado no qual compareça a expressão para conotar — ela, a expressão — porção da *ordem jurídica*, isto é, do mundo do dever ser.

A leitura do art. 170, que introduz aquele Título VII, o deixará, entretanto — se tiver ele o cuidado de refletir a propósito do que lê

5. Continuo a valer-me, como o farei até a explicitação do terceiro sentido sob o qual a expressão é utilizada, da exposição de Vital Moreira.

—, no mínimo perplexo. E isso porque neste art. 170 a expressão é usada não para conotar o sentido que supunha nele divisar (isto é, sentido normativo), mas sim para indicar o modo de ser da economia brasileira, a articulação do econômico, como fato, entre nós (isto é, "ordem econômica" como conjunto das relações econômicas).

Analisado porém com alguma percuciência o texto, o leitor verificará que o art. 170 da Constituição, cujo enunciado é, inquestionavelmente, normativo, assim deverá ser lido: as relações econômicas — ou a atividade econômica — *deverão ser* (*estar*) fundadas na valorização do trabalho humano e na livre iniciativa, tendo por fim (fim delas, relações econômicas ou atividade econômica) assegurar a todos existência digna, conforme os ditames da justiça social, observados os seguintes princípios...

> Diz o art. 151 da Constituição de Weimar: "A *organização da vida econômica* deverá realizar os princípios da justiça, tendo em vista assegurar a todos uma existência conforme à dignidade humana..." (grifei).

Esse exercício de reflexão, que se pratica no nível dos raciocínios primários, é inúmeras vezes desenvolvido de modo automático, de sorte que o leitor do texto em um átimo de tempo toma consciência de que, embora nesta *norma-objetivo*, insculpida neste art. 170, a expressão tenha sido empregada para designar uma realidade do mundo do ser, prossegue a Constituição, nos preceitos seguintes, a dispor normas que estão integradas na parcela da ordem jurídica que se refere como ordem econômica (mundo do dever ser, portanto). Toma consciência também, o leitor, de que mesmo o enunciado deste art. 170, tal como acima reescrito, é normativo, podendo inclusive, então, jogar com a ambigüidade da expressão, sem o risco de neste jogo se enredar. Verificará, então, que o art. 170, projetado nas disposições que a ele sucedem, diz algo que pode ser completado nos seguintes termos: "a *ordem econômica* deverá estar fundada na valorização do trabalho humano e na livre iniciativa, tendo por fim assegurar a todos existência digna, conforme os ditames da justiça social, observados determinados princípios (atendidas as normas que se seguem, que compõem a *ordem econômica*)".

Note-se que no derradeiro sentido (mundo do dever ser) volta a expressão a ser usada pelo texto constitucional, no § 5º do seu art. 173. Dessa circunstância adiante tratarei.

19. Não obstante a obviedade das distinções apontadas — repito — a generalidade das pessoas se enreda na ambigüidade da expressão. E isso, tanto quando o leitor não pratica nenhum exercício de reflexão, soçobrando então na inconseqüência a que o reduz sua incapacidade de raciocinar, quanto quando, embora o faça, não seja capaz de romper o mistério da ordem econômica. É esse mistério, de resto, responsável pelo fascínio que a expressão — tão-só a expressão — exerce sobre tantos.

É que a expressão "ordem econômica", ao ser utilizada como termo de conceito de fato, para conotar o modo de ser empírico de determinada economia concreta, apresenta essa mesma economia, realidade do mundo do ser, como suficientemente normatizada. Como o vocábulo "ordem", no seu amplo arco de denotações, significa, também, um conjunto ou mesmo um sistema de normas, a realidade do mundo do ser, quando referida pela expressão, é antecipadamente descrita (na síntese que a expressão encerra) como adequadamente "ordenada", isto é, normatizada e, portanto, regulada.

Daí porque essa realidade, por já se manifestar no mundo dos fatos de modo ordenado (auto-ordenado), regulada (autoregulada), prescindiria de qualquer outra ordenação ou regulação.

Além disso, o significado de harmonia que a expressão também veicula induz, na sugestão de que as partes do todo que é essa ordem caminham harmonicamente, a suposição de que nela se realiza harmonia plena entre capital e trabalho.

É discernível, destarte, no mero uso da expressão "ordem econômica" para conotar uma determinada economia, nítida feição ideológica. A ambigüidade que a polissemia da expressão instala conduz não apenas o leitor da Constituição, mas em especial os que dela tem distantes notícias, a nutrirem, em relação à ordem econômica — e aqui o mistério da expressão é reassumido em sua plenitude — simpatia ou antipatia, sobretudo antipatia.

20. Bem definida, destarte, como me parece ter restado, a distinção entre *ordem econômica* — mundo do ser — e *ordem econômica* — mundo do dever ser — e estipulado que este ensaio tem caráter jurídico e não econômico, é nítida a qualificação desta última (que é a *ordem econômica* da qual cogito) como parcela da ordem jurídica.

Em outra ocasião[6] a descrevi como conjunto de princípios jurídicos de conformação do processo econômico, desde uma visão macrojurídica, conformação que se opera mediante o condicionamento da atividade econômica a determinados fins políticos do Estado. Tais princípios — prossegui[7] — gravitam em torno de um núcleo, que podemos identificar nos regimes jurídicos da propriedade e do contrato.

O conceito de ordem econômica, se é de *ordem econômica constitucional* que cogitamos — e, de fato, é —, é próximo, bastante próximo, do conceito de Constituição Econômica, do qual adiante tratarei.

Anteriormente a isso, contudo, devo deitar atenção a dois aspectos cuja exploração, embora breve, torna-se não apenas oportuna, mas ainda necessária à compreensão das reservas sob as quais se deve fazer uso da expressão e do próprio conceito de ordem econômica.

21. Nossas anteriores Constituições, salvo a de 1937, como acima relembrei, dispuseram sobre a "ordem econômica e social", cuidando, a de 1988, de duas ordens, uma "econômica", outra "social".

A alusão, daquelas, a uma *ordem econômica e social* é creditada a um modismo no uso do adjetivo *social*, o mesmo que se manifesta na expressão *questão social* e vai repercutir nas escolhas das expressões *Direito Social* e *Legislação Social.*[8] A Constituição

6. *Elementos de Direito Econômico*, Ed. RT, 1981, p. 47.
7. Ob. cit., p. 48.
8. Geraldo Vidigal, ob. cit., p. 86.

de 1988, separando uma da outra — a *ordem econômica* da *ordem social* —, permanece a fazer concessão ao modismo.

Tanto antes como agora, no entanto, a alusão a uma e a outra, além de injustificada, conduz a ambigüidades.

De uma parte, a menção a *uma* ordem social (seja *econômica e social* ou tão-somente *social*) como subconjunto de normas constitucionais poderia nos levar a indagar do caráter das demais normas constitucionais — não teriam elas, acaso, também caráter social? O fato é que toda a ordem jurídica é social, na medida em que voltada à ordenação social. Ademais, poder-se-ia mesmo tudo inverter, desde a observação de que a ordem social — ordem normativa, da sociedade — abrange, além da ordem jurídica positiva, uma ordem ética, inúmeras ordens religiosas e diversas ordens jurídicas não "positivadas".

De outra parte, a alusão a uma *ordem econômica e social* ou a uma *ordem econômica* e a uma *ordem social* reproduz o equívoco semântico que supõe econômica a produção e social a repartição, equívoco que Geraldo Vidigal,[9] apoiado em Marx, também aponta.

> Observa Vidigal que "produção e repartição contituem duas faces de uma cadeia única de fatos, os fatos econômicos". Diz Marx (*El Capital*, III, cit.): "as relações de distribuição são essencialmente idênticas às relações de produção, o reverso delas, pois ambas presentam o mesmo caráter histórico transitório" (p. 811); e mais: "as chamadas relações de distribuição correspondem a formas historicamente determinadas e especificamente sociais do processo de produção" (p. 815); e ainda: "o caráter histórico das relações de distribuição é o caráter histórico das relações de produção, das quais aquelas apenas expressam um aspecto" (p. 815).

22. Um segundo tópico a ponderar é atinente ao fato de que, embora a expressão "ordem econômica" tenha sido incorporada à linguagem dos juristas e do direito a partir da primeira metade deste século — o que introduziria a afirmação de que a ordem econômica, parcela da ordem jurídica, aparece como uma inovação do século, produto da substituição da ordem jurídica liberal por uma ordem jurídica intervencionista —, a verdade é que sem-

9. Idem, pp. 86-87.

pre contiveram, as Constituições escritas, normas que se podem designar pela expressão.

Com efeito, corrigindo o equívoco — pelo qual me penitencio — de tomar a ordem econômica como "conjunto de princípios (apenas de princípios) jurídicos de conformação do processo econômico, desde uma visão macrojurídica...", no que indevida restrição do seu significado, a descrevo, agora, como o conjunto de normas que define, institucionalmente, um determinado modo de produção econômica. Assim, ordem econômica, parcela da ordem jurídica (mundo do dever-ser), não é senão o conjunto de normas que institucionaliza uma determinada ordem econômica (mundo do ser).

Vital Moreira ("Economia e Constituição", Faculdade de Direito — separata do *Boletim de Ciências Econômicas*, volume XVII, Coimbra, 1974, p. 35), tratando da Constituição Econômica, a conceitua como "o conjunto de preceitos e instituições jurídicas que, garantindo os elementos definidores de um determinado sistema econômico, instituem uma determinada forma de organização e funcionamento da economia e constituem, por isso mesmo, uma determinada ordem econômica; ou, de outro modo, aquelas normas ou instituições jurídicas que, dentro de um determinado sistema e forma econômicos, que (sic) garantem e (ou) instauram, realizam uma determinada ordem econômica concreta".

Ora, este sendo — como, de fato, é — o conteúdo do conceito de ordem econômica, dúvida não resta quanto a sua existência nas Constituições liberais.

Relembre-se que o direito, como demonstrei inicialmente, é elemento constitutivo do modo de produção: as relações de produção, quaisquer que sejam elas, não se podem reproduzir sem a "forma" do direito; o direito é instância de um todo complexo — a estrutura social global — instância no entanto dotada de eficácia própria, que se manifesta no bojo de uma relação de causalidade estrutural, resultante de interação dela (instância jurídica) com as demais instâncias desse todo complexo.

Assim, mesmo anteriormente ao advento da Constituições escritas, lá se encontravam, em cada sociedade, no bojo de suas ordens jurídicas, como parcela delas, *normas institucionalizadoras* das ordens econômicas (mundo do ser) nelas praticadas.

23. Não estou, com isso, a desmentir a primeira afirmação postulada neste ensaio: a contemplação, nas nossas Constituições, de um conjunto de normas compreensivo de uma "ordem econômica" — note-se que usei a expressão entre aspas —, ainda que como tal não formalmente referido, é expressiva de marcante transformação que afeta o direito.

Com efeito, ainda que a ordem jurídica sempre tenha estado voltada à regulação da ordem econômica (mundo do ser), o momento no qual aquela contemplação se dá é marcado, precisamente, pela transformação que referi.

Explico-me. As Constituições liberais não necessitavam, no seu nível (delas, Constituições liberais), dispor, explicitamente, normas que compusessem uma ordem econômica constitucional. A ordem econômica existente no mundo do ser não merecia reparos. Assim, bastava o que definido, constitucionalmente, em relação à propriedade privada e à liberdade contratual, ao quanto, não obstante, acrescentava-se umas poucas outras disposições veiculadas no nível infraconstitucional, confirmadoras do capitalismo concorrencial, para que se tivesse composta a normatividade da *ordem econômica liberal*.[10]

> As Constituições liberais, de resto, ainda que de modo implícito, sufragam uma determinada ordem econômica, sujeitando-se, assim, a uma "leitura econômica" (v. Charles A. Beard, *Una interpretación económica de la Constituición de los Estados Unidos*, trad. de Héctor Sáenz y Quesada, Ediciones Arayú, Buenos Aires, 1953).

Esta, porém, era uma ordem econômica, parcela da ordem jurídica, que meramente retratava, *recebendo-a*,[11] a ordem econômica praticada no mundo real.

10. Neste sentido, Vital Moreira, *Economia e Constituição*, cit., pp. 81 e ss., especialmente 88 e 89.

11. Vital Moreira, *Economia e Sociedade*, cit., p. 82.

A transformação que refiro se dá no instante em que as precedentes ordens econômicas (mundo do dever-ser) passam a instrumentar a implementação de políticas públicas. Vale dizer: no instante em que a ordem econômica — parcela da ordem jurídica —, já instalada no nível constitucional, passa a predicar o aprimoramento da ordem econômica (mundo do ser), visando à sua preservação.

O direito é afetado, então, por uma transformação, justamente em razão de instrumentar transformação da ordem econômica (mundo do ser).

Que essa transformação, no mundo do ser, é perseguida, isso é óbvio. Retorno à leitura do art. 170 da Constituição de 1988: a ordem econômica (mundo do ser) *deverá estar* fundada na valorização do trabalho humano e na livre iniciativa... A *ordem econômica liberal* é substituída pela *ordem econômica intervencionista*.

Insisto em que me refiro a *intervenção* e *intervencionismo* sem penetrar o inútil e inteiramente inócuo debate a respeito da inconveniência ou incorreção do uso desses vocábulos, em torno do qual muito tempo tem sido perdido. *Intervir* é atuar em área de outrem: atuação, do Estado, no domínio econômico, área de titularidade do setor privado, é *intervenção*. Atuação do Estado além da esfera do público — isto é, na esfera do privado — é *intervenção*. De resto, toda atuação estatal pode ser descrita como um ato de intervenção na ordem social (v. itens 3 e 50).

24. A indagação que se introduz, neste passo, respeita à consistência da afirmação de que a passagem de uma (a antiga ordem econômica, aqui tomada como parcela da ordem jurídica) para outra ordem econômica (também aqui tomada como tal) — uma *nova* ordem econômica — consubstanciaria uma ruptura daquela.[12] Note-se que, a essa altura da exposição que venho produzindo, uma verificação resulta definida: a contemplação, pela ordem jurídica, de um conjunto de normas que define, institucionalmente, um determinado modo de produção econômica não é uma inovação deste século.

12. Para Vital Moreira (*Economia e Constituição*, cit., p. 82), a Constituição Econômica — que a ela é que refere — visa estabelecer uma *nova ordem econômica* destinada a alterar a estrutura econômica existente.

A introdução, no nível constitucional, de disposições específicas, atinentes à conformação da ordem econômica (mundo do ser), não consubstancia, em rigor, uma ruptura dela. Antes, pelo contrário, expressa — como venho afirmando — o desígnio de se a aprimorar, tendo-se em vista a sua defesa. A ordem econômica (mundo do dever ser) capitalista, ainda que se qualifique como *intervencionista*, está comprometida com a finalidade de preservação do capitalismo. Daí a feição *social*, que lhe é atribuída, a qual, longe de desnudar-se como mera concessão a um modismo, assume, nitidamente, conteúdo ideológico.

Assim, a transformação que nela — ordem econômica parcela da ordem jurídica — se opera não decorre senão da circunstância de alterar-se a sua compostura. Não se cuida, pois, de transformação que se manifeste em razão de, inovadoramente, a ordem jurídica integrar em si normas voltadas à regulação da ordem econômica, visto que normas como tais sempre existiram no bojo da ordem jurídica, inclusive, desde o advento das Constituições escritas, ao menos implicitamente, no seio destas.[13]

Logo, duas circunstâncias, especificamente, é que demarcariam os novos traços, inovados, determinantes daquela transformação — ambos decorrentes do fato de o Estado ser compelido a refinar o desempenho das funções, pelas quais responde, de integração e modernização e de legitimação capitalista, o que supõe a implementação de políticas públicas.

De uma banda, a *nova* ordem econômica (mundo do dever ser), além de não se exaurir no nível constitucional — deixe-se isso bem vincado —, da antiga se distingue na medida em que, ao contrário do que ocorre em relação a esta, compreende não apenas, fundamentalmente, *normas de ordem pública*, mas também, e em profusão enorme, normas que instrumentam a intervenção do Estado na economia — *normas de intervenção.*

De outra, a *nova* ordem econômica (mundo do dever ser), no quanto se contém no nível constitucional, seu novo caráter

13. V. Luis S. Cabral de Moncada, *Direito Económico*, Coimbra Editora, Coimbra, 1986, pp. 65-66.

retira precisamente da circunstância de estar integrada em Constituição *diretiva* ou *dirigente*.

25. A alusão a esta segunda circunstância, aliada ao que anteriormente afirmei, quanto à proximidade que se estabelece entre os conceitos de ordem econômica, parcela da ordem jurídica, e Constituição Econômica, impõe o desvio de nossa atenção para dois outros temas: o relacionado aos tipos de Constituição e o atinente àquele segundo conceito, de Constituição Econômica.

Anteriormente a sua abordagem, todavia, até para que possa, adiante, retomá-las, devem as seguintes verificações ser pontualizadas:

— a contemplação, pela ordem jurídica, do conjunto de normas referível como *ordem econômica* não é uma inovação deste século, que, por si só, peculiarize a *ordem jurídica intervencionista* — é a compostura dela, ordem econômica, que a peculiariza (a ordem jurídica intervencionista) como tal;

— a nova ordem econômica — aquela, à qual me referi na primeira afirmação que postulei neste ensaio — não se esgota no nível constitucional, compondo-se por inúmeras normas infraconstitucionais.

26. A enunciação de uma tipologia de Constituições pressupõe o desenvolvimento, anterior, de um exercício classificatório.

As classificações, como observa Carrió,[14] não são verdadeiras nem falsas, mas, simplesmente, úteis ou inúteis. Suas vantagens ou desvantagens estão sujeitas ao interesse que orienta quem as formula e a sua fecundidade para representar um campo de conhecimento de uma maneira mais facilmente compreensível ou mais rica em conseqüências práticas desejáveis.

Inúmeros critérios há desde os quais, de forma múltipla, se pode classificar as Constituições. Nenhuma dessas classificações é verdadeira; nenhuma é falsa. O que resulta, simplesmente, é que, se o que se pretende demonstrar, comprovar ou esclarecer é algo bem definido, em regra será demonstrável, comprovável ou

14. Ob. cit., p. 99.

esclarecível mediante o recurso a uma dessas classificações. Esta, no caso, será a classificação que se presta, de modo útil, ao fim almejado; as demais serão inúteis para tanto.

Assim, podemos cogitar, por exemplo, de classificá-las segundo o critério que aparta a *Constituição escrita* da *Constituição real*.[15] Ou as classificaremos, desde o critério da análise ontológica da concordância das suas normas com a realidade do processo do poder, em Constituições *normativas, nominais* e *semânticas*.[16] E poderemos, sucessivamente, classificá-las em *Constituição formal* e *Constituição material* e em *Constituição política* e *Constituição social*, ou, noutra série, em *Constituição-garantia* e *Constituição prospectiva*, *Constituição simples* e *Constituição complexa ou compromissória*, *Constituição definitiva* e *Constituição provisória*.[17]

Nenhuma dessas classificações ora nos interessa, senão a que opõe *Constituições estatutárias* (ou *orgânicas*), de um lado, e *Constituições diretivas* (ou *programáticas*, ou *doutrinais*), de outro.

27. Toma-se, genericamente, como *Constituições estatutárias* ou *orgânicas* as que se bastam em definir um estatuto do poder, concebendo-se como mero "instrumento de governo", enunciadoras de competências e reguladoras de processos.[18] Estas não deixam de dispor normas que se possa indicar como integradas na chamada Constituição Econômica, ainda que o façam de modo tão-somente a "receber" a ordem econômica praticada no mundo real,[19] ou seja, simplesmente afirmando normas que a retratem.

15. Ferdinand Lassalle, *Que é a Constituição?*, 2ª ed., sem indicação de tradutor, Kairós Livraria e Editora Ltda., São Paulo, 1985.

16. Karl Loewenstein, *Verfassungslehre*, 3. Auflage, J.C.B. Mohr (Paul Siebeck), Tübingen, 1975, pp. 151 e ss. (há tradução espanhola: *Teoría de la Constitución*, trad. de Alfredo Gallego Anabitarte, reimpressão da 2ª ed., Editorial Ariel, Barcelona, 1979, pp. 217 e ss.).

17. V. Jorge Miranda, *Manual de Direito Constitucional*, t. II, 2ª ed. (reimpressão), Coimbra Editora, Coimbra, 1987, pp. 22 e ss.

18. José Joaquim Gomes Canotilho, *Constituição Dirigente e Vinculação do Legislador*, Coimbra Editora, Coimbra, 1982, p. 12.

19. Carlos Ferreira de Almeida (*Direito Econômico*, Associação Acadêmica da Faculdade de Direito de Lisboa, Lisboa, 1979, p. 711) as refere como "espelho da ordem estabelecida".

Já como *Constituições diretivas* ou *programáticas — doutrinais* — são concebidas as que não se bastam em conceber-se como mero "instrumento de governo", mas, além disso, enunciam diretrizes, programas e fins a serem pelo Estado e pela sociedade realizados. Elas, pois, as que se transformam em um "plano normativo-material global, que determina tarefas, estabelece programas e define fins"; não compreendem tão-somente um "estatuto jurídico do político", mas sim um "plano global normativo" do Estado e da sociedade.[20] A Constituição Econômica que nelas se encerra compreende a enunciação dos fins da política econômica, postulando, na sua conformação, a implantação de uma *nova* ordem econômica.

Veja-se, da jurisprudência do STF, as ADIs 1.950 e 3.512.

Daí referirmos uma *Constituição Econômica estatutária* — que *estatui*, definindo os estatutos da propriedade dos meios de produção, dos agentes econômicos, do trabalho, da coordenação da economia, das organizações do capital e do trabalho — e uma *Constituição Econômica diretiva* (ou *programática*) — que define o quadro de diretrizes das políticas públicas, coerentes com determinados objetivos também por ela enunciados.[21]

É no seio das Constituições diretivas que germinam as *novas* ordens econômicas (mundo do dever ser), consubstanciantes de Constituições Econômicas diretivas. Cumpre observar, no entanto, a circunstância de que, paralelamente a essa afirmação — de que tais ordens econômicas germinam no seio das Constituições diretivas —, estas como diretivas se qualificam justamente por abrigarem Constituições Econômicas diretivas.

Isso é explicado em razão do que anota Vital Moreira:[22] assim como o sistema econômico se apresenta sempre sob uma determinada forma econômica, também a Constituição Econômica se apresenta, sempre, sob a forma de Constituição Econômica diretiva de uma determinada ordem econômica (mundo do ser); e, além disso, a descoberta da Constituição Econômica estatutária implica sempre uma leitura através (e para trás) das disposições da Constituição Econômica diretiva — neste sentido, acrescenta

20. Cf. José Joaquim Gomes Canotilho, idem, ibidem.

21. Cf. José Joaquim Gomes Canotilho, *Direito Constitucional*, 2ª ed., Almedina, Coimbra, 1980, p. 117.

22. *Economia e Constituição*, cit., p. 125.

Vital Moreira, podemos dizer que a Constituição Econômica estatutária é sempre *implícita*.

Assim se justifica a circularidade das afirmações anteriores: embora o primeiro uso da expressão "constituição econômica" remonte ao século XVIII — usada por Badeau, para significar conjunto dos princípios jurídicos reguladores da "sociedade econômica"[23] — o seu emprego, para designar o conjunto de normas constitucionais que *instrumentalizam, conformando-a,* uma determinada ordem econômica (mundo do ser), é coevo do surgimento das Constituições diretivas: caracteriza-se como diretiva, a Constituição, por abranger uma Constituição Econômica diretiva.

Vide "Apêndice", neste livro.

28. A idéia de Constituição Econômica ganhou corpo na doutrina alemã, neste século, a partir da consideração do quanto dispôs a Constituição de Weimar a respeito da *vida econômica*. A doutrina portuguesa, de outra parte, tal qual, antes dela, a italiana, à idéia tem detido cuidadosa atenção.

Inicialmente concebida em termos amplos, como conjunto de normas voltadas à organização econômica, o preenchimento, hoje, de vastas zonas do texto constitucional por normas de caráter sócio-econômico — e de cunho diretivo — importa em que, como anota José Simões Patrício,[24] essa noção seja tida por ultrapassada.

Conceitua-se-a, então, como "o conjunto de preceitos e instituições jurídicas que, garantindo os elementos definidores de um determinado sistema econômico, instituem uma determinada forma de organização e funcionamento da economia e constituem, por isso mesmo, uma determinada ordem econômica" (Vital Moreira);[25] ou, definida a partir de sua função, como "formada

23. Cf. Rudolf Piepenbrock, *Der Gedanke eines Wirtschaftsrechts in der Neuzeitlichen Literatur bis zum Ersten Weltkrieg*, Carl Heymanns Verlag, Koln, 1964, p. 77; tb. Alex Jacquemin e Guy Schrans, *Le Droit Économique*, 2ª ed., PUF, Paris, 1974, pp. 5-6.

24. *Curso de Direito Econômico*, 2ª ed., Associação Acadêmica da Faculdade de Direito de Lisboa, Lisboa, 1981, p. 152.

25. *Economia e Constituição*, cit., p. 35.

pelo *ordenamento essencial da actividade económica* — contendo os princípios e as normas essenciais ordenadoras da economia, dos quais decorrem sistematicamente as restantes normas da *ordem jurídica da economia*" (Antonio L. Sousa Franco).[26]

Dela se diz que "restringe-se ao essencial do Direito da Economia, aos seus princípios gerais" (Antônio Menezes Cordeiro);[27] e que dela "fazem parte os princípios mediante os quais se garante e define a *estrutura* duma certa economia (constituição estatutária)... e, bem assim, o seu *modo* de funcionamento, organização e orientação (constituição directiva)" (Simões Patrício).[28]

O seu conteúdo, assim descrito, não se exaure contudo no texto constitucional. Daí por que se impõe distinguirmos a *Constituição Econômica material* — que, na dicção de Sousa Franco,[29] "integra o núcleo essencial de normas jurídicas que regem o sistema e os princípios básicos das instituições económicas, quer constem quer não do texto constitucional: máxime, quer seja ou não dotada da particular estabilidade que caracteriza as normas nos textos constitucionais" — da *Constituição Econômica formal* — que, ainda na dicção de Sousa Franco, "compreenderá apenas as normas, tal como acima definidas, que estejam integradas no texto constitucional e dotadas dos seus requisitos e características formais: ou outras normas constantes do texto constitucional formal com incidência econômica, ainda que desprovidas, de per si, daquela particular relevância material".[30]

De toda sorte, o fato é que, concebida como conjunto de preceitos que institui determinada ordem econômica (mundo do ser) ou como conjunto de princípios e regras ordenadoras da economia, também se a poderá divisar — a Constituição Econômica —, como sustenta Wolfgang Fikentscher,[31] na ausência de tais pre-

26. *Noções de Direito da Economia*, v. I, Associação Acadêmica da Faculdade de Direito de Lisboa, Lisboa, 1982-1983, p. 91.

27. *Direito da Economia*, v. 1º, Associação Acadêmica da Faculdade de Direito de Lisboa, Lisboa, 1986, p. 157.

28. Ob. cit., p. 158.

29. Ob. cit., p. 93.

30. V. tb. Menezes Cordeiro, ob. cit., p. 144; Luis S. Cabral de Moncada, *Direito Económico*, cit., pp. 63-64; Manuel Afonso Vaz, *Direito Económico*, Coimbra Editora, Coimbra, 1984, p. 71.

31. *Apud* Menezes Cordeiro, ob. cit., p. 149.

ceitos e desses princípios e regras. Estaríamos então, aí, se não diante de uma "Constituição Econômica natural" — algo como o *não-direito*, de Carbonnier[32] — em presença, seguramente, de uma "Constituição Econômica implícita".

Se bem que tomando a expressão não precisamente no sentido que lhe emprestam as doutrinas germânica e portuguesa, Bernard Chenot (*Organisation Économique de l'État*, 2ª ed., Dalloz, Paris, 1965, p. 93) averba: "Qu'elle soit écrite ou coutumiere, qu'elle laisse le champ large aux initiatives individuelles ou qu'elle les gouverne, une *constituition économique* existe en tout État" (grifei).

A proximidade entre os conceitos de ordem econômica (mundo do dever ser) e de Constituição Econômica — repito — é óbvia. Tal qual se refere uma *Constituição Econômica material* e uma *Constituição Econômica formal*, também se deve nomear uma *ordem econômica (constitucional) material* — ou *ordem econômica constitucional* — e uma *ordem econômica (constitucional) formal*.

A exposição aqui produzida nos encaminha, a passos largos, ao reconhecimento de que, em rigor, tanto o conceito de Constituição Econômica quanto o de ordem econômica não são dotados da relevante significação que lhes costumamos emprestar.

Passo a tratar, especificamente, do primeiro deles, precisamente diante do direito positivo alemão, cuja doutrina o conduziu à platibanda de importância na qual hoje o temos.

29. Compreendendo, a Constituição Econômica, conjunto de preceitos que institui determinada ordem econômica (mundo do ser) ou conjunto de princípios e regras essenciais ordenadoras da economia, é de se esperar que, como tal, opere a consagração de um determinado sistema econômico. E isso mesmo em uma situação limite, quando — *et pour cause* — expressamente não defina esses preceitos ou tais princípios e regras. Dir-se-á mesmo, radicalizando, que uma Constituição Econômica que não opere essa consagração não é uma Constituição Econômica.

32. *Droit Flexible*, 2ª ed., LGDJ, Paris, 1971, pp. 20 e ss.

Cuida-se de *sistema* afetado por determinado *regime econômico*. O *sistema econômico* compreende um conjunto coerente de instituições jurídicas e sociais, de conformidade com as quais se realiza o modo de produção — propriedade privada, propriedade estatal ou propriedade coletiva dos bens de produção — e a forma de repartição do produto econômico — há rendimentos da propriedade? ou só rendimentos do trabalho? ou de ambos? — em uma determinada sociedade. A natureza das relações sociais de produção — isto é, a posição relativa dos homens em face dos meios de produção — é que, em última instância, distingue os sistemas econômicos (v. A. J. Avelãs Nunes, "Os Sistemas Econômicos", separata do *Boletim de Ciências Econômicas*, Coimbra, 1973, p. 24). O *regime econômico* pode ser definido, na dicção de A. L. Sousa Franco (ob. cit., p. 142), qual a forma como — no âmbito de cada sistema — "o poder (máxime, o poder político) se articula com a realidade econômica. A caracterização do regime econômico é uma moldura explicativa dos princípios da intervenção do Estado e da sua actuação financeira, tanto no plano das ideologias inspiradoras como no das instituições de enquadramento... A noção de regime não se esgota — quer-nos parecer — na forma política do poder, mas inclui as demais formas de poder: os poderes sociais (sindicais, patronais), os próprios poderes econômicos...".

Pois ocorre que precisamente a Lei Fundamental da República Federal da Alemanha não define, consagrando-o, um determinado sistema econômico — o que não importa em que não o tenha feito a ordem jurídica, no nível infraconstitucional porém, sinalizando o ordenamento de uma economia de mercado.

Aí, a lei contra as restrições à concorrência (GWB), de 1957, posteriormente alterada, em 1973; e a lei de estabilidade e crescimento econômico (*Gesetz zur Forderung der Stabilitat und des Wachstums der Wirtschaft*), de 1967, que obriga o Estado Federal e os Landers a adaptar suas políticas econômicas e financeiras às exigências do equilíbrio macroeconômico, de modo que sejam mantidas (a) a estabilidade do nível de preços, (b) elevado grau de ocupação (pleno emprego), (c) o crescimento contínuo e satisfatório da economia e (d) o equilíbrio do balanço de pagamentos — no que a busca de realização do que se refere como o "retângulo mágico". Além delas, que mencionam a ordenação de uma economia de mercado, considere-se as sucessivas leis — das quais, mais importante, a de 4 de maio de 1976 — que instituem os mecanismos de co-gestão empresarial.

Dos preceitos nela contidos, que diretamente respeitam à matéria da ordem econômica (mundo do ser) — arts. 9º (3), 14, 15, 88 e 104 a 115 —, nenhum veicula, rigorosamente, disposição diretiva ou programática. O art. 14 (2) estipula que "a propriedade obriga. O seu uso deve ao mesmo tempo servir ao bem-estar geral". Nisso, no entanto, reproduzindo o que dispunha o art. 153 da Constituição de Weimar, nada mais faz senão atribuir à propriedade, estatuariamente, uma função social positiva. O art. 15, que autoriza a nacionalização (*Sozialisierung*) da terra e do solo, das riquezas naturais e dos meios de produção, não define um programa de nacionalização da economia; simplesmente *permite* — é norma *permissiva*[33] — que se o faça.[34]

O silêncio da Lei Fundamental a propósito da definição de um sistema econômico desencadeou, no seio da doutrina, o que se chamou "um conflito na Constituição Econômica" — "*die Streit um die Wirtschaftsverfassung*".[35] Alinharam-se, então, diversos entendimentos. De um lado, o de que a Constituição atribuira ao legislador ordinário o dever de observar neutralidade (estrita), quanto às ideologias e doutrinas econômicas, ao inovar a ordem jurídica. D'outro, o de que o legislador não estaria impedido de decidir-se por determinado sistema econômico — a Constituição não definiria nenhuma ordem econômica (mundo do dever ser), cabendo ao legislador ordinário fazê-lo, dentro de certos limites. De outro, ainda, a Constituição definiria uma *decisão econômica*, por uma *economia social de mercado*, segundo uns, ou por uma Constituição Econômica *mista* — esta contemporizando elementos do mercado livre e de direção da economia — informada pelas afirmações, nos arts. 20 (1) e 28 (1), de que "a República Federal da Alemanha é um Estado federal, democrático e *social*" e de que "a ordem constitucional nos estados tem de corresponder aos princípios do Estado republicano, democrático e *social* de direito", bem assim em razão da contemplação, pela Lei Fundamental, de *direitos econômicos*.[36]

A respeito da neutralidade da Constituição Econômica da Lei Fundamental — "wirtschaftspolitischen Neutralitat" — observa Eckard

33. Neste sentido, Vital Moreira, *Economia e Constituição*, cit., p. 93.

34. Vital Moreira (idem, p. 94, nota 49) refere como relevante para a definição do sistema econômico também o art. 109, o que, no entanto, parece-me descabido.

35. Vital Moreira, ob. cit., pp. 94 e ss.

36. Arts. 1º (1), 2º (1), 9º (1) e (3), 12 e 14.

Rehbinder (Die Wirtschaftsverfassung der Bundesrepublik Deutschland", in *Schriften der Deutsch-Brasilianischen Juristenvereinigung*, Band 8, Verlag Peter Lang, Frankfurt am Main, 1989, p. 9) que ela, a Lei Fundamental, transfere ao legislador uma significativa liberdade de atuação na política econômica, liberdade que pode ser explorada no direcionamento da economia; isso não significa, no entanto, que a ordem e a configuração da vida econômica estejam exclusivamente à mercê de decisões políticas, pois os limites da liberdade de que goza o legislador para tratar da política-econômica encontram-se na Lei Fundamental. Assim, a tese da "neutralidade político econômica" deve ser entendida da seguinte forma: a Lei Fundamental não prevê nem garante qualquer sistema econômico, mas, ao mesmo tempo, estabelece limites para a atuação do Estado. Anota, ademais (p. 7), que a Lei Fundamental não contém a normatização de uma Constituição Econômica também porque expressa uma compostura "normativa", em razão disso desprezando a contemplação em si de normas programáticas (v. "Apêndice").

O que explica, menos do que o silêncio, a ambigüidade da Lei Fundamental, permitindo nela se possa descobrir uma (ou outra) Constituição Econômica *implícita*, é o seu caráter *provisório* e *compromissório*.[37] Lê-se, no seu Preâmbulo, as observações de que a Lei Fundamental é adotada "no propósito de dar uma nova ordem à vida política *durante um período transitório*" e de que o Povo Alemão "no seu conjunto continua conclamado em concretizar a unidade e a liberdade da Alemanha em autodeterminação livre"; no seu art. 146, o seguinte: "Esta Lei Fundamental deixará de vigorar no dia em que entrar em vigor uma Constituição, que tenha sido adotada por todo o povo alemão, em livre decisão". Aí o *caráter provisório*. Por outro lado, diante da situação de equilíbrio entre as forças políticas partidárias com representação no Parlamento Federal — especialmente entre a União Democrata Cristã (CDU) e a União Social Cristã (CSU) e o Partido Social Democrata (SPD) — o Conselho Parlamentar, aliás isso expressamente reconhecendo,[38] considerando a situação de ignorância e incerteza quanto à futura evolução da economia, conscientemente absteve-se de formular disposições concretas a propósito da conformação constitucional da ordem econômica.

37. Cf. Norbert Reich, *Mercado y Derecho*, cit., p. 74.
38. Cf. Norbert Reich, ob. cit., p. 74.

Provisória é a Constituição não definitiva, que se destina a organizar transitoriamente o poder; *compromissória*, a que aglutina princípios de natureza, real ou potencialmente, diversa ou oposta, se bem que um desses princípios acabe por prevalecer ou tenha de ser entendido como a base da subsistência de todos os demais no seu conjunto (cf. Jorge Miranda, ob. cit., pp. 25 e 24).

Neste quadro, o Tribunal Constitucional Federal tem afirmado a *abertura econômica* da Constituição. Assim, em decisão de julho de 1954, declarou que "a Lei Fundamental não garante nem a neutralidade político-econômica dos poderes legislativo e executivo, nem um sistema de economia social de mercado, que só deva funcionar através de instrumentos que sejam conforme a ele".[39] Após, em decisão de março de 1976, no mesmo sentido se manifesta, enfatizando no entanto a afirmação dos direitos econômicos enunciados no texto da Lei Fundamental como garantias pessoais do homem.[40]

O que resulta dessa breve ponderação é a evidência de que — por certo provocando frustração nos teóricos da Constituição Econômica — a Lei Fundamental da Alemanha não contém senão uma Constituição Econômica implícita; não opera a consagração de um determinado sistema econômico. A Constituição Econômica nela contida não assume caráter diretivo, mas sim — e implicitamente — meramente estatutário.

A Constituição Econômica da República Federal da Alemanha, pois, não se encontra na Lei Fundamental, porém na legislação infraconstitucional.

30. Assim sendo, visto como é perfeitamente factível, tal qual se verificou, a hipótese de a Constituição não definir, no seu bojo, uma Constituição Econômica — e me refiro, aqui, a uma Constituição Econômica *diretiva*, cuja presença, como observa Simões Patrício,[41] torna ultrapassadas as concepções, dela, em termos

39. Cf. Norbert Reich, ob. cit., p. 75; entende o Tribunal, como anota Eckard Rehbinder (ob. cit., p. 8), que "a economia de mercado atual é uma ordem constitucionalmente possível, mas de nenhuma forma a única permitida".

40. Cf. Norbert Reich, "Introducción a la edición española del libro *Mercado y Derecho*", in *Revista de Derecho Mercantil*, n. 178, Madri, 1985, pp. 747-749.

41. Ob. cit., p. 152.

amplos enunciadas — somos arrastados à conclusão de que a teorização da Constituição Econômica morreu.[42]

As palavras, aqui também, mais do que simplificar, conturbam a exposição. Diante da Lei Fundamental da República Federal da Alemanha teríamos de, para explicar inteiramente o fenômeno da Constituição Econômica, após classificá-la em *Constituição Econômica formal* e *Constituição Econômica material* (tal qual referimos *ordem econômica formal* e *ordem econômica material* — mundos do dever ser), completaríamos: a Lei Fundamental da República Federal da Alemanha contém uma Constituição Econômica formal, porém implícita; e sua Constituição Econômica material está definida no nível infra-constitucional. Nisso, a demonstração cabal da pouca utilidade — para não dizer inutilidade — do conceito.

É que o conceito é prezável unicamente enquanto indicativo da circunstância de as Constituições, em geral, não permanecerem exclusivamente *estatutárias*, transformando-se, de sorte a assumirem feição *diretiva*. Essa a circunstância relevante a ponderar — a de as Constituições assumirem tal feição, basicamente (mas não apenas mercê disso) porque contemplam Constituições Econômicas — e não a do surgimento de Constituições Econômicas. Mesmo porque, como vimos, Constituições Econômicas estatutárias sempre houve.

Ademais, a pretensão de autonomização, no interior da Constituição, de uma Constituição Econômica supõe a possibilidade de, dentro daquela, isolar-se o econômico de modo que este, fechado em si mesmo, se desvincule do social.[43] Isso, no entanto, não é factível.

De resto, a crítica de Carlos Ferreira de Almeida:[44] "o conceito (de Constituição Econômica) envolve uma ficção, pois que as normas jurídicas que o preenchem não são na verdade constitucionais, tanto do ponto de vista orgânico, quanto de sua coloca-

42. V. Vital Moreira, ob. cit., p. 93.

43. Manuel Afonso Vaz, ob. cit., p. 71. A respeito da qualificação da Constituição Econômica, José Simões Patrício, ob. cit., p. 155, e Antônio Menezes Cordeiro, ob. cit., pp. 155 e ss.

44. Ob. cit., pp. 712-713.

ção hierárquica. A necessidade de considerar uma constituição econômica material é o reconhecimento de que os fundamentos da ordem econômica se não contêm exclusivamente na Constituição Política. Então melhor será dar às normas constitucionais o seu verdadeiro lugar na ordem jurídica e máximo na hierarquia da vigência e o mais abstracto no enunciado dos objectivos, sem os confundir com os dados únicos, ou mesmo principais, para a caracterização da ordem econômica".

31. Se, por um lado, a teorização da Constituição Econômica mais conturba do que auxilia a esclarecer o fenômeno das Constituições dirigentes, melhor sorte não acompanha a da ordem econômica, que só assumiria significação, para conotar aspecto de relevância jurídica, quando referida como *ordem econômica constitucional*.

Cumpre indagarmos da utilidade do conceito.

Finalidade dos conceitos jurídicos é a de ensejar a aplicação de normas jurídicas. Não são usados para definir essências, mas sim para permitir e viabilizar a aplicação de normas jurídicas.[45]

Sucede que o conceito de ordem econômica constitucional não permite, não enseja, não viabiliza a aplicação de normas jurídicas. Logo, não é um conceito jurídico. Presta-se unicamente a indicar, topologicamente, no texto constitucional, disposições que, em seu conjunto, institucionalizam a ordem econômica (mundo do ser). Cuida-se, pois, de conceito ancilar da Dogmática do Direito e não do Direito.

Na Constituição de 1988, no art. 170, *caput*, tal qual ocorria em relação às Constituições de 34 e 46 e 67-69,[46] "ordem econômica" designa realidade do mundo do ser; a Carta de 1937 somente usa a expressão como título que engloba seus arts. 135 a 155. Em todas elas, de qualquer forma, no quanto a expressão apresenta alguma utilidade, só a apresenta na medida em que indica o local, na Constituição, no qual se irá encontrar disposi-

45. V. meu *O direito posto e o direito pressuposto*, cit., 1ª ed., pp. 144-145; 5ª ed., pp. 195 e ss.

46. Art. 115 da Constituição de 1934, art. 145 da Constituição de 1946, art. 157 da Constituição de 1967 e art. 160 da Emenda Constitucional n. 1/69.

ções que — repito — no seu conjunto, institucionalizam a ordem econômica (mundo do ser).

Precisamente nisso, todavia, a expressão e o conceito da qual é termo são equívocos. E isso, por três razões.

(a) Em primeiro lugar, tomando-se a Constituição de 1988, nela encontramos inúmeras disposições que operam a institucionalização da ordem econômica (mundo do ser) e não se encontram englobadas no chamado Título da Ordem Econômica (e Financeira). Assim, *v.g.*, com aquelas inscritas nos arts. 1º e 3º, em inúmeros artigos do Título da Ordem Social, especialmente o 8º e o 9º etc.

(b) Em segundo lugar porque aqui também, tal como sucede quando trabalhamos com o conceito de Constituição Econômica, impõe-se distinguirmos a *ordem econômica (constitucional) formal* da *ordem econômica material.*

Quanto a este ponto, as perturbações que o uso do conceito acarretam se desdobram em duas linhas.

De uma banda, é certo que a ordem econômica (mundo do dever ser) não se esgota no nível constitucional. Veja-se, por exemplo, na Constituição de 1988, entre outros, os preceitos inscritos no § 4º do art. 173, no art. 186 e no antigo § 2º do art. 171, revogado pela EC 6/95. O elenco das disposições que preenchem totalmente a moldura da ordem econômica (mundo do dever ser) apenas estará completo quando, além de outras, tivermos sob consideração as leis — legislação infraconstitucional, portanto — que definem o tratamento preferencial a ser conferido à empresa brasileira de capital nacional, a repressão ao abuso de poder econômico, os critérios e graus de exigência que afetarão o atendimento de determinados requisitos, pela propriedade rural, a fim de que se tenha por cumprida sua função social. Além disso, também é certo que nem todas as disposições inseridas no Título da Ordem Econômica se compõem no quadro da ordem econômica (constitucional) formal. Exemplifico, na Constituição de 1988, com o preceito do § 3º do art. 173, entre outros.

Como observa Vital Moreira (*Economia e Constituição*, cit., p. 105), referindo-se à Constituição Econômica, "só pertencem à CE formal aquelas disposições constitucionais que traduzem a CE, materialmente definida".

De outra, embora ao cogitarmos da ordem econômica (mundo do dever ser) estejamos a cuidar de conceito próximo àquele de Constituição Econômica, as alusões a uma Constituição Econômica *material* e a uma ordem econômica *material* produzem significados inteiramente diversos, em termos de precisão. A primeira expressão preserva referência direta ao plano constitucional, de modo que, pronunciada, tomamos imediata consciência de que conota normas que, embora se esperasse estivessem contidas no bojo do texto constitucional, são veiculadas no nível infraconstitucional. Já na segunda, essa referência se perde, disso resultando, multiplamente, imprecisões e ambigüidade. Imprecisões, as acima apontadas: nem todas as disposições abarcadas pelo Título da Ordem Econômica se compõem no quadro da ordem econômica (constitucional); há disposições, constitucionais, que não obstante não estejam englobadas nesse título, compõem-se no quadro da ordem econômica (constitucional?). Nisso, a ambigüidade: faz sentido referirmos uma ordem econômica material (constitucional) e uma ordem econômica material (não constitucional)?

Ademais, sendo o direito elemento constitutivo do modo de produção, a contemplação, nas novas Constituições, de um conjunto de normas compreensivo de uma "ordem econômica" não é expressiva, como observei, senão de uma transformação que afeta *todo o direito*. Mas essa transformação se reproduz, no nível constitucional, primária e fundamentalmente em razão de as Constituições deixarem de ser estatutárias, transformando-se em diretivas; e a alusão, do texto constitucional, a uma "ordem econômica", é meramente subsidiária, em si nada de relevante conotando (até porque ambígua e imprecisa). Por derradeiro, *ordem econômica*, como inicialmente anotei, é expressão que se usa — ou se deveria usar, se um mínimo de precisão for desejável — para referir uma parcela da *ordem jurídica* e não da *ordem jurídica constitucional*.

(c) Em terceiro lugar — sigo a indicar razões mercê das quais a equivocidade da expressão e do conceito do qual é termo é flagrante — no próprio texto da Constituição de 1988 ela, a expressão, aparece conotando diversos significados: assim, no art. 170, *caput*, "ordem econômica" indica *mundo do ser*; no § 5º do art. 173, contudo, *mundo do dever ser*.

Pois é evidente que "atos praticados contra a ordem econômica e financeira" são atos praticados contra a ordem jurídica. Com maior precisão, contra a parcela da ordem jurídica (mundo do dever ser) que ordena, conforma a ordem econômica e financeira. A expressão "ordem econômica", neste contexto, do § 5º do art. 173 — ao contrário do que sucede quando comparece no enunciado do art. 170, *caput* — conota mundo do dever ser e não mundo do ser.

Em matéria de equivocidade, aliás, o enunciado desse preceito é um primor: de um lado, as expressões "ordem econômica e financeira" e "economia popular" não são homólogas; de outro, cumpre indagar se ato praticado não contra a ordem econômica (constitucional) formal, mas contra a ordem econômica material (não constitucional) sujeitaria a pessoa jurídica e seus dirigentes às punições referidas no enunciado.

32. Em razão de tanto — ao quanto se deve acrescer o que mencionei a propósito da alusão feita pelas nossas Constituições a uma *ordem social* — somos levados a concluir não apenas pela inutilidade do(s) conceito(s) de ordem econômica, mas também pela perniciosidade do uso da expressão "ordem econômica" no plano da metalinguagem que é a linguagem da Dogmática do Direito.

Não obstante tudo isso, a inércia do pensamento jurídico ou, pelo menos, o hábito de o processarmos desde uma perspectiva marginalizante do senso crítico, nos impele à manutenção do uso da expressão.

Pretendo, neste ensaio, construir uma contribuição para a crítica do tratamento normativo conferido, no nível constitucional — no nível de uma Constituição dirigente —, às relações econômicas travadas no bojo de uma determinada economia. Crítica de um determinado direito, note-se, visto que não há que falar *do direito*, senão *dos direitos*. Nada impede que o faça, de modo proficiente, ainda que no texto empregando a expressão "ordem econômica", *desde que, porém, restem bem vincadas as precisões que procurei estabelecer*. Apenas na medida em que isso resulte devidamente enfatizado — e creio ter restado — o uso da expressão será tocado por um mínimo de prestabilidade, que não deixa de ser econômica: *ordem econômica* (mundo do dever ser) em lugar de *conjunto de normas, da Constituição dirigente, voltado à conformação da ordem econômica* (mundo do ser) é síntese verbal que economiza palavras contidas na outra expressão.

É sob essa ressalva, pois, que permaneço a empregar, neste ensaio, a expressão "ordem econômica", ainda como síntese de *ordem econômica (constitucional) material*, no momento adequado — mais adiante — explicitando o que tomo como seu conteúdo.

Capítulo 3

AS FORMAS DE ATUAÇÃO DO ESTADO EM RELAÇÃO AO PROCESSO ECONÔMICO; A NOÇÃO DE ATIVIDADE ECONÔMICA; O DIREITO ECONÔMICO

33. Introdução. 34. Intervenção e atuação estatal. 35. Intervenção e regime jurídico dos contratos. 36. A expressão "atividade econômica". 37. (segue). 38. Atividade econômica: gênero e espécie. 39. A expressão "atividade econômica" no texto da Constituição de 1988. 40. Atividade econômica em sentido estrito e serviço público. 41. A multiplicidade dos regimes jurídicos. 42. Serviços públicos por definição constitucional. 43. (segue). 44. (segue). 45. Serviço público e Constituição. 46. (segue). 47. (segue). 48. Conceito e noção. 49. Noção de serviço público. 50. Atividade econômica em sentido estrito e regime de serviço público. 50a. O princípio da continuidade do serviço público. 50b. Radiodifusão sonora e de sons e imagens. 51. Privilégio de serviço público e monopólio de atividade econômica. 52. Empresa estatal e concessão de serviço público. 53. Ainda os vocábulos "intervenção" e "atuação". 54. A classificação das formas de intervenção no e sobre o domínio econômico. 55. (segue). 56. Planejamento. 57. A "existência" constitucional do Direito Econômico. 58. Concepção do Direito Econômico como método. 59. Direito Econômico, ramo do Direito.

33. À exploração, ao seu final, de duas linhas de indagação é voltado este ensaio. Uma, referida à interpretação do texto constitucional, no quanto respeita à ordem econômica — mundo do dever ser — tal como contemplada em nossa Constituição de 1988; outra, atinente ao seu caráter.

Pretendendo completar o quadro de subsídios que se reclama a fim de que possa fluentemente desenvolver essas linhas de indagação — o que já me permitem, em parte, os passos consumados na primeira parte do ensaio — torna-se necessária, ainda, a consideração dos temas da classificação das formas de atuação do Estado em relação ao processo econômico, da noção de atividade econômica, onde a distinção que aparta o campo dos serviços públicos (área de atuação estatal) do campo da chamada atividade econômica (área de atuação do setor privado), e da noção de Direito Econômico.

34. As classificações, como observei anteriormente,[1] não são verdadeiras ou falsas, porém úteis ou inúteis. Prestando-se uma delas a apresentar ou representar determinado objeto de modo a torná-lo compreensível, nos aspectos que se queira indicar, útil resultará.

Desde alguns anos,[2] valendo-me de idéia que me foi exposta por Gerson Augusto da Silva, venho me referindo a três modalidades de *intervenção*: *intervenção por absorção ou participação* (a), *intervenção por direção* (b) e *intervenção por indução* (c).

Esse exercício classificatório, do qual não me afasto, deve não obstante ser reponderado, a fim de que se o enriqueça e consolide.

Assim, inicialmente, quanto à referência a *intervenção* e não, meramente, a *atuação estatal*, desejo insistir em que vocábulo e expressão aparentam ser, à primeira vista, absolutamente intercambiáveis. Toda atuação estatal é expressiva de um ato de intervenção; de outra banda, relembre-se que o debate a propósito da inconveniência ou incorreção do uso dos vocábulos *intervenção* e *intervencionismo* é inútil, inócuo.[3] Logo, se o significado a expressar é o mesmo, pouco importa se faça uso seja da expressão — *atuação (ou ação) estatal* — seja do vocábulo — *intervenção*. Aludimos, então, a atuação do Estado além da esfera do público, ou seja, na esfera do privado (área de titularidade do setor privado). A *intervenção*, pois, na medida em que o vocábulo expressa, na sua conotação mais vigorosa, precisamente *atuação em área de outrem*.

Daí se verifica que o Estado não pratica *intervenção* quando presta serviço público ou regula a prestação de serviço público. Atua, no caso, em área de sua própria titularidade, na esfera pública. Por isso mesmo dir-se-á que o vocábulo *intervenção* é, no contexto, mais correto do que a expressão *atuação estatal*: *intervenção* expressa atuação estatal em área de titularidade do setor privado; *atuação estatal*, simplesmente, expressa significado mais

1. V. itens 23 e 64.

2. V. meus *Planejamento econômico e regra jurídica*, Ed. RT, São Paulo, 1978, pp. 23-24 e *Elementos de Direito Econômico*, cit., pp. 63-67.

3. V. item 23.

amplo. Pois é certo que essa expressão, quando não qualificada, conota inclusive atuação na esfera do público.

Por isso que vocábulo e expressão não são absolutamente, mas apenas relativamente, intercambiáveis. *Intervenção* indica, em sentido forte (isto é, na sua conotação mais vigorosa), no caso, atuação estatal em área de titularidade do setor privado; *atuação estatal*, simplesmente, ação do Estado tanto na área de titularidade própria quanto em área de titularidade do setor privado. Em outros termos, teremos que *intervenção* conota atuação estatal no campo da *atividade econômica em sentido estrito; atuação estatal*, ação do Estado no campo da *atividade econômica em sentido amplo.*

Isso nos remete ao tema da distinção que aparta o campo dos *serviços públicos* do campo da *atividade econômica em sentido estrito*. Anteriormente a sua consideração, todavia, cumpre deitarmos atenção a dois outros aspectos.

Ao final disso tudo retornarei à questão da classificação de que ora cogito.

35. A atuação estatal no campo da atividade econômica em sentido estrito acarretou uma série de transformações no direito. Um dos flancos mais atingidos foi justamente o do regime dos contratos.

Tem-se afirmado, sistematicamente, que os dois valores fundamentais juridicamente protegidos nas economias do tipo capitalista são, simetricamente, o da propriedade dos bens de produção — leia-se *propriedade privada dos bens de produção* — e o da liberdade de contratar (ainda que se entenda que tais valores são preservados não em regime absoluto, mas relativo).

A verdade, no entanto, é que tais valores não estão dispostos em situação simétrica, sendo mais correto observar que a liberdade de contratar não é senão um corolário da propriedade privada dos bens de produção. Isso porque a liberdade de contratar tem o sentido precípuo de viabilizar a realização dos efeitos e virtualidades da propriedade individual dos bens de produção. Em outros termos: o princípio da liberdade de contratar é instrumental do princípio da propriedade privada dos bens de produção. A atuação do Estado *sobre* o domínio econômico, por isso mesmo, impacta de modo extremamente sensível sobre o regime jurídico dos contratos.

Partindo de um modelo ideal de liberalismo econômico, verificaremos que, nele, as partes na relação contratual transformavam em ato toda a potência de suas vontades. Imperava então o voluntarismo contratual, caracterizado por um largo poder de auto-regulação no negócio jurídico, apenas não irrestrito porque restringido pela necessidade de submissão da vontade das partes ao interesse coletivo. A construção contratual, então, surgia como manifestação da prerrogativa, das partes, de criar o seu próprio direito.

Ampliando-se, no entanto, as funções do Estado, passa ele, mediante a dinamização de instrumentos e mecanismos vários, a condicionar e a direcionar o exercício daquela prerrogativa. Do momento do voluntarismo, passamos ao do dirigismo contratual — na expressão cunhada por Josserand. A ação intervencionista do Estado acaba por impor a reformulação da teoria ortodoxa dos fundamentos do contrato, levando a uma minimização dessa prerrogativa.

A ação estatal sobre os contratos é de importância capital, dada a sua configuração como instituto fundamental na economia de mercado. Isso porque a conformação das relações contratuais importa a conformação do exercício da própria atividade econômica. Daí a sua transformação — dos contratos que se praticam na economia de mercado administrado, ordenado ou organizado — em instrumentos dinâmicos voltados ao alcance não apenas dos fins almejados pelas partes mas também, na medida em que conformados pelo Estado, dos fins últimos da ordem econômica. Alguns autores, por isso mesmo, findam por apontar nos contratos verdadeiros instrumentos de política econômica,[4] enfatizando René Savatier[5] que estão eles hoje transformados menos em uma livre construção da vontade humana do que em uma contribuição das atividades humanas à arquitetura geral da economia de um país, arquitetura esta que o Estado de nossos dias passa, ele mesmo, a definir. Os contratos, então, se transformam em condutos da ordenação dos mercados, impactados por normas jurídicas que não se contêm nos limites do Direito Civil: preceitos que instrumentam a

4. Cf. René David, no prefácio à obra de Magdi Sobhy Khalil, *Le Dirigisme Économique et les Contrats*, LGDJ, Paris, 1967, p. VII.

5. *Du Droit Civil au Droit Public*, LGDJ, 2ª ed., Paris, 1950, p. 65.

intervenção do Estado sobre o domínio econômico, na busca de soluções de desenvolvimento e justiça social, passam a ser sobre eles apostos.

A liberdade contratual, que se decompõe em liberdade de contratar ou de abster-se de contratar e em liberdade de configuração interna dos contratos, sofre limitações ponderabilíssimas, em ambos esses aspectos. Às normas jurídicas de cunho meramente dispositivo, do Estado Liberal — apenas excepcionadas por uma ou outra disposição de ordem pública — sucede modernamente um conjunto de outras, impositivas, a definirem ora formas e fórmulas contratuais necessárias, ora a obrigação de contratar ou de não contratar.

No que diz respeito à liberdade de configuração interna dos contratos, apresenta-se, sob o impacto das técnicas intervencionistas, extremamente relativizada. Incidem sobre eles disposições que acabam por alterar os seus elementos essenciais. Pensamos o contrato como resultado de livres consentimento e estipulação de coisa e preço: um dos elementos primordiais à configuração interna do contrato é o preço. Em um regime de controle de preços, todavia, tal elemento é determinado, em grande número de casos, independentemente da vontade das partes. De outra parte, inúmeras vezes, também, as condições de validez do contrato e o condicionamento de sua execução dependem de ou residem em disposições normativas ou atos administrativos externos à vontade das partes.

Mencione-se a título de exemplificação, aqui, os contratos de transferência de tecnologia e análogos, em especial os celebrados com empresas do exterior, sujeitos cumulativamente a aprovação e registro do INPI e do Banco Central.

Outro aspecto a referir é o relacionado à padronização dos contratos. Na passagem do século manifesta-se uma forte tendência neste sentido, inicialmente definida em função de razões de economia administrativa — em vista da necessidade de simplificação dos negócios — e, posteriormente, enfatizada pela mecanização da vida moderna. A técnica da padronização dos contratos surgiu, ao que tudo indica, no âmbito dos contratos de transporte ferroviário. A experiência demonstrou, no entanto, que a padronização deles por uma das partes levava a um inevitável comprometimento da liberdade de contratar daqueles que se colocam em posição adversa, na relação contratual, à do contratante que detém o poder de padronização. É necessário não esquecer que Carnelutti,[6] referindo o direito como expressão da paz, situa no contrato apenas um momento de trégua no conflito de interesses entre duas partes — trégua essa que, às vezes, tem duração efêmera, que subsiste apenas durante o período em que não seja ele colocado sob discussão judicial. Pois bem: logo se verificou que, na composição de interesses que o contrato instrumenta, quando uma das partes padroniza o contrato, é capaz de impor à outra condições e cláusulas que comprometem a própria essência da liberdade de contratar. Passou o Estado, então, não apenas a regular a capacidade de padronização dos contratos pela parte hiper-suficiente, mas também a substituir a adesão de uma das partes ao contrato pela adesão de ambas as partes a padrões deles, que fixou. Aí o surgimento de contratos com cláusulas padronizadas por ato estatal, no que a relativização do princípio da liberdade de contratar, enquanto liberdade de configuração interna dos contratos.

Tome-se como exemplo os contratos de loteamento, de seguro, as convenções condominiais, inúmeras fórmulas contratuais praticadas no mercado financeiro. Nesta última hipótese, sem dúvida, efetivamente surgem modelos contratuais inteiramente padronizados — tal como no caso de contratos celebrados com o BNDES e com o extinto BNH.

Devo, neste ponto, abrir um parênteses para, antes de penetrar a análise da outra faceta da liberdade de contratar — isto é, da liberdade de contratar ou de abster-se de contratar — observar que as técnicas que impactam sobre a liberdade de configuração interna dos contratos ensejam o surgimento de uma ordenação e organização nova do relacionamento, entre si, dos agentes econômicos em ação nos mercados. Tomando de um exemplo marcante, verificaremos que a fixação de preços pelo Estado gera a obrigação, para o agente econômico, de praticá-lo no limite fixado, daí se originando dois direitos distintos: o público, do Estado, de ver cumprida sua determinação, tendo em vista a satisfação do interesse social; o privado, da parte adversa contratan-

6. *Como nace el derecho*, trad. de Santiago Sentís Melendo e Marino Ayerra Redin, Ediciones Jurídicas Europa-América, 1959, Buenos Aires, p. 54.

te, de ver satisfeito o seu interesse, pessoal, em não pagar mais do que o definido pelo texto normativo. A ordenação da atividade econômica supõe, no âmbito contratual, a definição de normas que alcançam em dois níveis os agentes econômicos: comportamentos a serem assumidos perante a Administração e comportamentos a serem assumidos perante os demais agentes econômicos. Daí não apenas as normas que conformam, condicionam e direcionam o exercício da atividade econômica pelos seus agentes — relação do agente econômico com o Estado — mas também as que criam direitos e obrigações atribuíveis aos agentes privados nas relações contratuais — relação dos agentes econômicos entre si.

De outra parte, enquanto liberdade de conclusão ou liberdade de não conclusão de contratos, a liberdade de contratar passa também por profunda reformulação. Manifesta-se então uma série de hipóteses em que ocorre falta de espontaneidade na vinculação contratual. O princípio em questão torna-se então sujeito a limitações que Larenz[7] classifica em dois tipos: *limitações imanentes ao próprio instituto contratual* e *limitações derivadas de princípios de economia dirigida.*

Entre as primeiras encontramos as obrigações de contratar dos concessionários de serviços públicos e a obrigação de fazê-lo quando a recusa contraria os bons costumes. A obrigação de contratar imposta aos concessionários de serviço público — corolário do princípio inscrito no inciso IV do art. 175 da Constituição de 1988 — decorre da circunstância de estarem sujeitos ao dever de fornecer serviço à comunidade. Entre as obrigações de contratar por imposição dos bons costumes, segundo Larenz, incluem-se as do médico — que não pode se recusar, sem motivos fundados, a atender a um enfermo — e a do monopólio — que não pode se recusar a prestar serviços ou bens a um possível competidor; os fundamentos do dever de contratar nos exemplos, estariam na vulneração de um dever profissional e na coibição da concorrência desleal.[8]

7. *Derecho de Obligaciones*, trad. de Jaime Santos Briz, Ed. Revista de Derecho Privado, Madri, 1958, t. I, pp. 66 e ss.

8. A propósito das obrigações de contratar dos monopólios — de direito e de fato — e também dos concessionários, no direito italiano, v. Pietro Barcellona,

Quanto às segundas, surgem, segundo Larenz,[9] no clima de *ordenação dos mercados* e se distinguem daquelas imanentes ao princípio da liberdade contratual, consubstanciando uma parcial derrogação dele.

A classificação de Larenz apresenta a virtude de distinguir hipóteses em que a obrigação de contratar independe de definição legal — limitações imanentes — e em que o dever de fazêlo decorre de expressa previsão do Poder Legislativo — limitações não imanentes.

Bosquejado o direito positivo nacional, encontraremos inúmeros casos de contratação coativa alinhados em expressas disposições legais ou delas decorrentes. Aí, além das hipóteses de empréstimo compulsório, de contratos de seguro, entre outras, as de que tratam os incisos XIII, XIV, XVI e XXII do art. 21 da Lei n. 8.884, de 11.6.94. Anote-se ainda o dever, dos bancos comerciais, de aplicar parte de seus recursos disponíveis na concessão de crédito rural e de crédito às pequena e média empresas. Em todos esses casos estamos diante de hipóteses de contratação coativa, consubstanciando, a sua imposição, a atuação de técnicas de intervenção *sobre* o domínio econômico.

De resto, a atuação estatal ordenadora do processo econômico se manifesta de modo tão incisivo que, por vezes, não se limita o Estado a simplesmente impor a celebração coativa de contratos, mas define como compulsório o próprio exercício da atividade econômica. São os casos, exemplares, dos titulares de um privilégio de invenção ou de concessão para a exploração de jazida mineral, que deles serão despojados na hipótese de deixálos sem exploração. Ai, na verdade, não se configura contratação coativa, mas exercício coativo de atividade econômica.

Considere-se também as hipóteses de que tratam os incisos XX e XXI do art. 21 da Lei n. 8.884/94.

No que tange aos contratos coativos, devo ainda lembrar que parte da doutrina reluta em admitir a possibilidade de sua existência, negando-se a aceitar a substituição da vontade própria

Intervento Statale e Autonomia Privatta nella Disciplina dei Rapporti Economici, Giuffrè Editore, Milão, 1969, pp. 37 e ss.

9. Ob. cit., pp. 70-71.

dos contratantes — ninguém pode estar submisso a outras leis senão àquelas que se impõe a si próprio (Kant) — pela vontade *imposta a uma das partes* pela lei. Mas se a lei, guardando compatibilidade com a ordem constitucional, impõe a uma das partes o dever de contratar, vontade a ela imposta pela lei haverá, no âmbito do direito — deste determinado direito — que albergar essa lei. Diante da realidade, objetiva, do direito positivo cedem as máximas e os ensinamentos da doutrina, ainda que, a seu tempo, plenos de *auctoritas*. O contrato individualista e subjetivista não é uma verdade universal, inacessível à lei da evolução.[10]

Além disso, a técnica dos contratos coativos não importa jamais a substituição da *vontade das partes* pela *vontade imposta pela lei*. O que neles há é tão-somente a substituição da *vontade de uma das partes* pela *vontade da lei*. Não se pode descrever os contratos coativos, nestas condições, como inteiramente supressivos das vontades próprias *dos contratantes*.

Neles, sempre, *apenas uma das partes é vinculada*, cabendo à outra optar por contratar ou não contratar. De outro lado, como observa percucientemente Gerard Farjat,[11] nas diversas situações de contratação coativa restam margens suficientes ao exercício, pelas partes contratantes, da liberdade de configuração interna dos contratos.

As partes, mesmo no contrato coativo, estão entre si relacionadas por vínculo obrigacional. O contrato coativo é, ainda, *contrato*. Apenas, nele, o particular é alcançado pelo *dever* de contratar, isto é, de assumir *obrigação* perante terceiro.

A propósito, entenda-se por *dever jurídico* uma vinculação ou limitação imposta à vontade de quem por ele alcançado. *Obrigação*, em sentido estrito, como vínculo em razão do qual uma pessoa (devedor) deve à outra (credor) o cumprimento de certa prestação. O *dever* é um vínculo imposto à vontade; a *obrigação*, embora suponha uma situação de dever, na qual se coloca o devedor, é conseqüência da manifestação da vontade do devedor. Quando o Estado impõe ao particular o *dever de contratar*, vincula sua vontade no sentido de manifestá-la em determinada direção. O *dever de contratar*, no contrato coativo, é *dever de*

10. Magdi Sobhy Khalil, ob. cit., p. 247.
11. *Droit Privé de l'Économie*, PUF, Paris, 1975, pp. 109-110.

assumir obrigação. Assumida a *obrigação*, por imposição do *dever* que o vincula, o particular, no contrato coativo, coloca-se sob *situação obrigacional*.

No mais, cumpre enfatizar que a reformulação por que passou o princípio da liberdade de contratar, na faceta ora sob consideração, não somente impõe aos particulares contratações coativas, mas, por vezes, obriga-os a abster-se de contratar. A hipótese exemplar é a da limitação da expansão do crédito, definida em resoluções do Conselho Monetário Nacional, que importa precisamente a imposição, em relação às instituições financeiras, de abstenção de contratar a concessão de crédito tão logo atingido, no período anual, determinando volume de negócios.

A exposição ora produzida é expressiva da relevância que assume a dinamização, pelo Estado, das técnicas — no caso *por direção* — de atuação interventiva *sobre* o domínio econômico, evidenciando por um lado a amplitude dos temas albergados pelo Direito Econômico e, por outro, a assertiva de que não há institutos jurídicos cuja análise seja monopólio dos cultores de um determinado ramo do direito: os contratos, enquanto realidade jurídica, não são objeto de um privilégio de consideração pelos civilistas; para que os possamos compreender, impõe-se a sua detida consideração também desde a visão do Direito Econômico.

36. Porque nutrida na linguagem natural, a linguagem jurídica apresenta textura aberta, na qual proliferam as chamadas palavras — e expressões — "camaleão",[12] que constituem um perigo tanto para o pensamento claro quanto para a expressão lúcida. A expressão "atividade econômica" é uma delas.

A busca da determinação da conotação das palavras e expressões em certo contexto normativo configura, como adiante enfatizarei, um ato de interpretação. Quando essa busca é empreendida em razão de a palavra ou expressão apresentar um largo arco de denotação, o ato de interpretação é praticado, como abaixo também observo, no nível do *contexto lingüístico*.

Esse exercício de interpretação é que cumpre, neste passo, desenvolver em torno da expressão "atividade econômica".

12. W. N. Hohfeld, *Conceptos jurídicos fundamentales*, trad. de Genaro Carrió, Centro Editor de América Latina S/A, Buenos Aires, 1968, pp. 45-46.

Não se perca de vista, porém, a anotação de Karl Larenz (*Methodenlehre*, cit., p. 83; na trad. espanhola, p. 189): a linguagem jurídica deve ser considerada um "jogo de linguagem", no sentido que a essa expressão atribui Wittgenstein (v. meu *Direito, conceitos e normas jurídicas*, cit., p. 60).

37. Da questão, referindo-me ao preenchimento dos conceitos de *serviço público* e de *atividade econômica*, tratei anteriormente, de modo específico.[13]

Mais de uma razão — além daquela atinente à necessidade de bem distinguirmos *intervenção* (atuação estatal no campo da *atividade econômica em sentido estrito*) e *atuação estatal* (ação do Estado no campo da *atividade econômica em sentido amplo*) — recomendam seja a mesma questão retomada.

É que, por um lado, a Constituição de 1988 aparta, a ambos conferindo tratamento peculiar, *atividade econômica* e *serviço público*. No art. 173 enuncia as hipóteses em que é permitida a exploração direta de "atividade econômica" pelo Estado, além de, no § 1º deste mesmo art. 173, indicar regime jurídico a que se sujeitam empresa pública, sociedade de economia mista e suas subsidiárias que explorem "atividade econômica de produção ou comercialização de bens ou de prestação de serviços". No art. 175 define incumbir ao Poder Público a prestação de "serviços públicos". Além disso, o art. 174 dispõe sobre a atuação do Estado como agente normativo e regulador da "atividade econômica". A necessidade de distinguirmos *atividade econômica* e *serviço público* é assim, no quadro da Constituição de 1988, inquestionável.

Por outro lado, como a expressão "ordem econômica", no contexto do art. 170 do texto constitucional, é conversível nas expressões "relações econômicas" ou "atividade econômica",[14] cumpre-nos precisar, também, que *atividade econômica* é esta, que deve ser fundada na valorização do trabalho humano e na livre iniciativa, tendo por fim (fim dela, *atividade econômica*) assegurar a todos existência digna, conforme os ditames da justiça social, observados os seguintes princípios...

13. Meu *Direito, conceitos e normas jurídicas*, cit., pp. 109-114.
14. V. item 18.

38. Como tenho observado, inexiste, em um primeiro momento, oposição entre *atividade econômica* e *serviço público*; pelo contrário, na segunda expressão está subsumida a primeira.

Em texto anterior[15] averbei:

"A prestação de *serviço público* está voltada à satisfação de necessidades, o que envolve a utilização de bens e serviços, recursos escassos. Daí podermos afirmar que o *serviço público* é um tipo de *atividade econômica*.

"*Serviço público* — dir-se-á mais — é o tipo de *atividade econômica* cujo desenvolvimento compete *preferencialmente* ao setor público. Não *exclusivamente*, note-se, visto que o setor privado presta serviço público em regime de concessão ou permissão.[16]

"Desde aí poderemos também afirmar que o *serviço público* está para o setor público assim como a *atividade econômica* está para o setor privado."

Salientei, no próprio texto, o fato de, no trecho aqui transcrito, utilizar-me da expressão *atividade econômica* em distintos sentidos:

"Ao afirmar que *serviço público* é tipo de *atividade econômica*, a ela atribuí a significação de gênero no qual se inclui a *espécie, serviço público*.

"Ao afirmar que o *serviço público* está para o setor público assim como a *atividade econômica* está para o setor privado, a ela atribuí a significação de *espécie*".

Daí a verificação de que o *gênero* — *atividade econômica* — compreende duas *espécies*: o *serviço público* e a *atividade econômica*.

Estamos em condições, assim, de superar a ambigüidade que assume, no seio da linguagem jurídica e no bojo do texto constitucional, esta última expressão. Para que, no entanto, se a supere, impõe-se qualificarmos a expressão, de modo que desde logo possamos identificar de uma banda as hipóteses nas quais ela conota *gênero*, de outra as hipóteses nas quais ela conota *espécie* do gênero. A seguinte convenção, então, proponho: *atividade eco-*

15. Meu *Direito, conceitos e normas jurídicas*, cit., p. 109.
16. Constituição de 1988, art. 175.

nômica em sentido amplo conota gênero; *atividade econômica em sentido estrito*, a espécie.

Pretendi, em meu *Elementos de Direito Econômico*, cit., p. 90 — e nisso insisti no *Direito, conceitos e normas jurídicas* (p. 110) —, procurando tornar fluente o discurso expositivo e, para tanto, fugindo à contínua repetição de duas expressões paralelas (a.e. em sentido amplo e a.e. em sentido estrito), substituir a segunda delas por *iniciativa econômica*. Esta, porém, é também expressão ambígua, na medida em que, como alguém já afirmou, a iniciativa está para a atividade econômica assim como a espoleta está para a granada. Em outros termos: se o exercício da atividade econômica em sentido estrito supõe *iniciativa* — *iniciativa privada* — também a supõe, enquanto espécie de atividade econômica em sentido amplo, o serviço público (cf. meu *Elementos de Direito Econômico*, cit., pp. 90-91); isto é, toda e qualquer atividade econômica, tal qual toda e qualquer atividade, pressupõe *iniciativa*. A ambigüidade das palavras e expressões da linguagem natural nos enreda, como se vê, em sucessivas ciladas.

Rigorosamente, o gênero *atividade econômica em sentido amplo* compreende três espécies, e não apenas duas — a da *atividade econômica em sentido estrito* e a dos *serviços públicos*. Convém acrescentarmos a essas duas primeiras *espécies* do *gênero* a das *atividades ilícitas*, ou seja, atividades econômicas em sentido amplo cujo exercício é vedado pela lei. Os exemplos são inúmeros: produção e comércio de drogas; proxenetismo, *v.g.*, todas essas *atividades econômicas em sentido amplo* consubstanciando tipos penais. Tome-se, porém, o caso da exploração de loterias, *atividade ilícita* cuja prática é excepcionalmente admitida, nos termos da lei (Decreto-lei n. 204, de 1967, e Lei n. 6.717, de 1979), para ser empreendida pelo Estado - hipótese na qual migra do campo da ilicitude para o universo dos *serviços públicos*. A lei, ao definir a exploração das loterias como serviço público, atendeu a *forte e justificável razão de interesse social* (v., adiante, item 45). Essa exploração atende, precipuamente, ao *interesse social*, na medida em que parte considerável do produto de sua exploração assume o caráter de receita pública: *v.g.*, a "renda líquida obtida com a exploração dos serviços de loteria" é, *ex vi* do disposto no art. 1º do Decreto-lei n. 204, de 1967, "obrigatoriamente destinada a aplicações de *caráter social e de assistência médica, em empreendimentos de interesse público*"; sobre a receita de concursos de prognósticos incidem contribuições sociais (art. 195, III, da Constituição). A norma infraconstitucional que retirou a atividade de exploração de loterias do limbo da ilicitude reservou seu desenvolvimento ao Estado, definindo-a expressamente como *serviço público*. Poderia tê-la remetido, no universo das *atividades econômicas em sentido amplo*, ao quadro das *atividades econômicas em sentido estrito*. Não o fez, todavia, na medida em que o legislador, interpretando a Constituição, nela encontrou – porque essa exploração instrumenta a realização do *interesse social* – parâmetros que a inserem na área dos *serviços públicos*.

39. Isto posto, a determinação dos sentidos que assume a expressão *atividade econômica* nos arts. 170, 173 e seu § 1º e 174 da Constituição de 1988 pode ser operada.

Por certo que, no art. 173 e seu § 1º, a expressão conota *atividade econômica em sentido estrito*. Indica o texto constitucional, no art. 173, *caput*, as hipóteses nas quais é permitida ao Estado a exploração direta de *atividade econômica*. Trata-se, aqui, de atuação do Estado — isto é, da União, do Estado-membro e do Município — como agente econômico, em área da titularidade do setor privado. Insista-se em que *atividade econômica em sentido amplo* é território dividido em dois campos: o do *serviço público* e o da *atividade econômica em sentido estrito*. As hipóteses indicadas no art. 173 do texto constitucional são aquelas nas quais é permitida a atuação da União, dos Estados-membros e dos Municípios neste segundo campo.

Da mesma forma, na redação originária do § 1º do art. 173, alterada pela Emenda Constitucional n. 19/98, a expressão conotava *atividade econômica em sentido estrito*: determinava ficassem sujeitas ao regime próprio das empresas privadas, inclusive quanto às obrigações trabalhistas e tributárias, a empresa pública, a sociedade de economia mista e outras entidades que atuassem no campo da *atividade econômica em sentido estrito*; o preceito, à toda evidência, não alcançava empresa pública, sociedade de economia mista e entidades (estatais) que prestassem *serviço público*.

Sobre a distinção entre empresa estatal que exerce atividade econômica em sentido estrito e empresa estatal prestadora de serviço público, veja-se, da jurisprudência do STF, a ADI 83 e os REs 220.011, 229.696 e 354.857.

Observe-se que a redação originária do § 1º do art. 173 era distinta daquela do § 2º do art. 170 da Emenda Constitucional n. 1/69. Este último determinava: "Na exploração, pelo Estado, da atividade econômica, as empresas públicas e as sociedades de economia mista reger-se-ão pelas normas aplicáveis às empresas privadas, inclusive quanto ao direito do trabalho e ao das obrigações". O § 1º do art. 173 passou a sujeitá-las, bem assim outras entidades estatais — "que explorem atividade econômica" — ao *regime jurídico* próprio das empresas privadas, inclusive quan-

> to às *obrigações trabalhistas e tributárias*. Isso significa que empresa pública, sociedade de economia mista e outras entidades — que explorassem atividade econômica em sentido estrito — estavam sujeitas não às normas aplicáveis às empresas privadas, mas ao regime jurídico próprio delas, e não inclusive quanto ao direito do trabalho e ao das obrigações, mas inclusive quanto às obrigações trabalhistas e tributárias. O texto originário do § 1º do art. 173 era mais preciso, na medida em que mais incisivo: empresa pública, sociedade de economia mista e outras entidades (estatais) que explorassem *atividade econômica em sentido estrito* estavam sujeitas às mesmas obrigações trabalhistas e tributárias a que se sujeitam as empresas privadas.

A EC n. 19, de 4.6.98, deu, contudo, outra redação a esse § 1º do art. 173: "A lei estabelecerá o estatuto jurídico da empresa pública, da sociedade de economia mista e de suas subsidiárias que explorem atividade econômica de produção ou comercialização de bens ou de prestação de serviços, dispondo sobre: I — sua função social e formas de fiscalização pelo Estado e pela sociedade; II — a sujeição ao regime jurídico próprio das empresas privadas, inclusive quanto aos direitos e obrigações civis, comerciais, trabalhistas e tributários; III — licitação e contratação de obras, serviços, compras e alienações, observados os princípios da administração pública; IV — a constituição e o funcionamento dos conselhos de administração e fiscal, com a participação de acionistas minoritários; V — os mandatos, a avaliação de desempenho e a responsabilidade dos administradores".

Torna-se à primeira vista difícil compreendermos a alteração introduzida pela Emenda Constitucional n. 19/98 no § 1º do art. 173, que resultou de proposta do Poder Executivo. A leitura, contudo, do disposto na nova redação atribuída, pela própria Emenda Constitucional n. 19/98, ao inc. XXVII do art. 22 da Constituição pode esclarecer um pouco.

Diz o preceito, em sua nova redação: "Art. 22. Compete privativamente à União legislar sobre: (...) XXVII — normas gerais de licitação e contratação, em todas as modalidades, para as administrações públicas diretas, autárquicas e fundacionais da União, Estados, Distrito Federal e Municípios, obedecido o disposto no art. 37, XXI, e para as empresas públicas e sociedades de economia mista, nos termos do art. 173, § 1º, III".

Vê-se bem, agora, que a proposta de Emenda Constitucional formulada pelo Poder Executivo visava à *flexibilização* — é a palavra da moda — das licitações a que devem se sujeitar as empresas estatais e ao regime jurídico aplicável aos contratos por elas celebrados. Daí se ter imaginado dois grupos distintos de normas gerais de licitação e contratação, o primeiro fundado sobre o disposto no inc. XXI do art. 37 — aplicável às administrações diretas, autárquicas e fundacionais — o segundo, sobre o inc. III do § 1º do art. 173 — aplicável às empresas públicas e às sociedades de economia mista.

Sucede não terem se dado conta, os redatores da proposta de emenda — ou teriam eles se dado conta disso? — de que, tratando o *caput* do art. 173 da *atividade econômica em sentido estrito*, seu § 1º haveria de abranger exclusivamente as empresas públicas e as sociedades de economia mista que empreendem *atividade econômica em sentido estrito*, dele estando excluídas as que prestam *serviço público*.

O resultado de tudo é o seguinte: [i] *atividade econômica de produção ou comercialização de bens ou de prestação de serviços*, no § 1º do art. 173 da Constituição, significa *atividade econômica em sentido estrito*, razão pela qual pouco mudou em relação aos regimes jurídicos aplicáveis às empresas públicas e às sociedades de economia mista que exploram *atividade econômica em sentido estrito*; [ii] como o art. 22, XXVII, atribui à União competência para legislar sobre normas gerais de licitação e contratação para as administrações públicas diretas, autárquicas e fundacionais e para as empresas públicas e sociedades de economia mista de que trata o art. 173 — ou seja, para as empresas públicas e sociedades de economia mista que exploram *atividade econômica em sentido estrito* — não cabe à União legislar normas gerais de licitação e contratação para as empresas públicas e sociedades de economia mista prestadoras de *serviço público*!

Tal o absurdo que resulta dessa Emenda n. 19/98, que tem sido chamada de "emendão"... O descuido na elaboração do texto da proposta de emenda — terá sido descuido? — não chega ao extremo, todavia, de justificar se tenha como não alcançadas pela exigência da licitação as contratações de obras, serviços, compras e alienações pelas empresas estatais prestadoras de serviço público. A licitação, como observei em outra oportunidade,[17] é um

17. *Licitação e contrato administrativo*, Malheiros Editores, 1995, p. 14.

procedimento que visa à satisfação do *interesse público*, pautando-se pelo princípio da *isonomia*. Seu fundamento, bem assim o dos concursos públicos, encontra-se no *princípio republicano*.[18] Dele decorre, na abolição de quaisquer privilégios, a garantia formal da igualdade de oportunidade de acesso de todos, não só às contratações que pretenda a Administração avençar, mas também aos cargos e funções públicas. Daí porque a *escolha* do licitante com o qual a Administração há de contratar deve ser, *na República, a melhor escolha* ou *a escolha do melhor contratante*.[19] Isso significa que ainda que a Constituição nada dispusesse a respeito da exigência de prévia licitação para que a Administração possa contratar, ainda assim algum processo seletivo, informado pelo princípio da *isonomia*, impor-se-ia em razão do princípio republicano.

Por isso, ainda que não se apliquem às empresas estatais prestadoras de serviço público as normas gerais de licitação e contratação dispostas pela União — a Lei n. 8.666/93, atualmente — estão elas sujeitas a licitação, mercê do princípio republicano e também do disposto no inc. XXI do art. 37 da Constituição, que, apesar do "emendão", as alcança. Alguns Estados e Municípios possuem legislação própria sobre a matéria. Onde ela não existir aplicar-se-á a legislação estadual — se essa houver e de Município se tratar — ou a própria legislação federal, que também se aplica às empresas estatais federais prestadoras de serviço público.

Quanto às obrigações tributárias, o § 2º do art. 173 afirma que as empresas públicas e as sociedades de economia mista não poderão gozar de privilégios fiscais não extensivos às do setor privado. O que resta definidamente evidente, neste passo, é que tanto o preceito inscrito no § 1º quanto o veiculado pelo § 2º do art. 173 da Constituição de 1988 apenas alcançam empresas públicas e sociedades de economia mista que explorem *atividade econômica em sentido estrito*. Não se aplicam, pois, àquelas que prestam *serviço público*, não assujeitadas às obrigações tributárias às quais se sujeitam as empresas privadas. As empresas públicas, sociedades de economia mista e outras entidades estatais que prestem serviço público, podem gozar de privilégios fiscais,

18. Tome-se, aqui, a idéia de República como "forma de governo não pessoal"; v. José Joaquim Gomes Canotilho, *Direito Constitucional*, cit., pp. 407 e ss. e Geraldo Ataliba, *República e Constituição*, cit.

19. V. meu *Direito, conceitos e normas jurídicas*, cit., p. 175.

ainda que não extensivos a empresas privadas prestadoras de serviço público em regime de concessão ou permissão (art. 175 da CF 88).

A respeito da não aplicação, às sociedades de economia mista e às empresas públicas, do preceito a este correlato, da Emenda Constitucional n. 1/69 — o § 2º do art. 170 — v. meu *Elementos de Direito Econômico*, cit., pp. 105-111; "Lucratividade e função social nas empresas sob controle do Estado", in *RDM* 55/53-55; "Empresas estatais ou Estado empresário", in *Curso de Direito Administrativo*, Celso Antônio Bandeira de Mello (coordenador), Ed. RT, São Paulo, 1986, pp. 114-119.

No que tange ao art. 174, no entanto, a expressão *atividade econômica* é utilizada noutro sentido. Alude, o preceito, a *atividade econômica em sentido amplo*. Respeita à globalidade da atuação estatal como agente normativo e regulador. A atuação normativa reclama fiscalização que assegure a efetividade e eficácia do quanto normativamente definido — daí porque, em rigor, nem seria necessária a ênfase que o preceito adota ao expressamente referir a função de fiscalização. A atuação reguladora há de, impõe a Constituição, compreender o exercício das funções de incentivo e planejamento. Mas não apenas isso: atuação reguladora reclama também fiscalização e, no desempenho de sua ação normativa, cumpre também ao Estado considerar que o texto constitucional assinala, como funções que lhe atribui, as de incentivo e planejamento.[20] Este, por outro lado, não abrange apenas a *atividade econômica em sentido estrito*, porém toda a *atividade econômica em sentido amplo*. Tanto é assim que o preceito determina ser ele — o planejamento — "determinante para o setor público e indicativo para o setor privado". O art. 174 reporta-se nitidamente, nestas condições, a *atividade econômica em sentido amplo*.

Finalmente, no que concerne ao art. 170, *caput*, nele a expressão *atividade econômica* conota o gênero, e não a espécie. O que afirma o preceito é que toda a *atividade econômica*, inclusive a desenvolvida pelo Estado, no campo dos serviços públicos, deve ser fundada na valorização do trabalho humano e na livre iniciativa, tendo por fim (fim dela, *atividade econômica*, repita-se) assegurar a todos existência digna, conforme os ditames da justiça social, etc. Nenhuma dúvida pode restar, entendo, quanto à cir-

20. Note-se que se trata, aí, de *função* (v. meu *Direito, conceitos e normas jurídicas*, cit., pp. 107-108, 179-180 e 183).

cunstância de, aí, a expressão assumir a conotação de *atividade econômica em sentido amplo.*

Observe-se que no título da ordem econômica e financeira, cujo art. 170 enuncia os seus princípios gerais, está inserido o art. 175, que respeita à prestação dos serviços públicos.

40. Esclarecido esse ponto, devo tecer algumas observações a propósito da distinção entre *serviço público* e *atividade econômica em sentido estrito*. Do tema tratei também, anteriormente, de modo específico.[21]

Observando, em outra oportunidade,[22] ser um conceito aberto o de serviço público, conceito que cumpre preencher com os dados da realidade, devendo sua significação ser resgatada na realidade social, sustentei ser a distinção entre um (*serviço público*) e outra (*atividade econômica em sentido estrito*) função das vicissitudes das relações entre as forças sociais. Por isso que, em termos de modelo ideal, a distinção nos termos seguintes seria estabelecida.

Pretende o capital reservar para sua exploração, como *atividade econômica em sentido estrito*, todas as matérias que possam ser, imediata ou potencialmente, objeto de profícua especulação lucrativa. Já o trabalho aspira atribua-se ao Estado, para que este as desenvolva não de modo especulativo, o maior número possível de *atividades econômicas (em sentido amplo)*. É a partir deste confronto — do estado em que tal confronto se encontrar, em determinado momento histórico — que se ampliarão ou reduzirão, correspectivamente, os âmbitos das *atividades econômicas em sentido estrito* e dos *serviços públicos*. Evidentemente, a ampliação ou retração de um ou outro desses campos será função do poder de reivindicação, instrumentado por poder político, de um e outro, capital e trabalho. A definição, pois, desta ou daquela parcela da *atividade econômica em sentido amplo* como *serviço público* é — permanecemos a raciocinar em termos de modelo ideal — decorrên-

21. Meus *Direito, conceitos e normas jurídicas*, cit., pp. 110-113, e *Elementos de Direito Econômico*, cit., pp. 92-97.

22. "Serviço público de distribuição de gás canalizado: competência municipal, exclusividade e âmbito da prestação", in *RDP* 84/89.

cia da captação, no universo da realidade social, de elementos que informem adequadamente o estado, em um certo momento histórico, do confronto entre interesses do capital e do trabalho.

Não obstante as dificuldades que se antepõem ao discernimento da linha que traça os limites entre os dois campos, ele se impõe: *intervenção* é atuação na área da *atividade econômica em sentido estrito*; exploração de *atividade econômica em sentido estrito* e prestação de *serviço público* estão sujeitas a distintos regimes jurídicos (arts. 173 e 175 da Constituição de 1988).[23]

O critério acima enunciado há de auxiliar o intérprete no exercício de identificação desta ou daquela parcela da *atividade econômica (em sentido amplo)* como modalidade de *serviço público* ou de *atividade econômica em sentido estrito*. Essa identificação, contudo, não se pode dar no plano dos modelos ideais, à margem da ordem jurídica. Assim, o que efetivamente há de ser determinante para tanto será o exame da Constituição, desde que o intérprete tenha compreendido que, em verdade, *serviço público* não é um *conceito*, mas uma *noção*, plena de *historicidade*, conforme explicitado mais adiante.[24] De três outros aspectos, contudo, devo ainda cogitar: o atinente à inconsistência da identificação do que seja *serviço público* mediante a consideração do regime jurídico a que se sujeita a atividade (a), o referente à definição constitucional de certas atividades como serviço público (b) e o concernente à situação jurídica das empresas públicas e das sociedades de economia mista que prestam serviço público (c).

É necessário observar, de toda sorte, que — embora o critério enunciado seja útil à identificação pretendida — a ampliação da rede de serviços públicos, com freqüência, corresponde a uma exigência do capital. Isso já ocorreu no passado (v. item 10) e ainda se verifica. Assim, é sob essa ressalva que a utilidade do critério considerado deve ser ponderada.

Desde há muito venho apontando a inconveniência do uso genérico das expressões "empresa pública" e "sociedade de economia mista". Em meu *Elementos de Direito Econômico*, cit., p. 102, averbei: "Nos-

23. Relembro que nos arts. 170, *caput*, e 174 a expressão *atividade econômica* assume conotação de *atividade econômica em sentido amplo*.

24. V. item 48.

so Direito Positivo contempla, no art. 5º, II do Decreto-lei n. 200/67, um conceito de *empresa pública* e, em diversos textos normativos, algumas concepções de *sociedade de economia mista*. Não tratarei, nesta oportunidade, de tais assuntos — mesmo porque a eles já, extensamente, dediquei atenção em outras oportunidades. É certo, todavia, que tais conceitos, porque restritivos, são insuficientes para albergar a totalidade das empresas sujeitas ao controle, direto ou indireto, do setor público — União, Estados e Municípios e suas respectivas entidades da chamada Administração Indireta (na qual, aliás, se incluem as próprias empresas públicas e sociedades de economia mista). Algumas dessas empresas se amoldam, com exatidão, àqueles conceitos. Outras, contudo, não se acomodam em nenhum de tais casulos. Por isso, para referir amplamente o conjunto de todas as empresas sujeitas a controle do setor público, convém-nos a denominação de *empresas estatais*. *Empresa estatal*, assim, é noção ampla, que engloba não apenas as empresas públicas e as sociedades de economia mista, mas também as demais que — embora controladas pelo Estado e por isso estatais — com aquelas não se confundem". A inconveniência, sobretudo da expressão "sociedade de economia mista", é absoluta. Da coexistência de inúmeros distintos conceitos cujo termo é a mesma expressão — "sociedade de economia mista" — (v. meu *Direito, conceitos e normas jurídicas*, cit., pp. 87-94) certamente resultarão repetitivos debates, inócuos na medida em que, à toda evidência, o conceito constitucional é nitidamente mais amplo do que a definição legal de *sociedade de economia mista* consagrada pelo art. 5º, II do Decreto-lei n. 200/67.

A propósito desta questão, transcrevo parte do voto que proferi no RMS 24.249, julgado pelo Supremo Tribunal Federal em 14.9.2004:

"Senhor presidente, o deslinde da controvérsia reclama a consideração de dois aspectos. O primeiro respeita à configuração, ou não configuração, do Hospital Cristo Redentor S/A como sociedade de economia mista, para os efeitos do disposto no inciso XVII do art. 37 da Constituição do Brasil, onde a vedação da acumulação remunerada de cargos públicos. O segundo, desde que se conclua pela acumulação proibida, à configuração de má-fé por parte do servidor.

"2. A Constituição do Brasil estabelece que 'a proibição de acumular estende-se a empregos e funções e abrange autarquias, fundações, empresas públicas, sociedades de economia mista, suas subsidiárias, e sociedades controladas, direta ou indiretamente, pelo poder público' (CF/88, art. 37, XVII, com a redação dada pela EC 19/98).

"3. A União, em razão do disposto no Decreto n. 75.403/75, que declarou de utilidade pública para fins de desapropriação, em regime de urgência, a totalidade do seu capital social, assumiu o controle societário do Hospital Cristo Redentor S/A. Posteriormente, o decreto

n. 75.457/75 reduziu a participação da União no capital social do Hospital Cristo Redentor S/A para 51% (cinqüenta e um por cento) do seu total.

"4. O recorrente sustenta que o Hospital Cristo Redentor não pode ser considerado sociedade de economia mista, pertencente à Administração Indireta, em razão da ausência de autorização legislativa para sua criação, mediante lei específica, consoante exigência do disposto no inciso XIX do art. 37 da Constituição do Brasil, com a redação que lhe foi conferida pela Emenda Constitucional 19/98.

"5. Assevera, ainda, que o mencionado hospital '*não é controlado sob qualquer aspecto pela União,* tendo em vista que cabe à sua diretoria contratar, demitir, gerir recursos, fazer investimentos, recolher impostos e realizar contabilidade, pois que atividade privada dedicada ao *lucro*' (grifos no original).

"6. Esgrimidos esses argumentos, entende que a entidade em questão não poderia ser considerado sociedade de economia mista, nem sociedade controlada direta ou indiretamente pelo Poder Público.

"7. Não assiste razão ao recorrente.

"É que a expressão 'sociedade de economia mista' é termo de conceitos jurídicos distintos. Vale dizer: conceitos distintos são referidos pelo mesmo termo, 'sociedade de economia mista'.

"A cada conceito corresponde um *termo.* Este – o termo – é o signo lingüístico do conceito, é a *expressão do conceito.*[1] Nada impede que um mesmo vocábulo ou expressão seja tomado como termo de mais de um, distintos entre si, conceitos jurídicos.

"8. Tratando do tema,[2] observei serem várias as posturas assumidas pela doutrina em torno da caracterização das sociedades de economia mista. Compreenderiam uma espécie do gênero 'paraestatal', porque dependem do Estado para sua organização, praticando atos delegados de poder público; o elemento essencial, nelas, seria a participação do Estado na economia interna da empresa – no capital ou na direção – de modo a lhes atribuir caráter paraestatal. Seriam sociedades anônimas nas quais a entidade estatal, em qualquer das modalidades de que se reveste, é acionista ou obrigacionista; o que as caracterizaria – além da coexistência, nela, de capitais públicos e privados – seria a sua submissão a um regime jurídico especial, marcado por certa originalidade em relação às demais sociedades comerciais.

"1. Vejam-se meus *Direito, conceitos e normas jurídicas*, cit., pp. 61 e ss., e *Ensaio e discurso sobre a interpretação/aplicação do direito*, cit., pp. 213 e ss."

"2. *Direito, conceitos e normas jurídicas*, cit., pp. 87 e ss."

"Esta Corte, no RE 91.035-2-RJ – caso BANRIO Crédito Imobiliário S/A – em 26.6.79, decidiu que: 'Não é possível confundir sociedade de economia mista com sociedade sob controle acionário do Poder Público. É a situação especial que o Estado se assegura, através de lei criadora, que caracteriza o ente assim instituído como sociedade de economia mista'. Entendeu-se então que o critério jurídico adequado à caracterização da sociedade de economia mista encontra-se na outorga de direitos especiais à entidade estatal (ou entidades estatais) sua acionista.[3]

"A outorga de tais direitos especiais, que fazem exceção à legislação comum aplicável às sociedades por ações, dá-se em lei, que implica derrogação da legislação comum.

"A lei que define a outorga de tais direitos, derrogando a legislação comum – lei federal, visto que à União compete privativamente, nos termos do art. 22, I, da Constituição do Brasil, legislar sobre Direito Comercial – opera, em tais condições, a *criação* da sociedade de economia mista.

"9. A sociedade de economia mista, pois, é *criada por lei.* Este o elemento primordial a caracterizá-la como sociedade de economia mista: a *criação por lei.*[4] Cuida-se, aqui, não da criação da sociedade como pessoa jurídica, mas da *criação de um modelo jurídico especial*, excepcional em relação ao modelo ortodoxo de sociedade anônima. No bojo deste modelo excepcional, criação da lei, o Estado atua não como mero Estado-acionista, em igualdade de condições com os acionistas privados da sociedade, mas, parcialmente – no âmbito das prerrogativas que tenham sido atribuídas pela lei que cria o modelo – como Estado-poder, em posição privilegiada em confronto com os acionistas privados. O Estado, destarte, nas sociedades de economia mista, está em situação assimétrica em relação aos seus acionistas privados, ao passo que, nas sociedades estruturadas segundo o modelo ortodoxo de sociedade anônima, de cujo capital participe, ainda que majoritariamente – e que não serão entendidas como de economia mista – está em situação de simetria em relação aos seus acionistas privados.

"3. Refiro-me a 'acionista' porque a sociedade de economia mista assume necessariamente a forma de sociedade por ações."

"4. Neste sentido as posições assumidas por Waldemar Ferreira (*A Sociedade de Economia Mista em seu Aspecto Contemporâneo*, edição de 1946, p. 133) e Vicente Ráo (*O Direito e a Vida dos Direitos*, v. 1º, reedição de 1952, Max Limonad, 1960, p. 361) mesmo anteriormente ao Dec.-lei 200/67. Detido levantamento dos nomes e obras dos que as assumem, posteriormente, no artigo de Luiz Gastão Paes de Barros Leães, "O Conceito Jurídico de Sociedade de Economia Mista", in *RDA* 79/12, nota 37."

"10. O fato, no entanto, é que no direito positivo brasileiro há mais de um *conceito legal* – isto é, definição 'estipulativa[5] – de sociedade de economia mista. De formas diversas concebem-na, *v.g.*, o Dec.-lei n. 200/67 e a Lei n. 6.404/76.

"11. O art. 5º, III, do Dec.-lei n. 200/67 – com a redação que lhe foi atribuída pelo Dec.-lei n. 900/69 – define-a como 'a entidade dotada de personalidade jurídica de direito privado, criada por lei para a exploração de atividade econômica, sob a forma de sociedade anônima, cujas ações com direito a voto pertençam, em sua maioria, à União ou a entidade da Administração Indireta'.

"São características suas, no conceito do Dec.-lei n. 200/67, as seguintes: a) coexistência de capitais públicos e privados com maioria dele porém atribuída à União ou a entidade da Administração Indireta; b) personalidade jurídica de direito privado; c) forma de sociedade anônima; d) exploração de atividade econômica; e) criação por lei. No que tange ao requisito da *criação por lei* aplicam-se as observações acima alinhadas.

"12. A Lei n. 6.404/76, que dispõe sobre as sociedades por ações, não enuncia, expressamente, uma definição do termo 'sociedade de economia mista'. Não obstante, nela dá-se acolhimento às linhas fundamentais de definição contemplada no art. 5º, III, do Dec.-lei n. 200/67. Essa circunstância tem sido sempre enfatizada pela doutrina: o seu art. 236 determina que 'a constituição de companhia de economia mista depende de prévia autorização legislativa'.

"Note-se, contudo, que, ao passo que, nos termos do Dec.-lei n. 200/67, a sociedade de economia mista é *criada por lei* – atribuindo-se a esta *criação* o sentido específico acima enunciado – impõe-se apenas, para que ela surja nos termos da Lei n. 6.404/76, simples *autorização legislativa*.

"O art. 236 da Lei n. 6.404/76, no entanto, define que 'as sociedades anônimas de economia mista estão sujeitas a esta lei, sem prejuízo das disposições especiais de lei federal'. Nesta menção, a *disposições especiais de lei federal* entende-se esteja contemplado o reconhecimento de que a sociedade de economia mista, a que respeita a Lei n. 6.404/76, está sujeita a regime jurídico especial, excepcional em relação ao direito comum.

"De toda sorte, é certo que não há correspondência plena entre a conceituação de sociedade de economia mista adotada pelo Dec.-lei n. 200/67 e a contemplada pela Lei n. 6.404/76. Isso ocorre na medida em

"5. Veja-se meu *Ensaio e discurso sobre a interpretação/aplicação do direito*, cit., pp. 223-224."

que a Lei n. 6.404/76 trata como se não fossem sociedades de economia mista sociedades que, nos termos do que define o Dec.-lei n. 200/67, são entendidas como sociedades de economia mista.

"Pois o § 2º do art. 235 da Lei n. 6.404/76 estabelece que 'as companhias de que participarem, majoritária ou minoritariamente, as sociedades de economia mista, estão sujeitas ao disposto nesta lei, sem as exceções previstas neste capítulo'.

"O capítulo da Lei n. 6.404/76 no qual inserido o art. 235 é o XIX, que trata justamente das sociedades de economia mista. Nele – arts. 235 e 242 da lei – estão definidas as disposições específicas aplicáveis às sociedades de economia mista.

"Assim, na medida em que às companhias de que participarem, majoritariamente (ou minoritariamente), as sociedades de economia mista não se aplicam as disposições específicas – 'exceções' – previstas no Capítulo XIX da Lei n. 6.404/76, temos por evidente que essas companhias, para os efeitos da Lei n. 6.404/76, *não são entendidas como sociedades de economia mista.*

"Sê-lo-ão, no entanto, para os efeitos do Dec.-lei n. 200/67.

"Com efeito, o Dec.-lei n. 200/67 concebe a existência de sociedades de economia mista de primeiro e de segundo grau. Do primeiro tipo, aquelas sob *controle da União*; do segundo, aquelas *sob controle de entidade da Administração Indireta.*

"Ora, as sociedades de economia mista são entidades da Administração Indireta, nos termos do que define o art. 4º, II, 'c', do próprio Dec.-lei n. 200/67. Desta sorte, para os efeitos do Dec.-lei n. 200/67, *são sociedades de economia mista do segundo grau as* companhias de que participarem, majoritariamente, as sociedades de economia mista de primeiro grau.

"Diversamente, para os efeitos da Lei n. 6.404/76, *não são sociedades de economia mista* as companhias de que participarem, majoritariamente, as sociedades por elas concebidas como de economia mista – vale dizer, as sociedades de economia mista de primeiro grau.

"Daí a verificação de que efetivamente não há correspondência plena entre a definição de sociedade de economia mista adotada pelo Dec.-lei n. 200/67 e o conceito (*de sociedade de economia mista*) adotado pela Lei n. 6.404/76. O universo abrangido por este último é menor do que o colhido pela definição contemplada no Dec.-lei n. 200/67.

"Outra verificação que de tudo extraímos é a seguinte: assim como há empresas sob controle do Estado que não se acomodam às definições legais de sociedade de economia mista – e de empresa pública – algumas (as de segundo grau), que para os efeitos do Dec.-lei n. 200/67 são entendidas como sociedades de economia mista, não podem ser entendidas como sociedades de economia mista para os efeitos da Lei n. 6.404/76.

"13. Não são estas duas, no entanto, as únicas concepções consagradas no direito positivo brasileiro, das quais decorre o discernimento de *conceitos legais* de sociedade de economia mista.

"Porque, até o advento da Lei n. 6.264/75, as sociedades de economia mista mereciam tratamento especial na legislação do imposto de renda – este incidia tão-somente sobre a parcela de lucros atribuível aos seus acionistas privados – a regulamentação do tributo definia serem sociedades como tais todas as anônimas 'nas quais pelo menos 51% das ações com direito a voto pertençam à União, aos Estados e aos Municípios'.[6]

"Nesta definição, o elemento econômico (participação majoritária no capital com direito a voto) é que se presta a caracterizar como tais as sociedades de economia mista. Além disso, dela resultava evidente, para os seus efeitos, a admissão da existência de sociedades de economia mista estaduais e municipais. Note-se que estas não podem existir para os efeitos do conceito que toma a criação por lei, enquanto modelo jurídico especial, como nota característica da sociedade de economia mista, dado que somente a União pode legislar sobre direito comercial.

"As sociedades de economia mista passando, contudo, a não mais merecer tratamento tributário específico acima aludido a partir da vigência da Lei n. 6.264/75, a regulamentação do imposto de renda deixou de enunciar definição que as identifique como tais, para os efeitos da legislação do tributo. Não obstante, porque em seu art. 6º dispensou do pagamento de multas, juros moratórios e correção monetária os recolhimentos do tributo em atraso, pelas sociedades de economia mista, a própria Lei n. 6.264/75, no § 4º deste mesmo art. 6º, definiu: 'Para os fins previstos neste artigo, consideram-se sociedades de economia mista aquelas sob controle governamental'.

"14. Vê-se, destarte, que em nosso direito positivo coexistem distintas conceituações referidas pelo termo 'sociedade de economia mista'.

"15. Não, porém, apenas essas. Examinando a vigente Constituição do Brasil, verificaremos, por exemplo, que o princípio da vedação da acumulação remunerada de cargos públicos abrange os titulares de empregos e funções em sociedades de economia mista – art. 37, XVII; que deputados e senadores não poderão, desde a expedição do diploma, firmar ou manter contrato (salvo quando este obedecer a cláusulas

"6. Cf. o § 2º do art. 239 do regulamento aprovado pelo Dec. n. 76.186/75."

uniformes) e não poderão aceitar cargo, função ou emprego remunerado em sociedades de economia mista – art. 54, I, 'a' e 'b' – e também não poderão, desde a posse, ocupar cargo, função ou emprego, nelas, de que sejam demissíveis *ad nutum*, bem assim patrocinar causa em que seja interessada qualquer delas – art. 54, II, 'c'.

"Ora, diante de tais preceitos parece evidente devermos conceber em termos amplos – e não naqueles, restritos, das definições adotadas pelo Dec.-lei n. 200/67 e, mais ainda, da Lei n. 6.404/76 – as sociedades de economia mista. Assim não fosse, as finalidades dos preceitos constitucionais resultariam fatalmente frustradas.

"Logo, o conceito de sociedade de economia mista a considerar, para os efeitos de aplicação, *v.g.*, dos arts. 37, XVI e XVII, e 54, I e II, da Constituição do Brasil, há de ser análogo ao que enuncia o § 4º do art. 6º da Lei n. 6.264/75: serão, para tais efeitos, sociedades de economia mista, aquelas – anônimas ou não – sob controle da União, dos Estados-membros, do Distrito Federal ou dos Municípios.

"16. Resta destarte evidenciada a coexistência, no direito positivo brasileiro, de mais de um *conceito legal* de sociedade de economia mista.

"Nada de estranho ou inusitado há nessa coexistência. Os conceitos jurídicos não são idéias, reflexões sobre a essência das coisas, mas ferramentas que forjamos para descrever a realidade,[7] tendo em vista a realização de determinadas finalidades.

"Não será jamais demasiado relembrar que a finalidade é o criador de todo o direito e que não existe norma ou instituto jurídico que não deva sua origem a uma finalidade.[8] Os conceitos jurídicos têm razão de ser na medida em que permitem e viabilizam a aplicação de normas jurídicas. Os definidos no âmbito de um determinado ordenamento instrumentam precisamente a aplicação das normas deste ordenamento.

"Por isso não é censurável a adoção, por distintos ordenamentos, sob a mesma designação (*'sociedade de economia mista'*), de conceitos diversos entre si, mesmo porque *nomina non sunt consequentia rerum*. Uns e outros não podem ter a sua correção questionada senão no interior da instância de enunciação em que formulados. São corretos, *nos seus sentidos referenciais*, para os efeitos dos ordenamentos em que definidos.

"Para os efeitos do disposto no art. 37, XVII, da Constituição, são sociedades de economia mista aquelas – anônimas ou não – sob con-

"7. Cf. Alf Ross, *El Concepto de Validez y Otros Ensayos*, trad. de Genaro Carrió e Osvaldo Paschero, Centro Editor de América Latina, Buenos Aires, pp. 85-86."

"8. Cf. Rudolph von Ihering, *Der Zweck im Recht*, cit., p. VIII."

trole da União, dos Estados-membros, do Distrito Federal ou dos Municípios, independentemente da circunstância de terem sido 'criadas por lei'.

"17. O Hospital Cristo Redentor S/A, sem dúvida alguma – ainda que não o seja para os efeitos do Dec.-Lei n. 200/67 – deve ser entendido como sociedade de economia mista para os efeitos do disposto no art. 37, XVII, da Constituição do Brasil."

41. É inteiramente equivocada a tentativa de conceituar-se *serviço público* como atividade sujeita a *regime de serviço público.* Ao afirmar-se tal — que *serviço público* é atividade desempenhada sob esse *regime* — além de privilegiar-se a forma, em detrimento do conteúdo, perpetra-se indesculpável tautologia. Determinada atividade fica sujeita a regime de serviço público porque *é* serviço público; não o inverso, como muitos propõem, ou seja, passa a ser tida como serviço público porque assujeitada a regime de serviço público.[25]

De outra banda, é certo inexistir uma totalidade normativa que se possa referir como *regime de serviço público*, além do que, sobremodo quando cuidamos das empresas estatais — empresas públicas e sociedades de economia mista — que exploram *atividade econômica em sentido estrito* ou que prestem *serviço público*, impõe-se distinguirmos entre diversos níveis ou modelos de regimes jurídicos.[26] A distintos regimes jurídicos, assim, sujeitam-se umas e outras, segundo se esteja a cogitar de traços estruturais ou funcionais, internos ou externos, delas.

Parece-me justificada a transcrição, aqui, com pequenas alterações que o atualizam, de trecho de meu "Saque de títulos de crédito contra a Administração Direta", cit., *RDP* 68/332-334.

Quando nos referimos ao regime de serviço público, estamos sempre tomando sob consideração um modelo específico, aplicável à hipótese particularmente caracterizada de que cogitamos, cujo formato é demarcado mediante a aplicação de alguns princípios de Direito Pú-

25. Meu *Direito, conceitos e normas jurídicas*, cit., p. 111.

26. V. meus "Desistência da desapropriação de ações", cit., pp. 34-35; "Lucratividade e função social nas empresas sob controle do Estado", cit., p. 54; "Empresas estatais ou Estado empresário", cit., pp. 112 e ss.; em especial, "Saque de títulos de crédito contra a Administração Direta", in *RDP* 68/332-335.

blico, sobre aquela hipótese incidentes. Não há, pois, senão princípios de Direito Público — ou, mais especificamente, de Direito Administrativo — e a definição do regime de Direito Público é conseqüente à construção de modelo diferenciado em relação a cada caso concreto a que deva ser aplicado.

Isso não significa que tal construção seja produto de um exercício arbitrário — ou mesmo discricionário — do seu agente, visto que o seu desenvolvimento encontra parâmetros de vinculação não apenas no conteúdo e na vocação teleológica daqueles princípios, mas também em pautas enunciadas pelo direito positivo. Não há que tratar, neste passo, da análise detida dos princípios de Direito Administrativo. Cumpre-me deixar bem fixada, tão-somente, na oportunidade, a circunstância de que a construção dos modelos de regime jurídico — porque há vários deles, aplicáveis a situações objetivas díspares entre si — é nutrida pelo recurso à análise dos princípios de Direito, em cada uma de suas porções sob consideração (Celso Antônio Bandeira de Mello, *Curso de Direito Administrativo*, 17ª ed., Malheiros Editores, 2004, desenvolve descrição do *regime jurídico-administrativo* estruturando-o sobre dois princípios fundamentais e dezenove corolários).

Apenas para exemplificar: ao tratarmos das empresas estatais — entidades da Administração Indireta — que desenvolvem tanto serviços públicos quanto iniciativa econômica, deveremos, tendo em vista a sua aplicação a um e a outro tipo de atuação, construir modelos específicos de regimes de Direito Público e de Direito Privado, sempre desde a ponderação do conteúdo e da finalidade dos princípios que os informam. No caso específico das empresas estatais, tomando também como parâmetro para esta construção a disposição expressa no § 1º do art. 173 do texto constitucional.

Não são simples, no entanto, as tarefas que tais construções envolvem, cumprindo sejam elas desenvolvidas dentro de clima de extrema prudência. Há que notar, por um lado, que a mera referência a um princípio pode ser enganadora. Tome-se como exemplo o princípio da legalidade, que está na raiz tanto dos comportamentos públicos quanto privados. Não resta dúvida quanto ao fato de que, sempre que posso coagir judicialmente um devedor contratual ao cumprimento de uma prestação, sob a disposição contratual que autoriza à coação judicial há uma permissão de lei para tanto. A singela referência, sem explicitação, portanto, ao princípio da legalidade, na sujeição a ele da Administração, é imprecisa e insuficiente.

Em que termos se explicita o princípio, nesta hipótese? Que aforisma sintetiza? O *permissum videtur in omne quod non prohibitum* ou o do *quae non sunt permissa prohibita intelliguntur*? É necessário não esquecermos a fórmula de Meyer-Anschütz: "A Administração não é uma mera *aplicação da lei*, mas uma *atividade dentro dos limites legais*... A lei não é *pressuposto* (Voraussetzung), mas *limite* para a atividade administrativa. A administração pode fazer não meramente aquilo a que a lei expressamente a habilite, mas tudo quanto a lei expressamente não lhe proíba" (cf. Eduardo García de Enterría, *Legislación Delegada, Potestad Reglamentaria y Control Judicial*, p. 286) — na qual se consagra o primeiro apotegma e se dá sustentação à doutrina do *negative Bindung*. Apenas na medida em que parte ponderável da doutrina insurgiu-se contra tal entendimento é que se deu a substituição daquela doutrina — na consagração do segundo apotegma — pelo do *positive Bindung*: a Administração não pode atuar neste ou naquele sentido senão quando a lei expressamente a tanto o autorize. Na expressão de Winkler: (cf. Eduardo García de Enterría, ob. cit., p. 289) "*Keine Handlung ohne Gesetz*" — nenhuma atuação sem lei. Afirmar-se simplesmente que, sob o regime de Direito Público, a Administração está sujeita ao princípio da legalidade, nada significa, eis que o mesmo princípio permeia toda a atuação dos agentes privados, em regime de Direito Privado. Pois não é justamente a consideração dos diversos conteúdos que as doutrinas do comprometimento positivo (*positive Bindung*) e do comprometimento negativo (*negative Bindung*) atribuem ao princípio que ordinariamente leva a, com singeleza didática, apontarmos a distinção entre os universos do Direito Público e do Direito Privado? — no primeiro se pode fazer o que a lei permite; no segundo, o que a lei não proíbe. Se pretendermos, portanto, relacionar o princípio da legalidade ao regime de Direito Público, forçoso seria referirmo-lo, rigorosamente, como *princípio da legalidade sob conteúdo de comprometimento positivo*.

Um segundo momento de complexidade é penetrado quando nos colocamos diante de determinadas situações objetivas, dotadas de aparente incongruência. Exemplifico. Lucia Valle Figueiredo, em conhecido trabalho (*Empresas Públicas e Sociedades de Economia Mista*, p. 1), pretende resolver a seguinte questão: a classificação das empresas públicas e sociedades de economia mista, que as inclui no campo do Direito Privado, parte de um modelo *a priori* ou, na realidade, esses entes submetem-se ao mesmo regime que as de personalidade privada? À p. 2 do referido trabalho a autora contesta possam as empresas públicas e as sociedades de economia mista inserir-se sob a égide do Direito Privado, por serem entes governamentais. À p. 31 argumenta que umas e outras são "formas híbridas" e não se inserem quer na classificação das de Direito Público, quer nas de Direito Privado. À p. 84, finalmente, afirma que, nas suas relações obrigacionais, ora se submetem elas ao regime de Direito Privado, ora ao do Direito Público. Estou de acordo com esta última afirmação, que a autora teria alcançado de modo mais direto se houvesse originariamente anotado a distinção existente entre as empresas públicas e sociedades de economia mista que desenvolvem iniciativa econômica e as que prestam serviço público. Discordo, contudo, de sua contestação, nos termos da qual não poderiam, entes governamentais, inserir-se sob a égide do Direito Privado.

O que conduz a autora àquela contestação, segundo me parece, é a não observação de que *há distintos níveis de incidência dos princípios jurídicos*, o que nos leva à construção de *modelos de regimes jurídicos em diversos níveis*. Esse é aspecto fundamental, que merece ser amplamente enfatizado.

Permanecendo a cogitar das empresas estatais, direi que há marcante distinção entre os seus momentos *estrutural* e *funcional*. Daí porque são objetos distintos os regimes jurídicos *estrutural* e *funcional* das empresas estatais. Quando penso no *regime funcional* das empresas estatais — de uma determinada empresa estatal, sendo mais preciso — estou a dela cogitar em seu dinamismo, isto é, no desenvolvimento das suas atividades. Ora, estas atividades podem ser visualizadas desde a perspectiva dos particulares — relações da empresa estatal com os particulares — ou desde a perspectiva do próprio Estado — relações da empresa estatal com o Estado. Quando penso no *regime estrutural* da empresa estatal, estou a dela cogitar em termos estáticos, isto é, em seu formato institucional. Posso — e devo, imperiosamente — então, verificar que há um *regime jurídico estrutural* (mais de um, em verdade: note-se a distinção entre empresas públicas, sociedades de economia mista e empresa estatal) — v. meu *Elementos de Direito Econômico*, cit., p. 102) e, pelo menos, dois *sub-regimes jurídicos funcionais* aplicáveis às empresas estatais. Os últimos entendidos como *funcional interno* — relações de empresa com o Estado — e *funcional externo* — relações da empresa com o setor privado. No nível do *regime jurídico estrutural* debateremos, por exemplo, a caracterização da empresa como sociedade de economia mista ou não; no nível do *regime jurídico funcional interno* debateremos, por exemplo, o tipo e a extensão dos controles estatais a que está sujeita a empresa; no nível do *regime jurídico funcional externo* debateremos, por exemplo, se o contrato celebrado entre a empresa e particulares é do tipo denominado administrativo ou privado.

Não há nenhuma interpenetração necessária entre tais regimes. E não posso, por isso mesmo, tomando de um determinado princípio — que, por exemplo, condicione o seu regime estrutural — lançá-lo de um só golpe sobre os âmbitos dos demais regimes que, no nível funcional, aplicam-se à empresa estatal. Assim, seguindo na exemplificação, verifico que, em nome do princípio da supremacia do interesse público, o Estado atua, no interior da sociedade de economia mista (como tal definida para os efeitos do Decreto-lei n. 200/67; v. meu *Direito, conceitos e normas jurídicas*, cit., pp. 87 e ss.) — momento estrutural: regime jurídico estrutural — sob privilégio, em posição assimétrica em relação aos acionistas privados; não obstante, desde que o objeto de atuação da sociedade de economia mista seja a exploração de atividade econômica em sentido estrito, não estará o seu regime jurídico funcional externo informado pelo princípio da supremacia do interesse público, como o impõe, aliás, o § 1º do art. 173 do vigente texto constitucional. De outra parte, se cuidarmos de mera empresa estatal, na qual não atue em situação de privilégio o Estado quanto aos acionistas privados, mas sim em posição simétrica em relação a eles, não contribuirá, neste caso, o princípio da supremacia do interesse público, à conformação do regime jurídico estrutural da empresa; não obstante, neste caso, se o objeto de sua atuação consubstancia a prestação de serviço público, estará o regime jurídico funcional externo informado justamente pelo princípio da supremacia do interesse público.

Estou inteiramente convencido de que o discernimento do equacionamento de distintos regimes jurídicos, que em distintos níveis tem aplicação sobre as empresas estatais, extermina grande parte das dificuldades a superar não apenas no enfrentamento da tarefa de construção de seus modelos, mas também no que tange à compreensão da circunstância de entidades de direito privado serem porém entes governamentais e atuarem ora no âmbito dos serviços públicos, ora no campo da atividade econômica em sentido estrito.

Sobre o regime aplicável às empresas estatais que prestam serviço público e a impenhorabilidade de seus bens, veja-se, da jurisprudência do STF, os REs 220.906, 225.011 e 229.696. Quanto às empresas estatais e entidades estatais que exploram atividade econômica em sentido estrito, também da jurisprudência do STF, a ADI 83.

A compreensão dessa multiplicidade de regimes jurídicos é indispensável — creio — à correta apreensão do sentido normativo inscrito no § 1º do art. 173 do vigente texto constitucional.

42. Embora, como se viu, resulte sempre dificultosa a identificação desta ou daquela parcela de *atividade econômica em sentido amplo* como *serviço público* ou como *atividade econômica em sentido estrito*, hipóteses há nas quais o próprio texto constitucional eleva algumas delas à primeira categoria.

Cumpre distinguir, desde logo, os *serviços públicos privativos* dos *serviços públicos não privativos*. Entre os primeiros, aqueles cuja prestação é privativa do Estado (União, Estado-membro ou Município), ainda que admitida a possibilidade de entidades do setor privado desenvolvê-los, apenas e tão-somente, contudo, em regime de concessão ou permissão (art. 175 da Constituição de 1988). Entre os restantes — *serviços públicos não privativos* — aqueles que em edições anteriores deste livro equivocadamente afirmei terem por substrato atividade econômica que tanto pode ser desenvolvida pelo Estado, enquanto *serviço público*, quanto pelo setor privado, caracterizando-se tal desenvolvimento, então, como modalidade de *atividade econômica em sentido estrito*. Exemplos típicos de *serviços públicos não privativos* manifestar-se-iam nas hipóteses de prestação dos serviços de educação e saúde.

O raciocínio assim desenrolado era evidentemente errôneo, visto ter partido de premissa equivocada, qual seja, a de que a mesma atividade caracteriza ou deixa de caracterizar serviço público conforme esteja sendo empreendida pelo Estado ou pelo setor privado. Isso, como se vê, é inteiramente insustentável.

Assim, o que torna os chamados *serviços públicos não privativos* distintos dos *privativos* é a circunstância de os primeiros poderem ser prestados pelo setor privado independentemente de concessão, permissão ou autorização, ao passo que os últimos apenas poderão ser prestados pelo setor privado sob um desses regimes.

Há, portanto, serviço público mesmo nas hipóteses de prestação dos serviços de educação e saúde pelo setor privado. Por isso mesmo é que os arts. 209 e 199 declaram expressamente serem livres à iniciativa privada a assistência à saúde e o ensino – não se tratassem, saúde e ensino, de serviço público razão não haveria para as afirmações dos preceitos constitucionais.

Não importa quem preste tais serviços – União, Estados-membros e Municípios[27] ou particulares; em qualquer hipótese haverá serviço público.

Dir-se-á, então — ainda que isso não seja rigorosamente correto, como demonstrarei mais adiante —, que a definição constitucional de determinada *atividade econômica em sentido amplo* como *serviço público* afasta qualquer dúvida que se pudesse opor a sua caracterização como tal. Quer se trate de *serviço público privativo*, quer se trate de *serviço público não privativo*, quando a eles faça expressa referência a Constituição, especificadamente, o debate classificatório não teria mais razão de ser.

Seja como for, temos que serviços de educação e saúde, em qualquer hipótese, quer estejam sendo prestados pelo Estado, quer

27. Art. 30, VI e VII, da Constituição de 1988.

por particulares, configuram *serviço público — serviço público não privativo*, como vimos.

Em relação à educação, veja-se, da jurisprudência do STF, ADIs 1.007 e 1.266.

Quanto aos *serviços públicos* do tipo privativo, ao texto do art. 21 da Constituição de 1988 extraímos a conclusão de que há serviço público, de titularidade da União, na prestação dos serviços referidos nos seus incisos X, XI e XII;[28] ao texto do § 2º do art. 25, a conclusão de que há serviço público na prestação de serviços locais de gás canalizado; ao texto do art. 30, V, a conclusão de que há serviço público na prestação de transporte coletivo local.[29]

Importa, contudo, verificarmos se, efetivamente, basta a mera leitura do texto constitucional para identificarmos determinadas atividades como concernentes a *serviços públicos por definição constitucional*. Pois é certo que a Constituição encerra todos os elementos e critérios que permitem a identificação de quais atividades empreendidas pelo Estado consubstanciam serviço público.

Relembro, neste passo, a primorosa observação de Ruy Cirne Lima: "A definição do que seja, ou não, serviço público pode, entre nós, em caráter determinante, formular-se somente na Constituição Federal e, quando não explícita, há de ter-se como suposta no texto daquela. A lei ordinária que definir o que seja, ou não, serviço público terá de ser contrastada com a definição expressa ou suposta pela Constituição".[30]

Duas outras linhas de indagação merecem, contudo, atenção.

43. De um lado, a referência do art. 30, V da Constituição de 1988 a "serviços públicos de interesse local" mantém em pauta o debate a propósito do que significa "interesse local". Quando o serviço público — porque de *interesse local* — é atribuído à titularidade do Município e não da União ou do Estado-membro?

A questão é relevante não apenas porque reclama a reafirmação do (peculiar) interesse local como interesse *predominantemente* local, mas também na medida em que cumpre explicitarmos a quem

28. A propósito da aparente superposição entre os preceitos dos incisos XI e XII, *a*, na alusão a "demais serviços de telecomunicações", v. José Afonso da Silva, *Curso de Direito Constitucional Positivo*, 23ª ed., 2004, p. 496.

29. V. tb. art. 21, XII, "e", da Constituição de 1988.

30. *Pareceres (Direito Público)*, Porto Alegre, Livraria Sulina, 1963, p. 122.

— Municípios, em conjunto, ou Estado-membro — atribuída a competência para organizar e prestar, nas regiões metropolitanas, nas aglomerações urbanas e nas microrregiões, os serviços públicos que assumem o caráter de função pública de interesse comum.[31]

A afirmação de que um serviço público — um interesse, um problema — é de *(peculiar) interesse local* não supõe a afirmação de que seja ele considerado como único e exclusivo do Município. É fora de dúvida que tudo quanto seja de interesse local — municipal, pois — reflete-se, em última instância, como de interesse estadual e federal. Em contrapartida, não há interesse estadual ou federal que não respeite, também, ao interesse dos Municípios. O que distingue o peculiar interesse local daqueles é a circunstância de ser ele de caráter *predominantemente local* (a propósito, a antológica exposição de Sampaio Dória, "Autonomia dos Municípios", in *Revista da Faculdade de Direito de São Paulo* XXIV/419).

44. De outro lado, cumpre verificar se, efetivamente, a mera análise do texto constitucional, por si só, permite identificar, sempre e em qualquer circunstância, determinada parcela da *atividade econômica em sentido amplo* como *serviço público* (*privativo*).

Linhas acima, após ter anotado que a definição constitucional de determinada *atividade econômica em sentido amplo* como *serviço público* afasta qualquer dúvida que se pudesse opor a sua caracterização como tal, afirmei da leitura do art. 21 do texto constitucional extrairmos a conclusão de que há serviço público na prestação, pela União, também dos serviços referidos no seu inciso XXIII. Esta afirmação, todavia, deve ser tomada como objeto de reflexão.

A distinção entre atividades econômicas que são obrigatoriamente serviços públicos (*serviços públicos privativos*), atividades econômicas que podem ser serviços públicos (*serviços públicos não privativos*) e atividades econômicas que não podem ser serviços públicos (*atividade econômica em sentido estrito*) não é nova, tendo sido originariamente, entre nós, postulada por Celso Antônio Bandeira de Mello.[32] Devo, parenteticamente, enfatizar a circunstância de, a meu juízo, ser outra, distinta da concebida por Celso

31. Art. 25, § 3º, da CF 88. Permanecem relevantes, creio, as observações que a propósito do tema desenvolvi em meu *Direito Urbano*, cit., pp. 32 e ss.

32. *Prestação de serviços públicos e Administração Indireta*, 1973, pp. 21-22.

Antônio, a característica dos serviços públicos não privativos, como linhas acima anotei.

As atividades econômicas em sentido estrito, embora de titularidade do setor privado, podem, não obstante, ser exploradas pelo Estado. Isso poderá ocorrer tanto nas hipóteses enunciadas pelo art. 173 da Constituição — isto é, se a exploração direta, pelo Estado, for necessária aos imperativos da segurança nacional ou a relevante interesse coletivo — quanto nos casos nos quais tal tenha sido determinado pela própria Constituição. Por isso mesmo é que o aludido art. 173 dispõe: "Ressalvados os casos previstos nesta Constituição, a exploração direta...".

A atuação do Estado no campo da atividade econômica em sentido estrito, como agente econômico, é prevista, pelo texto constitucional, no seu art. 177.[33] Cuida-se, aí, de atuação em regime de monopólio. Apenas esse caso justificaria, já, a menção inicial, contida no preceito veiculado pelo art. 173 do texto constitucional. Além dele, contudo, outro mais encontramos precisamente no referido inciso XXIII do art. 21.

Exploração de serviço e instalações nucleares de qualquer natureza e exercício de monopólio estatal sobre a pesquisa, a lavra, o enriquecimento e reprocessamento, a industrialização e o comércio de minérios nucleares e seus derivados seguramente não constituem serviço público. Trata-se, aí, de exploração, pelo Estado, de atividade econômica em sentido estrito, em regime de monopólio. Tanto é assim, de resto, que justamente o art. 177, no seu inciso V, reafirma constituírem monopólio da União "a pesquisa, a lavra, o enriquecimento, o reprocessamento, a industrialização e o comércio de minérios e minerais nucleares e seus derivados". Literal reprodução, vê-se para logo, da dicção inscrita no segundo termo do inciso XXIII do art. 21 do texto constitucional.

Daí a verificação de que a mera atribuição de determinada competência atinente à prestação de serviços ao Estado não é suficiente para definir essa prestação como serviço público. Cumpre verificar, sempre, quando isso ocorra, se a atribuição constitucional do exercício de determinada competência ao Estado aten-

33. Até a Emenda Constitucional n. 13/96 previa-a, também, o art. 192, II, *in fine*. V. item 128.

de a imposição dos interesses do trabalho, no seu confronto com os interesses do capital, ou se, pelo contrário, outras razões determinaram a atribuição desse exercício pelo Estado.

No caso, assim como naquele do art. 177 — monopólio do petróleo e do gás natural —, razões creditadas aos imperativos da segurança nacional é que justificam a previsão constitucional de atuação do Estado, como agente econômico, no campo da atividade econômica em sentido estrito. Não há pois, aí, serviço público.

É sob detidos cuidados, pois, que se deve tomar como indicativa da elevação de algumas parcelas da *atividade econômica em sentido amplo* à categoria de *serviço público* a circunstância de o texto constitucional atribuir a sua exploração à competência do Estado.

45. Alcançado este ponto de minha exposição, assume efetiva relevância a afirmação de Ruy Cirne Lima, conduzindo-nos à busca de critérios ou subsídios, extraídos da Constituição de 1988, que nos permitam discernir se e quando determinadas parcelas da *atividade econômica em sentido amplo* podem — mais do que isso, devem — ser assumidas pelo Estado como *serviço público*, a ele então incumbindo o dever de prover a sua prestação. Impõe-se, ademais, ao mesmo tempo, verificarmos se aquelas acima tidas como atividades de serviço público efetivamente o são.

O art. 173 do texto constitucional brasileiro evidentemente não respeita, restringindo-a — isso é óbvio, curial, evidente —, à conversão de qualquer dessas parcelas em *serviço público*, visto que cogita de *atividade econômica em sentido estrito*, aludindo a *imperativo da segurança nacional* e a *relevante interesse coletivo*. Por isso, incumbe ao estudioso da Constituição do Brasil buscar tais critérios e subsídios no seu todo (dela, Constituição), o que exige a prévia enunciação de um conceito de *serviço público*.

Desejo insistir neste ponto: o art. 173 evidentemente respeita à exploração da atividade econômica em sentido estrito, pois *permite* ao Estado empreender uma determinada atividade. O Estado não necessita de *permissão, autorização*, para prestar serviço público. A prestação de serviços públicos é *dever* do Estado. De mais a mais, *segurança nacional* e *relevante interesse coletivo* não justificariam a prestação de serviço público, mas sim de atividade econômica em sentido estrito. Interesse coletivo não é interesse social. Este está ligado à coesão social, aferido no plano do Estado, plano da universalidade. Os interesses coletivos são aferidos no plano da sociedade civil, expressando particularismos, interesses corporativos.

Um determinado aspecto deve, porém, ser desde logo sublinhado: a Constituição autoriza o Estado a explorar diretamente a atividade econômica exclusivamente nas hipóteses expressamente por ela previstas e quando essa exploração se impuser como necessária aos *imperativos da segurança nacional* ou a *relevante interesse coletivo*, "conforme definidos em lei".

Recusada a concepção formal de serviço público — serviço público é o serviço gerido em regime de Direito Administrativo[34] (regime especial marcado pela submissão dos interesses privados aos interesses públicos) [Jèze] —, encontraremos em Leon Duguit a conhecida descrição, assim enunciada: serviço público é "toute activité dont l'accomplissement doit être assuré, réglé et contrôlé par les gouverants, parce que l'accomplissement de cette activité est indispensable à la réalisation et au développment de l'interdépendence social, et qu'elle est de telle nature qu'elle ne peut être réalisée complètment que par l'intervention de la force gouvernante".[35]

A doutrina brasileira, na expressão de Cirne Lima, diz ser serviço público "todo serviço existencial, relativamente à sociedade, ou, pelo menos, assim havido num momento dado, que, por isso mesmo, tem de ser prestado aos componentes daquela, direta ou indiretamente, pelo Estado ou outra pessoa administrativa".[36]

Vê-se bem, destarte, a caracterização dele, no Brasil, pelos mesmos traços que o distinguem na conceituação de Duguit: serviço público é atividade "indispensável à realização e ao desenvolvimento da interdependência social".

34. De outro modo dir-se-á que o serviço público se caracteriza pela sujeição a um regime exorbitante do direito comum.

35. *Traité de Droit Constitutionnel*, 3ª ed., t. 2, Paris, E. de Boccard, 1928, p. 61.

36. *Princípios de Direito Administrativo*, 5ª ed., São Paulo, Ed. RT, 1982, p. 82.

Serviço público, diremos, é atividade indispensável à consecução da coesão social. Mais: o que determina a caracterização de determinada parcela da atividade econômica em sentido amplo como *serviço público* é a sua vinculação ao *interesse social*.

Daí por que diremos que, ao exercer atividade econômica em sentido amplo em função de *imperativo da segurança nacional* ou para atender a *relevante interesse coletivo*, o Estado desenvolve *atividade econômica em sentido estrito*; de outra banda, ao exercê-la para prestar acatamento ao *interesse social*, o Estado desenvolve *serviço público*.

Detida atenção dedicada a essa circunstância permitirá ao estudioso do Direito Brasileiro observar que são distintos entre si o *interesse coletivo* e o *interesse social*, ainda que ambos se componham na categoria *interesse público*.

46. Uma das características da Constituição de 1988 está em que ela é marcantemente *principiológica* — e, por conseqüência, *programática* —, no sentido de que dispõe não apenas *regras*, mas também *princípios*.

Assim, assumem extrema importância no seu contexto em especial os preceitos contidos nos seus arts. 1º, 3º e 170:

"Art. 1º. A República Federativa do Brasil, formada pela união indissolúvel dos Estados e Municípios e do Distrito Federal, constitui-se em Estado Democrático de Direito e tem como fundamentos:

"I – a soberania;

"II – a cidadania;

"III – a dignidade da pessoa humana;

"IV – os valores sociais do trabalho e da livre iniciativa;

"V – o pluralismo político."

"Art. 3º. Constituem objetivos fundamentais da República Federativa do Brasil:

"I – construir uma sociedade livre, justa e solidária;

"II – garantir o desenvolvimento nacional;

"III – erradicar a pobreza e a marginalização e reduzir as desigualdades sociais e regionais;

"IV – promover o bem de todos, sem preconceitos de origem, raça, sexo, cor, idade e quaisquer outras formas de discriminação."

"Art. 170. A ordem econômica, fundada na valorização do trabalho humano e na livre iniciativa, tem por fim assegurar a todos existência digna, conforme os ditames da justiça social, observados os seguintes princípios:

"I – soberania nacional;

"II – propriedade privada;

"III – função social da propriedade;

"IV – livre concorrência;

"V – defesa do consumidor;

"VI – defesa do meio ambiente;

"VII – redução das desigualdades regionais e sociais;

"VIII – busca do pleno emprego;

"IX – tratamento favorecido para as empresas de pequeno porte constituídas sob as leis brasileiras e que tenham sus sede e administração no país."

De outra banda, sendo a Constituição do Brasil uma Constituição *programática* — no sentido de que enuncia diretrizes, programas e fins a serem realizados pelo Estado e pela sociedade —, teremos que, quando ela refere "a República Federativa do Brasil", está de fato a mencionar "o Brasil", a sociedade brasileira.

Por isso dizemos que o Brasil tem como fundamentos aqueles indicados no art. 1º e que os objetivos fundamentais do Brasil são os descritos no art. 3º do texto constitucional. Por isso mesmo cumpre também observarmos que aí, nesses preceitos, opera-se a superação da dissociação entre a esfera política e a esfera social — aí caminham juntos, voltando-se à realização dos mesmos fins, o Estado e a sociedade.

A Constituição do Brasil de 1988 projeta um Estado desenvolto e forte, o quão necessário seja para que os fundamentos afirmados no seu art. 1º e os objetivos definidos no seu art. 3º venham a ser plenamente realizados, garantindo-se tenha por fim, a ordem econômica,[37] assegurar a todos existência digna.

37. Isto é, o modo de ser empírico da *atividade econômica em sentido amplo*. V. item 18.

Daí por que a preservação dos vínculos sociais e a promoção da coesão social pelo Estado assumem enorme relevância no Brasil,[38] a ele incumbindo a responsabilidade pela provisão, à sociedade, como *serviço público*, de todas as parcelas da *atividade econômica em sentido amplo* que sejam tidas como indispensáveis à realização e ao desenvolvimento da coesão e da interdependência social.

De resto, além de permitir a identificação de novas áreas de serviço público, a Constituição do Brasil, através das diretrizes, programas e fins que enuncia, a serem realizados pelo Estado e pela sociedade, indica decisivamente a intensidade a ser adotada na prestação das atividades que o caracterizam.

O que importa considerar é a possibilidade de encontrarmos no bojo da Constituição Brasileira parâmetros conformadores da área, no interior do espaço das *atividades econômicas em sentido amplo*, definida como própria dos *serviços públicos*.

47. Daí por que, *v.g.*, a afirmação isolada de que o texto constitucional eleva determinadas parcelas da *atividade econômica em sentido amplo* à categoria de *serviço público* (os chamados *serviços públicos por definição constitucional*) é equívoca, pois inúmeras vezes ocorre incluírem-se tais parcelas na categoria das *atividades econômicas em sentido estrito*.

Suponha-se tenha a União deixado de prestar serviços de transporte por via fluvial, atividade que, enquanto empreendida por determinada empresa estatal federal, permitia o transporte de produtos agrícolas. O exemplo de que me sirvo ensejou, recentemente, debate no Supremo Tribunal Federal a propósito da caracterização dessa atividade como serviço público ou não.[39]

Lembro dizer o art. 21, XII, "d", da Constituição de 1988, o seguinte: "Art. 21. Compete à União: (...) XII — explorar, direta-

38. Não se está a examinar, neste passo, a questão da efetividade das normas da Constituição Brasileira. A emergência do discurso neoliberal após a sua promulgação bem assim o advento do fenômeno da globalização conduziram à adoção de políticas que, privilegiando a perspectiva individualista de mercado, efetivamente se desenrolam de sorte a afrontar a Constituição.

39. Trata-se do RE 220.999-7-PE, julgado no dia 25.4.2000. O Supremo Tribunal Federal, seguindo voto do Min. Nélson Jobim, entendeu não se caracterizar, na hipótese, serviço público.

mente ou mediante autorização, concessão ou permissão: (...) d) os serviços de transporte ferroviário e aquaviário entre portos brasileiros e fronteiras nacionais, ou que transponham os limites de Estado ou Território".

A mera leitura do preceito constitucional poderia levar-nos à conclusão de que estamos, no caso — serviços de transporte por via fluvial em trajeto que transpõe os limites de um Estado —, diante de serviço público de competência da União.

Sucede que, no caso, a empresa estatal federal prestava fundamentalmente serviços de transporte fluvial de produtos agrícolas, não sendo possível sustentarmos — o exemplo, na versão que dele tomo, é assim, definitivamente — que a sua prestação é *indispensável à realização e ao desenvolvimento da interdependência social* (Duguit) ou que ele corresponda a um *serviço essencial, relativamente à sociedade* (Cirne Lima).

Daí não caber, no caso, a qualificação da atividade de que se cuida (transporte aquaviário) como serviço público.

Essa atividade, no caso, reclama mera *autorização* para que possa ser empreendida por empresa privada — compreende *atividade econômica em sentido estrito*.

Pelo contrário, acaso houvesse, no caso, prestação de *serviço público*, então a sua prestação por uma empresa privada exigiria a obtenção de *permissão* ou *concessão* da União, nos termos do disposto no art. 175 da Constituição de 1988.

Por isso mesmo, aliás, é que, glosando o que anteriormente anotei, se a empresa estatal federal de que se cuida estivesse a prestar serviço público ao empreender a atividade de transporte aquaviário, estaria a fazê-lo para atender ao *interesse social*. Ao contrário, se estivesse então a empreender *atividade econômica em sentido estrito*, haveria de estar a fazê-lo para atender a *relevante interesse coletivo*.

Desejo deixar bem vincado, neste passo, o seguinte: o *interesse social* exige a prestação de *serviço público*; o *relevante interesse coletivo* e o *imperativo da segurança nacional*, o empreendimento de *atividade econômica em sentido estrito* pelo Estado.[40]

40. Todos eles – *interesse social, relevante interesse coletivo* e *imperativo da segurança nacional* – compõem-se no *interesse público primário*. A propósito, cum-

48. Não estou, evidentemente, a privilegiar o paradigma da filosofia do objeto, fundada no essencialismo, propondo pesquisa sobre a natureza das coisas, isto é, sobre a natureza do *serviço público*.

Nada menos correto, mesmo porque o serviço público não possui essência alguma. Àquele paradigma, e ao da filosofia do sujeito ou da consciência, opõe-se a reflexão sobre a significação das palavras e expressões lingüísticas.

Precisamente isso buscamos, a significação da expressão "serviço público", o que não pode ser determinado mediante o recurso a um *conceito* de serviço público.

Desejo, aqui, aludir às *noções*, desde as seguintes observações de Sartre: "Althusser sustenta que o homem faz a história sem o saber. Não é a história que o reclama, mas o conjunto estrutural em que está situado que o condiciona. Mas Althusser não vê que há uma contradição permanente entre a estrutura prático-inerte e o homem que descobre estar condicionado por ela. Cada geração toma, em relação a essas estruturas, uma outra posição, e é esta posição que permite as mudanças nas próprias estruturas. Althusser, como Foucault, atém-se à análise das estruturas. Do ponto de vista epistemológico, isso resulta em tomar partido pelo *conceito* contra a *noção*. O conceito é atemporal. Pode estudar-se como os conceitos se engendram uns aos outros no interior de categorias determinadas. Mas nem o tempo nem, por conseqüência, a história podem ser objecto de um conceito. Aí ha uma contradição nos termos. Desde que se introduz a temporalidade, deve considerar-se que no interior do desenvolvimento temporal o conceito se modifica. A *noção*, pelo contrário, pode definir-se como o esforço sintético para produzir uma idéia que se desenvolve a si mesma por contradições e superações sucessivas e que é, pois, homogénea ao desenvolvimento das coisas. É o que Foucault chama de 'doxologia', e que ele recusa".[41]

pre procedermos a uma releitura de Alessi para compatibilizarmos essa verificação à sua exposição.

41. Jean Paul Sartre, entrevista concedida a Bernard Pingaud, in *Estruturalismo – Antologia de Textos Teóricos*, seleção e introdução de Eduardo Prado Coelho, Barcelos, Portugália Editora, 1968, p. 134. Diz Étienne Balibar (1991/126-127), em nota biográfica de Althusser, que: "Visant explicitement Althusser et son influence, Sartre dira qu'il s'agissait de 'prendre parti pour le *concept*, contre la *notion*'".

A partir daí parece-me, hoje, que a questão da *indeterminação* dos *conceitos* se resolve na *historicidade* das *noções* — lá onde a doutrina brasileira erroneamente pensa que há *conceito indeterminado* há, na verdade, *noção*. E a *noção* jurídica deve ser definida como *idéia que se desenvolve a si mesma por contradições e superações sucessivas e que é, pois, homogênea ao desenvolvimento das coisas* (Sartre).

Por isso conduzirá a muito pouco a determinação de um *conceito* de serviço público, impondo-se buscarmos enunciar a sua *noção*.

49. Esta, a noção de *serviço público*, há de ser construída sobre as idéias de *coesão* e de *interdependência social*.

Dela nos aproximando, inicialmente diremos que assume o caráter de *serviço público* qualquer atividade cuja consecução se torne indispensável à realização e ao desenvolvimento da coesão e da interdependência social (Duguit) — ou, em outros termos, qualquer atividade que consubstancie serviço existencial relativamente à sociedade (Cirne Lima).

Por isso, porque assume o caráter de *serviço público*, deve ser prestada à sociedade pelo Estado (ou por outra pessoa administrativa, direta ou indiretamente).

Pois bem: a identificação dos casos nos quais a realização e o desenvolvimento da coesão e da interdependência social reclamam a prestação de determinada atividade pelo Estado (= casos nos quais essa atividade assume caráter existencial em relação à sociedade) é conformada pela Constituição.

Esta, como observei linhas acima, além de permitir a identificação de novas áreas de *serviço público*, indica decisivamente a intensidade a ser adotada na prestação das atividades que o caracterizam.

Note-se bem que essa função, de conformação da própria noção de serviço público, é cumprida pela Constituição como um todo. Desejo dizer, com isso, que o seu intérprete não se deve deter exclusivamente na análise das diretrizes, programas e fins que ela enuncia, a serem realizados pelo Estado e pela sociedade; mas, ao contrário, interpretá-la no seu todo. Repito, também aqui, afirmação que reiteradamente venho fazendo: não se interpreta a Constituição em tiras, aos pedaços.[42]

Ademais, cumpre considerar, também, que a Constituição é um dinamismo. É do presente, da vida real — como observei anteriormente[43] —, que se tomam as forças que a ela, bem assim ao Direito, conferem vida. Por isso mesmo os movimentos de redução e ampliação das parcelas da atividade econômica em sentido amplo que consubstanciam serviço público refletem a atuação das forças sociais em um determinado momento, evidentemente também conformadas pela Constituição.

Serviço público, assim, na noção que dele podemos enunciar, é a atividade explícita ou supostamente definida pela Constituição como indispensável, em determinado momento histórico, à realização e ao desenvolvimento da coesão e da interdependência social (Duguit) – ou, em outros termos, atividade explícita ou supostamente definida pela Constituição como serviço existencial relativamente à sociedade em um determinado momento histórico (Cirne Lima).

Não há qualquer demasia em relembrarmos, aqui, que a interpretação da Constituição, indispensável ao desvendamento do quanto por ela definido a esse respeito, explícita ou supostamente, envolve também a interpretação dos fatos, tal como se manifestam em um determinado momento.

50. Além disso, a alusão a atividades econômicas que não podem ser serviço público (*atividade econômica em sentido estrito*) evidencia a impossibilidade de o legislador, discricionariamente, qualificar qualquer parcela da *atividade econômica em sentido amplo* como *serviço público*.

Para tanto bastaria, se consagrado o entendimento de que *serviço público* é atividade em *regime de serviço público*,[44] que o legislador atribuísse a qualquer atividade, mesmo a atividade que se caracterize como *atividade econômica em sentido estrito*, "regime de serviço público". Com isso seria bordejado o preceito inscrito

42. V. item 89.
43. V. item 72.
44. V. item 41.

no art. 173 da Constituição de 1988, bastando ao legislador, para escapar à acusação de afronta à norma constitucional, argumentar alegando que a atividade em pauta não se caracterizaria como *atividade econômica em sentido estrito* (porque sujeita a "regime de serviço público"), não estando alcançada, assim, pelo preceito.

Como, no entanto, esse entendimento é insustentável — a atividade fica sujeita a um determinado regime jurídico porque *é* serviço público e não o inverso, relembre-se — a violação da norma constitucional resultaria, na hipótese, flagrante.

50a. Boa parte da filosofia do serviço público encontra inspiração no princípio da continuidade do serviço público.[45-46]

Aliás, a idéia de continuidade é inerente, mesmo no Medievo, ao empreendimento de atividades que assumissem a configuração do que modernamente denominamos *serviço público*. Uma ordenança de Charles IX, rei de França, de 1560, estabelecia que aos titulares de direitos de pedágio (*droicts de Peage*) incumbia a conservação em boa e devida reparação (= em bom estado) das pontes, caminhos e passagens; isso não sendo feito, o produto das receitas do pedágio seria tomado pelos agentes do Reino (*Procureurs*) e aplicado à reparação e conservação devidas.[47]

O mesmo preceito é reproduzido, no século XIX, no art. 42 do *cahier des charges* (conjunto de disposições que definem as condições da concessão de serviço público), aplicável à concessão de transporte ferroviário entre Paris e Lyon: "Le chemin de fer et toutes ses dépendances seront constamment entretenus en bon état et de

45. Neste sentido: Juan Alfonso Santamaría Pastor, *Principios de Derecho Administrativo*, v. II, Madri, Editorial Centro de Estudios Ramón Areces, 1999, p. 329.

46. V. Jean-François Lachaume, Claudie Boiteau e Hélène Pauliat, *Grands services publics*, 2ª ed., Paris, Armand Colin, 2000, pp. 275 e ss.; Francis Delpéré, "Les affaires courants en Belgique – Observations sur la loi de continuité du service public", in *Service public et libertés – Mélanges offerts au professeur Robert-Édouard Charlier*, Paris, Éditions de l'Université et de l'Enseignement Moderne, 1957, pp. 51 e ss.; Celso Antônio Bandeira de Mello, *Curso de Direito Administrativo*, 17ª ed., São Paulo, Malheiros Editores, 2004, pp. 71-72.

47. V. Iean De Laon, *Le corps dv Droict François, contenant la conference des ordonnances royavux, et covstumes observees av Royaume de France*, Paris, MDC, p. 361.

manière que la circulation soit toujours facile et sûre. L'état dudit chemin et de ses dépendances sera reconnu annuellement, et plus souvent, en cas d'urgence ou d'accidents, par un ou plusieurs commisaires que désignera l'administration. Les frais d'entretien et ceux de réparation, soit ordinaires, soit extraordinaires, resteront entièrement à la charge de la compagnie" (cf. Gabriel Dufour, *Traité général de Droit Aministratif appliqué*, 2ª ed., t. III, Paris, Cotillon Éditeur, 1854, pp. 213-214). Outrossim, o modelo de *cahier des charges* para a concessão de pontes, aprovado pela Circular de 7 de maio de 1870, estabelecia, em seu art. 26, que, se a circulação viesse a ser interrompida, o concessionário deveria prover, por sua conta, um serviço de travessia por balsa; e, mais, se a ponte viesse a ser destruída, ainda que em razão de força maior, o concessionário seria obrigado a reconstruí-la, sem direito a reclamar qualquer indenização do Estado (v. Léon Aucoc, *Conférences sur l'Administration et le Droit Administratif*, 2ª ed., Paris, Dunod Éditeur, 1882, pp. 50-51).

Estreitamente vinculado à própria essência do serviço público, o princípio da sua continuidade expressa-se como exigência de funcionamento regular do serviço, sem qualquer interrupção além das previstas na regulamentação a ele aplicável.[48]

E assim é porque serviço público é atividade indispensável à consecução da coesão social e sua noção[49] há de ser construída sobre as idéias de coesão e de interdependência social.

Bem a propósito, lembre-se que a Lei de Falências estabelece, em seu art. 201, que "a falência das empresas concessionárias de serviços públicos federais, estaduais e municipais não interrompe esses serviços, nem a construção das obras necessárias constantes dos respectivos contratos".

Apenas se admite – mas desde que não haja prejuízo para o serviço regular na parte já construída e em funcionamento – que o juiz, ouvida a autoridade administrativa competente, o síndico e os representantes da empresa falida e atendendo aos contratos, aos recursos e vantagens da massa e ao benefício público, possa ordenar a suspensão dessas obras.[50]

48. René Chapus, *Droit Administratif général*, 9ª ed., t. 1, Paris, Montchrestien, 1995, pp. 537 e 540. Quanto à relação entre *continuidade* e *permanência* do serviço, Jean-François Lachaume, Claudie Boiteau e Hélène Pauliat, ob. cit., p. 275.

49. Noção de *serviço público*.

50. Art. 201, § 1º, do Decreto-lei n. 7.661, de 1945.

O § 3º desse mesmo art. 201 determina que os serviços e as obras prossigam sob a direção do síndico, junto ao qual haverá um fiscal nomeado pela entidade administrativa concedente.

Basta neste passo, por todos, a observação de Maurice Hauriou:[51] as condições fundamentais de existência do Estado exigem que os serviços públicos indispensáveis à vida da Nação não sofram interrupção.

50b. A atividade desenvolvida pelas *empresas de radiodifusão sonora e de sons e imagens* é objeto de concessão, permissão ou autorização, nos termos do que dispõe o art. 223 da Constituição do Brasil. Trata-se de atividade de prestação de serviço concedido, permitido ou autorizado. Concessões, permissões e autorizações hão de ser outorgadas – diz o preceito constitucional – "observado o princípio da complementariedade dos sistemas privado, público e estatal". E o art. 221 da Constituição define princípios a serem atendidos na produção e programação das emissoras de rádio e televisão.

A Constituição, como se vê, confere tratamento especial a essa atividade, que, entre nós, é atividade de serviço público. Além de promover a universalização da identidade sócio-cultural brasileira, a comunicação social viabilizada pelas empresas de radiodifusão sonora e de sons e imagens é, em última instância, instrumental da concreção da soberania nacional. Daí, exata e precisamente em razão disso, os comandos veiculados pelo art. 222 e §§ da Constituição do Brasil.

Tem-se nitidamente, assim, que a atividade desenvolvida pelas empresas de radiodifusão sonora e de sons e imagens é explicitamente definida pela Constituição como indispensável à realização e ao desenvolvimento da coesão e da interdependência social – ou, em outros termos, explicitamente definida pela Constituição como serviço existencial relativamente à sociedade.

Não há dúvida, portanto, quanto a este ponto: no Brasil, na vigência da Constituição de 1988, a atividade de radiodifusão sonora e de sons e imagens é serviço público. Essa atividade é prestada mediante delegação do Poder Público, ademais estan-

51. *Notes d'arrêts 3*, t. III, Paris, La Mémoire du Droit, 2000, p. 174.

do sujeita a regime jurídico especial, demarcado pela própria Constituição.[52] As relações estabelecidas entre o delegante e o delegado são de direito público – o que satisfaz plenamente inclusive a doutrina que faz residir no regime jurídico o critério, formal, da identificação do serviço público. Sendo assim, sobre ela incide o princípio da continuidade do serviço público.

51. Finalmente, a análise da situação jurídica das empresas públicas e das sociedades de economia mista que prestam serviço público deve ainda ser antecedida de breve observação.

Reporto-me à necessidade de apartarmos o regime de *privilégio*, de que se reveste a prestação dos serviços públicos, do regime de *monopólio* sob o qual, algumas vezes, a exploração de atividade econômica em sentido estrito é empreendida pelo Estado. Um e outro são distintos entre si.

Monopólio é de *atividade econômica em sentido estrito*. Já a exclusividade da prestação dos *serviços públicos* não é expressão senão de uma situação de *privilégio*. Note-se que ainda quando estes sejam prestados, sob concessão ou permissão, por mais de um concessionário ou permissionário — o que nos conduziria a supor a instalação de um *regime de competição* entre concessionários ou permissionários (é o caso da navegação aérea — art. 21, XII, "c" da Constituição — e dos serviços de transporte rodoviário — arts. 21, XII, "e"; 30, V e 25, § 1º da Constituição), ainda então o prestador do serviço o empreende em clima diverso daquele que caracteriza a competição, tal como praticada no campo da *atividade econômica em sentido estrito*. O que importa salientar é a não intercambialidade das situações nas quais de um lado o *serviço público* é prestado, titulares ainda os concessionários ou permissionários[53] de certo privilégio, por mais de um deles e o regime de competição que caracteriza o exercício da *atividade eco-*

52. V., a propósito: Almiro do Couto e Silva, "Privatização no Brasil e o novo exercício de funções públicas por particulares. Serviço público 'à brasileira'", *RDA* 230/44 e ss., especialmente p. 69, em alusão aos serviços de telecomunicações.

53. V. meu "Permissões de transporte coletivo rodoviário", *RDP* 77/104.

nômica em sentido estrito em clima de livre concorrência. Daí a enunciação da seguinte oposição:

serviço público	*atividade econômica em sentido estrito*
a. privilégio	a. monopólio
b. atuação, ainda em regime de privilégio, de mais de um concessionário ou permissionário do serviço	b. competição

A propósito, afirmava Ruy Barbosa ("Privilégios exclusivos na jurisprudência constitucional dos Estados Unidos", in *Obras Completas,* vol. XXXV, t. II, Ministério da Educação e Cultura, Rio, 1963, pp. 13-14) a necessidade de distinguirmos entre o monopólio da atividade econômica (em sentido estrito) e a situação, "absolutamente diversa, nos seus elementos assim materiais como legais, de outros privilégios, que não desfalcando por modo algum o território do direito individual, confiam a indivíduos ou corporações especiais o exercício exclusivo de certas faculdades, reservadas, de seu natural, ao uso da Administração, no País, no Estado, ou no Município, e por ela delegados, em troco de certas compensações, a esses concessionários privativos". E, adiante, completa: "Num ou noutro caso, pois, todos esses serviços hão de ser, necessariamente, objeto de privilégios exclusivos, quer os retenha em si o governo local, quer os confie a executores por ele autorizados. De modo que são privilégios exclusivos, mas não monopólios na significação má e funesta da palavra" (p. 15). Os regimes jurídicos sob os quais são prestados os serviços públicos importam em que seja sua prestação desenvolvida *sob privilégios,* inclusive, em regra, o da exclusividade na exploração da atividade econômica em sentido amplo a que corresponde a sua prestação. É justamente a virtualidade desse privilégio de exclusividade na sua prestação, aliás, que torna atrativo para o setor privado a sua exploração, em situação de concessão ou permissão. Neste sentido, a concessão de serviço público é um *privilégio* que envolve *exclusividade na prestação do serviço.* O concessionário de serviço público goza, sempre — nas palavras de Marcello Caetano (*Manual de Direito Administrativo,* p. 1.015; do mesmo autor, *Princípios fundamentais de Direito Administrativo,* pp. 313 e 314) —, de uma situação de *inevitabilidade de consumo* de suas prestações pelo público.

As conseqüências da qualificação desta ou daquela atividade empreendida pela empresa pública ou sociedade de economia mista como *serviço público* ou *atividade econômica em sentido estrito* são marcadas. Exemplifico, para demonstrá-lo, formulando a hipótese de entidade daquelas, que preste serviço público, recusar o seu fornecimento a algum usuário. Poderá tal recusa, então, ser juridicamente repelida: incumbe ao fornecedor do serviço prestar o devido acatamento ao *princípio da continuidade do serviço público*; estamos, aí, em razão da incidência do princípio, diante de hipótese de contrato a ser coativamente celebrado. Já, no entanto, se a empresa pública ou a sociedade de economia mista explorar *atividade econômica em sentido estrito*, a recusa do fornecimento do serviço há de ser repelida com esteio em distinta fundamentação: ao recusá-lo, o agente econômico (empresa pública ou sociedade de economia mista) estará a violar preceitos normativos que o obrigam a contratar;[54] a contratação, coativa, no caso, contudo se impõe não mercê da aplicação daquele princípio, porém de normas expressas que à prática dessa conduta o vinculam.

Poderemos nos encontrar diante de três hipóteses: (a) ou a empresa pública ou a sociedade de economia mista presta serviço público e não pode se recusar a contratar, desde que isso seja materialmente possível, mercê da incidência, sobre sua atividade, do princípio da continuidade do serviço público (limitação imanente ao instituto contratual); (b) ou a empresa pública ou a sociedade de economia mista explora atividade econômica em sentido estrito em regime de competição e não pode se recusar a contratar, desde que isso seja materialmente possível, porque a contratação é definida pelo ordenamento jurídico como cogente (não incidência do princípio da liberdade de contratar em relação à hipótese); (c) ou a empresa pública ou a sociedade de economia mista explora atividade econômica em sentido estrito em regime de monopólio e não pode se recusar a contratar, desde que isso seja materialmente possível, tanto porque a recusa, se o caso, importaria prática de concorrência desleal (limitação imanente ao instituto contratual), quanto porque a contratação é definida pelo ordenamento jurídico como cogente (não incidência do princípio da liberdade de contratar em relação à hipótese).

Situações bem específicas são no texto constitucional discernidas. Assim, *v.g.*, a exploração do transporte, por meio de conduto, de gás natural de qualquer origem, é *atividade econômica em sentido estrito* constitucionalmente atribuída, em regime de monopólio, à União (art. 177,

54. Considere-se, na CF 88, os preceitos inscritos nos §§ 4º e 5º do seu art. 173; na legislação ordinária, a Lei n. 4.137, de 10.9.62 — que entre as formas de abuso do poder econômico insere a "retenção, em condições de provocar escassez, de bens de produção ou de consumo" — e o art. 3º, IV da Lei n. 1.521, de 26.12.51.

IV); já a atividade de distribuição local de gás canalizado é *serviço público* constitucionalmente atribuído à competência dos Estados-membros (art. 25, § 2º). Por outro lado, a atividade de distribuição local de gás engarrafado é *atividade econômica em sentido estrito.*

52. O aspecto crucial, atinente à situação jurídica das empresas públicas e das sociedades de economia mista prestadoras de serviços públicos — da generalidade das empresas estatais, em rigor —, é o pertinente à qualificação ou não qualificação delas como concessionárias ou permissionárias de serviço público.

Em oportunidades anteriores[55] insisti, reiteradamente, em que as empresas estatais prestadoras de serviço público — empresas públicas e sociedades de economia mista — ocupariam a situação de concessionárias desses serviços.[56] Devo no entanto, agora, reformular esse entendimento. É que tais empresas, em verdade, são *delegadas* e não *concessionárias* de serviço público.

Da leitura do que dispõe o art. 175 do texto constitucional extraem-se algumas verificações.

Em primeiro lugar, concessionário do serviço está sujeito a regime determinado, que supõe a celebração de contrato, dotado de caráter especial. Vale dizer: a concessão supõe a adesão voluntária de um sujeito (o concessionário) à relação jurídica de concessão. Ainda que hoje se coloque sob vigorosa contestação o caráter contratual do instituto da concessão, visto que a relação se formaliza mediante a imposição, pelo poder concedente, de um certo número de cláusulas regulamentares, suportadas por ele, concessionário, a celebração desse contrato expressa a aceitação, pelo concessionário, de capacidade para o exercício da atividade de serviço público, capacidade que lhe é atribuída pelo poder concedente.

As empresas estatais, no entanto, não celebram nenhum "contrato de concessão" com o Estado; não manifestam adesão à

55. *V.g.*, "Desistência de desapropriação de ações", *RT* 587/46-47; "Lucratividade e função social nas empresas sob controle do Estado", cit., p. 51, nota 31.

56. No mesmo sentido, Marcello Caetano, *Manual de Direito Administrativo*, t. II, cit., p. 1.015; D. Linotte e A. Mestre, *Services Publics e Droit Public Économique*, t. 1, 1982, p. 299; Celso Antônio Bandeira de Mello, *Prestação de serviços públicos e Administração Indireta*, cit., pp. 28, 96, 101, 132 e 133; Hely Lopes Meirelles, *Direito Administrativo Brasileiro*, 29ª ed., p. 368.

situação de concessionárias: são constituídas visando à prestação do serviço. Ocupam a situação de prestadoras de serviço público não em decorrência de manifestação de vontade própria, em aceitar atribuição de capacidade para o exercício da atividade, porém em decorrência de imposição legal. Para tanto foram criadas como extensões do Estado.

Assim não se estabelece, quanto às funções nas quais são investidas, nada, absolutamente nada que corresponda à prorrogação de contrato e às condições de caducidade, fiscalização ou rescisão da concessão.[57]

Em segundo lugar, da análise do preceito constitucional verifica-se também que o concessionário é beneficiado pela estipulação legal de política tarifária. Vale dizer: à capacidade de exercício do serviço atribuída ao concessionário adere um direito a remuneração por tal exercício, em condições de equilíbrio econômico-financeiro. Às empresas estatais prestadoras de serviço público não assiste contudo direito à percepção de remuneração pela prestação do serviço, em condições de equilíbrio daquele tipo. Pode inclusive o Estado (o poder concedente) sujeitá-las a regime de atuação deficitária — o que ocorre com freqüência — fixando as remunerações que lhes devem ser pagas pelos usuários dos seus serviços em níveis inferiores aos que seriam necessários à reposição dos custos da prestação dos serviços. Neste caso — que, repita-se, ocorre com freqüência e dá ensejo à realimentação do velho discurso, segundo o qual as empresas estatais são ineficientes — essas remunerações resultam subsidiadas, responsabilizando-se o Estado pela cobertura dos seus déficits.

Em terceiro lugar, do exame do mesmo art. 175 apura-se que a concessão, tal qual a permissão, na medida em que assegurado ao concessionário o equilíbrio econômico-financeiro da relação — o que deflui do inciso III do seu parágrafo único —, é exercida, pelas pessoas privadas concessionárias, tendo em vista a realização de lucro. Não fora assim, de resto, e nenhuma razão conduziria empresas privadas a aderir à situação de concessionária de serviço público. Já as empresas estatais, por outro lado, não visam, no exercício da atividade de prestação de serviços públicos,

57. V. o próprio art. 175 da Constituição.

precipuamente a obtenção de lucros, mas sim a satisfação do interesse público.[58]

São situações jurídicas inteiramente distintas pois, a do concessionário de serviço público e a da empresa estatal que tenha por objeto a sua prestação. Estas, ao contrário do que estive anteriormente a sustentar, são delegadas do Estado, criadas no bojo do movimento da descentralização administrativa, para fim específico. É o próprio Estado, então, quem através de uma sua extensão, dotada de personalidade jurídica privada, presta os serviços.

Neste sentido, o ensinamento de José Afonso da Silva (*Curso de Direito Constitucional Positivo*, cit., 23ª ed.), para quem o modo de gestão dos serviços públicos "entra no regime da discricionariedade organizativa, ou seja, cabe à Administração escolher se o faz diretamente, ou *por delegação a uma empresa estatal (pública ou de economia mista)* ou por concessão (autorização ou permissão) a uma empresa privada" (grifei) (p. 782). E completa: "A natureza das empresas estatais prestadoras de serviço público se assemelha às concessionárias de serviço público com diferenças importantes, quais sejam a de não se sujeitarem inteiramente aos ditames do art. 175, pois não se lhes aplicam as regras de reversão, nem de encampação, nem, rigorosamente, o princípio do equilíbrio econômico e financeiro do contrato, já que os serviços não lhes são outorgados por via contratual, mas por via de lei instituidora, e porque são entidades do próprio concedente, salvo, é claro, hipóteses de outorga dos serviços a empresa estatal de outra entidade pública (da União para o Estado, p. ex., em que a característica de concessionária fica mais nítida). De fato, o art. 175 estabelece os princípios do regime da concessão e da permissão de serviços públicos a empresas particulares, declarando que a outorga depende de licitação e que a *lei* disporá sobre tais empresas, assim como sobre: a) o caráter especial de seu contrato e de sua prorrogação; b) as condições de caducidade, fiscalização e rescisão da concessão ou permissão; c) os direitos dos usuários; d) a política tarifária; e) a obrigação de manter serviço adequado"(p. 783).

Não obstante, hipóteses poderão ocorrer nas quais empresa estatal controlada por uma das pessoas da federação exercite a prestação de serviço público da titularidade de outra pessoa da federação; nestas hipóteses haverá concessão do serviço. É o caso da CESP-Companhia Energética de São Paulo, empresa estatal estadual, concessionária de serviço público federal. A hipótese como tal respeitava o art. 21, XI, do texto constitucional, anteriormente à sua alteração pela Emenda

58. V., sob reserva, meu "Lucratividade e função social nas empresas sob controle do Estado", cit., pp. 57-58.

Constitucional n. 8/95: ao contrário do que ocorria com aqueles indicados no inciso XII, os serviços públicos referidos nesse inciso XI, em sua redação original, apenas podiam ser explorados diretamente pela União — na exploração direta compreendida a prestação por empresas estatais federais, tal como sucede no enunciado do art. 173, relativo à exploração (direta) de atividade econômica em sentido estrito, enunciado porém mais amplo, visto compreensivo da generalidade das empresas estatais — ou por empresa estatal estadual ou municipal, então, neste caso, em regime de concessão. Na hipótese daquele inciso XI, portanto, a "concesssão a empresas sob controle acionário estatal" não induzia à conclusão de que empresa estatal federal que explorasse os serviços fosse concessionária deles, mas apenas e tão-somente a seguinte limitação: se concessão houvesse, haveria de ser outorgada exclusivamente a empresa estatal estadual ou municipal. Algo análogo sucedia em relação ao § 2º do art. 25 do texto constitucional anteriormente à sua alteração pela Emenda Constitucional n. 5/95: o Estado-membro explorará diretamente os serviços locais de gás canalizado — nesta exploração direta compreendida a prestação por empresa estatal estadual — ou por empresas estatais municipais, então, neste caso, em regime de concessão.

Por isso que, no caso, não há como cogitar de licitação. Esta se impõe, nos termos do que define o art. 175 do texto constitucional, unicamente quando se trate de concessão ou permissão, ou seja, de atribuição de capacidade para o exercício da atividade de serviço público a pessoas privadas, estranhas ao Estado.

Quanto ao discrímen que opõe a *delegação* à *concessão*, dir-se-á que esta não expressa senão uma *delegação de serviços* — *delegação* ainda, pois — que implica transferência de atividade que deverá ser prestada pelo Poder Público. Por certo que na concessão — como na permissão — há também delegação. Cuida-se aí, todavia, de modalidade especial de delegação de serviço, na medida em que instrumental de *descentralização por colaboração*. Pessoa privada, no sentido de que estranha ao Estado, recebe a atribuição para o desempenho do serviço, sob contrato com caráter especial. A delegação é pressuposta na concessão, mas na concessão há mais do que delegação. Já no que tange ao ato de delegação, pura e simples, de capacidade para a prestação do serviço a empresa estatal, o que se opera é mera atribuição do exercício de atividade a pessoa do próprio Estado, embora dotada de personalidade jurídica de direito privado. Aqui, como em inúmeras outras ocasiões, a convenção a propósito dos significados que atribuímos às palavras é essencial.

53. Após a longa exposição produzida em torno da noção de atividade econômica, no bojo da qual procurei ferir o tema não

somente no seu cerne, cogitando também de questões a partir de sua consideração postuláveis, devo retornar ao tratamento do problema da classificação das formas de atuação do Estado em relação ao processo econômico.

Vimos, no item 34, acima, que embora o debate a propósito da inconveniência ou incorreção do uso dos vocábulos *intervenção* e *intervencionismo* não seja relevante, a expressão *atuação estatal* conota significado mais lato do que o conotado pelo vocábulo. *Intervenção* conota atuação estatal no campo da *atividade econômica em sentido estrito*; *atuação estatal*, ação do Estado no campo da *atividade econômica em sentido amplo*.

Assim, se pretendermos, ao enunciar as formas de atuação do Estado em relação ao processo econômico, considerar a globalidade da ação estatal, inclusive sua atuação sobre a esfera do público, o uso, para tanto, da expressão *atuação estatal* será mais adequado. Estaremos a referir, então, não apenas a ação do Estado em relação à esfera do privado, mas também no quanto respeita à prestação de serviço público e à regulação da prestação do serviço público.

Nesta linha, Geraldo Vidigal (ob. cit., pp. 99-100) anota coexistirem na ordenação constitucional brasileira — refere-se à Emenda Constitucional n. 1/69 — formas de *participação* do Estado na atividade econômica (serviços públicos de definição constitucional, monopólios e explorações competitivas, em suplemento à iniciativa privada) e formas de *ação* do Estado sobre a atividade econômica (ações visando à direção de toda a economia e ações visando à intervenção na atividade econômica privada). Em regra, todavia, classifica-se não as formas de *atuação estatal* em relação ao processo econômico, mas sim as formas de intervenção do Estado no domínio econômico (v. meu *Elementos de Direito Econômico*, cit., pp. 63-64).

O que porém mais importa destacar, quando nos dedicamos à análise do tema, é a atuação do Estado em relação à esfera do privado. O vocábulo *intervenção*, então, veiculado em sentido forte, que indica *atuação em área de outrem* — isto é, naquela esfera, do privado —, é o que melhor se presta a conotar o significado pretendido. A própria Constituição, de resto, não dispensa a sua utilização: no art. 149 define competir exclusivamente à União instituir contribuições de "*intervenção no domínio econômico*".

Aí o vocábulo é resgatado expressando, em plenitude, o seu sentido forte: "domínio econômico" é precisamente o campo da *atividade econômica em sentido estrito*, área alheia à esfera pública, de titularidade (domínio) do setor privado. Relembre-se que o *serviço público* está para o setor público assim como a *atividade econômica (em sentido estrito)* está para o setor privado.

Por isso que, cogitando das formas de atuação do Estado em relação ao processo econômico desenrolado na esfera do privado — isto é, no campo da *atividade econômica em sentido estrito*, no "*domínio econômico*" — cuidamos das formas de *intervenção* do Estado em relação a ele.

54. Afirmada a adequação do uso do vocábulo *intervenção*, para referir atuação estatal no campo da *atividade econômica em sentido estrito* ("domínio econômico"), reafirmo a classificação de que tenho me valido, que distingue três modalidades de *intervenção*: *intervenção por absorção* ou *participação* (a), *intervenção por direção* (b) e *intervenção por indução* (c).

No primeiro caso, o Estado intervém *no* domínio econômico, isto é, no campo da *atividade econômica em sentido estrito*. Desenvolve ação, então, como agente (sujeito) econômico.

Intervirá, então, por *absorção* ou *participação*.

Quando o faz por *absorção*, o Estado assume integralmente o controle dos meios de produção e/ou troca em determinado setor da *atividade econômica em sentido estrito*; atua em *regime de monopólio*.

Quando o faz por *participação*, o Estado assume o controle de parcela dos meios de produção e/ou troca em determinado setor da *atividade econômica em sentido estrito*; atua em *regime de competição* com empresas privadas que permanecem a exercitar suas atividades nesse mesmo setor.

No segundo e no terceiro casos, o Estado intervirá *sobre* o domínio econômico, isto, sobre o campo da *atividade econômica em sentido estrito*. Desenvolve ação, então, como regulador dessa atividade.

Intervirá, no caso, por *direção* ou por *indução*.

Quando o faz por *direção*, o Estado exerce pressão sobre a economia, estabelecendo mecanismos e normas de comportamento compulsório para os sujeitos da *atividade econômica em sentido estrito*.

Quando o faz, por *indução*, o Estado manipula os instrumentos de intervenção em consonância e na conformidade das leis que regem o funcionamento dos mercados.

Em outros termos, o art. 175, *in fine*, da Carta de 1937 ensaiou classificação análoga à que adoto: "a intervenção no domínio econômico poderá ser mediata e imediata, revestindo a forma de *controle*, do *estímulo* e da *gestão direta*" (grifei). A inspiração, do preceito, buscada na *Carta del Lavoro*, é evidente. Esta, na sua Declaração 9, refere: "... tal intervenção pode assumir a forma do *controle*, do *encorajamento* (*fomento*) e da *gestão direta*" (grifei).

Veja-se, da jurisprudência do STF, quanto à atuação por indução, a ADI 3.512.

55. A virtude que se pode descobrir na adoção da classificação que postulo repousa na circunstância de a dinamização de cada qual das modalidades de intervenção que identifico envolver a adoção de critérios e técnicas que se distinguem, entre si, *juridicamente*. Esta é virtude que se deve ter como prezável se o campo de indagação em que nos embrenhamos é jurídico. Cuidados como tais, em não nos afastarmos do *jurídico*, em especial quando nos dedicamos ao estudo e à análise do Direito Econômico, devem sempre estar bem presentes em nós. É marcante o impulso que nos conduz, no caso, a ultrapassar a linha que separa o Direito da Economia, levando-nos, tal qual o burguês gentilhomem que fazia prosa, a estudar e ensinar economia em lugar de Direito Econômico.

Assim como se coloca o Estado em posições bem distintas quando intervém *no* domínio econômico e quando intervém *sobre* o domínio econômico, bem apartadas, entre si, de modo claro e preciso, encontram-se as *normas de intervenção por direção* e as *normas de intervenção por indução*.

No caso das *normas de intervenção por direção*[59] estamos diante de comandos imperativos, dotados de cogência, impositivos de certos comportamentos a serem necessariamente cumpridos pelos agentes que atuam no campo da *atividade econômica em sentido estrito* — inclusive pelas próprias empresas estatais que a exploram. Norma típica de *intervenção por direção* é a que instrumenta controle de preços, para tabelá-los ou congelá-los.

59. V. item 16.

No caso das *normas de intervenção por indução* defrontamo-nos com preceitos que, embora prescritivos (deônticos), não são dotados da mesma carga de cogência que afeta as normas de intervenção por direção. Trata-se de *normas dispositivas*. Não, contudo, no sentido de suprir a vontade dos seus destinatários, porém, na dicção de Modesto Carvalhosa,[60] no de "levá-lo a uma opção econômica de interesse coletivo e social que transcende os limites do querer individual". Nelas, a sanção, tradicionalmente manifestada como *comando*, é substituída pelo expediente do *convite* — ou, como averba Washington Peluso Albino de Souza[61] — de "*incitações*, dos *estímulos*, dos incentivos, de toda ordem, oferecidos, pela lei, a quem participe de determinada atividade de interesse geral e patrocinada, ou não, pelo Estado". Ao destinatário da norma resta aberta a alternativa de não se deixar por ela seduzir, deixando de aderir à prescrição nela veiculada. Se adesão a ela manifestar, no entanto, resultará juridicamente vinculado por prescrições que correspondem aos benefícios usufruídos em decorrência dessa adesão. Penetramos, aí, o universo do direito premial.[62]

A sedução à adesão ao comportamento sugerido é, todavia, extremamente vigorosa, dado que os agentes econômicos por ela não tangidos passam a ocupar posição desprivilegiada nos mercados. Seus concorrentes gozam, porque aderiram a esse comportamento, de uma situação de donatário de determinado bem (redução ou isenção de tributo, preferência à obtenção de crédito, subsídio, *v.g.*), o que lhes confere melhores condições de participação naqueles mesmos mercados.[63]

Dois aspectos devo, no entanto, ainda pontualizar.

O primeiro respeita ao fato de nem sempre a indução manifestar-se em termos positivos. Também há *norma de intervenção por indução* quando o Estado, *v.g.*, onera por imposto elevado o exercício de determinado comportamento, tal como no caso de importação de certos bens. A indução, então, é negativa. A norma não proíbe a importação desses bens, mas a onera de tal sorte que ela se torna economicamente proibitiva.

60. *Considerações sobre Direito Econômico*, tese, São Paulo, 1971, p. 304.

61. *Direito Econômico*, Saraiva, São Paulo, 1980, p. 122.

62. V. Norberto Bobbio, *Dalla struttura alla funzione*, cit., pp. 33 e ss. A propósito das *normas de impulsão*, Manoel Gonçalves Ferreira Filho, *Do processo legislativo*, p. 218.

63. Cf. Modesto Carvalhosa, ob. cit., p. 314.

O segundo aspecto, ao fato de que outras tantas vezes determinados comportamentos econômicos são induzidos não em razão da dinamização, pelo Estado, de normas de *intervenção por indução*, mas sim em decorrência da execução, por ele, de obras e serviços públicos de infra-estrutura, que tendem a otimizar o exercício da *atividade econômica em sentido estrito* em certos setores e regiões. Essa prática, de resto, é que também inúmeras vezes permite ao Estado, nos quadrantes da legalidade, pôr-se a serviço de interesses privados.

56. Uma derradeira observação cabe ainda, neste passo de minha exposição, alusiva à não inclusão do *planejamento* entre as *modalidades* de intervenção. O *planejamento* apenas qualifica a intervenção do Estado *sobre* e *no* domínio econômico, na medida em que esta, quando conseqüente ao prévio exercício dele, resulta mais racional. Como observei em outro texto,[64] forma de ação racional caracterizada pela previsão de comportamentos econômicos e sociais futuros, pela formulação explícita de objetivos e pela definição de meios de ação coordenadamente dispostos, o planejamento, quando aplicado à intervenção, passa a qualificá-la como encetada sob padrões de racionalidade sistematizada. Decisões que vinham sendo tomadas e atos que vinham sendo praticados, anteriormente, de forma aleatória, *ad hoc*, passam a ser produzidos, quando objeto de planejamento, sob um novo padrão de racionalidade.

O planejamento, assim, não configura modalidade de intervenção — note-se que tanto intervenção *no* quanto intervenção *sobre* o domínio econômico podem ser praticadas *ad hoc* ou, alternativamente, de modo planejado — mas, simplesmente, um método a qualificá-la, por torná-la sistematizadamente racional.

57. Tema que importa ainda considerar, neste passo, é o da concepção de Direito Econômico.

Não pretendo — é evidente — nesta oportunidade, no alinhamento dos argumentos que se seguem, postular a preferência, dogmatizada, por esta ou aquela das suas perspectivas de

64. *Elementos de Direito Econômico*, cit., pp. 66-67.

consideração. Já não tem mais razão de ser o debate, academicamente despropositado, a respeito da "existência" do Direito Econômico. Argumentação que a negue já de há muito é qualificável como do mesmo teor daquela segundo a qual só argumenta com princípios jurídicos aquele que não encontra Direito a fundamentar sua pretensão. Essa "existência", entre nós, é hoje afirmada em sede constitucional — art. 24, I da Constituição de 1988.

Pois justamente a prescrição neste preceito contemplada é que impõe alusão ao tema. A que Direito — "direito econômico" — refere o texto constitucional, ao afirmar a competência da União, dos Estados e do Distrito Federal para, concorrentemente, sobre ele legislarem?

58. Podemos concebê-lo — o Direito Econômico — tanto como método como quanto ramo do Direito.

Desde a primeira perspectiva, na síntese de Modesto Carvalhosa,[65] ele "não levaria à identificação de um novo ramo, substitutivo e compreensivo de outros ramos (do Direito) já consagrados e individuados, mas, simplesmente, tenderia a criar u'a moldura a esses vários ramos; seria um perfil ou ângulo visual novo, sob o qual se deve estudar fenômenos importantes" (Hedemann). Seria "uma disciplina que não pode substituir, mas deve integrar as disciplinas tradicionais... ele (o Direito Econômico) se superpõe à estrutura dogmática e formal das outras disciplinas, dando-lhe uma configuração teleológica e prática" (Mario Longo). Trata-se de uma nova ótica, uma nova maneira de visualizar o Direito; uma nova perspectiva, que se difunde no conjunto da ciência jurídica (Jacquemin). Sua perspectiva se apóia sobre uma visualização diferente (da tradicional) e sobre um método diverso (do ortodoxo) de avaliação e classificação jurídica; sua função metodológica é a de "estabelecer os nexos e, assim, a organicidade dos regulamentos jurídicos referentes à fenomenologia das grandes transformações sócio-econômicas da época atual" (Grosso). O que o distingue é a metodologia, que o reveste, "seja com o objetivo de alcançar a interpenetração mais adequada da norma no contexto de realidade sócio-econômica, seja para dar oportunidade a uma apro-

65. Ob. cit., pp. 263, 269, 266-267, 258-257, 270-271.

fundada avaliação crítica do Direito vigente, seja, finalmente, para estimular o aperfeiçoamento da lei" (Minoli).

Esta breve menção, tão-somente a algumas construções que o tomam como um método, evidencia o vigor do pensamento jurídico que assim o visualiza.

Não se deve recusar esta linha de concepção. O Direito Econômico, se não instala, por si só, o movimento que tende a alinhar, ao lado da Teoria Jurídica Formal, a Doutrina Real do Direito,[66] a ele confere a devida importância e relevância. Pensar Direito Econômico é pensar o Direito como um nível do todo social — nível da realidade, pois — como mediação específica e necessária das relações econômicas. Pensar Direito Econômico é optar pela adoção de um modelo de interpretação essencialmente teleológica, funcional, que instrumentará toda a interpretação jurídica, no sentido de que conforma a interpretação de todo o Direito. É compreender que a realidade jurídica não se resume ao Direito formal. É concebê-lo — o Direito Econômico — como um novo método de análise, substancial[67] e crítica, que o transforma não em *Direito de síntese*, mas em *sincretismo metodológico*. Tudo isso, contudo, sem que se perca de vista o comprometimento econômico do Direito, o que impõe o estudo da sua utilidade funcional.[68]

> A análise substancial de que se cogita repudia a oposição entre os fatos e o Direito (v. Nicos Poulantzas, *Nature des choses et Droit*, LGDJ, Paris, 1965). Mas, como observa Farjat (ob. cit., p. 736), o método de análise substancial não consiste em deduzir uma norma jurídica de uma realidade social, mas sim em extrair os dados fornecidos pelo sistema jurídico, aplicando-os a determinada parte do direito positivo ou a determinada parcela das relações sociais. Não se trata da produção de análise sociológica: a análise substancial é análise de jurista (Farjat, p. 738). Sua função é marcada, por outro lado, pela perspectiva crítica, à qual fiz alusão no Capítulo 1 deste ensaio.

Não é este o momento, no entanto, em que se deva tentar demonstrar quão adequada — e necessária — é a concepção do Direito Econômico como método. O que ora importa considerar é a sua concreção como ramo do Direito — concreção que se ins-

66. V. meu *Direito, conceitos e normas jurídicas*, cit., pp. 27 e ss.
67. V. Gerard Farjat, *Droit Économique*, pp. 732 e ss.
68. V. Fábio Konder Comparato, *O indispensável Direito Econômico*, cit., p. 470.

titucionaliza, constitucionalmente afirmada, no preceito do referido art. 24, I.

59. Basta, para que se o tenha tal como concebido entre nós — na concepção afirmada pelo maior peso da doutrina —, a alusão às exposições de Washington Peluso Albino de Souza e Fábio Konder Comparato.

Washington Peluso Albino de Souza[69] conceitua o Direito Econômico como "o ramo do Direito, composto por um conjunto de normas de conteúdo econômico e que tem por objeto regulamentar as medidas de *política econômica* referentes às relações e interesses individuais e coletivos, harmonizando-as — pelo princípio da *'economicidade'* — com a ideologia adotada na ordem jurídica" (grifei). Cuida-se de ramo do Direito que se aplica a regulamentar as medidas de *política econômica* que adota uma linha de *maior vantagem* nas suas decisões.[70]

> Sua autonomia está sustentada sobre a consideração das seguintes circunstâncias: regulamenta medidas de *política econômica* (a) e harmoniza relações e interesses com a ideologia adotada na ordem jurídica (b), pelo princípio da *economicidade* (c). "Economicidade" é a linha de *maior vantagem* nas decisões econômicas (ou de *política econômica*, quando cuidamos do Direito Econômico). "Econômico" é vocábulo marcado pela ideologia do capitalismo, conotando obtenção da *vantagem lucro*; lucro, pois, é rentabilidade econômica. Diante de outras ideologias, contudo, a "economicidade" deixa de ser, necessariamente, o lucro. Assim, nas palavras de Washington Albino (ob. cit., p. 32), "*economicamente justo*, segundo o princípio da *economicidade* introduzido neste conceito, é o que se põe em prática por medidas de política econômica, visando realizar o que a sua soberania democrática tenha definido na Constituição, como o fundamento dos princípios ideológicos que a inspiram".

Fábio Comparato[71] o refere como "o conjunto das técnicas jurídicas de que lança mão o Estado contemporâneo na realização de sua *política econômica*" (grifei).

> Sua autonomia, diz ainda Fábio Comparato (ob. cit., p. 471), "é dada pela sua finalidade: traduzir normativamente os instrumentos da *política econômica* do Estado" (grifei).

69. *Direito Econômico*, ob. cit., p. 3.
70. Ob. cit., p. 32.
71. *O indispensável Direito Econômico*, cit., p. 465.

O que o peculiariza como *ramo do Direito* é, portanto, a sua destinação à instrumentalização, mediante ordenação jurídica, da *política econômica do Estado*.

Este, também, discrímen que apontei como marcante em sua conceituação: sistema normativo voltado à ordenação do processo econômico, mediante a regulação, sob o ponto de vista macro-jurídico, da atividade econômica, de sorte a definir uma disciplina destinada à efetivação da *política econômica estatal* (*Elementos de Direito Econômico*, cit., p. 31). Quanto à concepção de Geraldo Vidigal, que foi o segundo professor titular da disciplina, no Departamento de Direito Econômico-Financeiro da Faculdade de Direito da USP, desenvolvi exposição crítica no *Elementos de Direito Econômico*, cit., pp. 32-39.

Eis aí, pois, o Direito Econômico que a Constituição de 1988 refere, no seu art. 24, I, como matéria a respeito da qual compete à União, aos Estados e ao Distrito Federal, concorrentemente, legislar: ramo do Direito que se destina a, como observa Fábio Comparato,[72] "traduzir normativamente os instrumentos da *política econômica* do Estado" (grifei).

72. Ob. cit., p. 471.

Capítulo 4
OS PRINCÍPIOS E A INTERPRETAÇÃO DA CONSTITUIÇÃO

60. Observação inicial sobre os princípios. 61. Os princípios. 62. Observações de Dworkin. 63. Observações de Canotilho e José Afonso da Silva. 64. Classificação dos princípios na Constituição de 1988. 65. A interpretação/aplicação do direito. 66. Interpretação da Constituição. 67. (segue). 68. Cânones e pautas para a interpretação da Constituição. 69. Não se interpreta a Constituição em tiras. 70. As normas-objetivo. 71. A importância dos princípios. 72. A Constituição é um dinamismo. 73. Ideologia constitucionalmente adotada.

60. A existência [= positividade], no ordenamento jurídico, de determinados princípios que, embora não enunciados em nenhum texto de direito positivo, desempenham papel de importância definitiva no processo de interpretação/aplicação do direito, é inquestionável.

Desenvolvi, na 1ª edição deste livro, uma exposição sobre o tema dos princípios, procurando alinhar noções que, então (1990), nossa doutrina não havia ainda incorporado plenamente. Alguns anos após, retomei essa exposição e a incorporei, com as atualizações indispensáveis, ao meu *Ensaio e discurso sobre a interpretação/aplicação do direito*, publicado em abril de 2002.[1] Nesse ensaio e discurso trato da interpretação do direito, de modo que não teria sentido a manutenção neste livro, que o leitor tem em mãos, das originárias exposições sobre temas de que tratei posteriormente de modo, creio, aprimorado.

Assim, nesta nova edição deste livro — e nas que, espero, virão — limitar-me-ei a referir o essencial a ser considerado, a fim de que a matéria do seu último capítulo ("Interpretação e crítica da ordem econômica na Constituição de 1988") possa ser fluentemente compreendida.

1. São Paulo, Malheiros Editores.

Por isso remeto o leitor, desde logo, ao referido *Ensaio e discurso sobre a interpretação/aplicação do direito*, no qual cuido, entre outras, das questões atinentes à não transcendência dos princípios; a sua caracterização como norma jurídica e a sua positivação; à oposição e contradição entre princípios; à circunstância de as regras serem aplicações dos princípios e de o afastamento de um princípio implicar perda de efetividade da regra que lhe dá concreção; à importância dos princípios para a interpretação e à falsa neutralidade política do intérprete, bem assim à inexistência de discricionariedade judicial.

61. O sistema que o direito é compõe-se de:

[i] *princípios explícitos*, recolhidos no texto da Constituição ou da lei;

[ii] *princípios implícitos*, inferidos como resultado da análise de um ou mais preceitos constitucionais ou de uma lei ou conjunto de textos normativos da legislação infraconstitucional (exemplos: o *princípio da motivação do ato administrativo*, art. 93, X, da Constituição; o *princípio da imparcialidade do juiz*, arts. 95, parágrafo único, e 5º, XXXVII da Constituição); e

[iii] *princípios gerais de direito*, também *implícitos*, coletados no direito pressuposto, qual o da *vedação do enriquecimento sem causa*.

Note-se bem, mas bem mesmo, que estou a referir, aqui, princípios gerais *de* direito e não os chamados "princípios gerais do direito".

62. A síntese imediatamente acima enunciada nos permitiria, desde logo, alinhar, em bosquejo classificatório, os *princípios explícitos* contemplados na Constituição da República Federativa do Brasil.

Anteriormente a isso, todavia — e mesmo para informar tal bosquejo — parece-me oportuna a consideração de subsídios à análise dos princípios jurídicos introduzidos por Ronald Dworkin, da classificação que, dos princípios jurídicos constitucionais, é construída por José Joaquim Gomes Canotilho e da exposição de José Afonso da Silva.

Penetrando o tema, Dworkin[2] observa que, em determinados casos, sobretudo nos casos dificultosos, quando os profissionais do direito arrazoam ou disputam sobre direitos e obrigações legais, fazem uso de pautas (*standards*) que não funcionam como regras, mas operam de modo diverso, como princípios, diretrizes (*policies*) ou outra espécie de pauta. Propõe-se, então, a usar o vocábulo *princípio* genericamente, para referir, em conjunto, aquelas pautas que não são regras; em outras ocasiões, no entanto — adverte — é mais preciso, distinguindo entre *princípios* e *diretrizes*.

Dworkin chama de *diretrizes* as pautas que estabelecem objetivos a serem alcançados, geralmente referidos a algum aspecto econômico, político ou social (ainda que — observa — alguns objetivos sejam negativos, na medida em que definem que determinados aspectos presentes devem ser protegidos contra alterações adversas). Denomina *princípios*, por outro lado, as pautas que devem ser observadas não porque viabilizem ou assegurem a busca de determinadas situações econômicas, políticas ou sociais que sejam tidas como convenientes, mas, sim, porque a sua observância corresponde a um imperativo de justiça, de honestidade ou de outra dimensão da moral.

> Assim — segundo Dworkin (idem, ibidem) — a pauta de acordo com a qual deve ser reduzido o número de acidentes de automóvel é uma *diretriz* e a pauta que estipula que a ninguém aproveita sua própria fraude (torpeza) é um *princípio*. Essa distinção, no entanto — é o próprio Dworkin (idem, p. 44) quem o diz — pode resultar comprometida na medida em que se construa um princípio que estabeleça um objetivo social (*v.g.*, o objetivo de uma sociedade na qual ninguém obtenha proveito de sua iniqüidade) ou se construa um objetivo que estabeleça um princípio (*v.g.*, o princípio de que o objetivo proposto pela diretriz é meritório) ou, ainda, na medida em que se adote a tese utilitarista, de acordo com a qual os princípios de justiça são enunciados de objetivos mascarados (assegurando-se a máxima felicidade do maior número de pessoas). Se, nestes termos, contestada a distinção, em determinados contextos — conclui — resultariam absolutamente desvirtuadas as suas aplicações.

A proximidade entre as *diretrizes* e as *normas-objetivo*[3] é, desde logo, evidente.

2. *Taking rights seriously*, 5ª imp., Londres, Duckworth, 1987, p. 22.

3. V. sobre as normas-objetivo, meu *Ensaio e discurso sobre a interpretação/aplicação do direito*, 2ª ed., item 39.

63. Canotilho, por outro lado, tendo sob consideração a Constituição de Portugal, classifica os princípios jurídicos constitucionais em:[4]

a) *princípios jurídicos fundamentais*, assim entendidos os "princípios historicamente objectivados e progressivamente introduzidos na consciência jurídica geral e que encontram uma recepção expressa ou implícita no texto constitucional" (aí os princípios da publicidade dos atos jurídicos; da proibição do excesso — o que importa *exigibilidade*, *adequação* e *proporcionalidade* dos atos dos poderes públicos; o princípio do acesso ao direito e aos tribunais; o princípio da imparcialidade da Administração);

b) *princípios políticos constitucionalmente conformadores*, entendidos como tais os "princípios constitucionais que explicitam as valorações políticas fundamentais do legislador constituinte" (aí os princípios definidores da forma de Estado — onde os princípios da organização econômico-social; os princípios definidores da estrutura do Estado — unitário ou federal, com descentralização local ou autonomia local; os princípios estruturantes do regime político — princípio do Estado de Direito, princípio democrático, princípio republicano, princípio pluralista etc.; e os princípios caracterizadores da forma de governo e da organização política em geral — separação e interdependência dos poderes, princípios eleitorais etc.);

c) *princípios constitucionais impositivos*, entendidos assim os princípios constitucionais nos quais "subsumem-se todos os princípios que no âmbito da constituição dirigente impõem aos órgãos do Estado, sobretudo ao legislador, a realização de fins e a execução de tarefas"; tais princípios — adverte Canotilho[5] — são muitas vezes designados por "preceitos definidores dos fins do Estado", "princípios diretivos fundamentais" ou "normas programáticas, definidoras de fins ou tarefas" (aí o princípio socialista, o princípio da socialização dos meios de produção etc.);

d) *princípios-garantia*, nos quais incluídos "outros princípios que visam instituir directa e imediatamente uma *garantia* dos cidadãos"; a eles é "atribuída a densidade de autêntica norma jurí-

4. *Direito Constitucional*, 3ª ed., cit., pp. 200/203.
5. Idem, p. 202.

dica e uma força determinante positiva e negativa"; por se traduzirem no estabelecimento direto de garantias para os cidadãos, são chamados de "princípios em forma de norma jurídica" (aí o princípio de *nullum crime sine lege* e de *nulla poena sine lege*, o princípio do juiz natural, os princípios de *non bis in idem* e *in dubio pro reo*).

Por certo, ainda que, ao menos parcialmente, os *princípios constitucionais impositivos*, na medida em que impõem aos órgãos do Estado a realização de fins, são colhidos no mesmo veio onde se encontram as *diretrizes*, de Dworkin, e as *normas-objetivo* contempladas no nível constitucional.

José Afonso da Silva,[6] finalmente, denomina *normas constitucionais de princípio* aquelas em que se subdividem as normas constitucionais de eficácia limitada (de *princípio institutivo* e de *princípio programático*). Ao fazê-lo, contudo, salienta a necessidade de distinguirmos entre *normas constitucionais de princípio*, *normas constitucionais de princípios gerais* (*normas-princípio*) e *princípios gerais do direito constitucional*.

Nas *normas constitucionais de princípio* o vocábulo *princípio* aparece na acepção própria de *começo* ou *início*. Trata-se de normas que contêm o início ou esquema de determinado órgão, entidade ou instituição, deixando a efetiva criação, estruturação ou formação para a lei complementar ou ordinária.

As *normas-princípio* (*normas constitucionais de princípios gerais*) são verdadeiras *normas fundamentais*, na medida em que as normas particulares são, delas, meros desdobramentos analíticos. Outras, embora sejam *fundamentais*, contêm *princípios gerais*, e por isso informam toda a ordem jurídica nacional. O que distingue as *normas constitucionais de princípios gerais* e as *normas-princípio* das *normas constitucionais de princípio* é a circunstância de que estas são de eficácia limitada e aplicabilidade indireta — ou seja, dependem de legislação ou de outra providência — ao passo que as primeiras são de eficácia plena e aplicabilidade imediata.

Quanto aos *princípios gerais do direito constitucional*, José Afonso da Silva[7] observa que, na sua globalidade, formam temas de uma

6. *Aplicabilidade das normas constitucionais*, 6ª ed., 2ª tir., São Paulo, Malheiros Editores, 2003, pp. 107/108.

7. Ob. cit., pp. 109/110.

teoria geral do Direito Constitucional. Alguns deles, no entanto — e apenas alguns deles — porque induzidos na realidade histórica de cada povo, compõem-se no Direito Constitucional de determinado povo. Trata-se, então, não de normas constitucionais de princípio (nem de normas constitucionais de princípios gerais ou de normas-princípio), mas de princípios induzidos de um conjunto de normas.

64. Percorrido o nosso novo texto constitucional, nele imediatamente colheremos séries de *princípios jurídicos explícitos*, que se pode organizar segundo este ou aquele dos critérios classificatórios que acabamos de examinar.

V., no item 26, referência à exposição de Carrió, que evidencia ser a decisão por uma classificação semelhante à opção que se faça entre o sistema métrico decimal e o sistema de medição dos ingleses; se o primeiro é preferível em relação ao segundo, não é porque aquele seja verdadeiro e este falso, mas sim porque o primeiro é mais cômodo, mais fácil de manejar e mais apto a satisfazer, com menor esforço, certas necessidades ou conveniências humanas.

Sem que nenhuma pretensão de exauri-los assumamos, desde o critério tomado por Dworkin teremos:

• *princípios* — art. 1º, *caput* e incisos; art. 2º; art. 4º; art. 5º, *caput* e incisos; art. 170, *caput* (parcialmente) e incisos;

• *diretrizes* — art. 3º; parágrafo único do art. 4º; art. 170, *caput* (parcialmente).

A propósito, aqui, já na primeira visualização do texto verificamos que a *dignidade da pessoa humana* comparece, no art. 1º, III, como princípio e, no art. 170, *caput*, como diretriz ("assegurar a todos existência digna").

Também sem pretender colhê-los na sua totalidade, a partir do critério classificatório de Canotilho divisaremos:

• *princípios jurídicos fundamentais* — art. 5º, XXXV e LV; art. 37, *caput*;

• *princípios políticos constitucionais conformadores* — art. 170 (forma de Estado); art. 1º, *caput* (estrutura do Estado); art. 1º, V (regime político); arts. 2º e 14 (forma de governo e organização política);

• *princípios constitucionais impositivos* — art. 3º e art. 170, *caput* ("assegurar a todos existência digna");

• *princípios-garantia* — art. 5º, III, VIII e XXXIX.

Ainda sob a mesma ressalva — isto é, sem que se os pretenda esgotar — tendo sob consideração a exposição de José Afonso da Silva teremos:[8]

• *normas constitucionais de princípio* — art. 18, § 3º;

• *normas-princípio ou normas fundamentais* — art. 1º, *caput* e seu parágrafo único e art. 2º;

• *normas constitucionais de princípios gerais* — art. 5º, *caput*, *in limine*, e incisos I, II e XXXVI, e art. 17.

José Afonso da Silva, ainda, em obra mais recente[9] distingue *princípios político-constitucionais* — que são normas-princípio, princípios constitucionais fundamentais que expressam as decisões políticas fundamentais — integrados no Direito Constitucional positivo (arts. 1º a 4º da Constituição de 1988) e *princípios jurídico-constitucionais* — que são princípios constitucionais gerais, informadores da ordem jurídica nacional. Além deles, permanece a referir os *princípios gerais do Direito Constitucional*, que formam temas de uma Teoria Geral do Direito Constitucional. Estes, segundo observa,[10] "se cruzam, com freqüência, com os princípios fundamentais, na medida em que estes possam ser positivação daqueles".

65. Esses subsídios, que devem ser adicionados aos que desenvolvi em meu *Ensaio e discurso sobre a interpretação/aplicação do direito*, prestam-se a auxiliar a interpretação/aplicação da ordem econômica na Constituição de 1988.

Esta, como penso demonstrar nesse ensaio e discurso, é interpretação/aplicação de textos, não de normas, visto que o direi-

8. Adapto ao texto de 1988 as referências do autor à Emenda Constitucional n. 1/69.

9. *Curso de Direito Constitucional Positivo*, 23ª ed., São Paulo, Malheiros Editores, 2004, pp. 92-93.

10. Idem, p. 95.

to é alográfico; mas não apenas de textos, senão de textos e de fatos; e mais: interpretar/aplicar o direito é concretizá-lo, ir dos textos e dos fatos à norma jurídica geral e, em seguida, à norma de decisão, no desenvolvimento de uma prudência; por isso não existe, no direito, uma única solução correta, senão várias.

Em síntese: a interpretação do direito tem caráter constitutivo — não, pois, meramente declaratório — e consiste na produção, pelo intérprete, a partir de textos normativos e dos fatos atinentes a um determinado caso, de normas jurídicas a serem ponderadas para a solução desse caso, mediante a definição de uma norma de decisão. Interpretar/aplicar é dar concreção [= concretizar] ao direito. Neste sentido, a interpretação/aplicação opera a inserção do direito na realidade; opera a mediação entre o caráter geral do texto normativo e sua aplicação particular; em outros termos, ainda: opera a sua inserção na vida. A interpretação/aplicação vai do universal ao particular, do transcendente ao contingente; opera a inserção das leis [= do direito] no mundo do ser [= mundo da vida]. Como ela se dá no quadro de uma situação determinada, expõe o enunciado semântico do texto no contexto histórico presente, não no contexto da redação do texto. Interpretar o direito é caminhar de um ponto a outro, do universal ao particular, conferindo a carga de contingencialidade que faltava para tornar plenamente contingencial o particular.

Tudo isso, insisto, está demonstrado no ensaio e discurso ao qual remeto o leitor.

Não obstante, algumas breves notas sobre a interpretação/aplicação da Constituição podem e devem ser ainda alinhadas.

66. O que peculiariza a interpretação da Constituição, de modo mais marcado, é o fato de ser ela o *estatuto jurídico do político,*[11] o que prontamente nos remete à ponderação de "valores políticos". Como, no entanto, esses "valores" penetram o nível do jurídico, na Constituição, quando contemplados em princípios — seja em *princípios explícitos,* seja em *princípios implícitos* — desde logo se antevê a necessidade de os tomarmos, tais princípios,

11. José Joaquim Gomes Canotilho, *Direito Constitucional,* 4ª ed., cit., p. 146. Vide Jerzy Wróblewski, ob. cit., pp. 112-113.

como conformadores da interpretação das regras constitucionais.[12]

Em segundo lugar, também a peculiariza a circunstância de as regras constitucionais — as *regras*, enfatizo, não as *normas*, mesmo porque os *princípios* consubstanciam *normas* — serem menos densas do que as regras infraconstitucionais. Vale dizer: apresentam uma maior *abertura* em seu arco de generalidade, o que valoriza a realização de sua função de *determinante heteronomia* daquelas, em clima que permite além de sua concretização, a atualização da própria Constituição.

Em sentido paralelo, José Joaquim Gomes Canotilho (*Direito Constitucional*, 4ª ed., p. 147). Canotilho, contudo, saca dessa *abertura* o reconhecimento, em favor das entidades aplicadoras, de um "espaço de conformação" ("liberdade de conformação", "discricionariedade") mais ou menos amplo no exercício da operação de concretização das normas constitucionais, sujeitando-a apenas a *determinantes autônomas* introduzidas por elas próprias.

A respeito das noções de *concretização* e de *atualização* constitucional, vide José Joaquim Gomes Canotilho, *Constituição dirigente e vinculação do legislador*, cit., pp. 318 e ss. Quanto ao *atualismo* da Constituição, em oposição ao seu *historicismo*, o mesmo Canotilho, *Direito Constitucional*, 4ª ed., cit., p. 149. É neste último sentido que o vocábulo *atualização* é aqui usado. Diz Canotilho: "Entre um 'objectivismo histórico' conducente à rigidificação absoluta do texto constitucional, e um 'objectivismo actualista' extremo, legitimador de uma 'estratégia política' de subversão ou transformação constitucional, a interpretação constitucional deve permitir a renovação (= *atualização, evolução*) do 'programa constitucional', mas sem ultrapassar os limites de uma tarefa interpretativa (isto implica: proibição de rupturas, de mutações constitucionais silenciosas e de revisões apócrifas)".

67. Tanto mais complexa, quão grave, se afigura a interpretação da Constituição quanto se observe que, como averba Paulo Bonavides,[13] nessa matéria é mui difícil, se não impossível, estabelecer critérios absolutos de interpretação.

12. Todos os princípios inseridos no nível constitucional. Note-se que Paulo Bonavides (*Curso de Direito Constitucional*, 14ª ed., p. 461) observa mesmo que "a norma constitucional é de natureza *política*". V. item 35.

13. Ob. cit., p. 461.

José Joaquim Gomes Canotilho (*Direito Constitucional*, 4ª ed., cit., pp. 149-152) elenca cinco diversos métodos de interpretação em Direito Constitucional: (a) o método jurídico (= método hermenêutico clássico), (b) o método tópico-problemático, (c) o método hermenêutico-concretizador, (d) o método científico-espiritual (= método valorativo, sociológico) e (e) a metódica jurídica normativo-estruturante. A respeito desta última, anota Canotilho (p. 152) que os seus postulados básicos são os seguintes: "(a) a metódica jurídica tem como tarefa investigar as *várias funções de realização do direito constitucional* (legislação, administração, jurisdição) e para captar a transformação das normas a concretizar numa 'decisão prática' (a metódica pretende-se ligada à resolução de problemas práticos) a metódica deve preocupar-se com a *estrutura* da norma e do texto normativo, com o sentido de normatividade e de processo de concretização, com a conexão da concretização normativa e com as funções jurídico-práticas; elemento decisivo para a compreensão da estrutura normativa é uma *teoria hermenêutica da norma jurídica* que arranca da não identidade entre *norma* e *texto normativo*; o *texto* de um preceito jurídico positivo é apenas a parte descoberta do *iceberg* normativo (F. Muller), correspondendo em geral ao *programa normativo* (ordem ou comando jurídico na doutrina tradicional); mas a *norma* não compreende apenas o texto, antes abrange um 'domínio normativo', isto é, um 'pedaço de realidade social' que o programa normativo só parcialmente contempla; conseqüentemente, a *concretização normativa* deve considerar e trabalhar com dois tipos de elementos de concretização: com os elementos resultantes da interpretação do texto da norma (= elemento literal da doutrina clássica); outro, o elemento de concretização resultante da investigação do referente normativo (domínio ou região normativa)".

O que se passa, em verdade, é que a interpretação constitucional impõe ao intérprete a utilização de múltiplos métodos, se bem que primordialmente informados — e conformados — por uma linha de atuação que menos reflete uma opção preferencial por qualquer deles do que adesão a determinada postura ideológica.

68. Ainda que a reflexão hermenêutica repudie a metodologia tradicional da interpretação e coloque sob acesas críticas a sistemática escolástica dos métodos, incapaz de responder à questão de se saber porque um determinado método deve ser, em determinado caso, escolhido,[14] ainda que seja assim desejo neste passo

14. Inexistindo regras que ordenem, hierarquicamente, o uso dos cânones hermenêuticos, eles acabam por funcionar como justificativas a legitimar os

afirmar que o modelo que adoto, para subsidiar a interpretação da ordem econômica na Constituição de 1988, é fundamentalmente informado — e conformado — pela ponderação dos princípios jurídicos explicitados e implícitos no texto constitucional.

De uma parte, encartado no bojo da genericamente chamada *interpretação lógico-sistemática* — a norma concebida como parte de um sistema — em um dos seus ângulos guarda afinidade com a postura assumida por José Joaquim Gomes Canotilho[15] ao enunciar as regras básicas de concretização das normas constitucionais, valendo-se, para tanto, de algumas das premissas teoréticas e metodológicas da metódica jurídica estruturante normativa.[16]

> A opção por uma *interpretação principiológica*, mais a premissa de que a Constituição deva ser sempre interpretada como um todo, não conduzem, entretanto, a uma adesão nem ao método científico-espiritual (= método valorativo, sociológico), nem a uma *jurisprudência de valores.*

69. Essa opção privilegia pautas que explorei de modo mais completo em meu *Ensaio e discurso sobre a interpretação/aplicação de direito*.

Aqui devo salientar, contudo, inicialmente, que, assim como jamais se interpreta *um texto normativo*, mas sim *o direito*, não se interpretam textos normativos constitucionais, isoladamente, mas sim a Constituição, no seu todo.

Não se interpreta a Constituição em tiras, aos pedaços.

A interpretação de qualquer norma da Constituição impõe ao intérprete, sempre, em qualquer circunstância, o caminhar pelo percurso que se projeta a partir dela — da norma — até a Constituição.

70. Uma segunda pauta decorre da importância das normas-objetivo, que surgem definidamente a partir do momento em que os textos normativos passam a ser dinamizados como instrumen-

resultados que o intérprete se predeterminara a alcançar — o intérprete faz uso deste ou daquele se e quando lhe aprouver, para justificá-los.

15. *Direito Constitucional*, 4ª ed., p. 152, nota 7 e pp. 153 e ss.

16. V. item 73.

tos de governo. O direito passa a ser operacionalizado tendo em vista a implementação de políticas públicas, políticas referidas a fins múltiplos e específicos. Pois a definição dos fins dessas políticas é enunciada precisamente em textos normativos que consubstanciam normas-objetivo e que, mercê disso, passam a determinar os processos de interpretação do direito, reduzindo a amplitude da moldura do texto e dos fatos, de modo que nela não cabem soluções que não sejam adequadas, absolutamente, a tais normas-objetivo.

A contemplação, no sistema jurídico, de normas-objetivo, importa a introdução, na sua "positividade", de fins aos quais ele, o sistema, está voltado. A pesquisa dos fins da norma, desenrolada no contexto funcional, torna-se mais objetiva; a metodologia teleológica repousa em terreno firme.

A propósito, observa Luis Cabral de Moncada (ob. cit., pp. 66-67): "(...) a consagração constitucional de um conjunto de objectivos de política económica tende a transformar numa questão de interpretação e de aplicação do direito tudo aquilo cuja concretização deveria ficar ao livre jogo das forças político-económicas. Atribui caracter jurídico ao âmbito da pura luta política, ao mesmo tempo que coloca nas mãos dos tribunais de fiscalização da constitucionalidade das normas a tarefa espinhosa do controle de disposições de conteúdo eminentemente político". Em seguida, porém, o autor prossegue: "A consagração de disposições de alcance programático ou directivo é, contudo, uma consequência directa da constitucionalização de uma escala de valores cuja realização se entende ser natural no modelo do Estado de Direito Social dos nossos dias".

71. A terceira pauta do modelo destaca a importância dos princípios.

É que cada direito não é mero agregado de normas, porém um conjunto dotado de unidade e coerência — unidade e coerência que repousam precisamente sobre os seus (dele = de um determinado direito) princípios. Daí a ênfase que imprimi à afirmação de que são normas jurídicas os princípios, elementos internos ao sistema; isto é, estão nele integrados e inseridos.

Por isso a interpretação da Constituição é dominada pela força dos princípios.

Complexidade e gravidade da interpretação constitucional, no entanto, maiores se tornam em razão da circunstância de, além de os princípios serem tomados como critério dominante para ela — a interpretação —, comporem-se também como objeto da interpretação.

72. Além disso, desejo também lembrar que o direito, como observou von Ihering,[17] existe em função da sociedade e não a sociedade em função dele. Ademais, como tenho reiteradamente afirmado,[18] e penso ter demonstrado, especialmente nos dois primeiros capítulos deste ensaio, é, o direito, um nível da realidade social.

Mais não é preciso considerar para que se comprove a insuficiência da ideologia estática da interpretação jurídica[19] e do pensamento voltado à "vontade do legislador". A realidade social é o presente; o presente é vida — e vida é movimento.

Nem a "vontade do legislador", nem o "espírito da lei" vinculam o intérprete.

A aplicação do direito — e este ato supõe interpretação — não é mera dedução dele, mas, sim, processo de contínua adaptação de suas normas à realidade e seus conflitos. Da mesma forma, a ordem jurídica, no seu evolver em coerência com as necessidades reais, embora haja de respeitar a Constituição, não se resume a uma mera dedução dela.

A Constituição é um dinamismo.

É do presente, na vida real, que se tomam as forças que conferem vida ao direito — e à Constituição. Assim, o significado válido dos princípios é variável no tempo e no espaço, histórica e culturalmente.

73. Por fim, uma observação sobre a *ideologia constitucional*.

O direito — e, muito especialmente, a Constituição — é não apenas ideologia, mas também nível no qual se opera a cristali-

17. Ob. cit., p. 424.

18. Veja-se o primeiro capítulo deste livro e meu *O direito posto e o direito pressuposto*.

19. V. meu *Ensaio e discurso sobre a interpretação/aplicação do direito*, item 34.

zação de mensagens ideológicas.[20] Por isso as soluções de que cogitamos somente poderão ser tidas como corretas quando e se adequadas e coerentes com a ideologia constitucionalmente adotada.

A alusão a uma *ideologia adotada na ordem jurídica* é encontrada no conceito de Direito Econômico formulado por Washington Peluso Albino de Souza.[21] Cuida-se, então, de ideologia que se expressa nos "princípios adotados na *ordem jurídica*, significando que esta é a que se comprometerá com o aspecto político, quando tomada enquanto Direito Positivo".[22]

Ideologia, aí, tem o sentido de "conjunto harmônico de princípios que vão inspirar a própria organização da vida social, segundo o regime que irá regê-la" (Washington Peluso Albino de Souza, *Direito Econômico*, cit., p. 32). O direito positivo está condicionado à *ideologia constitucionalmente adotada*, que, em se tratando de Direito Econômico, Washington refere nos "princípios fundamentais e norteadores da vida econômica, que nas Constituições modernas já vêm tratadas em *Título* ou *Capítulo* especial, geralmente designados por *Da Ordem Econômica* e chamados, por muitos, de *Constituição Econômica*" (ob. cit., p. 33). A constante preocupação do Professor Washington Peluso Albino de Souza com o tema está presente desde o seu *Do econômico nas Constituições vigentes*, 2 vs., edição da Revista Brasileira de Estudos Políticos, Minas Gerais, 1961, até trabalhos mais recentes, entre os quais "O discurso 'intervencionista' nas Constituições brasileiras", in *Caderno de Direito Econômico* 1, Resenha Tributária, São Paulo, 1983, pp. 139 e ss.; "Poder Constituinte e Ordem Jurídico-Econômico", in *Revista da Faculdade de Direito da UFMG*, v. 30, ns. 28-29, Belo Horizonte, 1985-1986, pp. 51 e ss.; e "A experiência brasileira de Constituição Econômica", in *Revista de Informação Legislativa* 102, abril/junho de 1989, Senado Federal, Brasília, pp. 26 e ss.

Esta ideologia, perfeitamente determinável e definível no bojo do discurso constitucional, vincula o intérprete, de sorte, precisamente, a repudiar a postura, aludida por Canotilho,[23] assumida por quantos optam por concepções ideológicas dela diferen-

20. V. meu *O direito posto e o direito pressuposto*.
21. Washington Peluso Albino de Souza, *Direito Econômico*, cit., p. 3.
22. Washington Peluso Albino de Souza, ob. cit., p. 33.
23. *Direito Constitucional*, 3ª ed., cit., p. 224.

tes, e a ensejar o exercício, pelo mesmo Canotilho referido, de um *prudente positivismo*, indispensável à manutenção da obrigatoriedade normativa do texto constitucional.

Quanto ao tema da interpretação e regime político, remeto o leitor ao exposto no item 74 do meu *Ensaio e discurso sobre a interpretação/aplicação do direito*.

Capítulo 5

INTERPRETAÇÃO E CRÍTICA DA ORDEM ECONÔMICA NA CONSTITUIÇÃO DE 1988

74. Introdução. 75. A ordem econômica na Constituição de 1988. 76. (segue). 77. A reforma constitucional. 78. (segue). 79. Dúvidas como ponto de partida da interpretação da ordem econômica na Constituição de 1988. 80. (segue). 81. (segue). 82. As questões propostas. 83. Duas premissas. 84. Os princípios da ordem econômica na Constituição de 1988. 85. A dignidade da pessoa humana. 86. O valor social do trabalho. 87. O valor social da livre iniciativa, a livre iniciativa e a livre concorrência. 88. A livre iniciativa. 89. (segue). 90. (segue). 91. A livre concorrência. 92. A Lei n. 8.884/94: repressão às infrações contra a ordem econômica. 93. Ainda o valor social da livre iniciativa, a livre iniciativa e a livre concorrência. 94. A construção de uma sociedade livre, justa e solidária. 95. A garantia do desenvolvimento nacional. 96. A erradicação da pobreza e da marginalização e a redução das desigualdades sociais e regionais; a redução das desigualdades regionais e sociais. 97. A liberdade de associação profissional ou sindical. 98. A garantia do direito de greve. 99. Os ditames da justiça social. 100. A soberania nacional. 101. A propriedade e a função social da propriedade. 102. Função social e função individual da propriedade. 103. As propriedades. 104. Função social ativa e poder de polícia. 105. Ainda a propriedade e a função social da propriedade. 106. A defesa do consumidor. 107. A defesa do meio ambiente. 108. A busca do pleno emprego. 109. O tratamento favorecido para as empresas de pequeno porte. 110. A integração do mercado interno ao patrimônio nacional. 111. Princípios gerais. 112. A ordenação normativa através do Direito Econômico. 113. Contraponto. 114. Atividades estratégicas para a defesa nacional ou imprescindíveis ao desenvolvimento do País. 115. (segue). 116. Preferência na aquisição de bens e serviços pelo Poder Público. 117. A constitucionalidade da concessão de proteção e benefícios às "empresas brasileiras de capital nacional". 118. Investimentos de capital estrangeiro. 119. A exploração direta da atividade econômica pelo Estado. 120. O art. 37, XIX e XX. 121. Imperativos de segurança nacional e relevante interesse coletivo. 122. Regime de monopólio e regime de participação. 123. O sentido do art. 173. 124. A privatização das empresas estatais. 125. A Emenda Constitucional n. 5/95. 126. A Emenda Constitucional n. 8. 127. A Emenda Constitucional n. 9. 128 A Emenda Constitucional n. 13. 129. Atuação do Estado como agente normativo e regulador da atividade econômica. 130. O planejamento. 131. Sistema econômico na ordem econômica da Constituição de 1988. 132. Modelo econômico na ordem econômica da Constituição de 1988. 133. (segue). 134. Contraponto. 135. A aplicação do direito. 136. (segue). 137. Eficácia jurídica e eficácia social. 138. Efetividade

74. A exposição até este ponto produzida permite o desenvolvimento da interpretação e da crítica da ordem econômica na Constituição de 1988.

Não seria fluente, no entanto, a exploração dessas duas linhas de indagação — nem ao menos possível, em rigor, tal como as exploro — sem que prévia atenção tivesse sido dedicada aos temas anteriormente feridos. A interpretação e a crítica que passo a encetar estão estruturadas, como necessariamente haveriam de estar, sobre fundamentos cuja correção — trata-se não de fundamentos *verdadeiros*, porém *corretos* — e solidez terão sido demonstradas. Por isso mesmo é que o ensaio constitui um todo, de tal modo resultando integradas entre si as suas partes (ou seus capítulos) que a conclusão ao seu final enunciada não encontraria estáveis pilares de sustentação, equilibrada, se qualquer delas viesse a ser amputada ou seccionada.

Daí porque o ensaio não compreende uma parte introdutória, à qual siga exposição que dela se possa qualitativamente distinguir. O ensaio é um todo — repito — e todos os seus capítulos, ainda que dispostos em seqüência que eventualmente pudesse ser reenunciada, convergem para a sustentação das afirmações que adiante, em sua conclusão, serão alinhadas.

Insisto também em que não pretendo tecer comentários a respeito das regras que compõem a ordem econômica na Constituição de 1988, embora deva, aqui ou ali, tomar como objeto específico de consideração algumas delas. Interpretação e crítica *da ordem econômica na Constituição de 1988* conduzirão, como se verá, a sucintas afirmações, as quais, não obstante, hão de consubstanciar adequado subsídio a informar a interpretação e a crítica *das normas da ordem econômica na Constituição de 1988*.

75. Penso ter suficientemente demonstrado, nos itens 31 e 32, não apenas a inutilidade do(s) conceito(s) de *ordem econômica*, mas também a perniciosidade do uso da expressão "ordem econômica" no plano da metalinguagem que é a linguagem do direito.

Ainda que seja assim, o uso da expressão é reiterado (isso devendo ser creditado a um misoneísmo) e de tal sorte que, embora bem preciso o objeto de minha consideração neste ensaio, dela também lanço mão. Faço-o, contudo, sob as ressalvas apontadas anteriormente.

Por isso mesmo é que de imediato se impõe explicitarmos quais as matérias que se devem ter como reunidas — como as tenho reunidas — sob a alusão a uma *ordem econômica (constitucional) material*. No caso, sob a alusão à ordem econômica na Constituição de 1988.

Que a nossa Constituição de 1988 é uma *Constituição dirigente*,[1] isso é inquestionável. O conjunto de diretrizes, programas e fins que enuncia,[2] a serem pelo Estado e pela sociedade realizados, a ela confere o caráter de *plano global normativo*, do Estado e da sociedade. O seu art. 170 prospera, evidenciadamente, no sentido de implantar uma *nova* ordem econômica.

Veja-se, da jurisprudênciado STF, as ADIs 1.950 e 3.512.

Relembre-se, ademais que, como anteriormente observei,[3] a Constituição de 1988 contempla inúmeras disposições que, embora não se encontrem englobadas no chamado Título da Ordem Econômica (e Financeira) — Título VII — operam a institucionalização da ordem econômica (mundo do ser).

Há que determinar, pois, o critério a adotar para o fim de que se tenham reunidas — ou, melhor ainda, *unidas* — as matérias da ordem econômica à qual aludimos.

1. V. item 27.
2. *V.g.*, arts. 1º, 3º, 4º e 170.
3. V. item 31.

76. Valho-me da propriedade e da empresa como critérios determinantes dessa reunião de matérias.

As virtudes da adoção desses critérios, se concebida a ordem econômica (mundo do dever ser) como conjunto de preceitos que institui determinada ordem econômica (mundo do ser), são evidentes.

Não obstante, algumas anotações devem ser alinhadas.

Em primeiro lugar, é certo que pode ser tomado o tratamento conferido à propriedade — e, de fato, é —, se bem que associado à consideração da forma de repartição do produto econômico, como determinante da compostura das instituições jurídicas e sociais de conformidade com as quais se realiza o modo de produção.

V., no item 29, alusão à noção de sistema econômico. Observe-se, de toda sorte, a ênfase posta por Avelãs Nunes na afirmação de que a posição relativa dos homens em face dos meios de produção é que, em última instância, distingue os sistemas econômicos. Talvez devêssemos dizer algo análogo, embora diverso: a essência do capitalismo não se encontra contida na consagração da propriedade privada dos bens de produção, porém na posição ocupada pelo indivíduo diante da produção social, mercê da qual o acesso a ela se dá através do intercâmbio (não, pois, em razão do caráter coletivo da produção). V. José Afonso da Silva, *Curso de Direito Constitucional Positivo*, 23ª ed., cit., p. 765.

Aqui, contudo, é necessário pontualizarmos a circunstância de reiteradamente repetirmos, equivocadamente, serem propriedade *e contrato* as instituições fundamentais do modo de produção capitalista, no sentido imediatamente acima indicado. Isso, porém, não é correto, visto que não estão ambas dispostas em situação simétrica,[4] isto é, no mesmo plano. A liberdade de contratar é corolário da propriedade privada dos bens de produção, viabilizando a realização das virtualidades desta última. Essa viabilização, porém, é função do *regime* adotado em relação aos contratos, entendido como regime a forma como os poderes econômicos se relacionam com a realidade econômica.[5] Daí porque

4. Meu *Elementos de Direito Econômico*, cit., p. 76.
5. V. item 29.

não é adversa ao modo de produção socialista a liberdade contratual, assim como não compromete o modo de produção capitalista, antes o renovando, o chamado *dirigismo contratual*.

Em segundo lugar, importa salientar que me refiro à empresa, aqui, como expressão dos bens de produção em dinamismo, em torno da qual se instala o relacionamento capital x trabalho e a partir da qual se desenrolam os processos econômicos privados.

Propriedade e empresa — inclusive a empresa agrícola —, assim, são dotadas da força atrativa que conduz à reunião, sob a alusão à ordem econômica, de preceitos que, na Constituição de 1988, encontram-se localizados em Títulos outros que não o da Ordem Econômica (e Financeira).

Ao bojo da ordem econômica, tal como a considero, além dos que já no seu Título VII se encontram, são transportados, *fundamentalmente*, os preceitos inscritos nos seus arts. 1º, 3º, 7º a 11, 201, 202 e 218 e 219.[6] Isso, ademais de outros que a ela aderem mercê de a afetarem de modo específico, entre os quais, *v.g.*, os do art. 5º, LXXI, do art. 24, I, do art. 37, XIX e XX, do § 2º do art. 103, do art. 149, do art. 225.[7]

77. A "reforma constitucional" operada a partir de 1994, inicialmente como "revisão", não comprometeu as linhas básicas da *ordem econômica na Constituição* de 1988.

Não obstante, o discurso desenvolvido em torno da necessidade de revisão do texto constitucional, cuja realização cinco anos após a sua promulgação era prevista no art. 3º do Ato das suas Disposições Constitucionais Transitórias, era enfaticamente pronunciado. Afirmava-se que a Constituição inviabilizava a estabilidade e o crescimento econômico e, ademais, tornava o país ingovernável. Esse discurso passou a ser repetido, por todos, sem que praticamente ninguém se abalasse em indagar *por que, como, onde* e *quando* a Constituição seria perniciosa, comprometendo os interesses da sociedade brasileira. A unanimidade nacional de-

6. Resulta superada, destarte, a injustificada alusão, do texto constitucional, a uma ordem econômica e a uma ordem social. V. itens 21 e 31.

7. V. nota 99, abaixo.

dicava-se a criticar o texto constitucional inconseqüentemente, sem nem ao menos explicitar as razões de seu inconformismo em relação a ele. Estranhamente, após alcançados os específicos resultados visados pelo capital internacional, ao serviço de quem se colocou o Poder Executivo, a Constituição passou a ser palatável. O Poder Executivo, agora, preocupa-se quase que exclusivamente com a reforma da previdência e com a reforma administrativa.

A *revisão constitucional* prevista no art. 3º do Ato das Disposições Constitucionais Transitórias não conduziu, como pretendido, a alterações nas matérias atinentes à *ordem econômica*. Somente seis *emendas de revisão* foram promulgadas, entre 1º de março e 7 de junho de 1994.

A Emenda Constitucional de Revisão n. 1 instituiu o Fundo Social de Emergência. A de número 2 alterou a redação do art. 50 e de seu § 2º do texto, referindo-se a Comissões Parlamentares de Inquérito. A de número 3 tratou da nacionalidade das pessoas naturais. A de número 4 tratou de matéria de inelegibilidade. A de número 5 reduziu o mandato do Presidente da República de cinco para quatro anos. A de número 6 respeita à perda de mandato de deputado ou senador. Nada, como se vê, que de leve pudesse dizer respeito à viabilização da estabilidade e do crescimento econômico do país ou a sua governabilidade.

Até 1994 havia já sido quatro vezes alterado o texto constitucional, quanto às seguintes matérias: remuneração de deputados estaduais e vereadores (Emenda Constitucional n. 1, de 31.3.92); plebiscito de que tratou o art. 2º do Ato das Disposições Constitucionais Transitórias (Emenda Constitucional n. 2, de 25.8.92); aposentadorias e pensões dos servidores públicos, ação direta de inconstitucionalidade e tributação (Emenda Constitucional n. 3, de 17.3.93); matéria eleitoral (Emenda Constitucional n. 4, de 14.9.93).

78. Desde que tomou posse como Presidente da República, o Professor Fernando Henrique passou a patrocinar a reforma da Constituição, pretendendo obter o que já havia sido anteriormente objetivado pelo Presidente Fernando Collor de Mello. As propostas de alteração constitucional de um e outro são muito semelhantes.

Ainda que não tenham comprometido as linhas básicas da ordem econômica originariamente contemplada na Constituição de 1988, as emendas constitucionais promulgadas a partir de agosto de 1995 cedem ao assim chamado neoliberalismo, assinalando o desígnio de abertura da economia brasileira ao mercado e ao capitalismo internacional.

A Emenda Constitucional n. 5, de 15.8.95, alterou a redação do § 2º do art. 25 da Constituição, admitindo a concessão dos serviços locais de gás canalizado a empresa privada [cuja prestação anteriormente cabia unicamente a empresa estatal] e substituindo a expressão *com exclusividade de distribuição* por *na forma da lei*. Outrossim, a nova redação vedou a edição de *medida provisória* para regulamentar a matéria.

A alusão, aqui, a *medida provisória*, é expressiva da irracionalidade que caracterizou a "reforma" ou "revisão" constitucional; o "legislador constituinte", por conta de sua carência de conhecimentos de direito, imaginou pudessem existir *medidas provisórias estaduais*; ou, simplesmente, não entendeu o enunciado semântico do texto emendado...

A Emenda Constitucional n. 6, de 15.8.95, conferiu novas redações ao inciso IX do art. 170 e ao § 1º do art. 176 da Constituição, incluiu um art. 246 no texto constitucional e revogou o seu art. 171.

Daquelas novas redações e da revogação do art. 171 e seus parágrafos, tratarei mais adiante, nos itens 109 e 114. O art. 246 *vedou a adoção de medida provisória na regulamentação de artigo da Constituição cuja redação tenha sido alterada por meio de emenda promulgada a partir de 1995.*

A Emenda Constitucional n. 7, de 15.8.95, conferiu nova redação ao art. 178 e seu parágrafo único e, novamente, repetitivamente, incluiu um art. 246 no texto constitucional, exatamente com a mesma redação do que lá fora incluído pela Emenda Constitucional n. 6! Da primeira matéria tratarei mais adiante.

A Emenda Constitucional n. 8, de 15.8.95, conferiu novas redações ao inciso XI e à alínea "a" do inciso XII do art. 21 da Constituição, das quais adiante tratarei. Além disso, e de modo bizarro, *veda a "adoção de medida provisória para regulamentar o disposto no inciso XI do art. 21 com a redação dada por esta emenda constitucional"*.

Note-se que essa Emenda Constitucional é posterior àquelas — ns. 6 e 7 — que incluem na Constituição o preceito que *veda a adoção de medida provisória na regulamentação de artigo da Constituição cuja redação tenha sido alterada por meio de emenda promulgada a partir de 1995* (art. 246).

A Emenda Constitucional n. 9, de 9.11.95, conferiu nova redação ao § 1º do art. 177 e acrescentou um § 2º a este mesmo art. 177 da Constituição, além de ter vedado *"a edição de medida provisória para a regulamentação da matéria prevista nos incisos I a IV e dos §§ 1º e 2º do art. 177 da Constituição Federal"*! Aí a perda, pela Petrobrás, de exclusividade no exercício do monopólio estatal do petróleo, matéria a respeito da qual também adiante tratarei.

A Emenda Constitucional n. 10, de 4.3.96, respeita ao Fundo Social de Emergência e a Emenda Constitucional n. 11, de 30.4.96, acrescenta dois parágrafos ao art. 207 da Constituição, para facultar às universidades e às instituições de pesquisa científica e tecnológica a admissão de professores, técnicos e cientistas estrangeiros, na forma da lei.

A Emenda Constitucional n. 12, de 16.8.96, outorga competência, à União, para instituir contribuição provisória sobre movimentação ou transmissão de valores e de créditos e direitos de natureza financeira.

A Emenda Constitucional n. 13, de 22.8.96, alterou a redação do inciso II do art. 192 da Constituição, a respeito da qual adiante tratarei.

A seguir, as Emendas Constitucionais ns. 14 e 15 tratam de matéria de educação e da criação e incorporação de Municípios.

79. O que justificaria o desenvolvimento de um ensaio voltado à interpretação da ordem econômica na Constituição de 1988? Insisto em que não cogito, nesta oportunidade, da interpretação dos enunciados normativos, um após outro, dessa ordem econômica.

Este, o nosso ponto de partida. Se bem que não tenha pretendido, no capítulo anterior, propor um modelo de interpretação operativa, é desse tipo a interpretação, do todo que compõe a ordem econômica — e a ela me refiro, aqui, como mundo do *dever ser* — que irei empreender. Para tanto, a primeira aproximação que me incumbe, é a referente à enunciação das dúvidas que dão lugar à interpretação.[8]

Essas dúvidas se instalam em razão da disparidade de entendimentos que têm sido manifestados a propósito do sentido assumido por essa ordem constitucional. Não será necessário um balanço completo de tudo quanto a esse respeito foi dito a fim de que possamos ter alinhado um quadro significativo do quanto de oposição e divergência aparta, entre si, tais entendimentos.

Lanço mão, no levantamento de posições a seguir enunciado, do que se pode qualificar como expressão do pensamento da doutrina mais respeitável e consistente, valendo-me, para tanto, inclusive de manifestações emitidas ainda anteriormente à promulgação do texto constitucional, como é o caso do artigo de Manoel Gonçalves Ferreira Filho.[9] Como esse levantamento não é exaustivo, certamente algumas expressões dessa doutrina deixaram de ser analisadas.

Tomo sob ponderação, assim, as exposições de Geraldo Vidigal, Miguel Reale, Manoel Gonçalves Ferreira Filho, Raul Machado Horta, José Afonso da Silva, Washington Peluso Albino de Souza e Tércio Sampaio Ferraz Júnior, como segue.

Geraldo Vidigal ("A Ordem Econômica", in *A Constituição brasileira — 1988 — Interpretações*, Forense Universitária, Rio de Janeiro, 1988, pp. 373 e ss.), enfatizando as afirmações da Constituição em favor da liberdade e da propriedade privada, bem assim do direito de herança, salienta — embora lastimando que no Título da Ordem Econômica "não se encontra dispositivo expresso algum que assegure o funcionamento do mercado, ou que esclareça ser o regime de mercado o que se adota na Constituição" (p. 379) — a "clara afirmação da opção

8. V. item 65.

9. As exposições de Geraldo Vidigal e Raul Machado Horta correspondem a transcrições de conferências proferidas em setembro de 1988, época na qual o texto constitucional já assumira sua forma final.

constitucional por um regime de *mercado organizado*" (pp. 382-383 — grifei). O que significa "mercado organizado"? É o mesmo autor quem o diz (*Teoria Geral do Direito Econômico*, cit., p. 47): "Atribuo à expressão *organização dos mercados* significação mais ampla do que é corrente. Denomino *Direito da Organização dos Mercados* a disciplina jurídica corretora do conjunto das distorções características das soluções de liberdade de mercado, abrangendo não apenas as distorções que afetam a competição, como as que induzem repartição desigual e as que alimentam flutuação em direção à crise". Este *Direito da Organização dos Mercados*, assim, consubstancia a "*disciplina dos agentes privados, no exercício de atividades privadas, inspirada no interesse coletivo*" (*Teoria*, p. 40). Importa verificar, destarte, sob quais parâmetros pode (deve) atuar o Estado, no exercício desta função, de organização dos mercados (v. *Teoria*, p. 45), na opinião de Geraldo Vidigal. São inúmeras, no texto inicialmente considerado (*A Ordem Econômica*), as alusões ao tema. Assim, refere os "excessos" e a "arrogância do Estado na condução da economia" na vigência da Constituição de 1967 e da Emenda Constitucional n. 1/69 (p. 375); observa que "o Estado ainda não se apercebeu de que precisa ser modesto e moderado, em sua presença econômica, porque está sujeito a erros tanto quanto os indivíduos" (p. 378); salienta ser necessário que o Estado "exerça sua presença com extrema modéstia e moderação sem perturbar a liberdade de iniciativa e sem tumultuar a economia" (p. 381); considera que "somente para fiscalizar, no exercício do poder de política (*sic*; há de ser "poder de polícia"), para exercer incentivo — a mais modesta forma das presenças do Estado na economia — e para planejamento, só para estes fins poderá o Estado estar presente na economia" (p. 381); e conclui, referindo-se ainda ao Projeto que resultou convertido na Constituição de 1988: "no conjunto das posições que regulam o poder de intervenção do Estado, evidencia-se a repulsa à posição estadista da Constituição de 1967/69, delimitando-se nitidamente, e de maneira muito mais severa, a presença do Estado na economia" (p. 383); e mais: "peculiariza-se o novo texto constitucional pelo conjunto das normas que, reduzindo os excessivos poderes que se havia conferido ao Estado, amplia, mais do que proporcionalmente, faculdades dos que exercem trabalho e fortalecem seu poder compensatório" (p. 383). Disso tudo se verifica que Geraldo Vidigal não visualiza, na Constituição de 1988, um plano global normativo, do Estado e da sociedade; o Estado é concebido como entidade à qual se deve impor modéstia e moderação, a fim de que sejam reduzidos os efeitos, nefastos, de sua atuação em relação ao processo econômico. Assim, a opção constitucional por um regime de *mercado organizado* importará, segundo a interpretação que Geraldo Vidigal confere à ordem econômica na Constituição de 1988, em que o Estado atue para prover essa organização; por outro lado, a ordem econômica na Constituição é mais liberal — mais liberal mesmo, talvez, do que neoliberal — do que as ordens econômicas consagradas na Constituição de 1967 e na Emenda Constitucional n. 1/69 (note-se que o autor confere ênfase pronunciada à consideração das afirmações, no texto constitucional, da liberdade, da propriedade e do direito de herança). O caráter liberal da *nova* ordem econômica — assim a refere Geraldo Vidigal — resulta evidenciadamente por ele concebido em especial quando se observe que a aludida *organização dos mercados* é provida, no quadro do *Direito da Organização dos Mercados*, exclusivamente mercê da ampliação quantitativa das chamadas *normas de ordem pública*; como do Estado devem ser reduzidos os movimentos, a ordem econômica na Constituição de 1988 não daria guarida, senão excepcionalmente, à produção, por ele, de atos e normas de intervenção. E tal mesmo porque ao *Direito da Organização dos Mercados*, disciplinador de relações travadas *entre agentes privados* — não entre o Estado e agentes privados, note-se — bastam os preceitos da ordem pública clássica (v. item 16). Relembre-se que a *fiscalização*, que justificaria a presença do Estado na economia, é, para Geraldo Vidigal, mera expressão do exercício do poder de polícia. Ao regime de mercado organizado a que refere Geraldo Vidigal basta o intervencionismo neoliberal, que Farjat (ob. cit., pp. 401-402) aponta como muito próximo do liberalismo clássico e no âmbito do qual estamos ainda em presença de um Estado *gendarme*, que simplesmente estende suas funções à organização da economia, em razão do surgimento de poderes econômicos privados e da prática de abusos de poder.

Miguel Reale, cujo pensamento a propósito da matéria colho inicialmente em três artigos publicados pela imprensa ("Inconstitucionalidade de congelamentos", in *Folha de S. Paulo*, 19.10.88, p. A-3; "Constituição e economia", in *O Estado de S. Paulo*, 24.1.89, p. 3; "O Estado no Brasil", in *Folha de São Paulo*, 19.9.89, p. A-3), sustenta que "houve, por conseguinte, iniludível opção de nossos constituintes por dado tipo, o tipo liberal do processo econômico, o qual só admite a intervenção do Estado para coibir abusos e preservar a livre concorrência de quaisquer interferências, quer do próprio Estado, quer do embate econômico que pode levar à formação de monopólios e ao abuso do poder econômico visando ao aumento arbitrário dos lucros". ("Inconstitucionalidade de congelamentos"). Após ("Constituição e economia"), afirma: "À luz do que as suas disposições enunciam, estou convencido de que a Carta Magna, ora em vigor, optou por uma posição intermédia entre o liberalismo oitocentista, infenso a toda e qualquer intervenção do Estado, e o dirigismo estatal. Dir-se-ia — prossegue — que sua posição corresponde à do neoliberalismo ou social-liberalismo, o único, a meu ver, compatível com os problemas existenciais de nosso tempo". Enfatiza a consagração constitucional dos princípios da livre iniciativa e da livre concorrência e o caráter excepcional da exploração econômica pelo Estado, sob a exigência de prévia lei que a autorize, bem assim o texto do art. 174 como fundamentos do entendimento que esposa. Quanto ao art. 174, anota: "Em face de um texto tão claro, custame a crer que se possa pensar em dirigismo econômico, cuja característica principal é a natureza imperativa e não meramente indicativa do planejamento para os particulares, considerados individualmente ou consorciados em empresas". E conclui: "Praticam, pois, um grande erro (*inclusive do ponto de vista fático*) aqueles que não contribuem com uma interpretação objetiva e serena do texto constitucional, assumindo atitude hostil ou depreciativa perante o Estatuto de 1988, o qual, apesar das múltiplas contradições que o comprometem, abre clareiras à defesa tão necessária da livre iniciativa, o que quer dizer da economia de mercado" (grifei). Quanto à livre iniciativa e à livre concorrência, já afirmara no "Inconstitucionalidade de congelamentos": "Ora, livre iniciativa e livre concorrência são conceitos complementares, mas essencialmente distintos. A primeira não é senão a projeção da liberdade individual no plano da produção, circulação e distribuição das riquezas, assegurando não apenas a livre escolha das profissões e das atividades econômicas, mas também a autônoma eleição dos processos ou meios julgados mais adequados à consecução dos fins visados. Liberdade de fins e de meios informa o princípio de livre iniciativa, conferindo-lhe um valor primordial, como resulta da interpretação conjugada dos citados arts. 1º e 170. Já o conceito de livre concorrência tem caráter instrumental, significando o 'princípio econômico' segundo o qual a fixação dos preços das mercadorias e serviços não deve resultar de atos de autoridade, mas sim do livre jogo das forças em disputa de clientela na economia de mercado". Assim, depois de considerar também a referência do art. 170 à "defesa do consumidor" e o § 4º do art. 171, concluiu: "Da exegese conjugada desses dispositivos podemos inferir algumas conseqüências básicas, a saber: a) a livre concorrência deve ser a regra ou diretriz básica da ordem econômica; b) o Estado só deve intervir na vida econômica para evitar a eliminação da concorrência, reprimindo o abuso econômico que vise a obtenção de lucros ilícitos". Já porém o último texto de que cuido ("O Estado no Brasil"), após reconhecer a necessidade da interferência estatal na economia "não só por motivos de segurança nacional, mas também para amparar certas atividades essenciais ao país, muito embora desinteressantes em termos de investimentos privados, como, por exemplo, se dá com o nosso sistema rodoviário e ferroviário", alerta: "Se a Constituição de 1988, em seu art. 174, confere ao Estado funções de 'fiscalização, incentivo e planejamento, sendo este determinante para o setor público e indicativo para o setor privado', será fácil distorcer essas diretrizes, convertendo-se fiscalização em interferência sistemática; incentivo em favorecimento e planejamento indicativo em programa (*sic*) obliquamente compulsórios (...)" Além de ter manifestado seu entendimento a respeito do tema nesses três artigos, Miguel Reale emitiu parecer sobre a matéria, datado de 10 de maio de 1989, publicado no jornal *O Estado de S. Paulo* (4.6.89, p. 9). Nele, além de reproduzir afirmações que já constavam dos dois primeiros artigos aqui mencionados ("Inconstitucionalidade de congelamentos" e "Constituição e economia"), colhem-se as seguintes considerações. Quanto à *ação fiscalizadora* do Estado, a Constituição a admite apenas quando vise impedir o aumento arbitrário dos lucros e fixar e apurar as responsabilidades de empresas e empresários nos atos atentatórios contra a ordem econômico-financeira e a economia popular. De outra parte, reafirmando a prevalência dos princípios da livre iniciativa e da livre concorrência, anota: "Parece-me que, com o advento do novo Estatuto Político, a intervenção do Estado no domínio econômico somente pode ocorrer naquelas hipóteses que o legislador tiver o cuidado de especificar. É o que decorre principalmente do art. 174 da nova Constituição que fixa os limites de atuação do Estado na sua qualidade de *agente normativo*. Nesse sentido, como bem o salienta Miguel Reale Júnior — que foi assessor jurídico da Presidência da Assembléia Nacional Constituinte — há um fato que vale como *exegese histórica* da maior importância. Lembra ele, com efeito, que no substitutivo do Relator, encaminhado à Comissão de Sistematização, ao se definir, no art. 195 do Anteprojeto, a intervenção do Estado na economia, lhe haviam sido atribuídas 'funções de *controle*, fiscalização, incentivo e planejamento'. Pois bem, esse dispositivo, submetido ao plenário, sofreu alteração substancial, *com a supressão da função de controle*. Donde dever-se concluir que, seja do ponto de vista histórico, seja à luz da exegese sistemática, a intervenção no domínio econômico perdeu o caráter de generalidade — para adquirir função de excepcionalidade, *afastada a função de controle*".

Manoel Gonçalves Ferreira Filho ("O Estado onipresente", in *Folha de S. Paulo*, 10.12.87, p. A-3), se bem que se reportando ainda ao projeto de Constituição elaborado pela Comissão de Sistematização, aponta a consagração, nele, do que qualifica como "estatolatria". Limitando-me a considerar, aqui, observações que faz em relação a alguns preceitos que, nos trechos que analisa, foram ao texto constitucional incorporados sem que alteração nenhuma os colhesse, verifico que Manoel Gonçalves Ferreira Filho visualiza no art. 174 — o Estado "como agente normativo e regulador da atividade econômica" — a rejeição da economia de mercado. Ainda mais, neste mesmo art. 174, se substituirmos "determinante" por "imperativo" (o projeto empregava este último vocábulo) — embora o preceito afirme ser o planejamento *indicativo* para o setor privado — o autor vê a marginalização do setor privado: "Ora, planejamento imperativo, quer dizer, de metas obrigatórias, tanto quantitativa quanto qualitativa, significa na prática a mobilização compulsória de mão-de-obra, de matérias-primas, de divisas, o que é manifestamente incompatível com a sobrevivência de um setor privado, salvo se marginal". De outra parte, divisa no art. 173, na cláusula que, abrindo exceção a vedação da exploração direta da atividade econômica pelo Estado, refere "relevante interesse coletivo", o esvaziamento da vedação; assim, após referir o preceito do art. 177 do texto constitucional, conclui: "Diante disto, de que adianta o art. 199 (170, no texto final) afirmar a livre iniciativa como um dos fundamentos da ordem econômica, afirmar a livre concorrência como um de seus princípios basilares? 'Res non verba', já advertiam os romanos".

Raul Machado Horta ("A Ordem Econômica na nova Constituição: problemas e contradições", in *A Constituição brasileira — 1988 — Interpretações*, Forense Universitária, Rio de Janeiro, 1988, pp. 388 e ss.), observa que "o constituinte afastou-se do modelo plástico, que se formulou na Constituição da Espanha de 1978, e preferiu o modelo rígido e ortodoxo, *que conduz ao dirigismo econômico*" (p. 391 — grifei). Salienta que "o hibridismo do sistema econômico, que é visível na adoção de princípios privatísticos e publicísticos, acima identificados — inviolabilidade do direito de propriedade, princípio da propriedade privada, livre iniciativa, livre concorrência, livre exercício de qualquer atividade econômica, função social da propriedade e desapropriação da propriedade por interesse social — recebe rupturas, em outras disposições da Ordem Econômica e Financeira, que afetam o equilíbrio do sistema, para torná-lo instrumento do intervencionismo, do dirigismo, do nacionalismo e da estatização". Anota que "a linguagem elástica e ambígua — 'planejamento do desenvolvimento nacional equilibrado' —, sujeita à interpretação dilatora da iniciativa presidencial e de maiorias no Congresso Nacional, poderá converter-se em 'cláusula transformadora' da Constituição, para instaurar o planejamento central da economia, sufocando a economia de mercado, a livre iniciativa e a livre concorrência" (p. 391). Considera que o evidente conteúdo elástico e dilatador do preceito contido no art. 173 do texto constitucional — "imperativos da segurança nacional ou a relevante interesse coletivo" sempre confiados aos critérios políticos da iniciativa presidencial e do legislador — poderá igualmente conferir à norma a força de 'cláusula transformadora' da Constituição, para tornar a 'exploração direta da atividade econômica pelo Estado' no instrumento da estatização" (pp. 391-392). Salienta ainda que "os capítulos da Política Urbana, da Política Agrícola, Fundiária e da Reforma Agrária estão igualmente impregnados de normas ambíguas e elásticas, sob a aparência da razoabilidade, mas que poderão conduzir a resultados extremos, na medida em que o legislador preferir explorar o conteúdo dilatador da norma constitucional federal autorizativa" (p. 392). Enfim, conclui: "A Ordem Econômica da Constituição está impregnada de princípios e soluções contraditórias. Ora inflete no rumo do capitalismo neoliberal, consagrando os valores fundamentais desse sistema, ora avança no sentido do intervencionismo sistemático e do dirigismo planificador, com elementos socializadores. As cláusulas dotadas de função transformadora, que se difundem na Ordem Econômica, poderão unilateralizar os caminhos da Constituição e conduzir a soluções não expressamente contempladas no seu texto" (p. 392).

José Afonso da Silva (*Curso de Direito Constitucional Positivo*, cit., 23ª ed.), referindo a circunstância de a Constituição declarar que a ordem econômica é fundada na *valorização do trabalho humano* e na iniciativa privada, observa que ela "consagra uma economia de mercado, de natureza capitalista, pois a *iniciativa privada* é um princípio básico da ordem capitalista"; mas "embora capitalista, a ordem econômica dá prioridade aos valores do trabalho humano sobre todos os demais valores da economia de mercado"; e, "conquanto se trate de declaração de princípio, essa prioridade tem o sentido de orientar a intervenção do Estado na economia, a fim de fazer valer os valores sociais do trabalho que, ao lado da iniciativa privada, constituem o fundamento não só da ordem econômica, mas da própria República Federativa do Brasil (art. 1º, IV)" (p. 768). Salienta que "a Constituição criou as condições jurídicas fundamentais para a adoção do *desenvolvimento autocentrado, nacional e popular*, que, não sendo sinônimo de isolamento ou autarquização econômica, possibilita marchar para um sistema econômico desenvolvido, em que a burguesia local e seu Estado tenham o domínio da reprodução da força de trabalho, da centralização do excedente da produção, do mercado e a capacidade de competir no mercado mundial, dos recursos naturais e, enfim, da tecnologia" (pp. 772-773). Considerando ser a Constituição capitalista, não obstante enfatiza que "ela, apesar disso, abre caminho às transformações da sociedade com base em alguns instrumentos e mecanismos sociais e populares que consagrou" (p. 780). Note-se, ademais, que José Afonso da Silva (p. 774) toma como legítima a liberdade de iniciativa econômica privada apenas "enquanto exercida no interesse da justiça social". Daí a intervenção estatal no domínio econômico, que se impõe, e cuja fundamentação, para o controle do mercado interno, vai encontrar, também, no art. 219 do texto constitucional (p. 787).

Washington Peluso Albino de Souza, em conferência que pronunciou na Associação dos Advogados de São Paulo, em 15 de maio de 1989, em curso sobre "O Direito Privado na Ordem Constitucional", observou que a Carta de 1988 consagrou o princípio da "economia de mercado", mantendo seus elementos constitutivos, mas adotando ideologia próxima da neoliberal; a "regra" adotada pelo texto incorpora a exploração direta da atividade econômica pelo Estado, não significando porém isso a negação ou o comprometimento da "economia de mercado". E concluiu: "O comportamento do legislador constituinte, definindo para o país um 'Estado Democrático de Direito' (art. 1º), evitando a expressão 'Estado de Direito', de sabor liberal, e aproximando-se do discurso da Carta Portuguesa de 1975 — embora não avançando ao ponto da Espanhola, de 1978, que consagra o 'Estado Social e Democrático de Direito' (art. 1º) — autoriza-nos, salvo melhor juízo, a detectar na Carta de 1988 os elementos de uma 'economia de mercado' distanciada do modelo liberal puro e ajustada à ideologia neoliberal, sendo este o único prisma capaz de permitir a sua análise correta" (colho o trecho transcrito nas anotações feitas pelo próprio Professor Washington Peluso Albino de Souza como roteiro de exposição, cuja cópia me foi fornecida pelo coordenador do curso, Professor Alcides Tomasetti Júnior).

Tércio Sampaio Ferraz Júnior, em parecer publicado n'*O Estado de S. Paulo*, 4.6.89, p. 50 ("A economia e o controle do Estado") desenvolve detida análise do tema, concluindo que a Constituição de 1988 "repudia o dirigismo econômico". Cumpre considerar, contudo, as distinções que apartam *dirigismo* e *intervencionismo econômico*. Observe-se o quanto considera o autor em trechos colhidos no parecer: "Ou seja, o intervencionismo não se fez contra o mercado, mas a seu favor. O mercado, enquanto mecanismo de coordenação e organização dos processos econômicos e que pressupõe o reconhecimento do direito de propriedade dos bens de produção e a liberdade de iniciativa, é mantido no intervencionismo como o princípio regulador da economia. Distinto do intervencionismo é, neste sentido, o dirigismo econômico, próprio das economias de planificação compulsória, e que pressupõe a propriedade estatal dos meios de produção, a coletivização das culturas agropecuárias e o papel do Estado como agente centralizador das decisões econômicas de formação de preços e fixação de objetivos. Essa distinção entre intervencionismo e dirigismo é importante e nos remete imediatamente à análise da ordem econômica conforme a Constituição de 1988. O art. 174 desta determina que o Estado, como agente normativo e regulador da atividade econômica, exerce, na forma da lei, as funções de fiscalização, incentivo e planejamento, sendo este último determinante para o setor público e indicativo para o setor privado. Tais funções assinalam formas de intervenção do Estado na economia, ao lado de outras, como por exemplo, a função empresarial, disciplinada pelo art. 173". Mas a Constituição "repudia a economia estatizada, o capitalismo de Estado, o dirigismo econômico, pois, ao contrário acentua essencialmente (art. 170) o pluralismo da livre iniciativa e o sentido social, não discriminatório do trabalho humano como fundamento da ordem econômica. Como agente normativo e regulador, o Estado, portanto, não se substitui ao mercado na configuração estrutural da economia". Assim, "quando o art. 174 da Constituição dispõe que o Estado exerça, dentre outras, a função de planejamento, esta expressão certamente não tem nada a ver com dirigismo econômico, mas sim com intervencionismo que, como vimos, é fenômeno que ocorre no desenvolvimento da economia capitalista. Esta função, que é, então, determinante para o setor público e indicativa para o setor privado, diz respeito, assim, ao disposto no § 1º do mencionado artigo, que determina que a lei estabeleça as diretrizes e bases do planejamento do desenvolvimento nacional equilibrado, o qual incorporará e compatibilizará os planos nacionais e regionais de desenvolvimento. Isto significa que a Constituição, ao falar em função de planejamento, não está instituindo qualquer forma de política econômica, global e racionalmente planificada, posto que os planos, compulsórios para o setor público, mas não para o privado, são meros instrumentos de política governamental e jamais a sua essência. Isto quer dizer outrossim que política econômica, como exercício de governo, não é um conceito jurídico-constitucional, mas de economia política. Quando, portanto, se estabelece, por lei, um programa de estabilização econômica o que se está fazendo não pode ser planejamento (no sentido constitucional) mas apenas exercício de função fiscalizadora. Fiscalização, enquanto ato de examinar, verificar, vigiar, é atividade que deve estar cingida ao controle da normalidade do exercício da atividade econômica pelos seus fundamentos, conforme os princípios que a condicionam. Enquanto controle de preços é atividade reguladora de sua formação em razão de uma política econômica, mas que não se substitui ao mercado livre como sua base. O termo 'controlar' tem dois sentidos que devem aqui ser distinguidos. O sentido forte de dominação e o sentido fraco de verificação, acompanhamento, vigilância (Fábio Comparato, *O Poder de Controle na Sociedade Anônima*, 1976). Pelo exposto, o controle fiscalizador sobre os preços tem certamente o sentido fraco e não forte. O Estado, como agente normativo e regulador, não se impõe ao mercado, para dominá-lo. Não o dirige, apenas vela para que a livre iniciativa e a valorização do trabalho humano ocorram nos quadros dos princípios constitucionais. Conseqüentemente, em casos excepcionais, quando a ocorrência de certas anomalias é capaz de pôr em risco o próprio fundamento da atividade econômica livre, pode o agente-Estado promover a imposição de restrições na espontaneidade contingente do mercado na formação dos preços justamente com o objetivo de salvaguardála. Isto, obviamente, como exceção e jamais como regra, pois restringir regularmente não é fiscalizar, mas dirigir a economia, ainda que em termos setoriais". Após, cogitando especificamente do congelamento de preços, observa que ele "em si, ainda que equiparado a tabelamento, não significa uma medida dirigista. A equiparação a tabelamento diz respeito aos efeitos, mas não é a mesma coisa". E conclui: "Ora, é aqui que entra a distinção entre intervencionismo e dirigismo. O primeiro é atitude flexível, que visa a estimular o mercado e a definir as regras do jogo. Já o segundo se caracteriza por uma atitude rígida, que impõe autoritariamente certos comportamentos (Pinheiro Xavier, p.82). Neste há uma direção central da economia que funciona na base de um plano geral obrigatório que todos executam; a entidade autora do plano determina a necessidade dos sujeitos e a sua prioridade, fixa os níveis de produção e de preços e opera direta ou indiretamente a distribuição dos bens produzidos. No primeiro, a produção é fixada pelos produtores, a repartição opera pela circulação livre dos bens e a formação dos preços ajusta-se pelas regras do mercado. Mas não exclui a intervenção do Estado para estimular convergências de base e o estabelecimento de compromissos para além de simples conjunções verbais (Cf. Antonio Menezes Cordeiro, *Direito da Economia*, 1º v., Lisboa, 1986, pp. 158 ss.). Nestes termos, o congelamento deve ser entendido como medida de intervenção de caráter excepcionalíssimo que visa adequar o sistema da ordem econômica (cujos fundamentos estão na livre iniciativa e na valorização do trabalho humano) aos princípios da livre concorrência e da defesa do consumidor, quando ocorram desvios graves de funcionamento, como é o caso de uma hiperinflação. Trata-se, assim, de medida de direito econômico cuja base constitucional está no art. 170, IV e V. Tem caráter compulsório, devendo ser transitória, propiciar uma transparência do mercado para o próprio mercado, estimular ajustes entre os seus próprios agentes, cuja participação não pode excluir, sendo acompanhada de instrumentos de fiscalização nos termos em que a Constituição entende esta função".

Quanto a tabelamento de preços, veja-se acórdão do STF, no regime ainda da CF/1946, HC 30.355, relator o Min. Castro Nunes (*RDA* 21/134 e ss.). Um negociante condenado por vender carne verde por preço excedente da tabela impetrou *habeas corpus* invocando a vedação da delegação legislativa. A ordem foi negada, constando do voto do Min. Orosimbo Nonato a seguinte observação: "A Constituição vigente permite ampla intervenção estatal na ordem econômica. Há, nesse sentido, uma série de providências que marcam, inequivocamente, que ela não adotou – e nem podia adotar – o anacrônico *laisses faire, laisses passer* [*sic*] em face da ordem econômica" (*RDA* 21/138).

80. Além disso, outras manifestações — as quais, porém, sequer podem constituir doutrina, visto como nutridas no emocionalismo político — veiculam verdadeiro delírio antiestatal.

Aí, de um lado é imputado caráter conservador à Constituição de 1988, na medida em que expressa a "manutenção do estatismo", "desprezo *prático* pela liberdade", "desinteresse pela eficiência econômica" e "sinaliza uma inibição xenófoba à internacionalização da economia brasileira". De outro, a afirmação de que ela — a Constituição de 1988 — é mais liberal do que a anterior, dado que consagra o predomínio da livre iniciativa; e isso porque os princípios que a restringem (a livre iniciativa) "devem ser interpretados *restritivamente*!".[10]

Os que assim deliram, deliberadamente ou porque se deixam levar pelo conhecimento sensível, superficial, enganador, que não superam pela razão, estão a um passo da proposta de total eliminação do Estado, que, como observa Dalmo de Abreu Dallari,[11] "ou é uma fantasia anarquista, que jamais conseguiu ultrapassar os limites da especulação teórica, ou então é um ingênuo ou fingido hino de louvor à iniciativa privada, como se esta não quisesse a participação do Estado como financiador, incentivador, sócio, consumidor ou protetor de direitos e privilégios econômicos".

Miguel Reale ("O Estado no Brasil", cit.) diz: "Não se pense, todavia, que eu seja um lírico pregador da minimização do Estado, na linha anarquizante de alguns liberais que convertem a livre iniciativa em princípio absoluto da vida econômica ..."; ademais, no mesmo texto repudia a condenação indiscriminada de todas as "estatais", até porque reconhece predominante consenso quanto às funções de agente produtor do Estado.

Para um Diretor de Relações Públicas de empresa multinacional (*Isto É-Senhor*, 23.11.88, p. 71), "a atual Constituição Federal do Brasil representa significativa evolução do Direito Econômico do País em direção do liberalismo. Pela primeira vez eleva-se o princípio da livre iniciativa a fundamento do Estado (art. 1º, IV)"; "Os temores de uma estatização ou socialização da economia brasileira estão afastados, *ab*

10. Esse delírio passa até mesmo pela proposta de revisão da federação brasileira mediante a extinção dos Municípios: os males do país decorrem do gigantismo estatal, insuflado pela circunstância de, entre nós, o Município ter sido transformado em "pessoa federativa, apesar de compor o espaço territorial do Estado" — argumento que, no extremo, justificaria também a extinção dos Estados-membros.

11. "O Estado-instrumento", in *Folha de S. Paulo*, 22.7.89, p. A-3.

initio". O Estado está limitado "a estabelecer como funções normativas e reguladoras somente a fiscalização, o incentivo e o planejamento" (art. 174). "O texto constitucional limita também o conceito de abuso do poder econômico (art. 173, § 4º) à dominação de mercados, eliminação da concorrência ou aumento arbitrário de lucros". "O Estado reservou-se ainda prerrogativa de explorar diretamente algumas áreas da economia. Aí pode-se descobrir progresso ou retrocesso em relação à liberdade da iniciativa privada. Progresso, ao condicionar-se a intervenção estatal direta (art. 173) a imperativos de segurança nacional ou relevante interesse coletivo, definidos em lei, enquanto a Constituição de 1946 a aceitava com base apenas no interesse público, preservados os direitos fundamentais. As leis constitucionais de 1967 e 1969 (sic), por sua própria natureza e origem, facilitaram ao máximo a intervenção. A atual Constituição Federal protege mais a liberdade econômica do que suas antecessoras. Retrocesso houve com a manutenção e ampliação de monopólios e a reserva de setores econômicos a empresas estatais... Hoje, exige-se que o monopólio seja necessário à segurança nacional ou a relevante interesse coletivo definido em lei". Comparem-se essas afirmações com os entendimentos de Raul Machado Horta e de Manoel Gonçalves Ferreira Filho, observando-se também o equívoco consumado na alusão a "ampliação dos monopólios".

81. Da análise do conjunto de entendimentos reproduzidos os seguintes enunciados podem ser extraídos:

— a ordem econômica na Constituição de 1988 consagra um regime de *mercado organizado*, entendido como tal aquele afetado pelos preceitos da ordem pública clássica (Geraldo Vidigal); opta pelo tipo *liberal* do processo econômico, que só admite a intervenção do Estado para coibir abusos e preservar a livre concorrência de quaisquer interferências, quer do próprio Estado, quer do embate econômico que pode levar à formação de monopólios e ao abuso do poder econômico visando ao aumento arbitrário dos lucros — mas sua posição corresponde à do *neoliberalismo* ou *social-liberalismo*, com a defesa da livre iniciativa (Miguel Reale); (note-se que a ausência do vocábulo "controle" no texto do art. 174 da Constituição assume relevância na sustentação dessa posição);

— a ordem econômica na Constituição de 1988 contempla a *economia de mercado*, distanciada porém do modelo liberal puro e ajustada à ideologia neoliberal (Washington Peluso Albino de Souza); a Constituição repudia o dirigismo, porém acolhe o intervencionismo econômico, que não se faz contra o mercado, mas a seu favor (Tércio Sampaio Ferraz Júnior); a Constituição é capitalista, mas a liberdade apenas é admitida enquanto exercida no interesse da justiça social e confere prioridade aos valores do trabalho humano sobre todos os demais valores da economia de mercado (José Afonso da Silva);

— a Constituição consagra a "estatolatria" (Manoel Gonçalves Ferreira Filho); o constituinte preferiu o modelo — rígido ortodoxo — que conduz ao dirigismo econômico (Raul Machado Horta).

Além disso — consideradas as circunstâncias de poder a Constituição ser interpretada dinamicamente[12] e de ser ela um dinamismo[13] — as seguintes verificações são alinhadas:

— apesar de a Constituição ser capitalista, abre caminho à transformação da sociedade (José Afonso da Silva);

— há, na Constituição, cláusulas transformadoras que poderão conduzir ao intervencionismo, ao dirigismo, ao nacionalismo e à estatização (Raul Machado Horta);

— quanto ao art. 174, "será fácil distorcer essas diretrizes, convertendo-se fiscalização em interferência sistemática; incentivo em favorecimento e planejamento indicativo em programa (*sic*) obliquamente compulsórios..." (Miguel Reale).

Observo ainda que Raul Machado Horta sustenta ser contraditória, em suas disposições, a Constituição. Quanto ao tema do congelamento de preços, ferido em duas das exposições reproduzidas, note-se que o admite, como constitucional, em tese, Tércio Sampaio Ferraz Júnior, colocando-se em posição adversa Miguel Reale.

Miguel Reale Júnior (*A Ordem Econômica na Constituição*, texto inédito), propondo-se desenvolver exercício de interpretação estática e sistemática, conclui: "Em uma economia de preços controlados não há livre concorrência"; e, observando que em matéria de preços a ação estatal só pode ser *a posteriori* — tendo em vista a repressão ao abuso do poder econômico e ao aumento arbitrário dos lucros, bem assim a defesa do consumidor —: "A fixação prévia de preços ofende a Constituição de 1988 nos seus fundamentos e nos princípios que informam a

12. V. item 39.
13. V. item 45.

ordem econômica". José Afonso da Silva (*Curso de Direito Constitucional Positivo*, cit., 23ª ed., p. 774), de outra parte, entende ser plenamente constitucional a fixação de preços.

A propósito, cumpre lembrar acórdão do Supremo Tribunal lavrado nos autos da ADIn n. 319-DF (Tribunal Pleno, rel. Min. Moreira Alves, reqte.: Confederação Nacional dos Estabelecimentos de Ensino – CONFENEN, reqdos.: Congresso Nacional e Presidente da República, *RTJ* 149/666 e ss.), atinente à Lei n. 8.039, de 30 de maio de 1990, que dispõe sobre critérios de reajuste das mensalidades escolares e dá outras providências: "Em face da atual Constituição, para conciliar o fundamento da livre iniciativa e do princípio da livre concorrência com os da defesa do consumidor e da redução das desigualdades sociais, em conformidade com os ditames da justiça social, pode o Estado, por via legislativa, regular a política de bens e de serviços, abusivo que é o poder econômico que visa o aumento arbitrário dos lucros. Não é, pois, inconstitucional a Lei n. 8.039, de 30 de maio de 1990, pelo só fato de ela dispor sobre critérios de reajuste das mensalidades das escolas particulares. Exame das inconstitucionalidades alegadas em relação a cada um dos artigos da mencionada lei. Ofensa ao princípio da irretroatividade com relação à expressão 'março' contida no § 5º do art. 2º da referida lei. Interpretação conforme a Constituição aplicada ao *caput* do art. 2º, ao § 5º desse mesmo artigo e ao art. 4º, todos da lei em causa. Ação que se julga procedente em parte, para declarar a inconstitucionalidade da expressão 'março' contida no § 5º do art. 2º da Lei n. 8.039/90, e, parcialmente, o *caput* e o § 2º do art. 2º, bem como o art. 4º, os três em todos os sentidos que não aquele segundo o qual de sua aplicação estão ressalvadas as hipóteses em que, no caso concreto, ocorra direito adquirido, ato jurídico perfeito e coisa julgada".

82. Vê-se, assim, que a contribuição, que se justifica, para a interpretação da ordem econômica na Constituição de 1988 deve encaminhar respostas a serem conferidas às seguintes questões:

a) há um sistema e um modelo econômicos,[14] como tais definidos nessa ordem econômica?

b) que sistema e modelo são esses?

c) pode, essa ordem econômica, ser objeto de interpretação dinâmica, que permita a sua adaptação às mudanças da vida social — e de modo que, configurando-se como um dinamismo, no futuro, da vida real tomando as forças de que depende para que seja viva, resulte adequada à realidade social?

14. *Sistema econômico* como conjunto coerente de instituições jurídicas e sociais, de conformidade com as quais se realiza o modo de produção e a forma de repartição do produto econômico em uma determinada sociedade. *Modelo*

Volto-me inicialmente ao tratamento das questões, em *a* e *b*, tanto quanto isso seja possível me limitando, neste primeiro momento, à consideração de subsídios que alinhei, anteriormente, de modo particular nos capítulos anteriores. Em um momento posterior, a partir de perspectiva notadamente crítica, cogitarei da terceira questão.

83. Duas premissas, de toda sorte — além daquelas a destacar em especial do quanto exposto neste capítulo —, devem ser desde logo estabelecidas.

É que, de um lado, não se pode visualizar a ordem econômica constitucional como produto de imposições circunstanciais ou meros caprichos dos constituintes, porém como resultado do confronto de posturas e texturas ideológicas e de interesses que, de uma ou de outra forma, foram compostos, para como peculiar estrutura ideológica aninhar-se no texto constitucional.[15]

De outro lado, sendo a Constituição um sistema dotado de coerência, não se presume contradição entre suas normas.[16] A admitir-se a ocorrência de contradições entre elas — "princípios e soluções contraditórias", como refere Raul Machado Horta[17] — por força hão de ser elas eliminadas, seja para afirmar-se que umas não são válidas (ou não se aplicam a determinados casos), seja as interpretando de modo adequado e suficiente à superação da contradição ou contradições.[18] Apenas a segunda alternativa é, todavia, praticável, até porque a primeira nos conduziria ao absurdo de supormos que há, na Constituição de 1988, duas ordens econômicas, uma neoliberal, outra intervencionista e dirigista.

Assentadas essas premissas, prossigo cogitando dos princípios da ordem econômica, na Constituição de 1988, porque interpretação principiológica é a que vamos encetar.

84. Ao bojo da ordem econômica, tal como a considero neste ensaio, além dos que já no seu Título VII se encontram, são trans-

econômico como configuração peculiar assumida pela ordem econômica (mundo do ser), afetada por determinado *regime econômico* (v. item 29).

15. Em sentido análogo, Washington Peluso Albino de Souza, *A experiência brasileira de Constituição Econômica*, cit., p. 39.

16. V. item 71.

17. Ob. cit., p. 392.

18. Cf. Jerzy Wróblewski, *Constitución y teoría general de la interpretación jurídica*, cit., pp. 44-45.

portados — como vimos[19] — *fundamentalmente* os preceitos inscritos nos seus arts. 1º, 3º, 7º a 11, 201, 202 e 218 e 219 — bem assim, entre outros, os do art. 5º, LXXI, do art. 24, I, do art. 37, XIX e XX, do § 2º do art. 103, do art. 149, do art. 225.[20]

Cumpre neles identificar, pois, os princípios que conformam a interpretação de que se cuida.

Assim, enunciando-os, teremos:

— a *dignidade da pessoa humana* como fundamento da República Federativa do Brasil (art. 1º, III) e como fim da ordem econômica (mundo do ser) (art. 170, *caput*);

— os *valores sociais do trabalho e da livre iniciativa* como fundamentos da República Federativa do Brasil (art. 1º, IV) e — *valorização do trabalho humano* e *livre iniciativa* — como fundamentos da ordem econômica (mundo do ser) (art. 170, *caput*);

— a *construção de uma sociedade livre, justa e solidária* como um dos objetivos fundamentais da República Federativa do Brasil (art. 3º, I);

— o *garantir o desenvolvimento nacional* como um dos objetivos fundamentais da República Federativa do Brasil (art. 3º, II);

— a *erradicação da pobreza e da marginalização e a redução das desigualdades sociais e regionais* como um dos objetivos fundamentais da República Federativa do Brasil (art. 3º, III) — a *redução das desigualdades regionais e sociais* também como princípio da ordem econômica (art. 170, VII);

— a *liberdade de associação profissional ou sindical* (art. 8º);

— a *garantia do direito de greve* (art. 9º);

— a sujeição da ordem econômica (mundo do ser) aos *ditames da justiça social* (art. 170, *caput*);

— a *soberania nacional*, a *propriedade* e a *função social da propriedade*, a *livre concorrência*, a *defesa do consumidor*, a *defesa do meio ambiente*, a *redução das desigualdades regionais e sociais*, a *busca do pleno emprego* e o *tratamento favorecido para as empresas brasileiras de capital nacional de pequeno porte*, todos princípios enunciados nos incisos do art. 170;

— a *integração do mercado interno ao patrimônio nacional* (art. 219).

19. V. item 76.
20. V. nota 99, abaixo.

Além desses, outros, definidos como *princípios gerais* não positivados — isto é, não expressamente enunciados em normas constitucionais explícitas — são *descobertos*[21] na ordem econômica da Constituição de 1988. Aí, particularmente, aqueles aos quais dão concreção as regras contidas nos arts. 7º e 201 e 202 do texto constitucional.

Por derradeiro, impende referir o *princípio da ordenação normativa através do Direito Econômico*, cujo primeiro passo no sentido de sua concreção é consignado no art. 24, I do texto constitucional.

Todo esse conjunto de princípios, portanto, há de ser ponderado, na sua globalidade, se pretendemos discernir, no texto constitucional, a definição de um sistema e de um modelo econômicos. A Constituição não é um mero agregado de normas; e nem se a pode interpretar em tiras, aos pedaços.[22] Será de todo conveniente, destarte, deitarmos atenção a esse conjunto, o que, não obstante, importará o exame de cada qual de tais princípios, separadamente.[23]

85. A *dignidade da pessoa humana* é adotada pelo texto constitucional concomitantemente como *fundamento* da República Federativa do Brasil (art. 1º, III) e como *fim* da ordem econômica (mundo do ser) (art. 170, *caput* — *"a ordem econômica ... tem por fim assegurar a todos existência digna"*).

Afirma o art. 1 (1) da Lei Fundamental da República Federal da Alemanha: "A dignidade do homem é inviolável. Respeitá-la e protegê-la é obrigação de todo o poder público". Dizia já a Constituição de Weimar: "A organização da vida econômica deverá realizar os princípios da justiça, tendo em vista assegurar a todos uma existência conforme à dignidade humana ...". Por outro lado, o art. 1º da Constituição de Portugal: "Portugal é uma República soberana, baseada na dignidade da pessoa humana ...".

21. V. o Capítulo 4, especialmente o item 61.

22. "Belo é dizer mesmo duas vezes o que é necessário" — Empédocles de Agrigento (*Os filósofos pré-socráticos*, Gerd A. Borheim, org., Editora Cultrix, São Paulo, 1985, p. 71).

23. Isso o farei, contudo, advertido pelo fragmento de Alcmeão de Cróton: "os homens morrem porque não podem unir o princípio ao fim" (*Os filósofos pré-socráticos*, cit., p. 51).

Embora assuma concreção como direito individual, a dignidade da pessoa humana, enquanto princípio, constitui, ao lado do direito à vida, o núcleo essencial dos direitos humanos.[24]

Quanto a ela, observam José Joaquim Gomes Canotilho e Vital Moreira[25] que fundamenta e confere unidade não apenas aos direitos fundamentais — direitos individuais e direitos sociais e econômicos — mas também à organização econômica. Isso, sem nenhuma dúvida, torna-se plenamente evidente no sistema da Constituição de 1988, no seio do qual, como se vê, é ela — a dignidade da pessoa humana — não apenas fundamento da República Federativa do Brasil, mas também o fim ao qual se deve voltar a ordem econômica (mundo do ser).

Tal significa, por um lado, que o Brasil — República Federativa do Brasil — define-se como entidade política constitucionalmente organizada, tal como a constituiu o texto de 1988, enquanto assegurada, ao lado da soberania, da cidadania, dos valores sociais do trabalho e da livre iniciativa e do pluralismo político, a dignidade da pessoa humana. Por outro, significa que a *ordem econômica* mencionada pelo art. 170, *caput* do texto constitucional — isto é, mundo do ser, relações econômicas ou atividade econômica (em sentido amplo) — *deve ser* dinamizada tendo em vista a promoção da existência digna de que todos devem gozar.

"República Federativa do Brasil", no art. 1º do texto constitucional, deve ser lido como *país, coletividade política, sociedade política, comunidade política*, enfim, como *res publica* (neste sentido, em alusão ao art. 1º da Constituição de Portugal, Canotilho e Vital Moreira, ob. cit., p. 69).

A *dignidade da pessoa humana* comparece, assim, na Constituição de 1988, duplamente: no art. 1º como *princípio político constitucionalmente conformador* (Canotilho); no art. 170, *caput*, como *prin-*

24. Cf. Fábio Konder Comparato, *Para viver a democracia*, cit., pp. 39 e 56; ou, como averba José Afonso da Silva (*Curso de Direito Constitucional Positivo*, cit., 23ª ed., p. 105), "é um valor supremo que atrai o conteúdo de todos os direitos fundamentais do homem, desde o direito à vida".

25. *Constituição da República Portuguesa Anotada*, v. I, 2ª ed., Coimbra Editora, Coimbra, 1984, p. 70.

cípio constitucional impositivo (Canotilho) ou *diretriz* (Dworkin)[26] — ou, ainda, direi eu, como *norma-objetivo*.

Nesta sua segunda consagração constitucional, a *dignidade da pessoa humana* assume a mais pronunciada relevância, visto comprometer todo o exercício da atividade econômica, em sentido amplo — e em especial, o exercício da atividade econômica em sentido estrito[27] — com o programa de promoção da existência digna, de que, repito, todos devem gozar. Daí porque se encontram constitucionalmente empenhados na realização desse programa — dessa política pública maior — tanto o setor público quanto o setor privado. Logo, o exercício de qualquer parcela da atividade econômica de modo não adequado àquela promoção expressará violação do princípio duplamente contemplado na Constituição.

Observe-se ademais, neste passo, que a *dignidade da pessoa humana* apenas restará plenamente assegurada se e enquanto viabilizado o acesso de todos não apenas às chamadas *liberdades formais*, mas, sobretudo, às *liberdades reais*.[28]

Anotam José Joaquim Gomes Canotilho e Vital Moreira (ob. cit., p. 70): "Concebida como referência constitucional unificadora de todos os direitos fundamentais, o conceito de dignidade da pessoa humana obriga a uma densificação valorativa que tenha em conta o seu amplo sentido normativo-constitucional e não uma qualquer idéia apriorística do homem, não podendo reduzir-se o sentido da dignidade humana à defesa dos direitos pessoais tradicionais, esquecendo-a nos casos de direitos sociais, ou invocá-la para construir uma 'teoria do núcleo da personalidade' individual, ignorando-a quando se trate de direitos econômicos, sociais e culturais".

Willis Guerra Filho (*Metodologia jurídica e interpretação constitucional*, texto inédito), após alinhar as relações entre Estado de Direito e legalidade, de um lado, e Democracia e legitimidade, de outro, e indicar a segurança das relações sociais como imposição do Estado de Direito, conclui: "A democracia, por seu turno, apresenta o reconhecimento de uma igual dignidade em todas as pessoas individualmente, a ser acatada no convívio social. Essa dignidade não pode ser sacrificada

26. V. item 34.

27. V. itens 37 e 38.

28. V. Fábio Konder Comparato, *Para viver a democracia*, cit., pp. 15 e ss. V. também itens 5 e 9.

em nome da segurança, na hipótese de um confronto entre os dois valores, o que pode ocorrer com freqüência, embora a garantia de segurança seja essencial para haver respeito à dignidade humana. Cabe, porém, distinguir entre a segurança individual e a segurança coletiva, enquanto essa, por sua vez, tanto pode ser a segurança de uma parte ou grupo da sociedade como a segurança dela como um todo".

86. Indica ainda o texto constitucional, no seu artigo 1º, IV, como fundamento da República Federativa do Brasil, o *valor social do trabalho*; de outra parte, no art. 170, *caput*, afirma dever estar a ordem econômica fundada na *valorização do trabalho humano*.

Tanto em um quanto em outro caso — definição do Brasil (isto é, da República Federativa do Brasil[29]) como entidade política constitucionalmente organizada que se sustenta sobre o *valor social do trabalho* e fundamentação da ordem econômica (mundo do ser) na *valorização do trabalho humano* — estamos diante de *princípios políticos constitucionalmente conformadores* (Canotilho).

O sentido dessas afirmações principiológicas é nebuloso, podendo, em tese, transitar desde o que Habermas[30] refere como "utopia de uma sociedade do trabalho" — cujo ponto de referência (a força estruturadora e socializadora do trabalho abstrato) se perdeu na realidade — até, meramente, a trivial concepção da sociedade moderna e sua dinâmica central como "sociedade do trabalho".[31]

No quadro da Constituição de 1988, de toda sorte, da interação entre esses dois princípios e os demais por ela contemplados — particularmente o que define como fim da ordem econômica (mundo do ser) *assegurar a todos existência digna* — resulta que *valorizar o trabalho humano* e tomar como fundamental o *valor social do trabalho* importa em conferir ao trabalho e seus agentes (os trabalhadores) tratamento peculiar.

Esse tratamento, em uma sociedade capitalista moderna, peculiariza-se na medida em que o trabalho passa a receber proteção não meramente filantrópica, porém politicamente racional.

29. V. item 85.
30. *A nova intransparência*, cit., p. 106
31. V. Claus Offe, *Capitalismo desorganizado*, tradução de Wanda Caldeira Brant, Ed. Brasiliense, São Paulo, 1989, pp. 167 e ss.

Titulares de capital e de trabalho são movidos por interesses distintos, ainda que se o negue ou se pretenda enunciá-los como convergentes. Daí porque o capitalismo moderno, renovado, pretende a conciliação e composição entre ambos. Essa pretensão é instrumentalizada através do exercício, pelo Estado — pelo Estado, note-se —, de uma série de funções que, valendo-me da exposição de Habermas, enuncio no item 92. A evolução do Estado *gendarme*, garantidor da paz, até o Estado do bem-estar keinesiano, capaz de administrar e distribuir os recursos da sociedade "de forma a contribuir para a realização e a garantia das noções prevalentes de *justiça*, assim como de seus pré-requisitos evidentes, tais como o 'crescimento econômico'"[32] demarca o trajeto trilhado nessa busca.

Valorização do trabalho humano e reconhecimento do *valor social do trabalho* consubstanciam cláusulas principiológicas que, ao par de afirmarem a compatibilização — conciliação e composição — a que acima referi, portam em si evidentes potencialidades transformadoras. Em sua interação com os demais princípios contemplados no texto constitucional, expressam prevalência dos valores do trabalho na conformação da ordem econômica — prevalência que José Afonso da Silva[33] reporta como prioridade sobre os demais valores da economia de mercado. Poderão, contudo — e aí o temor de Raul Machado Horta[34] — se tanto induzido pela força do regime político,[35] reproduzir em atos, efetivos, suas potencialidades transformadoras.

A Constituição de 1946 (art. 145) referia conciliação da liberdade de iniciativa com a valorização do trabalho humano; a Constituição de 1967 (art. 157, I e II) e a Emenda Constitucional n. 1/69 (art. 160, I e II) colocavam lado a lado, como princípios da ordem econômica, a "liberdade de iniciativa" e a "valorização do trabalho como condição da dignidade humana" — as duas últimas, ademais, introduziram também como princípio da ordem econômica a "harmonia e solidariedade entre os fatores de produção" (Constituição de 1967, art. 157, IV) e a "harmonia e solidariedade entre as categorias sociais de produção" (Emenda Constitucional n. 1/69, art. 160, IV). A redação adotada no

32. Idem, p. 12.
33. *Curso de Direito Constitucional Positivo*, cit., 23ª ed., p. 768.
34. V. item 79.
35. V. item 34 do meu *Ensaio e discurso ...*, cit.

inciso IV do art. 157 da Constituição de 1967, supondo a possibilidade de harmonia e solidariedade entre os *fatores de produção*, excedia os limites do exagero.

87. No seu art. 1º, IV a Constituição de 1988 enuncia como fundamento da República Federativa do Brasil o *valor social da livre iniciativa*; de outra parte, no art. 170, *caput*, afirma dever estar a ordem econômica fundada na *livre iniciativa*; e, mais, neste mesmo art. 170, IV, refere como um dos princípios da ordem econômica a *livre concorrência*.

Enunciado no art. 1º, IV e afirmação no art. 170, *caput*, consubstanciam *princípios políticos constitucionalmente conformadores*; *livre concorrência*, no art. 170, IV, constitui *princípio constitucional impositivo* (Canotilho).[36]

No que tange ao primeiro dos princípios que ora temos sob consideração, cumpre prontamente verificarmos como e em que termos se dá a sua enunciação no texto. E isso porque, ao que tudo indica, as leituras que têm sido feitas do inciso IV do art. 1º são desenvolvidas como se possível destacarmos de um lado "os valores sociais do trabalho", de outro a "livre iniciativa", simplesmente. Não é isso, no entanto, o que exprime o preceito. Este em verdade enuncia, como fundamentos da República Federativa do Brasil, o valor social do trabalho e o *valor social da livre iniciativa*.

Isso significa que a *livre iniciativa* não é tomada, enquanto fundamento da República Federativa do Brasil, como expressão individualista, mas sim no quanto expressa de socialmente valioso.

Já no art. 170, *caput*, afirma-se dever estar a ordem econômica fundada na *valorização do trabalho humano* e *na livre iniciativa*. Note-se, assim, que esta é então tomada singelamente e aquele — o trabalho humano — é consagrado como objeto a ser valorizado. É neste sentido que assiste razão a José Afonso da Silva,[37] ao sustentar que a ordem econômica dá prioridade aos valores do trabalho humano sobre todos os demais valores da economia de mercado.

Miguel Reale Júnior (ob. cit.) lembra que, quando submetido ao Plenário da Constituinte o Projeto de Constituição A, o projeto alterna-

36. Sobre a dupla função do princípio da *livre concorrência*, v. item 109.
37. V. item 86.

tivo, apresentado pelo grupo de constituintes que ficou conhecido pelo nome de "Centrão", fazia, no texto do art. 199 — atual art. 170 —, anteceder a livre iniciativa à valorização do trabalho humano. A proposta não foi acolhida, mantendo-se, no texto, inicial referência à valorização do trabalho humano. Daí extrai Miguel Reale Júnior a conclusão de que a ela foi dada precedência. Não me parece relevante a ordem de alusão, no texto, a uma e a outra, contando — isso sim — a circunstância de nele estar consagrada a *valorização* do trabalho humano e não a valorização de ambos ou apenas da livre iniciativa.

A análise da *livre iniciativa* encontra necessária complementação na ponderação do princípio da livre concorrência. Daí porque tratarei paralelamente de ambos.

88. A Constituição menciona *livre iniciativa*, tanto no art. 1º, IV, quanto no art. 170, *caput*.

Livre iniciativa é termo de conceito extremamente amplo. Não obstante, a inserção da expressão no art. 170, *caput*, tem conduzido à conclusão, restrita, de que toda a *livre iniciativa* se esgota na *liberdade econômica* ou *de iniciativa econômica*.[38]

Dela — da *livre iniciativa* — se deve dizer, inicialmente, que expressa desdobramento da *liberdade*.

Considerada desde a perspectiva substancial, tanto como resistência ao poder, quanto como reivindicação por melhores condições de vida (liberdade individual e liberdade social e econômica), descrevo a liberdade como *sensibilidade* e *acessibilidade* a alternativas de conduta e de resultado.[39] Pois não se pode entender como livre aquele que nem ao menos sabe de sua possibilidade de reivindicar alternativas de conduta e de comportamento — aí a *sensibilidade*; e não se pode chamar livre, também, aquele ao qual tal acesso é sonegado — aí a *acessibilidade*.[40]

Examinada, por outro lado, desde a perspectiva institucional, teremos que o traço constitutivo e diferencial da liberdade,

38. *V.g.*, Geraldo Vidigal e Miguel Reale, nas exposições referidas no item 89.

39. Transcrevo, aqui, exposição que em outra oportunidade ("Autorização para o exercício de iniciativa econômica — Agências de turismo", in *RDM* 49/23) desenvolvi.

40. Refiro-me tanto a *liberdades formais* quanto a *liberdades reais*. V. item 85.

modernamente — afirma-o Umberto Cerroni[41] — é o seu caráter jurídico. Existem como tais, as liberdades, mundanizadas e laicizadas, enquanto objeto de reconhecimento jurídico e sistematização positiva. Vale dizer: o perfil da liberdade — ou os perfis das liberdades, que ela se decompõe em inúmeras espécies: liberdade política, econômica, intelectual, artística, de ensino, de palavra, de ação, etc. — é o definido pela ordem jurídica.

Entre nós, no plano da Constituição de 1988, a liberdade é consagrada, principiologicamente, como fundamento da República Federativa do Brasil e como fundamento da ordem econômica.[42] Ao princípio dá concreção, a própria Constituição, nas regras (normas) inscritas, *v.g.*, no seu art. 5º — incisos II, VI, IX, XIII, XIV, XV, XVI, XVII, XX — e 206, II.

Vê-se para logo, destarte, que se não pode reduzir a *livre iniciativa*, qual consagrada no art. 1º, IV do texto constitucional, meramente à feição que assume como *liberdade econômica* ou *liberdade de iniciativa econômica*.

Dir-se-á, contudo, que o princípio, enquanto fundamento da ordem econômica, a tanto se reduz. Aqui também, no entanto, isso não ocorre. Ou — dizendo-o de modo preciso —: *livre iniciativa* não se resume, aí, a "princípio básico do liberalismo econômico" ou a "liberdade de desenvolvimento da empresa"[43] apenas — à liberdade *única* do comércio, pois. Em outros termos: não se pode visualizar no princípio tão-somente uma afirmação do capitalismo.

Insisto em que a liberdade de iniciativa econômica não se identifica apenas com a *liberdade de empresa*. Pois é certo que ela abrange todas as formas de produção, individuais ou coletivas, e — como averba Antonio Sousa Franco (ob. cit., p. 228) — "as empresas são apenas as formas de organização com característica substancial e formal (jurídica) de índole capitalista". Assim, entre as formas de iniciativa econômica encontramos, além da *iniciativa privada*, a *iniciativa cooperativa* (art.

41. *La libertad de los modernos*, trad. de R. de la Iglesia, Ed. Martinez-Roca, Barcelona, 1972, p. 11.

42. Ademais, define o art. 3º, I, como objetivo fundamental da República Federativa do Brasil a construção de uma *sociedade livre*.

43. V. José Afonso da Silva, *Curso de Direito Constitucional Positivo*, cit., 23ª ed., p. 773.

5º, XVIII e, também, art. 174, §§ 3º e 4º), a *iniciativa autogestionária* e a *iniciativa pública* (arts. 173, 177 e 192, II — resseguros, v. item 44). Quanto à *iniciativa pública*, observa Antonio Sousa Franco (ob. cit., p. 236), reportando-se ao art. 61 da Constituição de Portugal, para dizer que ele "não fala em iniciativa pública, e com razão: pois a iniciativa do Estado e de entidades públicas não poderia caber em nenhuma forma de direitos do homem ou direitos fundamentais".

89. Uma das faces da *livre iniciativa* se expõe, ninguém o contesta, como *liberdade econômica*, ou *liberdade de iniciativa econômica*, cujo titular é a empresa.

Lanço mão, para em linhas gerais referi-la, de observações que anteriormente produzi.[44]

O princípio da liberdade de iniciativa econômica — originariamente postulado no édito de Turgot, de 9 de fevereiro de 1776 — inscreve-se plenamente no decreto d'Allarde, de 2-17 de março de 1791, cujo art. 7º determinava que, a partir de 1º de abril daquele ano, seria livre a qualquer pessoa a realização de qualquer negócio ou exercício de qualquer profissão, arte ou ofício que lhe aprouvesse, sendo contudo ela obrigada a se munir previamente de uma "patente" (imposto direto), a pagar as taxas exigíveis e a se sujeitar aos regulamentos de polícia aplicáveis.

Meses após, na chamada Lei Le Chapelier — decreto de 14-17 de junho de 1791 — que proíbe todas as espécies de corporações, o princípio é reiterado.

Vê-se para logo, nestas condições, que no princípio, nem mesmo em sua origem, se consagrava a liberdade absoluta de iniciativa econômica. Vale dizer: a visão de um Estado inteiramente omisso, no liberalismo, em relação à iniciativa econômica privada, é expressão pura e exclusiva de um tipo ideal. Pois medidas de polícia já eram, neste estágio, quando o princípio tinha o sentido de assegurar a defesa dos agentes econômicos contra o Estado e contra as corporações, a eles impostas.

Em sua raiz, o princípio era expressão de uma garantia de legalidade, o que torna bem explícita a correção da observação

44. "Autorização para o exercício de iniciativa econômica — Agências de turismo", cit., pp. 24 e ss.

de Galgano,[45] nos termos da qual o conceito de Estado de Direito exprime, em relação ao burguês singelamente, aquela mesma exigência — de um limite à ação pública, para salvaguarda da iniciativa privada — que o conceito de *Estado liberal* exprime em relação à burguesia no seu todo.

Inúmeros sentidos, de toda sorte, podem ser divisados no princípio, em sua dupla face, ou seja, enquanto liberdade de comércio e indústria e enquanto liberdade de concorrência. A este critério classificatório acoplando-se outro, que leva à distinção entre liberdade pública e liberdade privada, poderemos ter equacionado o seguinte quadro de exposição de tais sentidos:[46]

a) liberdade de comércio e indústria (não ingerência do Estado no domínio econômico):

a.1) faculdade de criar e explorar uma atividade econômica a título privado — liberdade pública;

a.2) não sujeição a qualquer restrição estatal senão em virtude de lei — liberdade pública;

b) liberdade de concorrência:

b.1) faculdade de conquistar a clientela, desde que não através de concorrência desleal — liberdade privada;

b.2) proibição de formas de atuação que deteriam a concorrência — liberdade privada;

b.3) neutralidade do Estado diante do fenômeno concorrencial, em igualdade de condições dos concorrentes — liberdade pública.

Dois aspectos devem ser neste passo considerados. O primeiro respeita ao fato de que a referência, sempre reiterada, à liberdade de iniciativa econômica como *direito fundamental* apenas se justifica quando da expressão — "direito fundamental" — lançamos mão para mencioná-la como direito constitucionalmente assegurado. O texto constitucional não a consagra como tal, isto é, como *direito fundamental*. Ademais, a liberdade de iniciativa econômica é liberdade mundana, po-

45. *Il Diritto Privato fra Codice e Costituzione*, Zanichelli, Bologna, 1979, p. 39.

46. Utilizo-me aqui, parcialmente, da exposição de Antonis Manitakis, *La liberté du Commerce et de l'Industre*, Bruylant, Bruxelas, 1979, pp. 6 e ss.

sitivada pela ordem jurídica. O segundo, à circunstância de que não há limitação ao *direito* de liberdade econômica (liberdade de iniciativa econômica), mas, tão-somente à *liberdade econômica*. Isso porque o regime de liberdade de iniciativa econômica é aquele definido pela ordem jurídica. Vale dizer: o direito de liberdade econômica só tem existência no contexto da ordem jurídica, tal como o definiu a ordem jurídica. Por certo que, na comparação entre ordens jurídicas distintas, poder-se-á afirmar que nesta, em relação àquela, a liberdade de iniciativa econômica é mais — ou menos — dilatada, em decorrência de ser menos ou mais limitada. Não, porém, que o *direito* de liberdade econômica aqui ou ali seja limitado, neste ou naquele grau. O direito de liberdade econômica é direito integral nos quadrantes da ordem jurídica positiva que o contempla (neste sentido, Renato Alessi, *Principi di Diritto Amministrativo*, v. II, Giuffrè Editore, Milão, 1978, p. 590).

O que mais importa considerar, de toda sorte, é o fato de que, em sua concreção em regras atinentes à liberdade de iniciativa econômica, o princípio, historicamente, desde o Decreto d'Allarde, jamais foi consignado em termos absolutos. Das circunstâncias históricas a considerar a esse respeito encontra-se um quadro expressivo — creio — no segundo capítulo deste ensaio.

De resto, quanto ao preceito inscrito no parágrafo único do art. 170, que se tem enfatizado, na afirmação de que reiteraria, consolidando, o caráter liberal da ordem econômica na Constituição de 1988, tem relevância normativa menor. Pois é certo que postulação primária da liberdade de iniciativa econômica, como acima anotei, é a garantia da legalidade: liberdade de iniciativa econômica é liberdade pública precisamente ao expressar *não sujeição a qualquer restrição estatal senão em virtude de lei*. O que esse preceito pretende introduzir no plano constitucional é tão-somente a sujeição ao *princípio da legalidade em termos absolutos* — e não, meramente, ao *princípio da legalidade em termos relativos* (art. 5º, II) — da imposição, pelo Estado, de autorização para o exercício de qualquer atividade econômica.[47] Em nada, pois, fortalece ou robustece o princípio da *livre iniciativa* em sua feição de *liberdade de iniciativa econômica*.

Em relação ao caráter não-absoluto da iniciativa e à regulamentação do mercado, veja-se, da jurisprudência do STF, as ADIs 1.950 e 3.512, os REs 349.686 e 199.520 e o AI 481.886-AgR.

47. V. meu *O direito posto e o direito pressuposto*, cit., 5ª ed., pp. 246 e ss.

90. O conteúdo da *livre iniciativa*, porém — quero retornar a este ponto —, é bem mais amplo do que aquele cujo perfil acabo de debuxar.

Importa deixar bem vincado que a *livre iniciativa* é expressão de liberdade titulada não apenas pela empresa, mas também pelo trabalho. A Constituição, ao contemplar a *livre iniciativa*, a ela só opõe, ainda que não a exclua, a "iniciativa do Estado"; não a privilegia, assim, como bem pertinente apenas à empresa.

É que a *livre iniciativa* é um modo de expressão do trabalho e, por isso mesmo, corolária da valorização do trabalho, do trabalho livre — como observa Miguel Reale Júnior[48] — em uma sociedade livre e pluralista.

Daí por que o art. 1º, IV do texto constitucional — de um lado — enuncia como fundamento da República Federativa do Brasil o *valor social* e não as virtualidades individuais da livre iniciativa e — de outro — o seu art. 170, *caput* coloca lado a lado *trabalho humano* e *livre iniciativa*, curando contudo no sentido de que o primeiro seja valorizado.

A propósito, as ponderações de Tércio Sampaio Ferraz Júnior (*A economia e o controle do Estado*, cit.): "Nestes termos, o art. 170, ao proclamar a livre iniciativa e a valorização do trabalho humano como fundamentos da ordem econômica está nelas reconhecendo a sua base, aquilo sobre o que ela se constrói, ao mesmo tempo sua *conditio per quam* e *conditio sine qua non*, os fatores sem os quais a ordem reconhecida deixa de sê-lo, passa a ser outra, diferente, constitucionalmente inaceitável. Particularmente a afirmação da livre iniciativa, que mais de perto nos interessa neste passo, ao ser estabelecida como fundamento, aponta para uma ordem econômica reconhecida então como contingente. Afirmar a livre iniciativa como base é reconhecer na liberdade um dos fatores estruturais da ordem, é afirmar a autonomia empreendedora do homem na conformação da atividade econômica, aceitando a sua intrínseca contingência e fragilidade; é preferir, assim, uma ordem aberta ao fracasso a uma 'estabilidade' supostamente certa e eficiente. Afirma-se, pois, que a estrutura da ordem está centrada na atividade das pessoas e dos grupos e não na atividade do Estado. Isto não significa, porém, uma ordem do 'laissez faire', posto que a livre iniciativa se conjuga com a valorização do trabalho humano. mas, a liberdade, como fundamento, pertence a ambos. Na iniciativa, em ter-

48. Ob. cit.

mos de liberdade negativa, da ausência de impedimentos e da expansão da própria criatividade. Na valorização do trabalho humano, em termos de liberdade positiva, de participação sem alienações na construção da riqueza econômica. Não há, pois, propriamente, um sentido absoluto e ilimitado na livre iniciativa, que por isso não exclui a atividade normativa e reguladora do Estado. Mas há ilimitação no sentido de principiar a atividade econômica, de espontaneidade humana na produção de algo novo, de começar algo que não estava antes. Esta espontaneidade, base da produção da riqueza, é o fator estrutural que não pode ser negado pelo Estado. Se, ao fazê-lo, o Estado a bloqueia e impede, não está intervindo, no sentido de normar e regular, mas está dirigindo e, com isso, substituindo-se a ela na estrutura fundamental do mercado".

Neste sentido, *social*, é que observei, anteriormente — item 39— que, conotando a expressão *atividade econômica*, no art. 170, o gênero, e não a espécie (*atividade econômica em sentido amplo*, pois), toda ela, inclusive a desenvolvida, pelo Estado, no campo dos serviços públicos, deve ser (estar) fundada na valorização do trabalho humano e na livre iniciativa. É ao *valor social* desta última que me referi então — e ora me refiro. Não quer isso, naturalmente, significar que o serviço público seja de livre iniciativa — ou seja, de iniciativa da empresa privada — mas sim que, na sua prestação, deve, aí também, o Estado, não opor empecilho à liberdade humana, no quanto seja socialmente prezável.

De mais a mais, assim como a liberdade contratual não é adversa ao modo de produção socialista, tal qual já anteriormente observei,[49] também não o é a *livre iniciativa*, como aqui concebida. A liberdade, amplamente considerada — insisto neste ponto —, liberdade real, material, é um atributo inalienável do homem, desde que se o conceba inserido no todo social e não exclusivamente em sua individualidade (o homem social, associado aos homens, e não o homem inimigo do homem).

A *liberdade de iniciativa*, no entanto, é um dos desdobramentos da liberdade. E, porque assim é — e isso deve restar bem vincado —, não está ela jungida, enquanto *liberdade de iniciativa econômica*, à *propriedade*. Nem a toma, a Constituição, já observei, como *direito fundamental*, entre aqueles inscritos no seu Título III. Não se trata, pois, no texto constitucional, de atributo conferido ao capital ou ao capitalista, porém à empresa — ao empresário,

49. V. item 76.

apenas enquanto detentor do controle da empresa.[50] De resto, repita-se, não é ela atributo conferido exclusivamente à empresa.[51]

Isto posto, verificado que por certo não se pode atribuir exclusivamente à contemplação constitucional do princípio da *livre iniciativa* — do seu *valor social*, repito — a consagração, constitucional, do sistema capitalista, cumpre cogitarmos do princípio da *livre concorrência*, dele corolário.

Note-se, muito a propósito, o que define o art. 12 da Constituição da República Popular da Hungria: "O Estado reconhece a atividade econômica dos pequenos produtores, quando seja socialmente útil; a propriedade e a *iniciativa privada* não devem, entretanto, se opor aos interesses da coletividade" — grifei. V., no item 93, transcrição do art. 61 da Constituição de Portugal.

91. A *livre concorrência* é pela Constituição de 1988 erigida à condição de princípio. Como tal contemplada no art. 170, IV, compõe-se, ao lado de outros, no grupo do que tem sido referido como "princípios da ordem econômica". Trata-se, como já anotei, de *princípio constitucional impositivo* (Canotilho).

A afirmação, principiológica, da *livre concorrência* no texto constitucional é instigante.

De uma banda porque a concorrência livre — não *liberdade de concorrência*, note-se — somente poderia ter lugar em condições de mercado nas quais não se manifestasse o fenômeno do poder econômico. Este, no entanto — o poder econômico — é não apenas um elemento da realidade, porém um dado constitucionalmente institucionalizado, no mesmo texto que consagra o princípio. O § 4º do art. 173 refere "abuso do *poder econômico*". Vale dizer: a Constituição de 1988 o reconhece. Não que não devesse fazê-lo, mesmo porque a circunstância de não o ter reconhecido não teria o condão de bani-lo da realidade. Apenas, no entanto, tendo-o reconhecido, soa estranha a consagração principiológica da *livre concorrência*. Para que tal não ocorresse, em presença da

50. Adoto, aqui, ponderações que me foram feitas por Fábio Konder Comparato.

51. V. item 88.

consagração do princípio, haveria o mencionado § 4º de dispor: "A lei reprimirá os abusos decorrentes do exercício da atividade econômica...".[52] O que, não obstante — repito — seria inteiramente em vão: nem por isso o poder econômico deixaria de se manifestar no mundo real — mundo do ser — a braçadas.

De outra banda, é ainda instigante a afirmação do princípio porque o próprio texto constitucional fartamente o confronta. A *livre concorrência*, no sentido que lhe é atribuído — "livre jogo das forças de mercado, na disputa de clientela" —, supõe desigualdade ao final da competição, a partir, porém, de um quadro de igualdade jurídico-formal. Essa igualdade, contudo, é reiteradamente recusada, bastando, para que se o confirme, considerar as disposições contidas no art. 170, IX, no art. 179 e nos §§ 1º e 2º do art. 171.

Observa, sucessivamente, Miguel Reale Júnior (ob. cit.): "A desigualdade das empresas, dos agentes econômicos, é a característica de uma ordem econômica fundada na livre iniciativa, e que se processa por meio da livre concorrência"; "a desigualdade é inafastável em um regime de livre iniciativa, e gera a rivalidade, a livre concorrência"; "a livre concorrência, portanto, só sobrevive em uma economia sem igualdade". Nesse quadro, é de permitir-se a cada agente econômico a disputa, com todas as suas forças e armas, pelas presas do mercado.

O que se passa, em verdade, é que é outro, que não aquele lido no preceito por quantos se dispõem a fazer praça do liberalismo econômico, o sentido do princípio da *livre concorrência*.

Deveras, não há oposição entre o princípio da *livre concorrência* e aquele que se oculta sob a norma do § 4º do art. 173 do texto constitucional, princípio latente, que se expressa como *princípio da repressão aos abusos do poder econômico* e, em verdade — porque dele é fragmento — compõe-se no primeiro. É que o poder econômico é a regra e não a exceção.[53] Frustra-se, assim, a suposição de que o mercado esteja organizado, naturalmente, em função do consumidor. A ordem privada, que o conforma, é determinada por manifestações que se imaginava fossem patológicas, convertidas porém, na dinâmica de sua realidade, em um elemento próprio a sua constituição natural.

52. Devo essa observação a um comentário verbal de Paulo Henrique Blasi.

53. Cf. Fábio Konder Comparato, *O poder de controle na sociedade anônima*, 3ª ed., Forense, Rio de Janeiro, 1983, p. 395.

Salienta Gerard Farjat (ob. cit., p. 472): "Les phénomenes comme les ententes, les positions dominantes, les pratiques restrictives, les concentrations ne sont plus en eux-mêmes des phénomenes pathologiques, mais ils constituent, au contraire, une réalité fondamentale du nouvel État industriel — l'ordre privé économique" (v. item 3).

Assim, como "la concurrence tue la concurrence" (Proudhon), a feição de *livre concorrência*, que enseja a competição aberta, na linha do que se tem referido como "capitalismo selvagem", assume novos traços. *Livre concorrência*, então — e daí porque não soa estranho nem é instigante a sua consagração como princípio constitucional, embora desnecessária (bastava, nesse sentido, o princípio da *livre iniciativa*) —, significa *liberdade de concorrência*, desdobrada em liberdades privadas e liberdade pública, tais como aludidas no item 89.[54]

Mais uma vez recorro à exposição de Tércio Sampaio Ferraz Júnior (*A economia e o controle do Estado*, cit.): "A livre concorrência de que fala a atual Constituição como um dos princípios da ordem econômica (art. 170, IV) não é a do mercado concorrencial oitocentista de estrutura atomística e fluida, isto é, exigência estrita de pluralidade de agentes e influência isolada e dominadora de um ou uns sobre outros. Trata-se, modernamente, de um processo comportamental competitivo que admite gradações tanto de plurialidade quanto de fluidez. É este elemento comportamental — a competitividade — que define a livre concorrência. A competitividade exige, por sua vez, descentralização de coordenação como base da formação dos preços, o que supõe livre iniciativa e apropriação privada dos bens de produção. Neste sentido, a livre concorrência é forma de tutela do consumidor, na medida em que competitividade induz a uma distribuição de recursos a mais baixo preço. De um ponto de vista político, a livre concorrência é garantia de oportunidades iguais a todos os agentes, ou seja, é uma forma de desconcentração de poder. Por fim, de um ângulo social, a competitividade deve gerar extratos intermediários entre grandes e pequenos agentes econômicos, como garantia de uma sociedade mais equilibrada".

92. A Lei n. 8.884, de 11.6.94, está voltada à prevenção e repressão às infrações contra a ordem econômica.

54. Tome-se, aí, de toda sorte, neutralidade do Estado, em b3 — item 89 — como *neutralidade relativa*.

A nova lei respeita à matéria que era regulada pelas Leis ns. 4.137/62 e 8.158/91 — [que seu art. 92 expressamente revoga]. A Lei n. 8.158/91 — instituía normas para a defesa da concorrência, voltando-se, nitidamente, à preservação do mercado como instituição de coordenação das decisões econômicas, adequada ao modo de produção capitalista; neste sentido, definia, em seu art. 3º, infrações à ordem econômica. Note-se bem que a Lei n. 8.884/94 não veicula matéria penal; a matéria penal, relativa à concorrência e à ordem econômica, é regulada pela Lei n. 8.137, de 27.12.90, que permanece vigente [veja-se o art. 85 da Lei n. 8.884/94].

Diz o seu art. 1º: "Esta lei dispõe sobre a prevenção e a repressão às infrações contra a ordem econômica, orientada pelos ditames constitucionais de liberdade de iniciativa, livre concorrência, função social da propriedade, defesa dos consumidores e repressão ao abuso do poder econômico"; e completa o seu parágrafo único: "A coletividade é a titular dos bens jurídicos protegidos por esta lei".

A expressa referência aos "*ditames constitucionais de liberdade de iniciativa, livre concorrência, função social da propriedade, defesa dos consumidores e repressão ao abuso do poder econômico*" e a afirmação de que "*a coletividade é a titular dos bens jurídicos protegidos por esta lei*" definem a amplitude do conteúdo da Lei n. 8.884/94. Ela não é, meramente, uma nova lei antitruste; assim, seu fundamento constitucional não se encontra apenas, exclusivamente, no § 4º do art. 173 da Constituição de 1988 — trata-se de lei voltada à *preservação do modo de produção capitalista*.

Habermas (vide item 3) identifica quatro categorias de atividade estatal: as de *constituição* e *preservação* do modo de produção e as de *complementação* e *substituição* do mercado. As duas últimas modalidades de atuação – *substitutiva* e *compensatória* – são típicas do capitalismo organizado. A legislação antitruste, ao contrário, faz exemplo bem marcado de medida de *constituição* e *preservação* do modo de produção capitalista, ainda que seja, também, instrumento de política pública. Insisto, no entanto, em que a Lei n. 8.884/94 não é, meramente, uma nova lei antitruste.

As *regras* da Lei n. 8.884/94 conferem concreção aos *princípios* da liberdade de iniciativa, da livre concorrência, da função social da propriedade, da defesa dos consumidores e da repressão ao abuso do poder econômico, tudo em coerência com a *ideologia constitucional*[55] adotada pela Constituição de 1988. Esses princípios coexistem harmonicamente entre si, conformando-se, mutuamente, uns aos outros. Daí porque o princípio da liberdade de concorrência ou da livre concorrência assume, no quadro da Constituição de 1988, sentido conformado pelo conjunto dos demais princípios por ela contemplados; seu conteúdo é determinado pela sua inserção em um contexto de princípios, no qual e com os quais subsiste em harmonia.

Devo observar ainda que o desvendamento do caráter da Lei n. 8.884/94 reclama a consideração também do seu art. 20, que define constituírem infração da ordem econômica, *independentemente de culpa, os atos sob qualquer forma manifestados, que tenham por objeto ou possam produzir os seguintes efeitos, ainda que não sejam alcançados: I — limitar, falsear ou de qualquer forma prejudicar a livre concorrência ou a livre iniciativa; II — dominar mercado relevante de bens e serviços; III — aumentar arbitrariamente os lucros; IV — exercer de forma abusiva posição dominante.* Os parágrafos desse art. 20 ressalvam da dominação de mercado a sua conquista resultante de processo natural, fundado na maior eficiência de agente econômico, em relação a seus competidores e definem posição dominante. A cláusula "independentemente de culpa" é expressiva da responsabilidade objetiva atribuída ao agente da infração, plenamente cabível, no caso, visto que se trata de infração civil; a Lei n. 8.884/94 não é lei penal. A propósito, o Tratado de Roma, em seu art. 85º, dispõe: "1. São incompatíveis com o mercado comum e proibidos todos os acordos entre empresas, todas as decisões de associações de empresas e todas as práticas concertadas que *sejam susceptíveis de afectar o comércio entre os Estados-membros e que tenham por objectivo ou efeito impedir, restringir ou falsear a concorrência no mercado comum*, designadamente as que consistam em: ...".

93. A ponderação das observações enunciadas a propósito do valor social do trabalho, do valor social da livre iniciativa e da livre concorrência permite-nos alinhar as verificações seguintes.

São fundamentos da República, isto é, do Brasil, entre outros, o *valor social do trabalho* e o *valor social da livre iniciativa*. A ordem econômica (mundo do ser) deve estar fundada na *valoriza-*

55. V. item 46.

ção do trabalho humano e na *livre iniciativa* — a Constituição consagra, aí, note-se, *valorização do trabalho humano* e *livre iniciativa*, simplesmente. A *livre iniciativa*, ademais, é tomada no quanto expressa de socialmente valioso; por isso não pode ser reduzida, meramente, à feição que assume como *liberdade econômica*, empresarial (isto é, da empresa, expressão do dinamismo dos bens de produção); pela mesma razão não se pode nela, *livre iniciativa*, visualizar tão-somente, apenas, uma afirmação do capitalismo. Assim, *livre iniciativa* é expressão de liberdade titulada não apenas pelo capital, mas também pelo trabalho.

Nesse quadro, torna-se extremamente rico o debate a propósito do significado do princípio da *livre concorrência*. Cuida-se lá, no art. 170, IV — vimos — de *liberdade de concorrência*.

Cumpre indagar, pois, até que ponto poderia ser o princípio — da *livre concorrência* — interpretado sob uma perspectiva *dinâmica*.

Retorno à consideração de alguns aspectos anteriormente feridos, especificamente nos itens 66, 67, 72 e 73, desta obra, e 74 do meu *Ensaio e discurso sobre a interpretação/aplicação do direito*.

Suponha-se intérprete que, em razão de crenças políticas que o movem, apoiado na ideologia dinâmica da interpretação jurídica, pretendesse — sem que alteração no regime político se verificasse — identificar, na análise do todo que é a Constituição de 1988, como titular da *livre concorrência* a sociedade e não a empresa.

Observe-se que isso, em tese, não configuraria nenhum absurdo jurídico. Pelo contrário, há, iniludivelmente, no texto constitucional, determinados princípios e direitos atribuídos à titularidade da sociedade já no quadro político hoje instalado entre nós. Exemplifico com a liberdade de comunicação social, que importa imunidade à censura (arts. 5º, IX e 220 e parágrafos). A propósito dela, salientei ("Como garantir a informação ao povo", in *Problemas e reformas — subsídios para o debate constituinte*, Departamento Editorial da OAB-SP, São Paulo, 1988, pp. 104-105): "Ora, é fora de dúvida que a liberdade de comunicação social e a imunidade à censura constituem um direito fundamental do homem. Isso é pacífico e não deverá ser questionado. Mas é necessário compreender que essa liberdade de comunicação social, e, sobretudo, essa imunidade à censura é um direito da sociedade. Vale dizer: não se trata de um direito de que seja titular a empresa jornalística, de rádio ou televisão. As empresas que exploram os meios de comunicação certamente fazem uso desse direito. Têm a fruição imediata dele. Inobstante trata-se, no caso, de um direito que é exercitado pela empresa, em nome do interesse da sociedade. O verdadeiro, o real titular da imunidade à censura é a sociedade. Por isso, quando cogitamos consagrar, reconsagrar e enfatizar a imunidade à censura, devemos considerar que se trata não apenas de imunidade à censura do Estado, mas também, e sobretudo, da imunidade da sociedade ao poder privado de censura". Esse entendimento parece-me absolutamente correto, retratando, fidedignamente — e (a propósito) de modo incensurável —, a ideologia constitucionalmente adotada.

A tanto não poderia chegar. Com efeito, estão incrustadas na ideologia constitucionalmente adotada[56] as razões do individualismo metodológico.[57] A cumplicidade estabelecida entre ele e a ideologia liberal — o social produzido pelo individual — não autoriza a deslocação da titularidade da *livre concorrência*, na arena da ordem econômica, do indivíduo para a sociedade, mesmo no caso da Constituição de 1988. Mesmo no caso dela, repito, que marcadamente *repolitiza* a economia (Habermas), como estamos a ver, essa deslocação é inviável. Sustentá-la importaria em que estivéssemos a adotar a postura que Canotilho aponta como sustentada sobre fundamentos interpretativos tendentes à vulneração da estrutura normativa constitucional.[58]

Embora seja assim, força é reconhecermos, de uma parte, que a *livre concorrência* é elevada à condição de princípio da ordem econômica, na Constituição de 1988, mitigadamente, não como liberdade anárquica, porém social.[59] De outra, que força transformadora também nela está contida, força que poderá ser desencadeada na ruptura do regime político. Note-se que a Constituição de Portugal (texto da primeira revisão, de 1982) — cujo art. 1º o define como República "empenhada na sua transformação numa sociedade sem classes" — no seu art. 61 assevera: "A iniciativa econômica privada pode exercer-se livremente enquanto instrumento do progresso colectivo, nos quadros definidos pela Constituição e pela lei".

56. V. item 46.

57. V. Jon Elster (*Marx hoje*, trad. de Plinio Dentzien, Paz e Terra, São Paulo, 1989, pp. 36-39) e Raymond Boudon (*A ideologia*, trad. de Emir Sader, Editora Ática, São Paulo, 1989, pp. 258, 263 e 296-297).

58. V. item 39.

59. Claude-Albert Colliard, *Libertés publiques*, 5ª ed., Dalloz, Paris, 1975, p. 688.

94. Um dos objetivos fundamentais da República Federativa do Brasil é o da *construção de uma sociedade livre, justa e solidária* (art. 3º, I). Cuida-se, aí, da consagração de *princípio constitucional impositivo* (Canotilho) ou *diretriz* (Dworkin) — autêntica *norma-objetivo*; o caráter *constitucional conformador* do princípio é, não obstante, evidenciado.

Sociedade livre é sociedade sob o primado da *liberdade*, em todas as suas manifestações[60] e não apenas enquanto liberdade formal, mas sobretudo, como liberdade real. Liberdade da qual, neste sentido, consignado no art. 3º, I, é titular — ou co-titular, ao menos, paralelamente ao indivíduo — a sociedade.[61] Sociedade justa é aquela, na direção do que aponta o texto constitucional, que realiza *justiça social*, sobre cujo significado adiante me deterei.[62] Solidária, a sociedade que não inimiza os homens entre si, que se realiza no retorno, tanto quanto historicamente viável, à *Geselschaft* — a energia que vem da densidade populacional fraternizando e não afastando os homens uns dos outros.[63]

Constituição *dirigente*[64] que é, a de 1988 reclama — e não apenas autoriza — *interpretação dinâmica*.[65] Volta-se à *transformação da sociedade*, transformação que será promovida na medida em que se reconheça, no art. 3º — e isso se impõe —, fundamento à reivindicação, pela sociedade, de *direito à realização de políticas públicas*.[66] Políticas públicas[67] que, objeto de reivindicação constitucionalmente legitimada, hão de importar o fornecimento de prestações positivas à sociedade.

95. Outro dos objetivos fundamentais da República Federativa do Brasil é o de *garantir o desenvolvimento nacional* (art. 3º, II). Também aqui temos *princípio constitucional impositivo* (Canotilho) ou *diretriz* (Dworkin) — *norma-objetivo* — dotado de caráter *constitucionalmente conformador*.

60. V. item 88.
61. V. item 93.
62. V. item 99.
63. V. item 15.
64. V. item 27.
65. V. item 39.
66. V. Fábio Konder Comparato, *Para viver a democracia*, cit., p. 53.
67. V. meu *O direito posto e o direito pressuposto*, cit., 5ª ed., p. 25.

Não me deterei, neste passo, em digressões cuja obviedade, inquestionada, pode ser sumariada na distinção entre o qualitativo — o *desenvolvimento* — e o quantitativo — o *crescimento econômico*. Importa incisivamente considerar que, como anotei em outra oportunidade,[68] "a idéia de desenvolvimento supõe dinâmicas mutações e importa em que se esteja a realizar, na sociedade por ela abrangida, um processo de mobilidade social contínuo e intermitente. O processo de desenvolvimento deve levar a um salto, de uma estrutura social para outra, acompanhado da elevação do nível econômico e do nível cultural-intelectual comunitário. Daí porque, importando a consumação de mudanças de ordem não apenas quantitativa, mas também qualitativa, não pode o desenvolvimento ser confundido com a idéia de crescimento. Este, meramente quantitativo, compreende uma parcela da noção de desenvolvimento".

Observei ademais, então (*Elementos de Direito Econômico*, cit., pp. 54-55): "O desenvolvimento supõe não apenas crescimento econômico, mas sobretudo elevação do nível cultural-intelectual comunitário e um processo, ativo, de mudança social. Daí porque a noção de crescimento pode ser tomada apenas e tão-somente como uma parcela da noção de desenvolvimento. O desenvolvimento, como já apontava Schumpeter (*Teoría del Desenvolvimiento Económico*, trad. de Jesús Prados Ararte, Fondo de Cultura Económica, México, 1967, p. 74), se realiza no surgimento de fenômenos econômicos *qualitativamente* novos — isto é, de inovação — conseqüentes à adoção de novas fontes de matéria-prima, de novas formas de tecnologia, de novas formas de administração da produção, etc. Já o crescimento é demonstrado pelo incremento da população e da riqueza; implica apenas mudança nos dados *quantitativos*. Daí porque, nos conceitos formulados de desenvolvimento, sempre aparece como nota marcante uma referência a este seu aspecto *qualitativo*. De outra parte, embora o dado econômico apareça como extremamente relevante em todos os conceitos de desenvolvimento, ainda assim é forçoso observar que o *conceito de desenvolvimento não é apenas econômico*. O processo de desenvolvimento — vimos já — implica mobilidade e mudança social; realiza-se em saltos de uma estrutura social para outra. Implicando dinâmica mobilidade social, é inerente à idéia de desenvolvimento a de *mudança*; no caso, não apenas *mudança econômica*, mas, amplamente, sobretudo *mudança social*. Assim, a noção de desenvolvimento envolve a necessária visualização de um *devir* a projetar, no futuro, determinados valores".

68. *Elementos de Direito Econômico*, cit., pp. 7-8.

Garantir o desenvolvimento nacional é, tal qual *construir uma sociedade livre, justa e solidária*, realizar políticas públicas cuja reivindicação, pela sociedade, encontra fundamentação neste art. 3º, II. O papel que o Estado tem a desempenhar na perseguição da realização do desenvolvimento, na aliança que sela com o setor privado, é, de resto, primordial.[69]

A propósito, as considerações de Fábio Konder Comparato (*Para viver a democracia*, cit., pp. 103-104): "...o estado de subdesenvolvimento impõe a todos os governos de países afetados pelo problema um mínimo de programação de políticas públicas a longo prazo. É que o subdesenvolvimento apresenta características originais, inteiramente desconhecidas até o século passado. Os países subdesenvolvidos não são totalmente ricos nem totalmente pobres, assim como não se apresentam tampouco como países homogeneamente modernos ou atrasados. Há sempre, no contexto do subdesenvolvimento, uma oposição ou tensão entre um pólo rico e um pólo pobre, um setor moderno e um setor arcaico. Mais do que isso: essa tensão ou oposição é crescente e tende, deixadas as forças sociais ao livre jogo de seus interesses próprios, a se agudizar com o processo de concentração de renda. O subdesenvolvimento é um estado dinâmico de desequilíbrio econômico e de desarticulação social. Não parece haver dúvida de que a dinâmica dessa dissociação coletiva foi gerada pela industrialização. O setor industrial, nas economias subdesenvolvidas, não surgiu endogenamente, dentro do tecido social, como a natural maturação de seus elementos criadores, vale dizer a acumulação do saber científico, a tecnologia e o surgimento de uma nova classe empresarial. A indústria foi introduzida de fora e permaneceu como elemento artificial no organismo social, uma espécie de prótese invasora. Esse estado dinâmico de desequilíbrio econômico e de desarticulação social provoca, no campo político, uma instabilidade e desarmonia constantes, tornando inoperáveis os mecanismos clássicos de funcionamento do Estado liberal, como o processo eleitoral para a escolha dos governantes, a separação de poderes e o respeito aos direitos individuais. Nessas condições, é óbvio que a exigência preliminar de superação dos problemas políticos passa pelo estabelecimento de um processo de desenvolvimento, que implica a conjugação do crescimento econômico auto-sustentado com a progressiva eliminação das desigualdades sociais. Um processo dessa natureza não é natural, mas voluntário e programado. Ele somente se desencadeia com a instauração de uma política nacional a longo prazo, abrangendo todos os setores da vida social".

Veja-se, da jurisprudência do STF, a ADI 3.540.

69. V. item 6.

96. Objetivo fundamental da República Federativa do Brasil é ainda o de *erradicar a pobreza e a marginalização e reduzir as desigualdades sociais e regionais* (art. 3º, III). Aí, também, um *princípio constitucional impositivo* (Canotilho) ou *diretriz* (Dworkin) — *norma-objetivo* — dotado de caráter *constitucional conformador*. Além disso, a *redução das desigualdades regionais e sociais* é tomada como um dos princípios da ordem econômica — *princípio constitucional impositivo*.[70]

Erradicação da pobreza e da marginalização, bem assim redução das desigualdades sociais e regionais, são objetivos afins e complementares daquele atinente à promoção (= garantir) do desenvolvimento econômico. Considere-se também o princípio positivado no inciso IV deste art. 3º: *promover o bem de todos*; e a *dignidade da pessoa humana* como fundamento da República, mais o *assegurar a todos existência digna* como fim da ordem econômica.

O enunciado do princípio expressa, de uma banda, o reconhecimento explícito de marcas que caracterizam a realidade nacional: pobreza, marginalização e desigualdades, sociais e regionais. Eis um quadro de subdesenvolvimento, incontestado, que, todavia, se pretende reverter. Essa reversão nada tem, porém, em relação aos padrões do capitalismo, de subversiva. É revolucionária apenas enquanto votada à modernização do próprio capitalismo. Dir-se-á que a Constituição, aí, nada mais postula, no seu caráter de Constituição dirigente,[71] senão rompimento do processo de subdesenvolvimento no qual estamos imersos e, em cujo bojo, pobreza, marginalização e desigualdades, sociais e regionais, atuam em regime de causação circular acumulativa — são causas e efeitos de si próprias.

É o próprio texto constitucional, destarte, que dá razão a quem afirme que o ideário da Revolução Francesa ainda é revolucionário — então sim: *revolucionário* — entre nós. Nada mais projeta, revolucionariamente, senão que o homem deixe de ser vadio e pedinte (o que é corrente), para tanto cumprindo que no mínimo se lhe assegure direito ao trabalho e condições de dignidade. O programa que propõe não é senão o de instalação de uma sociedade

70. Sobre a dupla função do princípio da *redução das desigualdades regionais e sociais*, v. item 100.

71. V. item 27.

estruturada segundo o modelo do *Welfare State*; e, porque seja assim, a quantos sustentem que a Constituição de 1988 postula *mais* bem-estar para a sociedade brasileira cumpre respondermos rememorando diálogo entre personagens de Lewis Carrol:[72]

"*'Take some more tea'*, The March Hare said to Alice, very earnestly.

'I've had nothing yet', Alice replied in an offended tone: *'so I can't take more'*".

O princípio inscrito no art. 3º, III e parcialmente reafirmado no art. 170, IV prospera, assim — ainda que isso não seja compreensível para muitos — no sentido de, superadas as desuniformidades entre os flancos moderno e arcaico do capitalismo brasileiro, atualizá-lo. Aqui também atua como fundamento constitucional de reivindicação, da sociedade, pela realização de políticas públicas. Suas potencialidades transformadoras, por outro lado, são, no entanto, evidentes.

Como exemplo do "irrealismo antiprogressista" da Constituição de 1988, Diogo Figueiredo Moreira Neto ("O Estado e a economia na Constituição de 1988", in *Revista de Informação Legislativa*, n. 102, p. 17) aponta "o *estímulo à ociosidade* pela redução a seis horas de jornada máxima para turnos ininterruptos (art. 7º, XIV), pelo adicional de um terço no pagamento das férias (art. 7º, XVII), pela esdrúxula licença paternidade (art. 7º, XIX), pelo aviso prévio proporcional ao tempo de serviço (art. 7º, XXI), e o *desestímulo* à competição e ao aprimoramento pessoal, pela proibição demagógica de distinção entre trabalhadores braçais e intelectuais (art. 7º, XXXII), por uma exagerada estabilidade no emprego (art. 7º, I) e pelo grevismo incentivado (art. 9º)"; o texto dispensa qualquer comentário. Um empresário (in *Folha de S. Paulo*, 17.12.88, p. A-3) afirma: "No Brasil, a bem da verdade, o 'Welfare State' nunca existiu (confundido por alguns com o paternalismo estatal) porque não foram satisfeitas as condições econômicas e políticas necessárias. Iniciativas isoladas e parciais foram tomadas por políticos populistas, como Getúlio Vargas, de cuja obra, em termos de 'Welfare State', temos a legislação trabalhista de cunho corporativista, inspirada em Salazar e Mussolini, que vigora até os nossos dias"; mas conclui: "Em poucas palavras: o modelo do 'Welfare State' vigente no Brasil e sistematizado na nova Constituição, é inviável do ponto de vista histórico, estrutural, econômico e político".

72. *Alice's adventures in Wonderland. The annotated Alice*, editado por Martin Gardner, Penguin Books, Londres, 1970, p. 101.

97. Aninhado no art. 8º do texto constitucional encontra-se o *princípio da liberdade de associação profissional ou sindical — princípio constitucional impositivo* (Canotilho).

Consubstanciando desdobramento da liberdade de associação,[73] a liberdade sindical, ao mesmo tempo em que viabiliza ao trabalho organizar-se tendo em vista a articulação de suas reivindicações diante do capital organizado, atua, projetada em instituições (a instituição sindical), no sentido de *relacionar* os seus titulares com o mercado capitalista.[74]

Anota Roberto Santos ("Sindicalismo e mudança social: problemas de reorganização do sindicato no Brasil", in *Sindicalismo*, coordenação de Aryon Sayão Romita, Editora LTr, São Paulo, 1986, p. 239): "Feitas as contas, o movimento sindical surgiu para quebrar o monopólio de poder do capital na regência das relações de produção, ao mesmo tempo em que articulava e organizava as aspirações coletivas por uma sociedade mais justa que as engendradas pelos regimes econômicos até então conhecidos".

Implicando liberdades diversas — liberdade de fundação de sindicato, liberdade de adesão sindical, liberdade de atuação e liberdade de filiação[75] — o traço que mais aproxima os sindicatos nos países subdesenvolvidos será, como observa Roberto Santos,[76] "a atuação em meio à pobreza, desigualdade e subemprego tão grandes, que ser assalariado ali, possuindo um emprego, constitui quase uma distinção social"; e conclui: "É evidente que, nessas condições, o trabalho sindical teria de ultrapassar a mera autodefesa dos assalariados, para formar na frente contra a pobreza".

Daí por que aos sindicatos cabe a defesa dos direitos e interesses coletivo e individuais da categoria, inclusive em questões judiciais e administrativas (art. 7º, III) e o art. 5º, LXX, "b" confere à organização sindical legitimidade processual para a impetração de mandado de

73. Por isso mesmo a doutrina alemã inclui no bojo da Constituição Econômica o art. 9 (3) da Lei Fundamental da RFA, que garante a todas as pessoas e profissões o direito de constituir associações destinadas a defender e melhorar as condições econômicas e de trabalho.

74. Cf. Tarso Genro, "Aspectos sociais, políticos e econômicos" (do sindicalismo), in *Sindicalismo*, cit., p. 13.

75. José Afonso da Silva, *Curso de Direito Constitucional Positivo*, cit., 23ª ed., p. 300.

76. Ob. cit., pp. 241-242.

segurança coletivo; além disso, é obrigatória a participação dos sindicatos nas negociações coletivas de trabalho (art. 7º, VI).

98. O art. 9º da Constituição de 1988 abriga o *princípio da garantia do direito de greve — princípio constitucional impositivo* (Canotilho) também.

A greve é a arma mais eficaz de que dispõem os trabalhadores como meio para a obtenção de melhoria em suas condições de vida.[77] Consubstancia um *poder de fato;* por isso mesmo que, tal como positivado o princípio no texto constitucional, recebe concreção, imediata — sua auto-aplicabilidade é inquestionável — como direito fundamental de natureza instrumental.

> Desse modo, como averba José Afonso da Silva (*Curso de Direito Constitucional Positivo*, cit., 23ª ed., p. 303), "se insere no conceito de *garantia constitucional*, porque funciona como meio posto pela Constituição à disposição dos trabalhadores, não como um bem auferível em si, mas como um recurso de última instância para a concretização de seus direitos e interesses".

A Constituição, tratando dos trabalhadores em geral, não prevê *regulamentação* do direito de greve: a eles compete decidir sobre a oportunidade de exercê-lo e sobre os interesses que devam por meio dela defender. Por isso que não pode a lei restringi-lo, senão protegê-lo, sendo constitucionalmente admissíveis todos os tipos de greve: greves reivindicatórias, greves de solidariedade, greves políticas, greves de protesto.[78] Não obstante, os abusos no seu exercício, como, de resto, qualquer abuso de direito ou liberdade, sujeitam os responsáveis às penas da lei (§ 2º do art. 9º) — lei que, repito, não pode restringir o uso do direito.

A Constituição (§ 1º do art. 9º) apenas estabelece que lei definirá os serviços ou atividades essenciais e disporá sobre o atendimento das necessidades inadiáveis da comunidade.

O art. 37, VII, consubstancia norma especial em relação ao caráter geral do preceito veiculado pelo art. 9º, estabelecendo, no que tange aos servidores públicos, que "o direito de greve será

77. Claude-Albert Colliard, ob. cit., p. 721.

78. Cf. José Afonso da Silva, *Curso de Direito Constitucional Positivo*, cit., 23ª ed., p. 303.

exercido nos termos e limites definidos em lei específica". Isso se explica por duas razões.

Em primeiro lugar porque na relação estatutária do emprego público não se manifesta tensão entre trabalho e capital, tal como se realiza no campo da exploração da atividade econômica pelos particulares. Neste, o exercício do poder de fato, a greve, coloca em risco os interesses egoísticos do sujeito detentor de capital – indivíduo ou empresa – que, em face dela, suporta, em tese, potencial ou efetivamente redução de sua capacidade de acumulação de capital. Verifica-se, então, oposição direta entre os interesses dos trabalhadores e os interesses dos capitalistas. Como a greve pode conduzir à diminuição de ganhos do titular de capital, os trabalhadores podem, em tese, vir a obter, efetiva ou potencialmente, algumas vantagens mercê do seu exercício. O mesmo não se dá na relação estatutária, no âmbito da qual, em tese, aos interesses dos trabalhadores não correspondem, antagonicamente, interesses individuais, senão o interesse social. Vale dizer: a greve no serviço público não compromete, diretamente, interesses egoísticos, mas sim os interesses dos cidadãos que necessitam da prestação do serviço público. Por isso é relativamente tênue, por exemplo, enquanto poder de fato dotado de capacidade de reivindicação social, a greve exercida no setor do ensino público. Como a falta da utilidade social somente será sentida a tempo mais longo, as paralisações aí praticadas permanecem durante largos períodos de tempo, até que as reivindicações às quais estejam voltadas sejam atendidas, quando isso ocorra.

Em segundo lugar, a relação do emprego público é instrumental, direta ou indiretamente, da provisão de serviços públicos, cuja continuidade há de ser assegurada em benefício do todo social.

Daí o caráter especial – de norma especial – do art. 37, VII, em relação à norma geral extraída do art. 9º da Constituição do Brasil, cujo § 1º diz que "a lei definirá os serviços ou atividades essenciais e disporá sobre o atendimento das necessidades inadiáveis da coletividade".

Por isso entendo que a Lei n. 7.783, de 20.6.89, atinente à greve dos trabalhadores em geral, não se presta a regular o exercício do direito de greve pelos servidores públicos. Este reclama regulação peculiar, mesmo porque "serviços ou atividades essenciais" e "necessidades inadiáveis da coletividade" não se superpõem a "serviços públicos", e vice-versa. Trata-se, aí, de atividades próprias do setor privado, de um lado – ainda que essenciais, voltadas ao atendimento de necessidades inadiáveis da coletividade – e de atividades próprias do Estado, de outro.

A matéria encontra-se na pauta do STF, para ser reapreciada no Mandado de Injunção 712-8.

V. itens 36 a 38. O *lock-out* não é previsto pelo texto constitucional. Sua prática é adversa ao princípio da função social da propriedade (art. 170, III), justificando-se assim, quando se trate de propriedade cuja dinamização for indispensável à imediata prestação de serviço ou atividade de interesse social, a requisição dela — ou mesmo sua desapropriação — pelo Estado; considere-se, a propósito, o preceito inserido no art. 5º, XXV do texto constitucional.

99. A ordem econômica, como vimos, tem por fim assegurar a todos existência digna, conforme — diz o art. 170, *caput* — os *ditames da justiça social*. Na referência a ela, a consagração de *princípio constitucionalmente conformador* (Canotilho).

O princípio da *justiça social*, assim, conforma a concepção de existência digna cuja realização é o fim da ordem econômica e compõe um dos fundamentos da República Federativa do Brasil (art. 1º, III).

Justiça social é conceito cujo termo é indeterminado (note-se que "conceitos indeterminados", não os há[79]), contingencial. Do que seja *justiça social* temos a idéia, que fatalmente, no entanto, sofreria reduções — e ampliações — nesta e naquela consciência, quando enunciada em qualificações verbais. É que *justiça social* é expressão que, no contexto constitucional, não designa meramente uma *espécie* de justiça, porém um seu *dado ideológico*. O termo "*social*", na expressão, como averbei em outra oportunidade,[80] não é adjetivo que qualifique uma forma ou modalidade de justiça, mas

79. V. meu *Direito, conceitos e normas jurídicas*, cit., pp. 72 e ss.
80. *Elementos de Direito Econômico*, cit., p. 55.

que nela se compõe como substantivo que a integra. Não há como fugir, assim, à necessidade de discernirmos sentido próprio na expressão, naturalmente distinto daquele que alcançamos mediante a adição dos sentidos, isolados, dos vocábulos que a compõem.

Justiça social, inicialmente, quer significar superação das injustiças na repartição, a nível pessoal, do produto econômico. Com o passar do tempo, contudo, passa a conotar cuidados, referidos à repartição do produto econômico, não apenas inspirados em razões micro, porém macroeconômicas: as correções na injustiça da repartição deixam de ser apenas uma imposição ética, passando a consubstanciar exigência de qualquer política econômica capitalista.

Curiosamente, no entanto, porque envolvida em manto ético, a sua inserção no nível constitucional, como princípio — que já ocorria, inutilmente, desde a Constituição de 1946 —, não sofre contestação pública nem dos mais radicais adeptos do liberalismo. A Constituição de 1946 (art. 145) afirmava devesse a ordem econômica "ser organizada conforme os princípios da justiça social"; a Constituição de 1967 (art. 157) ter, a ordem econômica, "por fim realizar a justiça social"; a Emenda Constitucional n. 1/69 (art. 160), ter ela por fim "realizar o desenvolvimento nacional e a justiça social". Geraldo Vidigal (*Fundamentos do Direito Financeiro*, Ed. RT. São Paulo, 1973, pp. 211 e ss.), identificando *justiça social* e *bem estar*, a contrapunha ao *desenvolvimento*; para uma crítica dessa concepção, meu *Elementos de Direito Econômico*, cit., pp. 56-57.

A posição ocupada pelo princípio na Constituição de 1988, como determinante da concepção de existência digna — que a Emenda Constitucional n. 1/69 (art. 160, II) e a Constituição de 1967 (art. 157, II) faziam repousar apenas na valorização do trabalho humano e a Constituição de 1946 visualizava possibilitada na segurança do trabalho ("a todos é assegurado trabalho" — parágrafo único do art. 145) — lhe confere extremada relevância enquanto conformador, também, de todo exercício de atividade econômica.[81]

81. V. item 85.

100. O primeiro dos princípios enunciados, entre aqueles a serem observados, de modo que a ordem econômica, fundada na valorização do trabalho humano e na livre iniciativa, realize o fim de assegurar a todos existência digna, conforme os ditames da justiça social, é o da *soberania nacional* (art. 170, I). Trata-se, aí, de *princípio constitucional impositivo* (Canotilho), a cumprir dupla função, como instrumental e como objetivo específico a ser alcançado. É que a *soberania nacional* — assim como os demais princípios elencados nos incisos do art. 170 — consubstancia, concomitantemente, instrumento para a realização do fim de assegurar a todos existência digna e objetivo particular a ser alcançado. Neste segundo sentido, assume a feição de *diretriz* (Dworkin) — *norma-objetivo* — dotada de caráter *constitucional conformador*. Enquanto tal, justifica reivindicação pela realização de políticas públicas.

A Constituição cogita, aí, da *soberania econômica*, o que faz após ter afirmado, excessivamente — pois sem ela não há Estado —, a *soberania política*, no art. 1º, como fundamento da República Federativa do Brasil, e, no art. 4º, I, a *independência nacional* como princípio a reger suas relações internacionais.

A afirmação da *soberania nacional econômica* não supõe o isolamento econômico, mas antes, pelo contrário, a modernização da economia — e da sociedade — e a ruptura de nossa situação de dependência em relação às sociedades desenvolvidas.[82]

Talvez um dos sintomas mais pronunciados dessa dependência se encontre, nos nossos dias, como anotei em outra oportunidade,[83] na dissociação entre a *tecnologia usada* e a pobreza da *tecnologia concebida ou concebível* pelas sociedades dependentes. No nosso caso, o processo de industrialização que nos legou um *capitalismo tardio* — ou seja, instalado em um momento em que, como observa João Manuel Cardoso de Mello,[84] "o capitalismo monopolista se torna dominante em escala mundial, isto é, em que a economia mundial capitalista já está constituída" — produziu, entre outras seqüelas, a da institucionalização de nossos agentes

82. V., no item 7, a alusão ao *capitalismo assistencial*.

83. "La réserve de marché, au Brésil, pour la production de biens informatiques", in *Revue Internationale de Droit Économique*, 1989, 2, pp. 219-220.

84. *O capitalismo tardio*, 7ª ed., Ed. Brasiliense, São Paulo, 1988, p. 98.

econômicos como meros intermediários entre produtores industriais estrangeiros e o mercado. Deles se fez agentes comerciais de repasse de tecnologia importada ao consumidor — cuida-se não de *produtores industriais*, mas de *fabricantes*. Os anos sessenta, com a consolidação das corporações multinacionais no mercado internacional, definiram, nitidamente, o nosso papel de consumidores de tecnologia externa.

Ao par disso, uma certa conotação ideológica conferida à concepção de "modernização" tende a perpetuar esse papel. Na medida em que se sustenta sobre a organização da empresa capitalista — e também sobre a organização do Estado-aparato — a "modernização" impõe a institucionalização de um agir econômico e administrativo orientado pela racionalidade voltada aos fins (*Zweckrationalitat*).[85] No quadro ideológico da "modernização", a racionalidade da divisão do trabalho leva naturalmente à condenação, como "irracional", de toda e qualquer tendência à utilização de tecnologia local, pelas sociedades subdesenvolvidas, ou esforço para concebê-la. Nesse mesmo quadro, por outro lado, os conceitos de Estado e de Nação são apontados como obstáculos ao desenvolvimento, de modo que, sempre, a afirmação da busca de desenvolvimento tecnológico local é contestada sob o argumento de que "o nacionalismo é retrógrado". O fato, de toda sorte, é que não apenas em tal quadro ideológico de "modernização", mas também na práxis hegemônica por ele informada, ainda que possa, a engenharia local, diante de tecnologias primitivas participar do processo de sua concepção, finda por restar definitivamente alijada do processo produtivo quando a tecnologia é mais sofisticada.

Afirmar a *soberania econômica nacional* como instrumento para a realização do fim de assegurar a todos existência digna e como objetivo particular a ser alcançado é definir programa de políticas públicas voltadas — repito — não ao isolamento econômico, mas a viabilizar a participação da sociedade brasileira, em condições de igualdade, no mercado internacional.

85. Habermas, *Der philosophishe Diskurs der Moderne*, Erste Auflage, Suhrkamp, Frankfurt am Main, 1988, p. 9 (há tradução italiana — *Il discurso filosofico della modernitá*, trad. de Emilio Agazzi, 2ª ed., Editori Laterza, Roma, 1988, p. 2 — e tradução francesa — *Le discours philosophique de la modernité*, trad. de Christian Bouchindhomme e Rainer Rochlitz, Gallimard, Paris, 1988, p. 2).

A importância do princípio, que encontra concreção já em regras contidas no próprio texto constitucional, das quais adiante tratarei,[86] é, por isso mesmo, extremada.

A propósito da indagação a respeito do que significa, atualmente, nos quadros da natureza singular do presente, ser *moderno*, podemos tomar como objeto de análise, inicialmente, o tratamento normativo que os países desenvolvidos vêm dando à preferência conferida pelo Estado na aquisição de bens e serviços a empresas nacionais.

Refiro, inicialmente, o "American Technology Preeminence Act of 1991", de 14 de fevereiro de 1992, dos Estados Unidos da América do Norte, no qual encontramos os seguintes preceitos: "*Sec. 102. Statement of Policy*. Congress finds that in order to help United States industries to speed the development of new products and processes so as to maintain the economic competitiveness of the Nation, it is necessary to strengthen the programs and activities of the Department of Commerce's Technology Administration and National Institute of Standards and Technology"; "*Sec. 111. Buy-American Provisions. (...) (c) Buy-American Requirement* – (1) The Secretary is authorized to award to a domestic firm a contract for the purchase of goods that, under the use of competitive procedures, would be awarded to a foreign firm, if – (A) the final product of the domestic firm will be completely assembled in the United States; (B) when completely assembled, more than 50 percent of the final product of the domestic firm will be domestically produced; and (C) the difference between the bids submitted by the foreign and domestic firms is not more than 6 percent"; "*Sec 201. Emerging Technologies Research and Development. (...) (b) Findings and Purposes* – (1) The Congress finds that – (A) technological innovation and its profitable inclusion in commercial products are critical components of the ability of the United States to raise the living standards of Americans and to compete in world markets; (B) maintaining viable United States-based high technology industries is vital to both the national security and the economic well-being of the United States; (C) the Department of Commerce has reported that the United States is losing or losing badly, relative to Japan and Europe, in many important emerging technologies and risks losing much of the $350,000,000,000 United States market and $1,000,000,000,000 world market expected to develop by the year 2000 for products based on emerging technologies; (D) it is in the national interest for the Federal Government to encourage and, in selected cases, provide limited financial assistance to industry-led private sector efforts to increase research and development in economically critical areas of technology; (E) joint ventures are a particularly

86. V. itens 113 a 115.

effective and appropriate way to pool resources to conduct research that no single company is likely to undertake but which will create new generic technologies that will benefit an entire industry and the welfare of the Nation; (F) it is vital that industry within the United States attain a leadership role and capability in development, design, and manufacturing in fields such as high-resolution information systems, advanced manufacturing, and advanced materials; and (G) the Advanced Technology Program, established under section 28 of the National Institute of Standards and Technology Act (15 U.S.C. 278n), is the appropriate vehicle for the United States Government to provide limited assistance to joint development within the United States of new high technology capabilities in fields such as high-resolution information systems, advanced manufacturing technology, and advanced materials, and can help encourage United States industry to work together on problems of mutual concern. (2) The purposes of this section are – (A) to strengthen the Advanced Technology Program created under section 28 of the National Institute of Standards and Technology Act (15 U.S.C. 278n), and to provide improved guidelines for the allocation of Advanced Technology Program funds appropriated under the authorizations contained in section 105 of this Act; (B) to promote and assist in the development of advanced technologies and the generic application of such technologies to civilian products, processes, and services; (C) to improve the competitive position of United States industry by supporting industry-led research and development projects in areas of emerging technology which have substantial potential to advance the economic well-being and national security of the United States, such as high-resolution information systems, advanced manufacturing technology, and advanced materials; and (D) to support projects that range from idea exploration to prototype development and address long-term, high-risk areas of technological research, development, and application that are not otherwise being adequately developed by the private sector, but are likely to yield important benefits to the Nation. (...) (6) Section 28(d) of the National Institute of Standards and Technology Act (15 U.S.C. 278n(d)(7) is amended – (...) (C) by adding at the end the following new paragraphs: '(9) A company shall be eligible to receive financial assistance under this section only if – (A) the Secretary finds that the company's participation in the Program would be in the economic interest of the United States, as evidenced by investments in the United States in research, development, and manufacturing (including, for example, the manufacture of major components or subassemblies in the United States); significant contributions to employment in the United States; and agreement with respect to any technology arising from assistance provided under this section to promote the manufacture within the United States of products resulting from that technology (taking into account the goals of promoting the competitiveness of United States industry), and to procure parts and materials from competitive suppliers".

Observo, de outra parte, que embora o item 1 do art. III do GATT estabeleça que os tributos internos de cada país signatário do tratado "should not be applied to imported or domestic products so as to afford protection to domestic production", define a letra "b" do item 8 deste mesmo art. III: "(b) The provisions of this Article shall not prevent the payment of subsidies exclusively to domestic producers, including payments to domestic producers derived from the proceeds of internal taxes or charges applied consistently with the provisions of this Article and subsidies effected through governmental purchases of domestic products" (em vernáculo: "as disposições deste Artigo não impedem o pagamento de benefícios (*subsídios*) exclusivamente a produtores domésticos, inclusive os pagamentos a produtores domésticos com recursos oriundos da arrecadação de tributos e encargos aplicados de conformidade com as provisões deste Artigo e benefícios (*subsídios*) concedidos sob a forma de compra de produtos nacionais (*domésticos*) pelos poderes públicos)".

Tudo isso autoriza a conclusão de que afirmar a *soberania econômica nacional* como instrumento para a realização do fim de assegurar a todos existência digna e como objetivo particular a ser alcançado é definir políticas públicas voltadas à viabilização da participação da sociedade nacional, em condições de igualdade, no mercado internacional. Ao contrário do que se tem sustentado, pois, essa afirmação conduz não ao isolamento econômico, porém precisamente àquela viabilização.

Essa participação depende da possibilidade local de geração de tecnologia. Daí a razão de discriminações do tipo acima referido serem praticadas mesmo pelos Estados desenvolvidos, em defesa da economia nacional, em nome do princípio da sua *soberania*. Relembre-se, ainda nos Estados Unidos, o chamado *"caso Fujitsu"*, noticiado pela revista *Fortune*, de 22.3.82, pp. 56 e ss. O governo norte-americano instaurou procedimento licitatório tendo por objeto a aquisição de quatrocentas e quatro milhas de fibras óticas para a ligação da rede telefônica entre Washington e Boston, a ser instalada pela American Telephone & Telegraph (AT&T). Embora a proposta da Fujitsu, empresa japonesa, fosse bem inferior à da concorrente americana, a Western Electric – seu preço era 33% superior àquele – o objeto da licitação foi atribuído a esta última, por razões, alegadas, de segurança nacional (*national-security*). Outra razão, no entanto, exposta por Bernie Wunder – Assistant Secretary of Commerce for Communications and Information – determinou essa decisão. Diz a revista *Fortune*, na p. 59: "In the meantime Bernie Wunder met privately with a group of executives from telecommunications-equipment companies. According to one, Wunder asked them, 'How do we open up the AT&T market without giving it away to the Japanese?' Wunder says his concern was to protect the 'infant' U.S. fiber-optics industry. John Morgan, a legislative-affairs specialist at the Communications Workers of America, lobbied the same Congressmen and bureaucrats, and more – among them Representative Timothy E. Wirth, chairman of the House subcommittee for telecommunications – arguing that jobs would be lost if the Japanese conquered the fiber-optics market".

A compreensão disso tudo nos permite alcançar o sentido da disposição inscrita no art. 219 da Constituição de 1988: "O mercado interno integra o patrimônio nacional e será incentivado de modo a viabilizar o desenvolvimento cultural e sócio-econômico, o bem-estar da população e a autonomia tecnológica do País, nos termos de lei federal".

De resto, ainda os seguintes fatos devem ser rememorados:

O *New York Times*, em edição de 8.5.84, noticiou o discurso do então chefe da CIA, William Casey, que considerou as associações das empresas japonesas de computadores Fujitsu e Hitachi com as americanas Amdahl e National, respectivamente, como prejudiciais à segurança nacional dos EUA, por configurarem verdadeiros "Cavalos de Tróia". O futuro acabou por confirmar sua preocupação, na crescente dependência daquelas empresas norte-americanas em relação às parceiras japonesas.

O Presidente Reagan, em 1983, sancionou lei que proibiu a importação de motocicletas de 800 c.c. para proteger a norte-americana Harley Davidson da concorrência dos fabricantes japoneses Honda, Suzuki, Yamaha e Kawasaki.

Depois, em maio de 1986, o Presidente dos EUA declarou que estava buscando Acordos de Restrição Voluntária – eufemismo a designar proibição de importações – sobre máquinas-ferramentas para atender a reclamação da Associação Nacional de Construtores de Máquinas-Ferramentas contra a agressividade dos produtores alemães, japoneses, suíços e de Taiwan.

Os Secretários de Defesa e de Comércio dos EUA vetaram a aquisição do controle da empresa Fairchild, fabricante de componentes microeletrônicos, pela japonesa Fujitsu, sob alegação de que isso afetaria a segurança nacional dos EUA. Na ocasião, o controle da Fairchild era da Schlumberger, uma empresa francesa. A discriminação do capital foi, portanto, pontual (contra japoneses). Não havia suporte legal a fundamentar o veto.

O Departamento de Comércio dos EUA, em outra ocasião, impediu que o Massachusetts Institute of Technology-MIT adquirisse um supercomputador da NEC japonesa, restando obrigado a adquiri-lo a um fabricante americano.

Para fazer face ao avassalador crescimento das empresas japonesas na produção de componentes semicondutores, o Governo americano aliou-se a treze empresas, entre as quais a IBM, visando ao desenvolvimento e produção de *chips*. Tal iniciativa, consubstanciada na constituição da Sematech, foi reivindicada pelo Centro de Tecnologia Política e Desenvolvimento, do MIT, no sentido de proteger os grandes grupos industriais norte-americanos face ao iminente domínio japonês do mercado mundial de semicondutores.

O protecionismo norte-americano aparece bem marcado no "Buy American Act", de 1933, sucessivamente atualizado. O "Manufacturing Act", de 1984, visando a alavancar a indústria livreira norte-americana, vedava a entrada, no território norte-americano, de livros impressos, em inglês, no exterior.

O "Omnibus Trade Bill", de 1988, ampliou os poderes do Presidente dos EUA, autorizando-o a investigar, sob a ótica de segurança nacional, as associações e aquisições de empresas americanas (o que já vinha sendo praticado à margem da lei) e, ainda, a restringir os investimentos estrangeiros.

A Presidente do Conselho de Assessoria Econômica do Presidente Bill Clinton, no livro *Who's bashing whom? Trade Conflict in High Technology Industries*, editado em 1992, recomenda providências de caráter defensivo visando à proteção de indústrias que estejam sendo prejudicadas por práticas de concorrentes estrangeiros, atitude que refere como de *cautious activism*. O discurso de livre comércio apregoado pelos americanos, segundo ela, não mais se aplica aos setores de alta tecnologia.

Os países da UE adotam, para alguns setores, normas que prevêem o tratamento discriminatório contra fornecedores de países que não tenham estabelecido acordos com a União Européia, assegurando o acesso recíproco às compras do setor público.

No Japão, a reserva de mercado é praticada de forma intensa, mencionando-se a da indústria automobilística, em 1936, as das áreas de mecânica e eletroeletrônica, a partir dos anos 50, a dos semicondutores, na década de 70, até a relativa ao arroz, na década de 90 do século passado. Além disso, o Governo participa, intensamente, na alavancagem das indústrias tidas como importantes para o interesse nacional.

101. Os incisos II e III do art. 170 enunciam como princípios da ordem econômica, respectivamente, a *propriedade privada* e a *função social da propriedade*, que examinarei conjuntamente. Cuida-se de *princípios constitucionais impositivos* (Canotilho), afetados porém pela dupla função a que anteriormente referi.[87] Os princípios, pois, consubstanciam também *diretrizes* (Dworkin) — *normas-objetivo* — dotadas de caráter *constitucional conformador*. Justifica-se, aí também, a reivindicação pela realização de políticas públicas.

O primeiro ponto a salientar, no tratamento da matéria, respeita ao fato de que, embora isso passe despercebido da generalidade dos que cogitam da *função social da propriedade*, é seu pressuposto necessário a *propriedade privada*. Embora se possa referir da função social das empresas estatais, *v.g.* — quais as *funções sociais* por elas cumpridas como prestadoras de serviço público e como exploradores de atividade econômica em sentido estrito?[88] —, a idéia da *função social* como vínculo que atribui à propriedade conteúdo específico, de sorte a moldar-lhe um novo conceito, só tem sentido e razão de ser quando referida à *propriedade privada*. A alusão à função social da *propriedade estatal* qualitativamente nada inova, visto ser ela dinamizada no exercício de uma *função pública*. E a referência à função social da *propriedade coletiva*, como vínculo a tangê-la, consubstanciaria um pleonasmo. Não obstante, embora a afirmação da *função social da propriedade* compreenda, prévia — porém não declarada, explicitamente — afirmação da *propriedade privada*, umas tantas vezes a primeira afirmação foi e permanece sendo, tida como "revolucionária".

O segundo ponto a prontamente salientar está relacionado à circunstância de a Constituição de 1988, no Capítulo dos Direitos e Deveres Individuais e Coletivos, art. 5º, XXII e XXIII, sucessivamente ter prescrito que *"é garantido o direito de propriedade"* e *"a propriedade atenderá a sua função social"*. Neste art. 5º, no entanto — note-se —, a propriedade é tratada como *direito individual*. Aqui se impõe, portanto, uma precisão.

A fim de alcançar esta precisão, parto do exame dos seguintes preceitos colhidos em Constituições socialistas:

a) "El Estado protege el derecho de propiedad de los ciudadanos sobre sus ingresos legítimos, ahorros, casas de vivienda y otros bienes legítimos. El Estado protege, de acuerdo con las estipulaciones de la ley, el derecho de los ciudadanos a heredar

87. V. item 100.
88. V. item 39.

los bienes privados" — art. 13 da Constituição da República Popular da China, de 4 de dezembro de 1982;[89]

b) "Se garantiza la propiedad personal sobre los ingresos y ahorros procedentes del trabajo propio, sobre la vivienda que se posea con justo titulo de dominio y los demás bienes y objetos que sirven para la satisfacción de las necesidades materiales y culturales de la persona. Asimismo, se garantiza la propiedad sobre medios y instrumentos de trabajo personal o familiar que no se emplean para explotar el trabajo ajeno"; "El Estado reconoce la propiedad de los agricultores pequeños sobre sus tierras y otros medios y instrumentos de producción, conforme a lo que establece la ley" — arts. 22 e 20 da Constituição da República de Cuba, de 15 de fevereiro de 1976;[90]

c) "A base da propriedade pessoal dos cidadãos da URSS são as receitas provenientes do trabalho. Podem ser propriedade pessoal, objetos usuais, de consumo e comodidade pessoais e da economia doméstica auxiliar, a casa de habitação e as economias procedentes do trabalho. A propriedade pessoal dos cidadãos e o direito de herdá-las são protegidos pelo Estado" — art. 13 da Constituição da União das Repúblicas Socialistas Soviéticas, de 7 de outubro de 1977;[91]

d) "Están garantizados la propiedad personal de los ciudadanos y el derecho de herencia. La propiedad personal sirve a la satisfacción de las necesidades materiales y culturales de los ciudadanos. Los derechos de autor y de inventor están protegidos por el Estado socialista. El uso de la propiedad y de los derechos de autor y de inventor no debe estar en contradicción con los intereses de la sociedad" — art. 11 da Constituição da República Democrática da Alemanha, de 6 de abril de 1968, com as alterações de 7 de outubro de 1974;[92]

e) "A República Popular da Hungria reconhece e protege a propriedade pessoal"; "A Constituição garante os direitos sucessórios" — arts. 11 e 13 da Constituição da República Popular da

89. *Constituição do Brasil e Constituições Estrangeiras*, v. I, Senado Federal, Brasília, 1987, p. 291.

90. Idem, p. 329.

91. Idem, v. II, p. 927.

92. *Constituições Estrangeiras*, v. I, Senado Federal, Brasília, 1987, pp. 16-17.

Hungria (Lei XX de 1949, com as modificações sancionadas pela Lei I de 1972 e pela Lei I de 1975);[93]

f) "La Republica Popular de Polonia reconoce la propiedad individual y el derecho de heredar tierras y otros medios de producción pertenecientes a campesinos, artesanos y trabajadores caseros y protege estos derechos de acuerdo con las leyes vigentes"; "La República Popular de Polonia garantiza plenamente la protección de la propiedad personal de los ciudadanos y el derecho a heredarla" — arts. 17 e 18 da Constituição da República Popular da Polônia, de 22 de julho de 1952;[94]

g) "A propriedade individual dos cidadãos sobre os bens de consumo, particularmente sobre os objetos de uso pessoal e doméstico, casas de família e poupanças adquiridas pelo trabalho, é inviolável. O direito à herança da propriedade individual é garantido" — art. 10 da Constituição da República Socialista da Tchecoslováquia, de 11 de julho de 1960.[95]

Dispenso-me de prosseguir transcrevendo preceitos enunciados, na mesma linha, por Constituições socialistas, que muito haveria ainda a mencionar.[96]

O que se impõe salientar é a distinção que aparta a propriedade dotada de *função social* da propriedade dotada de *função individual*.

102. A propriedade — observa Fábio Konder Comparato[97] — "sempre foi justificada como modo de proteger o indivíduo e

93. Idem, p. 84.

94. Idem, p. 111.

95. Idem, p. 168.

96. *V.g.*, arts. 21 e 27 da Constituição da República Popular da Bulgária, de 16.5.71 (*Constituições Estrangeiras*, cit., pp. 59 e 60); arts. 11, 12, 36 e 37 da Constituição da República Socialista da Romênia, de 18 de março de 1975 (idem, pp. 138 e 142); arts. 44, 103 e 108 da Constituição da Nicarágua, de 19 de novembro de 1986 (*Constituições Estrangeiras*, v. II, Senado Federal, Brasília, 1987, pp. 73, 83 e 84); art. 10 da Lei Constitucional da República Popular de Angola, de 10 de novembro de 1975, revista e alterada em 11 de agosto de 1980 (*Constituições Estrangeiras*, v. 3, Senado Federal, Brasília, 1987, p. 11); arts. 11 e 13 da Constituição da República de Cabo Verde, de 5 de setembro de 1980, revista em 12 de fevereiro de 1981 (idem, pp. 46 e 47); arts. 12 e 13 da Constituição da República Popular de Moçambique, de 20 de junho de 1975, com as alterações aprovadas em 13 de agosto de 1978 (idem, p. 90).

97. "Função social da propriedade dos bens de produção", in *RDM* 63/73.

sua família contra as necessidades materiais, ou seja, como forma de prover à sua subsistência. Acontece que na civilização contemporânea, a propriedade privada deixa de ser o único, senão o melhor meio de garantia da subsistência individual ou familiar. Em seu lugar aparecem, sempre mais, a garantia de emprego e salário justo e as prestações sociais devidas ou garantidas pelo Estado, como a previdência contra os riscos sociais, a educação e a formação profissional, a habitação, o transporte, e o lazer".

Aí, enquanto instrumento a garantir a subsistência individual e familiar — a dignidade da pessoa humana, pois — a propriedade consiste em um *direito individual* e, iniludivelmente, cumpre *função individual*. Como tal é garantida pela generalidade das Constituições de nosso tempo, capitalistas e, como vimos, socialistas. A essa propriedade não é imputável *função social*; apenas os abusos cometidos no seu exercício encontram limitação, adequada, nas disposições que implementam o chamado *poder de polícia*[98] estatal.

Aqui se cogita, portanto, de *uma* propriedade distinta daquela(s) outra(s) afetada(s), em sua(s) raiz(es), pela *função social*. Daí porque a afirmação da sua função social, no art. 5º, XXIII, não se justifica.[99] Note-se inclusive que a desapropriação por *utilidade pública*, explicitada no inciso XXIV deste mesmo art. 5º, é distinta da desapropriação por *interesse social*, aí também consignada e, mais ainda, no § 4º, III do art. 182 e no art. 184 da Constituição. Por se tratar de propriedade com *função individual*, aliás, é que o art. 185, I define como insuscetível de desapropriação para fins de reforma agrária (mas não por razões de utilidade pública ou por outro motivo de interesse social) a pequena e a média propriedade rural, assim definida em lei, desde que seu proprietário não possua outra.

Definida tal precisão, devo ainda deitar atenção a outras distinções fundamentais, que se impõe considerar a fim de que a análise do tema da *função social da propriedade* possa livremente fluir.

98. V. item 104.

99. Por isso — porque se cogita, no caso, de direitos individuais — é que não incluo no bojo da ordem econômica (mundo do dever ser), tal como a considero, tanto esses preceitos (incisos XXII e XXIII), quanto os enunciados nos incisos XIII, XVII, XXVII, XXVIII, XXIX e XXX do art. 5º. De resto, cuida-se aí de *regras* e não de *princípios* (v. Capítulo 4).

103. A *propriedade*, afirmada pelo texto constitucional, reiteradamente, no art. 5º, no inciso XXII do art. 5º e no art. 170, III, não constitui um instituto jurídico, porém um conjunto de institutos jurídicos relacionados a distintos tipos de bens.[100]

> A propriedade não constitui uma instituição única, mas o conjunto de várias instituições, relacionadas a diversos tipos de bens. Não podemos manter a ilusão de que à unicidade do termo — aplicado à referência a situações diversas — corresponde a real unidade de um compacto e íntegro instituto. A propriedade, em verdade, examinada em seus distintos perfis — subjetivo, objetivo, estático e dinâmico — compreende um conjunto de vários institutos. Temo-la, assim, em inúmeras formas, subjetivas e objetivas, conteúdos normativos diversos sendo desenhados para aplicação a cada uma delas, o que importa no reconhecimento, pelo direito positivo, *da multiplicidade da propriedade.*

Assim, cumpre distinguirmos, entre si, a propriedade de valores mobiliários, a propriedade literária e artística, a propriedade industrial, a propriedade do solo, *v.g.* Nesta última, ainda, a propriedade do solo rural, do solo urbano e do subsolo.[101]

Uma segunda distinção, ademais, há de ser procedida, entre propriedade de bens de consumo e propriedade de bens de produção. Como lembrei em outra ocasião,[102] é de Giovanni Coco[103] a observação de que a moderna legislação econômica considera a disciplina da propriedade como elemento que se insere no processo produtivo, ao qual converge um feixe de outros interesses que concorrem com aqueles do proprietário e, de modo diverso, o condicionam e por ele são condicionados. Esse novo tratamento normativo respeita unicamente aos bens de produção, dado que o ciclo da propriedade dos bens de consumo se esgota na sua própria fruição. Apenas em relação aos bens de produção se pode colocar o problema do conflito entre propriedade e trabalho e do binômio propriedade-empresa. Esse novo direito — nova legisla-

100. V. meus *Elementos de Direito Econômico*, cit., pp. 113 e 123-124, e *Direito Urbano*, cit., p. 64.

101. Tome-se, na Constituição de 1988, o art. 182 e parágrafos (solo urbano), os arts. 184 a 186 (solo rural), o art. 176 (subsolo).

102. *Elementos de Direito Econômico*, cit., pp. 123-124.

103. *Crisi ed evoluzione nel diritto di proprietá*, Giuffrè, Milão, 1965, pp. 224-225.

ção — implica prospecção de uma nova fase (um aspecto, um perfil) do direito de propriedade, diversa e distinta da tradicional: a *fase dinâmica*.

Aí, incidindo pronunciadamente sobre a propriedade dos bens de produção, é que se realiza a *função social da propriedade*. Por isso se expressa, em regra, já que os bens de produção são postos em dinamismo, no capitalismo, em regime de empresa, como *função social da empresa*.[104] Por isso, também, é que — como enfatiza Fábio Konder Comparato[105] — já não é ela um poder-dever do proprietário, mas do controlador.

A função social da empresa - que suponho já estivesse embrionariamente postulada na contribuição de Courcelle-Seneuil, na afirmação da função social do comerciante, do proprietário e do capitalista - aparece indiretamente no art. 42 da Constituição Italiana: "É livre a iniciativa econômica privada. Não pode, todavia, desenvolver-se em contraste com a utilidade social ou de modo a causar dano à segurança, à liberdade, à dignidade humana. A lei determina os programas e os meios de fiscalização destinados à direção e coordenação da atividade econômica, pública e privada, para fins sociais". Nele resulta consagrada, em sua integralidade - o segundo inciso da disposição autorizando a imposição de limites negativos e o terceiro a imposição de limites positivos à iniciativa econômica - a função social da iniciativa econômica, portanto a função social da empresa. O princípio está também consagrado no direito positivo brasileiro. O art. 154 e o parágrafo único do art. 116 da Lei 6.404/76 referem, de modo expresso, respectivamente, a função social da empresa e a função social da companhia. O princípio da função social da propriedade ganha substancialidade precisamente quando aplicado à propriedade dos bens de produção, ou seja, na disciplina jurídica da propriedade de tais bens, implementada sob compromisso com a sua destinação. A propriedade sobre a qual os efeitos do princípio são refletidos com maior grau de intensidade é justamente a propriedade, em dinamismo, dos bens de produção. Na verdade, ao nos referirmos à função social dos bens de produção em dinamismo, estamos a aludir à *função social da empresa*.

As limitações, negativas e positivas, aplicáveis ao dinamismo da propriedade, expressam técnicas de Direito Econômico (proibição de estocagem, controle de preços, direcionamento da produção, *v.g.*). Em

104. V. o art. 154 e o parágrafo único do art. 116 da Lei das Sociedades por Ações (Lei n. 6.404/76).

105. "Função social da propriedade dos bens de produção", cit., p. 77.

verdade, grande parte do conteúdo dele é nutrido por projeções específicas daquele princípio – ainda que tais projeções no seu âmbito se dilatem e findem por extrapolar os bens de produção. A propósito, note-se que, nele, regimes jurídicos diversos são contrapostos a distintas situações envolvendo bens de consumo; e mesmo os bens de consumo, enquanto acervo em mãos do produtor ou de quem os comercialize, recebem o impacto de normas de Direito Econômico – considere-se, *v.g.*, a ordenação jurídica das matérias de abastecimento. O horizonte de concreção do princípio, ademais, é extremamente amplo, albergando hipóteses de contrações coativas e incidindo, por vezes, sobre o próprio resultado da atividade empresarial – lembre-se o exemplo referido por Daniel Moore Merino (*Derecho Económico*, p. 92), a respeito da utilização de divisas obtidas no comércio exterior: tratava-se da aquisição, por comerciantes chilenos, de moeda estrangeira ao Condecor, para a importação de gado argentino; esses comerciantes, todavia, realizaram distinta operação, entendendo-se então que as dívidas adquiridas tinham duplo valor: um valor civil – equivalente ao valor das divisas em moeda chilena, de propriedade dos adquirentes – e um valor diverso, como instrumento de troca internacional, pertencente ao Estado.

Não se resume, no entanto, a *função social* de que cogitamos, a incidir pronunciadamente sobre os bens de produção, afetando também a propriedade que excede o quanto caracterizável como propriedade tangida por *função individual*. Entenda-se como excedente desse padrão especialmente a propriedade detida para fins de especulação ou acumulada sem destinação ao uso a que se destina.

Posso assim, sopesando as ponderações que venho desenvolvendo, concluir que fundamentos distintos justificam a *propriedade dotada de função individual* e *propriedade dotada de função social*.

Encontra justificação, a primeira, na garantia, que se reclama, de que possa o indivíduo prover a sua subsistência e de sua família; daí por que concorre para essa justificação a sua origem, acatada quando a ordem jurídica assegura o direito de herança.[106]

Já a propriedade dotada de *função social*, é justificada pelos seus *fins*, seus *serviços*, sua *função*.

106. V. os enunciados dos preceitos constitucionais transcritos no item 101, letras "a", "c", "d", "e", "f" e "g".

104. Devo prosseguir, em minha exposição, buscando explicitar a idéia de função social como *função social ativa*, já então pretendendo não apenas criar condições que permitam o alinhamento de algumas observações conclusivas a propósito dos princípios, mas também defender-me de eventual acusação de tautologia, que teria sido praticada no enunciado da última frase do item anterior.

Lodovico Barassi (*Proprietà e Comproprietà*, p. 281 e ss.), analisando a Constituição italiana sustenta que a função social transforma a propriedade em um verdadeiro *direito-dever*, devendo ser entendida como *função social impulsiva*. Perlingieri (*Introduzione alla problematica della "proprietà"*, p.45.), por outro lado, desde a consideração do disposto no art. 44 da Constituição Italiana, tem que o proprietário, em determinados casos, é obrigado a empreender certas atividades produtivas quanto aos bens de sua propriedade. Daí a figura do *proprietário-empreendedor*, do proprietário que tem a obrigação juridicamente relevante de utilizar, do ponto de vista econômico, a sua propriedade. Em linha análoga, Geraldo Vidigal (*Teoria do Direito Econômico*, cit., p. 27) afirma que a propriedade dos bens de produção, compreendida como função social, representa *um poder-dever de organizar, explorar e dispor*. Estão esses autores a reportar-se precisamente à *fase dinâmica* da propriedade, especificamente à propriedade dos bens de produção. É nesse nível que o princípio da função social da propriedade fluentemente realiza a imposição de comportamentos positivos ao titular da propriedade. E nesse nível, dinâmico, desponta a propriedade dos bens de produção, nitidamente, como propriedade em regime jurídico de empresa. Isso não significa, de toda sorte, que o princípio da função social da propriedade apenas se realiza, em concreção, de modo ativo, quando aplicado à propriedade empresarial. A referência a tão-somente algumas hipóteses será suficiente para demonstrá-lo. Tomem-se os arts. 18 e 20 do Estatuto da Terra – Lei 4.504/64 – que definem terem por fim, as desapropriações por interesse social, "condicionar o uso da terra a sua função social" e "obrigar a exploração racional da terra", bem assim que tais desapropriações recairão, entre outras, sobre "as áreas cujos proprietários desenvolverem atividades predatórias, recusando-se a pôr em prática normas de conservação dos recursos naturais" e "as terras cujo uso atual estudos levados a efeito pelo Instituto Brasileiro de Reforma Agrária comprovem não ser o adequado à sua vocação de uso econômico". Da Lei 6.766/79, mencione-se o art. 23, § 1º, que permite ao Município e ao Estado se oporem ao cancelamento de um loteamento aprovado, desde que ocorra "inconveniente comprovado para o desenvolvimento urbano". O que importa salientar é o fato de que, no sistema capitalista, o regime jurídico da empresa está estritamente vinculado ao regime jurídico da propriedade dos bens de produção – ao tempo em que o regime jurídico da iniciativa econômica está estritamente vinculado ao regime jurídico da empresa. A propriedade dos bens de produção é, basicamente, propriedade em regime de empresa (cf., Giovanni Coco, ob. cit.,. pp. 74-75 e 235-236). A propriedade em regime de empresa é discernida a partir da consideração da propriedade dinâmica, que não tem por objeto a *fruição* do seu titular – mero direito subjetivo – mas a *produção de outros bens* – função.

Neste ponto da exposição aparecem perfeitamente jungidas as idéias de propriedade, empresa e iniciativa econômica. Isso é fundamental, pois justamente na superposição destas idéias é que se vai encontrar campo fértil à colocação da noção de função social ativa. Note-se que Perlingieri (ob. cit., pp. 44-45), ao enunciar a tese do proprietário-empreendedor, está a refletir, precisamente, sobre a empresa, significativamente afiançando (p. 51) que a teoria da propriedade não pode ser construída independentemente da teoria da iniciativa econômica. Se o direito de propriedade – enquanto direito subjetivo – como é exato, respeita à estática das relações jurídicas e a iniciativa econômica e sua dinâmica (Mario Nuzzo, "Proprietà e imprensa nella Costituzione", in *Proprietá privata e funzione sociale*, p. 36), teremos que a ordenação da iniciativa econômica em regime de empresa é precisamente expressão da projeção dinâmica – juridicamente regulada – da propriedade.

É que se impõe deixarmos bem vincada a circunstância de que cuidamos de uma *função*, ou seja, de um *poder-dever* (*dever-poder*)[107] que, como explicita Carlos Ari Sundfeld,[108] traz "ao Direito Privado algo até então tido por exclusivo do Direito Público: o condicionamento do poder a uma finalidade".

Note-se que a afetação da empresa por sua função social (Lei n. 4.404/76, art. 154 e parágrafo único do art. 116) impõe ao estudioso do Direito Societário o domínio de noções nutridas no seio do Direito Administrativo, quais as de abuso e desvio de poder. Isso, de resto, além do necessário conhecimento do fenômeno do poder (Fábio Konder Comparato, *O poder de controle na sociedade anônima*, cit.).

107. V. meu *Direito, Conceitos e normas jurídicas*, cit., pp. 108, 179, 185-186 e 239, e Fábio Konder Comparato, "Função social da propriedade dos bens de produção", cit., p. 75.

108. "Função social da propriedade", in *Temas de Direito Urbanístico* 1, coordenação de Adílson Abreu Dallari e Lucia Valle Figueiredo, Ed. RT, São Paulo, 1987, p. 21.

A esse respeito detive-me, em oportunidades anteriores,[109] pensando ter demonstrado então, suficiente e adequadamente, a compatibilidade entre *direito subjetivo* e *função*.[110]

Como conceber, concomitantemente, a idéia da *propriedade* como direito subjetivo e como função social? Esse problema inexistia para Leon Duguit (*Las transformaciones del Derecho Público y Privado*, trad. de Adolfo G. Posada, Ramon Jaén e Carlos G. Posada, Buenos Aires, Editorial Heliasta, 1975, pp. 177-178), pois para ele inexistiria o direito subjetivo: tratar-se-ia de uma noção metafísica, e, ademais, falar de direitos anteriores à sociedade é falar de nada. Além de Duguit, outros autores também negam sua existência. Em realidade, a própria palavra "direito" carece de referência semântica e não se utiliza – como adverte Karl Olivecrona (*Law as a fact*, 2ª ed., Londres, Stevens & Soons, 1971, p. 183) – para designar objeto algum. A noção de *direito subjetivo*, que surge no seio do Direito Natural, soçobra no clima do positivismo jurídico. E as teorias a partir deste último erguidas, para justificar sua existência, ou não resistem a críticas mais incisivas – seja a do poder da vontade, seja a do interesse juridicamente protegido, seja ainda a do direito como reverso de um dever –, ou findam por indiretamente negá-la – seja a teoria da declaração, seja a da representação (v. Karl Olivecrona, ob. cit., pp. 135-185). Com efeito, a noção de *direito subjetivo* – que vai encontrar sua mais remota origem na vontade do indivíduo, senhor dela – não pode conviver pacificamente com o juspositivismo, que considera o Direito como produto da vontade do soberano ou do Estado. A incompatibilidade de fundo entre as duas posturas é marcante, visto que o conceito de *direito subjetivo* não pode ser apartado de suas raízes jusnaturalistas. Não obstante, entre os autores que adotam posição contrária a esta, alguns se insurgem contra a concepção da *função social*, entendendo-a como fórmula ambígua, na qual se exprime a contradição dogmática de inserir no conceito de *direito subjetivo* o de *função*, que supõe, precisamente, obrigações e ônus (v. Orlando Gomes, *Direito Econômico*, col. Antunes Varella, São Paulo, Saraiva, 1977, p. 243). Se o direito subjetivo é *uma faculdade*, como compatibilizá-la com a idéia da *função*? Ocorre que o *direito subjetivo* não é *facultas agendi*, mas a *permissão jurídica* para o uso da *facultas agendi*. *Direito subjetivo*, na expressão de Goffredo Telles Júnior (ob. cit., pp. 395-398), é a *permissão* para o uso de faculdades humanas – que estão no homem, não no Direito – quando concedida por *normas jurídicas*. O

109. *Elementos de Direito Econômico*, cit., pp. 124-129, e *Direito Urbano*, cit., pp. 68-70.

110. *Elementos de Direito Econômico*, cit., pp. 117-123. V. Pietro Barcellona, ob. cit., pp. 179 e ss.

direito subjetivo não é a *faculdade*. Ser titular de um direito subjetivo é estar autorizado pelo ordenamento jurídico a praticar ou a não praticar um ato – isto é, a transformar em ato a potência, ou seja, a aptidão para a prática de tal ato. A transformação da faculdade em ato, quando juridicamente autorizada – e aí o direito subjetivo –, deve ser exercida dentro dos limites da autorização. Daí parecer-me equívoca a afirmação de tal contradição dogmática. O Direito pode, coerentemente, introduzir como elementos integrantes da autorização a alguém para o exercício de uma faculdade inúmeros requisitos, inclusive criando obrigações e ônus para o titular do direito subjetivo. Examinemos a questão, todavia, desde outro ângulo, a partir do conceito de *função*. Vamos encontrá-lo em Santi Romano (*Principii di Diritto Costitucionale generale*, 2ª ed., Milão, Giuffrè, 1947, p. 111; há tradução, de Maria Helena Diniz, editada pela Ed. RT, São Paulo, 1977, de cujo texto – p. 145 – lancei mão): "As funções (*officia, munera*) são os poderes que se exercem não por interesse próprio, ou exclusivamente próprio, mas por interesse de outrem ou por um interesse objetivo. Deles se encontram exemplos mesmo no direito privado (o pátrio poder, o ofício do executor testamentário, do tutor etc.), mas no direito público sua figura é predominante. Com efeito, os interesses objetivos tutelados pelo Estado e os que nele se personificam são também interesses da coletividade considerada no seu conjunto e prescindindo de cada um dos que a compõem: os poderes do Estado são, em regra, funções. E os demais poderes do direito público, mesmo quando não são funções, no fundo têm caráter público, porque direta ou indiretamente não se encontram e dele são acessórios e subordinados". A função é um poder que não se exercita exclusivamente no interesse do seu titular, mas também no de terceiros, dentro de um clima de *prudente arbítrio*. Assim, por exemplo, com relação ao direito subjetivo ao exercício do *pátrio poder*, que – tal qual o relacionado à execução do *ofício de testamenteiro* e à *tutela* – consubstancia, concomitantemente, uma função. O regime jurídico da propriedade é definido pelo direito objetivo. A permissão ou autorização jurídica para o uso da faculdade relacionada à propriedade – da aptidão à propriedade – pode ou não ser definida, juridicamente, como função. Se tal ocorrer, o direito subjetivo em causa é, concomitantemente, função, sem que isso consubstancie uma contradição dogmática. De resto, a fim de que possamos mais fluentemente compreender a idéia de propriedade-função social, cumpre observar ainda que não é a coisa objeto da propriedade que tem a função, mas sim o titular da propriedade. Em outros termos, quem cumpre ou deve cumprir a função social é o proprietário da coisa.

A coerência entre direito subjetivo e função social da propriedade pode ser demonstrada ainda a partir de duas vertentes. Tomada uma primeira vertente, a compatibilização entre *direito subjetivo* e *função* é desenvolvida a partir da análise da evolução da realidade jurídica, do liberalismo até os nossos dias. Desde esse ponto de vista, há a integração da função social aos modernos conceitos de *propriedade*, que se consuma na conciliação do individual e do social. Daí uma alteração na própria estrutura da propriedade. Expressão das modernas tendências que caracterizam o tratamento conferido pelo Direito à realidade social, as modernas concepções de *propriedade* são aplicadas à preservação de uma situação de equilíbrio entre o individual e o social (v. Federico Spantigati, *Manual de Derecho Urbanístico*, trad. de Traduciones Diorki, Madri, Editorial Montecuervo, 1973, p 291). Por isso que, tendo em vista sua integração como elemento inerente às estruturas dos direitos de propriedade (v. Anna de Vita, *La proprietà nell'esperienza giuridica contemporanea*, Milão, Giuffrè, 1969, p. 195), a introdução do conceito de *função social* no sistema que reconhece e garante a propriedade implica a superação da contraposição entre *público* e *privado* – isto é, a evolução da propriedade em sentido social implica uma verdadeira metamorfose qualitativa do direito na sua realização concreta, destinada à satisfação de exigências de caráter social. A propriedade passa, então, a ser vista desde uma visão prospectiva comunitária, e não mais sob uma visão individualista (cf. Giovanni Quadri, *Diritto Pubblico dell'Economia*, Nápoles, SEN, 1977, p. 68). Surgem verdadeiras *propriedades-função social*, e não simplesmente *propriedades*. A propriedade continua a ser um direito subjetivo, porém com uma função social. Não consubstancia mais um direito subjetivo justificado exclusivamente pela sua origem, mas que remanesce na medida em que entendemos que seu fundamento é inseparável da consideração do seu uso. Trata-se, então, de um direito subjetivo com uma função necessariamente social.

Uma segunda vertente desde a qual se demonstra a compatibilização entre direito subjetivo e função é estruturada sobre a distinção entre os momentos *estático* e *dinâmico* da propriedade. No primeiro momento, examinada estaticamente, como expressão da situação jurídica do proprietário, a propriedade é *direito subjetivo*. No segundo, porém, quando vista e regulada em seu dinamismo, a propriedade é *função*. A propriedade é direito (*poder*) em termos de *pertinência* – expressão de Comparato (*O poder de controle na sociedade anônima*, cit., 1ª ed., p. 102) – ou de *pertença* – expressão de Vicente Ráo (*O Direito e a Vida dos Direitos*, 2º v., pp. 31 e ss). Trata-se, aqui, do direito, que acode ao titular da coisa, de mantê-la a salvo de qualquer pretensão alheia. Além do direito (*poder*), porém, fundado na relação de pertinência, que respeita ao momento estático da propriedade, há que considerar seu momento dinâmico, de utilização. Assim, é ela função (*dever*) – isto é, é instrumento de uma função – quando vista e entendida como *atividade*. Ao pensarmos a propriedade em regime de empresa, a divisamos – enquanto regulada dinamicamente, sob o enfoque *macrojurídico* – como função. O Direito é teleológico – como demonstrou Ihering –, e todo direito subjetivo estruturado pela norma é a objetivação da função própria à atividade definida pela própria norma (v. Pierandrea Mazzoni, *La proprietà-procedimento*, Milão, Giuffrè, 1975, p. 529). O exercício da propriedade – considerada no seu momento dinâmico – é, pois, *função*. Não se trata de tentar substituir a idéia de *poder*, que repousa, no caso, no direito subjetivo, por uma idéia de *dever*, que está na função; trata-se, simplesmente, de compreender que a propriedade deve ser examinada em *dois momentos distintos*: um, o momento estático, quando ela é regulada em termos de pertença ou pertinência – e aí é faculdade que se pode transmutar em ato em decorrência de permissão jurídica, é poder; outro, o momento dinâmico, em que regulada em razão do fim a que socialmente se destina.

Note-se, neste ponto, que não há grandes dificuldades para a compreensão do conúbio entre *poder* e *dever* – isto é, entre *direito* e *função* – enquanto concebemos a função social como princípio gerador da imposição de *limites negativos* ao comportamento do proprietário. Isto porque gravitamos, então, no interior de um universo de limitações análogas às manifestações de *poder de polícia*, coerentes com a ideologia do Estado Liberal. Até então, como expressão da imposição de restrições ao exercício de propriedade, a função social, nas suas manifestações exteriores, não é senão mera projeção do poder de polícia. Este é coerente e inteiramente adequado à ideologia do Estado Liberal. A questão torna-se complexa, no entanto, quando, em sua concreção, a função social é tomada desde uma *concepção positiva*, isto é, como princípio gerador da imposição de comportamentos positivos ao proprietário. A lei, então – âmbito no qual se opera a concreção do princípio –, impõe ao proprietário (titular de um direito, portanto de um *poder*) o dever de exercitá-lo em benefício de outrem, e não, apenas, de não exercitá-lo em prejuízo de outrem.

Perceba-se bem que, embora não haja diferença relevante, de fundo, entre ambas, há duas concepções ou modelos de definição normativa relativos ao princípio da função social da propriedade: o *negativo* e o *positivo*. No primeiro caso – da concepção negativa – encontramos, na França, o art. 40 da Declaração dos Direitos do Homem, que coíbe os abusos de direito. A concreção do princípio opera-se, aí, na imposição de obrigações de *não fazer* ao proprietário. No segundo caso – da concepção positiva – encontramos os arts. 42 e 44 da Constituição Italiana, que funcionam como fonte geradora da imposição de comportamentos positivos ao proprietário. Este, então, é compelido a agir positivamente, não apenas negativamente. A primeira concepção, negativa, é coerente com a ideologia do Estado Liberal; a segunda está comprometida com a ideologia que reconhece a necessidade de se colocar à disposição da ordem jurídica instrumentos de conformação do processo econômico e social. Daí por que, ao reconhecermos a inexistência de qualquer diferença de fundo entre as duas concepções, não cabe senão indagar se a dúvida que se tem colocado a propósito da compatibilidade entre *direito subjetivo* e *função* não é apenas, em realidade, dúvida despida de conteúdo jurídico, resultante da adesão irrestrita de quem a levanta à ideologia do Estado Liberal. A resposta dada à questão poderá nos levar à conclusão de que o fundamento da afirmada incompatibilidade entre *direito subjetivo* e *função* é apenas ideológico. No mais, ainda neste passo, desejo enfatizar a importância da distinção entre *propriedade estática* e *propriedade dinâmica* como critério de demonstração do pleno conúbio entre *direito* e *função*, lembrando que precisamente nesta distinção é que se vai encontrar o fundamento do usucapião, no período justinianeu: o não-uso (a não-posse) da propriedade implica o perdimento do domínio. O fundamento da manutenção da propriedade - posso afirmar sem risco de radicalização - estaria, já então, no seu uso ou posse, isto é, no momento dinâmico, e não no momento estático da propriedade. Da mesma natureza o fundamento da norma contida no art. 49 do vigente Código da Propriedade Industrial, que atribui ao titular de certos direitos - patente de invenção, marca etc. - o ônus de explorá-los, tal qual ocorre em relação à exploração dos direitos de lavra. Esta visão, dinâmica, da propriedade - e suas mais incisivas conseqüências, no aspecto enfatizado - ganha relevância específica quando a aplicamos à idéia de *empresa*, sumariada na afirmação de Philomeno Joaquim da Costa (*Autonomia do Direito Comercial*, São Paulo, Ed. RT, 1956, pp. 172-1733, nota): "A empresa, como confluência de capital e trabalho, está sendo instrumento de uma reelaboração do conceito de propriedade; é dono de um bem quem dele se utiliza para fins produtivos".

O que mais releva enfatizar, entretanto, é o fato de que o princípio da *função social da propriedade* impõe ao proprietário — ou a quem detém o poder de controle, na empresa — o dever de *exercê-lo* em benefício de outrem e não, apenas, de *não o exercer* em prejuízo de outrem. Isso significa que a *função social da propriedade* atua como fonte da imposição de comportamentos positivos — prestação de *fazer*, portanto, e não, meramente, de *não fazer* — ao detentor do poder que deflui da propriedade. Vinculação inteiramente distinta, pois, daquela que lhe é imposta mercê de concreção do *poder de polícia*.

A propósito da distinção entre *poder de polícia* e *função social da propriedade*, observa Carlos Ari Sundfeld (ob. cit., p. 11) que — embora equivocada a concepção de que o primeiro só comporta a imposição de prestação de *não fazer* ao titular da propriedade — as prestações de *fazer* a que se sujeita ele, no quadro das limitações decorrentes do *poder de polícia*, constituem "*mera condição*, cujo implemento abre a oportunidade do exercício de um direito". Tenho como correta a exposição do jovem professor, revendo, em razão dela, entendimento que adotei em meu *Elementos de Direito Econômico*, pp. 67-68, ao opor *intervenção* e *poder de polícia*; anoto, contudo, que essas *condições* cujo implemento abre a oportunidade do exercício de um direito constituem *deveres* e não *ônus* (v. meu *Direito, conceitos e normas jurídicas*, cit., pp. 114 e ss.). A exposição de Carlos Ari Sundfeld conclui, objetivamente: "Percebe-se que o fazer, nas duas hipóteses, tem um caráter distinto. No primeiro caso, o das limitações, trata-se de *condição para o exercício de direito*. No segundo (função social), trata-se do *dever de exercitar* o mesmo direito".

Essa a razão pela qual anteriormente afirmei[111] que a afetação de propriedade — não de todas elas, que algumas, como vimos, são dotadas de função individual — por *função social* importa não apenas o rompimento da concepção, tradicional, de que a sua garantia reside em um direito natural, mas também a conclusão de que, mais do que meros *direitos residuais*[112] (parcelas daquele que em sua totalidade contemplava-se no *utendi fruendi et abutendi*, na *plena in re potestas*), o que atualmente divisamos, nas propriedades impregnadas pelo princípio, são verdadeiras *propriedades-função social* e não apenas, simplesmente, *propriedades*. O princípio da *função social da propriedade*, desta sorte, passa a integrar o conceito jurídico-positivo de *propriedade* (destas propriedades), de modo a determinar profundas alterações estruturais na sua interioridade.

Em razão disso — pontualizo — é que justamente a sua *função* justifica e legitima essa *propriedade*.[113]

105. A distinção explicitada, entre *propriedade dotada de função individual* e *propriedade dotada de função social*, permite-nos operar uma primeira precisão, necessária à compreensão do sentido assumido pelo princípio da *função social da propriedade*, que, como vimos, tem como pressuposto necessário a *propriedade privada* — dos bens de produção e de bens que excedam o quanto caracterizável como propriedade afetada por *função individual*.

111. *Direito Urbano*, cit., pp. 66-67.

112. Giovanni Quadri, *Diritto Pubblico dell'Economia*, Nápoles, SEN, 1977, p. 70.

113. V. item 108.

À *propriedade dotada de função individual* respeita o art. 5º, XXII do texto constitucional; de outra parte, a "propriedade que atenderá a sua função social", a que faz alusão o inciso seguinte — XXIII — só pode ser aquela que exceda o padrão qualificador da propriedade como dotada de *função individual*.

À *propriedade-função social*, que diretamente importa à ordem econômica — propriedade dos bens de produção — respeita o princípio inscrito no art. 170, III.

No mais, quanto à inclusão do princípio da garantia da *propriedade privada dos bens de produção* entre os princípios da ordem econômica, tem o condão de não apenas afetá-los pela *função social* — conúbio entre os incisos II e III do art. 170 — mas, além disso, de subordinar o exercício dessa propriedade aos ditames da justiça social e de transformar esse mesmo exercício em instrumento para a realização do fim de assegurar a todos existência digna.

Aí a observação de José Afonso da Silva (*Curso de Direito Constitucional Positivo*, cit., 23ª ed., p. 792): "Os conservadores da constituinte, contudo, insistiram para que a propriedade privada figurasse como um dos princípios da ordem econômica, sem perceber que, com isso, estavam relativizando o conceito de propriedade, porque submetendo-o aos ditames da justiça social, de sorte que se pode dizer que ela só é legítima enquanto cumpra uma função dirigida à justiça social".

A consagração do *princípio da função social da propriedade* em si, tomada isoladamente, pouco significa, ao par de instrumentar a implementação de uma aspiração autenticamente capitalista: a de preservação da propriedade privada dos bens de produção — à *função social* está assujeitada porque é *privada*. Sua maior relevância se manifesta em sua concreção nas regras do § 2º do art. 182 — política urbana — e do art. 184 — reforma agrária, esta, seguramente, tão indispensável à realização do fim da ordem econômica quanto à integração e modernização do capitalismo nacional.

Não estou, é óbvio, a atribuir desimportância social ao princípio. Pelo contrário, a afetação da propriedade pela *função social* importa o repúdio da concepção da propriedade exclusivamente como fonte de *poder pessoal* — poder que não se exerce apenas sobre coisas, mas sobre as pessoas (v. item 3), razão de ser da liberdade visualizada como atributo exclusivo dos *beati possidetis*. Apenas enfatizo que ela, a *função social da propriedade*, não porta em si relevância mais pronunciada como cláusula transformadora constitucional. V. item 155.

106. Outro dos princípios da ordem econômica — além do atinente à *livre concorrência*, que anteriormente examinei[114] — é o da *defesa do consumidor* (art. 170, V). *Princípio constitucional impositivo* (Canotilho), a cumprir dupla função, como instrumento para a realização do fim de assegurar a todos existência digna e objetivo particular a ser alcançado. No último sentido, assume a feição de *diretriz* (Dworkin) — *norma-objetivo* — dotada de caráter *constitucional conformador*, justificando a reivindicação pela realização de políticas públicas.

Ao princípio confere a Constituição, desde logo, concreção nas regras inscritas nos seus arts. 5º, XXXII — "o Estado promoverá, na forma da lei, a defesa do consumidor"[115] —, 24, VIII — responsabilidade por dano ao consumidor —, 150, § 5º — "a lei determinará medidas para que os consumidores sejam esclarecidos acerca dos impostos que incidam sobre mercadorias e serviços" —, e 48 das Disposições Transitórias — determinação de que o Congresso Nacional elaborasse, dentro de cento e vinte dias da promulgação da Constituição, código de defesa do consumidor. Ademais, o parágrafo único, II do art. 175 introduz entre as matérias sobre as quais deverá dispor a lei que trate da concessão ou permissão de serviço público os direitos dos usuários.

A par de consubstanciar, a *defesa do consumidor*, um modismo modernizante do capitalismo — a ideologia do consumo contemporizada (a regra "acumulai, acumulai" impõe o ditame "consumi, consumi", agora porém sob proteção jurídica de quem consome) — afeta todo o exercício de atividade econômica, inclusive tomada a expressão em sentido amplo,[116] como se apura da leitura do parágrafo único, II do art. 175. O caráter constitucional conformador da ordem econômica, deste como dos demais princípios de que tenho cogitado, é inquestionável.

Três aspectos devem, no entanto, ser neste passo considerados.

114. Itens 87, 91 e 92.

115. *Regra, e não princípio* (v. Capítulo 3). O art. 5º, XXXII, no entanto, consagra a proteção do consumidor como um direito constitucional fundamental.

116. V. itens 36 a 38.

Primeiro, o atinente ao fato de que, considerando categorias não ortodoxas de interesses — interesses difusos, interesses coletivos, interesses individuais homogêneos — a defesa do consumidor, tal qual outras proteções constitucionais,[117] carrega em si a virtude capitalista de, ao institucionalizá-los, promover a atomização dos interesses do trabalho. Essa perversão, especialmente nas sociedades subdesenvolvidas, não pode ser ignorada.

Vou me valer, uma vez mais, de observações de Fábio Konder Comparato (*Ensaios e pareceres de Direito Empresarial*): "Na verdade, a dialética produtor x consumidor é bem mais complexa e delicada do que a dialética capital x trabalho. Esta comporta definições claras e separações radicais, ao contrário daquela. A rigor, todos nós somos consumidores; o próprio Estado é consumidor, e dos mais importantes; e grande parte dos consumidores acha-se, também, inserida no mecanismo da produção, direta ou indiretamente. Eis porque, na arbitragem de conflitos desse tipo, nem sempre nos deparamos com uma nítida distinção entre 'fracos' e 'poderosos' em campos opostos. Os consumidores mais desprotegidos, diante de uma medida administrativa que afete o organismo de produção para o qual trabalham, tenderão a tomar o partido deste e não da 'classe' dos consumidores em geral, como tem sido visto, em episódios recentes" (pp. 474-475). E, adiante: "A consciência de classe é fruto de uma reflexão sobre a situação dos homens no ciclo de produção econômica, não no estágio do consumo de bens ou serviços. Nesta concepção a preocupação com a tutela do consumidor revela-se propriamente alienante" (p. 498).

O segundo aspecto, jungido ao primeiro, respeita ao conceito de consumidor. Propõe Thierry Bourgoignie[118] nos seguintes termos se o conceitue: "Le consummateur est une personne physique ou morale qui acquiert, possède ou utilise un bien ou un service placé au sein du systeme économique par un professionnel sans en poursuivre elle-même la fabrication, la transformation, la distribution ou la prestation dans le cadre d'un commerce ou d'une profession"; considera ainda, no entanto: "Une personne exerçant une activité à caractère professionnel, commercial, financier ou industriel ne peut être considérée comme un consommateur, sauf à établir par elle qu'elle agit en dehors de sa spécialité et qu'elle réalise un chiffre d'affaires global inférieur

117. Art. 24, VIII.
118. *Éléments pour une théorie du Droit de la Consommation*, pp. 60-61.

à ... millions de franc par an". Não se tem aí, na verdade, um conceito, senão uma definição estipulativa[119] de consumidor. Devemos, no entanto, buscá-lo.

Esse conceito, penso, há de ser esboçado a partir da verificação de que, adotando, os mercados, *formas assimétricas*, consumidor é, em regra, aquele que se encontra em uma *posição de debilidade e subordinação estrutural* em relação ao produtor do bem ou serviço de consumo.[120] Essa concepção tem a virtude, ademais, de bem apartar as situações de *consumo* e de *fruição*, esta como aquela na qual se coloca o "usuário" (contemplativo) do patrimônio histórico-artístico-natural.

O terceiro aspecto a referir respeita à não configuração das medidas voltadas à defesa do consumidor como meras expressões da *ordem pública*. A sua promoção há de ser lograda mediante a implementação de específica normatividade e de medidas dotadas de caráter interventivo.[121] Por isso mesmo é que o caráter eminentemente conformador da ordem econômica, do princípio, é nítido.

> Saliente-se o fato de que, no que tange a medidas referidas à defesa do consumidor ordenadas no âmbito do Direito Administrativo, voltam-se contra a estabilidade doutrinária da concepção dele próprio, Direito Administrativo. A tensão entre interesse público, interesse geral e interesses de grupo (grupo de consumidores) promove sensíveis distúrbios naquela concepção.

107. Princípio da ordem econômica constitui também a *defesa do meio ambiente* (art. 170, VI). Trata-se de *princípio constitucional impositivo* (Canotilho), que cumpre dupla função, qual os anteriormente referidos. Assume também, assim, a feição de *diretriz* (Dworkin) — *norma-objetivo* — dotada de caráter *constitucional conformador*, justificando a reivindicação pela realização de políticas públicas.

119. V. meu *Direito, conceitos e normas jurídicas*, cit., pp. 70-71.

120. Neste sentido, Norbert Reich, *Mercado y Derecho*, cit., pp. 26-27. Note-se que Fábio Konder Comparato (ob. cit., p. 476) o conceitua como, "de modo geral, aquele que se submete ao poder de controle dos titulares dos bens de produção, isto é, os empresários".

121. V. item 16.

Também a esse princípio a Constituição desde logo, especialmente em seu art. 225 e parágrafos — mas também nos seus arts. 5º, LXXIII; 23, VI e VII; 24, VI e VIII; 129, III; 174, § 3º; 200, VIII e 216, V — confere concreção.

A Constituição, destarte, dá vigorosa resposta às correntes que propõem a exploração predatória dos recursos naturais, abroqueladas sobre o argumento, obscurantista, segundo o qual as preocupações com a defesa do meio ambiente envolvem proposta de "retorno à barbárie". O Capítulo VI do seu Título VIII, embora integrado por um só artigo e seus parágrafos — justamente o art. 225 — é bastante avançado.

Ainda que isso não chegue a ser surpreendente, é notável o fato de ter a sociedade brasileira logrado a obtenção das conquistas sociais — que de conquistas sociais verdadeiramente se trata — ao menos no nível formal, da Constituição, consagrados. Explico-me: embora a crítica da utilização do fator trabalho no processo econômico capitalista seja centenária, ainda não foi desenvolvida, no campo teórico, de modo completo, a crítica da utilização, naquele processo, do fator recursos naturais. Daí porque a efetividade, ainda que formal, dessas conquistas é proporcionalmente maior do que aquelas que se poderia resumir na afirmação da "valorização do trabalho humano".

O princípio da *defesa do meio ambiente* conforma a ordem econômica (mundo do ser), informando substancialmente os princípios da *garantia do desenvolvimento* e do *pleno emprego*. Além de objetivo, em si, é instrumento necessário — e indispensável — à realização do fim dessa ordem, o de *assegurar a todos existência digna*. Nutre também, ademais, os ditames da *justiça social*. Todos têm direito ao meio ambiente ecologicamente equilibrado, bem de uso comum do povo — diz o art. 225, *caput*.

O *desenvolvimento nacional* que cumpre realizar, um dos objetivos da República Federativa do Brasil, e o *pleno emprego* que impende assegurar supõem economia auto-sustentada, suficientemente equilibrada para permitir ao homem reencontrar-se consigo próprio, como ser humano e não apenas como um dado ou índice econômico.

Por esta trilha segue a chamada ética ecológica e é experimentada a perspectiva holística da análise ecológica, que, não obstante, permanece a reclamar tratamento crítico científico da utilização econômica do fator recursos naturais.

Saliente-se que o § 1º, III do art. 225 atribui ao Estado, a fim de que se assegure a efetividade do direito ao meio ambiente, os deveres de *"preservar a diversidade e a integridade do patrimônio genético do País e fiscalizar as entidades dedicadas à pesquisa e manipulação de material genético"*. Variedade e fertilidade genética crescem dos Pólos para o Equador, onde a diversidade se multiplica e as transformações se apuram com maior intensidade. Admitida a metáfora, a preservação do patrimônio genético — sua diversidade e integridade — diante do neodilúvio das queimadas e outras formas de destruição ecológica, bem assim da exploração econômica predatória, é uma tarefa de Noé. Cuida-se de preservar patrimônio genético animal e vegetal, este fonte inesgotável de fármacos e nutrientes, cuja comercialização dá conta da sua extrema relevância, da qual ainda não nos apercebemos. Aí a importância da Amazônia, não como produtora de oxigênio — missão das algas — porém como sítio onde esse patrimônio se encontra localizado e no âmbito do qual intensamente se processa a dinâmica do ecossistema, produzindo novas variedades e eliminando as antigas. Por certo que o preceito também provê a soberania econômica nacional. A propósito, poderia a Constituição ter estabelecido, como em emenda construída sobre sugestão do físico Claudio Mammana foi proposto, que o patrimônio genético das espécies nativas pertence à União (v. Albert Sasson, "La conservation des ressources vegetables", in *La Recherche*, n. 181, out. 1986, pp. 1.282 e ss.).

Veja-se, da jurisprudência do STF, a ADI 3.540.

108. Princípio a seguir enunciado, no elenco daqueles que constituem os princípios da ordem econômica — além da *redução das desigualdades regionais e sociais*, do qual anteriormente cogitei[122] — é o da *busca do pleno emprego* (art. 170, VIII). *Princípio constitucional impositivo* (Canotilho), cumpre também dupla função; como objetivo particular a ser alcançado, assume, igualmente, a feição de *diretriz* (Dworkin) — *norma-objetivo* — dotada de caráter *constitucional conformador*, a justificar a reivindicação pela realização de políticas públicas.

Em outros termos — "expansão das oportunidades de emprego produtivo" — esse princípio já fora contemplado entre aqueles da ordem econômica na Emenda Constitucional n. 1/69, no seu art. 160, VI. Em razão de ser esse, o imediatamente acima transcrito, o

122. V. item 96.

seu enunciado, tomava-se-o, em regra, como se estivesse referido, exclusivamente, ao pleno emprego do fator trabalho.

"Expansão das oportunidades de emprego produtivo" e, corretamente, "pleno emprego" são expressões que conotam o ideal keynesiano de emprego pleno de todos os recursos e fatores da produção. O princípio informa o conteúdo ativo do princípio da *função social da propriedade.*[123] A *propriedade dotada de função social* obriga o proprietário[124] ou o titular do poder de controle sobre ela ao exercício desse direito-função (*poder-dever*), até para que se esteja a realizar o *pleno emprego.*

Não obstante, consubstancia também, o princípio da *busca do pleno emprego,* indiretamente, uma garantia para o trabalhador, na medida em que está coligado ao princípio da *valorização do trabalho humano* e reflete efeitos em relação ao *direito social ao trabalho* (art. 6º, *caput*).

Do caráter conformador do princípio decorrem conseqüências marcantes, qual, entre eles, o de tornar inconstitucional a implementação de políticas públicas recessivas.

A esse respeito, cogitando do art. 160, VI da Emenda Constitucional n. 1/69, Celso Antônio Bandeira de Mello (*Eficácia das normas constitucionais sobre justiça social,* in *RDP* 57-58/256) averbou: "Política econômica que conduz, cientemente, à retração na oferta de emprego produtivo implica frontal contradição ao art. 160, V (cuidava-se do inciso VI, em verdade) — que subordina a ordem econômica e social ao princípio da expansão das oportunidades de emprego produtivo. Trabalhador prejudicado por ela pode propor, com base naquele preceptivo, ação anulatória dos atos administrativos que diretamente concorrem para o resultado proibido".

109. O último dos chamados princípios da ordem econômica é o do *tratamento favorecido para as empresas de pequeno porte constituídas sob as leis brasileiras e que tenham sua sede e administração no País* (art. 170, IX, na redação que lhe foi conferida pela Emenda Constitucional n. 6/95). O preceito originariamente referia *trata-*

123. V. item 104.

124. "A propriedade obriga. Seu uso deve, ao mesmo tempo, servir o interesse da coletividade", dizia a Constituição de Weimar (art. 153) e o repete a Lei Fundamental da República Federal da Alemanha (art. 14, 2).

mento favorecido para as empresas brasileiras de capital nacional de pequeno porte. Trata-se, formalmente, de *princípio constitucional impositivo* (Canotilho), já que a Constituição como *princípio* o tomou; daí o seu caráter *constitucional conformador*. Não consubstancia, no entanto, como os demais princípios da ordem econômica, uma *diretriz* (Dworkin) ou *norma-objetivo*. Ainda assim, fundamenta a reivindicação, por tais empresas, pela realização de políticas públicas. De resto, está parcialmente reproduzido no preceito inscrito no art. 179.[125]

O princípio estabelece proteção em favor de *empresas de pequeno porte*, desde que tenham sido *constituídas sob as leis brasileiras e tenham sede e administração no País*,[126] constituindo, em termos relativos, porém, "cláusula transformadora".

110. Ao art. 219 do texto constitucional é extraído o princípio da *integração do mercado interno ao patrimônio nacional*. Cuida-se, aí, de *princípio constitucional impositivo* (Canotilho), dotado de *caráter constitucional conformador*.

Que a Constituição privilegia o *mercado*, isso é indiscutível, ainda que se afirme não ter ela assegurado o seu funcionamento.[127] Mas o vocábulo "mercado" só aparece, significativamente, no texto constitucional, neste art. 219.[128]

125. A propósito da contemplação desse princípio no elenco dos enunciados pelo art. 170 da Constituição, tive conhecimento, na qualidade de assessor da bancada paulista na Constituinte, que a sua inclusão, ali, deveu-se a negociação travada entre grupos de constituintes, em torno da aprovação da redação adotada para o texto do art. 171 e seus parágrafos. Determinado deputado condicionou a aprovação, na Comissão de Sistematização, daquela redação, por um certo número de outros deputados, à inserção do princípio naquele elenco. Curiosamente, embora o princípio privilegiasse o capital nacional, não despertou qualquer crítica ou repúdio das correntes que — seja na Constituinte, seja fora dela, já na práxis da Constituição — são contrárias à proteção do capital nacional. Deve ser porque não havia empresas estrangeiras e empresas brasileiras, simplesmente (v. art. 171, I, revogado pela Emenda Constitucional n. 6/95), de pequeno porte. Esse repúdio, como se vê, não era — nem parece ser — uma questão de princípio.

126. V. item 113.

127. Geraldo Vidigal (*A Ordem Econômica*, cit., p. 379) afirma: "É curioso. No título VII do Projeto, que rege a Ordem Econômica, não se encontra dispositivo expresso que assegure o funcionamento do mercado, ou que esclareça ser o regime de mercado o que se adota na Constituição".

128. É de passagem referido no art. 6º, XX.

O preceito nele inscrito foi objeto de largos debates na Constituinte. Curiosamente, no entanto, os adeptos da linha do pensamento liberal, que a sua aprovação mais se opuseram, no ressoar desses debates na imprensa, agora se apegam a ele justamente para tentar demonstrar o óbvio, ou seja, que a Constituição adotou um regime de mercado.

Afirmar, como o faz o texto constitucional, que o mercado interno integra o *patrimônio nacional* não significa — isso é nítido — que tenha sido ele integrado ao *domínio público* ou que constitua *bem de uso comum do povo*, como o meio ambiente. Isso somente poderia ser concebido por quem nutrisse o firme e deliberado propósito de *não compreender*[129] o preceito. Sua integração no patrimônio nacional se dá na medida que a Constituição o toma como expressão da *soberania econômica nacional*.[130]

Por isso mesmo é que — prossegue o preceito — "*será incentivado de modo a viabilizar o desenvolvimento cultural e sócio-econômico, o bem-estar da população e a autonomia tecnológica do País, nos termos de lei federal*".

A alusão ao dever de o Estado incentivá-lo — porque de *dever* se trata — evidentemente não coarta a intervenção estatal, por direção,[131] sobre ele. O preceito, no seu todo, antes — pelo contrário — a fundamenta.

111. Além de todos aqueles até este ponto examinados, outros princípios, não positivados — *princípios gerais do direito* (isto é, do nosso direito, brasileiro)[132] — são descobertos no bojo da Constituição de 1988.

Refiro-me, especificamente, a princípios dos quais são concreções as regras contempladas nos arts. 7º e 201 e 202 do texto constitucional e que — mais abertos que outros, positivados, tais quais o da valorização do trabalho humano — apontam no sentido de não apenas criar condições mínimas para que se assegure a dignidade da pessoa humana, mas também aquelas minimamente indispensáveis à construção de uma sociedade de bem-estar.

129. V. item 38.
130. V. item 100.
131. V. item 54.
132. V. Capítulo 4, especialmente itens 60 e 61.

112. O derradeiro princípio a considerar, entre aqueles extraídos da Constituição de 1988, vocacionados à conformação da interpretação da ordem econômica, é o da *ordenação normativa através do Direito Econômico.*

Trata-se de um daqueles princípios jurídicos que Antoine Jeammaud refere como proposição descritiva (e não normativa) que, por inspiração doutrinal, pode vir a ser "positivado".[133] É esta "positivação" que postulo.

Peculiariza o Direito Econômico, como vimos,[134] a sua destinação à instrumentalização, mediante ordenação jurídica, da *política econômica do Estado;* cuida-se, assim, de ramo do direito que se destina a traduzir normativamente os instrumentos da *política econômica* do Estado.[135] Sua "existência", vimos também,[136] é afirmada pelo texto constitucional, no seu art. 24, I.

Do que cogita esse art. 24, I, ao atribuir competência à União, aos Estados e ao Distrito Federal para legislarem concorrentemente sobre direito econômico, senão de lhes atribuir o *dever-poder* de legislar — que de *dever-poder* se trata[137] — traduzindo normativamente instrumentos da política econômica do Estado?

A Constituição de 1988, no seu perfil de Constituição dirigente,[138] introduz algo de novo em relação às nossas anteriores Constituições ao institucionalizar, constitucionalmente, o Direito Econômico. Explico-me.

Se não se tratasse de algo novo, consolidado no quadro da Constituição nova, no sentido de normativamente prover *atuação estatal em relação à atividade econômica em sentido amplo* e, especificamente, *intervenção sobre e no domínio econômico,*[139] bastariam as competências, da União, para legislar sobre Direito Civil e Comercial, e, dela e dos Estados-membros, para legislarem sobre produção e consumo, que lhes eram atribuídas pela Emenda Cons-

133. V. itens 60 e 61.
134. V. item 59.
135. Cf. Fábio Konder Comparato, *O indispensável Direito Econômico*, cit., p. 471.
136. V. item 57.
137. V. meu *Direito, conceitos e normas jurídicas*, cit., p. 179.
138. V. item 27.
139. V. item 53.

titucional n. 1/69.[140] Não que já não estivesse consagrado, entre nós, o princípio da *ordenação normativa através do Direito Econômico*, até porque suas fontes eram encontradas, então, também em inúmeros outros preceitos constitucionais, inclusive no art. 8º, XVII, "l" da Emenda.[141] O princípio, no entanto, era descoberto no bojo de preceitos que indiretamente o acolhiam e não, como agora sucede, direta, incisiva e objetivamente o afirmam.

A Constituição de 1988 põe o Direito Econômico a serviço da conformação da ordem econômica. Normas de Direito Econômico, a complementarem o quadro da ordem econômica (mundo do dever ser) instalada pela Constituição de 1988, são aquelas previstas nos arts. 172, 173 e § 4º, 174, § 2º, do texto constitucional, entre tantas outras. A ordenação normativa através do Direito Econômico viabiliza, assim, a fluente implementação de políticas públicas cuja realização, como vimos, constitui dever do Estado e direito reivindicável pela sociedade.

Por isso, negar a possibilidade constitucional de o Estado realizá-las, atuando largamente em relação à atividade econômica em sentido amplo e intervindo sobre e no domínio econômico — políticas públicas, econômicas, *ativas*, portanto — nos parâmetros desenhados pelos princípios anteriormente ponderados, equivale a negar a afirmação contida no art. 24, I da Constituição; ou seja, negar o próprio Direito Econômico, o que resulta insustentável.

Aí o aflorar do princípio, cujo conteúdo há de conformar não apenas a interpretação da ordem econômica na Constituição de 1988, mas também informar o sentido das regras compostas no seio da *ordem econômica material*.[142] Neste aflorar, de resto, também o desnudamento, pleno, da *dupla instrumentalidade do direito*.[143]

113. A análise até este ponto empreendida, desde o item 84, enseja, tomados os princípios que conformam a interpretação de

140. Art. 8º, XVII, "b", "d" e seu parágrafo único.

141. Competência, da União, para legislar sobre "política de crédito; câmbio; comércio exterior e interestadual; transferência de valores para fora do País". V. meu *Elementos de Direito Econômico*, cit., p. 53.

142. V. item 31.

143. V. meu *O direito posto e o direito pressuposto*, cit., 5ª ed.,pp. 126-127.

que se cuida no seu conjunto,[144] o discernimento de sistema e modelo econômicos definidos na Constituição de 1988.

À demonstração da importância que assumem os princípios no texto constitucional — e para a sua interpretação — não é preciso retornar.[145] De toda sua riqueza e vigor dispomos, no caso do nosso direito (o direito brasileiro), plenamente.

Isso já não ocorre, *v.g.*, no caso do direito espanhol, cuja Constituição, em seu art. 51 (3), afirma: "El reconocimiento, el respecto y la protección de los principios reconocidos en el Capitulo tercero, informará la legislación positiva, la práctica judicial y la actuación de los poderes publicos. Solo podrán ser alegados ante la Jurisdicción ordinaria de acuerdo con lo que dispongan las leyes que los desarrollen". Os princípios aos quais faz alusão o preceito, do Capítulo quarto, são justamente aqueles referidos como "principios rectores de la política social y económica", entre os quais o do progresso social e econômico, o da segurança social, o de desfrute de um meio ambiente adequado ao desenvolvimento da pessoa, o da defesa do consumidor. O preceito, como se vê, limita a extensão dos princípios em questão, que não legitimam a reivindicação pela realização de políticas públicas. Sua concreção não pode ser judicialmente reclamada pela sociedade. Observa José Belmone (*La Constitución — Texto y contexto*, Prensa Española, Madri, 1978, p. 180): "Estimamos que el termino 'alegados' es impropio, definido en la práctica forense como 'traer el abogado leyes, autoridades y razones de defensa de su causa'. Mas propio hubiera sido 'reivindicados', 'postulados', etc.".

Aquelas definições são porém ainda informadas por regras enunciadas no nível constitucional, cuja ponderação, pois, também resulta necessária. A elas passo a deitar atenção, de sorte a, finalmente, conferir resposta às duas primeiras questões enunciadas no item 82. Cuidarei, sucessivamente, das normas contempladas nos §§ 1º e 2º do art. 171 e no art. 172; no art. 173 e nos incisos XIX e XX do art. 37; no art. 174 e seu § 1º.

114. A Emenda Constitucional n. 6/95 revogou o art. 171, cujo *caput* definia estipulativamente[146] *empresa brasileira* e *empresa brasileira de capital nacional.*

144. V. nota 23.

145. Capítulo 4 deste livro, especialmente.

146. V. meu *Direito, conceitos e normas jurídicas*, cit., pp. 70-71.

"Empresa brasileira" e *"empresa brasileira de capital nacional"* eram expressões eufemísticas, já que poderia ser "empresa brasileira" a de capital estrangeiro, desde que constituída sob as leis brasileiras, tendo sua sede e administração no País.

O § 1º do art. 171 afirmava que a lei poderia, em relação à empresa brasileira de capital nacional, conceder proteção e benefícios especiais temporários para desenvolver atividades consideradas estratégicas para a defesa nacional ou imprescindíveis ao desenvolvimento do País, bem assim estabelecer, sempre que considerasse um setor imprescindível ao desenvolvimento tecnológico nacional, condições e requisitos que estreitavam a sua definição (isto é, de *empresa brasileira de capital nacional*).[147]

A regra conferia concreção, desde logo, diretamente aos princípios da soberania econômica nacional e da garantia do desenvolvimento nacional.[148]

Já a sua inclusão no texto constitucional provocou intensos debates na Constituinte, gerados pelo antagonismo de correntes ideológicas. Nada de mais efetivo foi argüido, significativamente, contra a proteção e benefícios especiais temporários concedíveis tendo em vista o desenvolvimento de atividades consideradas estratégicas para a defesa nacional. Já no que tange àqueles voltados à promoção do desenvolvimento do País, vigorosas investidas, contrárias a sua consagração constitucional, foram patrocinadas. É que se encontrava na pauta das discussões econômicas a Política Nacional de Informática, instituída pela Lei n. 7.232/84.

Pretendia-se, na adoção daquela política pública, dando-se seqüência a medidas que desde a década dos setenta vinham sendo encetadas, reverter o quadro que tracei no item 100. O art. 12 da Lei n. 7.232/84 definia que *a Política Nacional de Informática tinha por objetivo a capacitação nacional nas atividades de informática, em proveito do desenvolvimento social, cultural, político, tecnológico e econômico da sociedade brasi-*

147. A definição de *empresa brasileira de capital nacional* foi extraída àquela adotada pela Lei n. 7.232, de 29.10.84. A respeito dela, meus "Informática — intervenção estatal", in *RDP* 83/84 e ss., e "*Joint ventures* e consórcios de tecnologia e a lei de informática", in *RDP* 83/293 e ss.; desenvolvo, no segundo desses textos, exposição a propósito da noção de *controle tecnológico*.

148. V. itens 100 e 95.

leira, atendidos os princípios que enunciava. Como anteriormente observei (*La réserve de marché, au Brésil, pour la production de biens informatiques*, cit., pp. 220-222), até a década dos setenta, no Brasil, a dissociação entre tecnologia usada e tecnologia concebida internamente era artificialmente tolerável. Uma série de fatores, todavia, passou a atuar, então, dando lugar a tentativas de sua superação. Com o advento da crise do petróleo e das crises financeiras que àquela se seguiram ficaram evidentes as desvantagens que tal dissociação acarretava para a economia nacional. Países com mão-de-obra cara expelem capitais para países de mão-de-obra barata. Quando o preço desta se eleva, no entanto, dá lugar à automação e à redução das atividades das empresas multinacionais nos países subdesenvolvidos. Isso decorre, de uma parte, do processo, ainda que sempre lento, de efetivação dos "direitos sociais"; de outra, a melhoria dos produtos, mediante o emprego de menor número de componentes, e a automação dos processos produtivos, fruto do desenvolvimento tecnológico, inarredavelmente induz aquela redução de atividades. Além disso, ainda o desenvolvimento tecnológico permitiu a substituição de matérias-primas naturais por materiais sintéticos. Essa substituição, marcante em relação ao cobre, ao aço, às fibras naturais, por exemplo, só não se tornou ainda possível em relação ao petróleo. Como a economia brasileira era baseada na exploração de mão-de-obra não qualificada barata e cumprimos a função de exportadores de matérias-primas, o advento da crise do petróleo, associado ao surto de desenvolvimento tecnológico então produzido, nos fez conscientes de que não nos manteríamos como participantes da economia mundial se não fôssemos capazes de produzir desenvolvimento tecnológico. Isso se impunha, ademais, em virtude da história da nossa indústria eletrônica ser inteiramente diversa daquela, da mesma indústria, nos países do Sudeste Asiático. Neste campo, ainda que a influência da eletrônica sobre outros setores econômicos seja extremamente importante, estivemos sempre a privilegiar as importações, sem que nos empenhássemos no efetivo desenvolvimento da indústria de componentes. A inexistência de uma política responsável na Zona Franca de Manaus importou em que resultassem extremamente elevados os custos de produção de nossos produtos de tecnologia eletrônica. Assim, no início da década dos sessenta, a convicção de que a engenharia nacional era detentora de capacidade suficiente para produzir minicomputadores, com o apoio dos resultados de pesquisas que o Instituto Tecnológico de Aeronáutica (ITA), a Escola Politécnica da Universidade de São Paulo e a Pontifícia Universidade Católica do Rio de Janeiro empreendiam, uniu, no seio da Administração Pública federal, alguns engenheiros brasileiros, muitos dos quais com estudos de pós-graduação nos Estados Unidos. O que os unia era o interesse comum na implantação do desenvolvimento tecnológico, no setor da informática, no país (cf. Peter Evans, "Informática — a metamorfose da dependência", trad. de Paulo Lopes e Kevin Mundy, in *Novos Estudos*, Cebrap, n. 15, julho de 1986, pp. 14 e ss. e Emanuel Adler, "Ideological "guerrillas" and the quest for technological auto-nomy: Brazil's domestic industry", in *International Organization*, Summer 1986, pp. 673 e ss.). Inicialmente, em 1971, em um grupo de trabalho, já no ano seguinte em uma comissão do Ministério do Planejamento — Coordenação de Atividades de Processamento Eletrônico (CAPRE) — esse grupo, que tem sido referido como de "guerrilheiros ideológicos", plantou as raízes institucionais da futura evolução da indústria brasileira de computadores. Interessava especialmente à Marinha brasileira essa evolução, preocupada com o fato de que a modernização dos equipamentos militares ao seu dispor a deixava sob dependência da tecnologia estrangeira no setor. De outra parte, a modernização da burocracia federal, mediante a criação do SERPRO, empresa sob o controle do Ministério da Fazenda, reclamava a disponibilidade de *hardware* local. A experiência de trinta anos de transferência de tecnologia, com a qual acenavam as empresas multinacionais instaladas no Brasil, demonstrava que essa "transferência" consubstanciava verdadeiro estelionato tecnológico (esta última expressão é de Claudio Mammana, em texto inédito de conferência que proferiu na Universidade de Londres, em 1984 — *Transfer of technology in the fields of informatics — the Brazilian case*). A CAPRE passou a exercer o controle das importações de componentes e, com isso, reproduziu a mecânica de reserva de mercado *de fato* que, há anos, já se institucionalizara no Brasil, em favor das empresas multinacionais, no setor automobilístico. Apenas, agora, a reserva era estabelecida em benefício da indústria nacional. Uma série de outros fatores, então, prosperou no sentido de reforçar-se, institucionalmente, a atuação do Estado como ordenador do mercado nacional de informática. O mercado dos microcomputadores — mercado não reivindicado, à época, pelas empresas multinacionais — ampliou-se de modo marcante a partir da segunda metade dos anos setenta. Ainda que a política dos "guerrilheiros ideológicos" estivesse originariamente voltada à capacitação nacional para a produção de minicomputadores, atuava agora em benefício da consolidação da indústria de microcomputadores. Daí, então, o posicionamento do capital nacional, caudatário dela, em favor da sustentação dessa política — no que se encontra confirmação da tese segundo a qual, no Brasil, o empresariado privado deixa sempre ao Estado a iniciativa da busca de caminhos econômicos inovadores. De outra parte, como observa Evans (ob. cit., p. 22), dado que a tecno-logia do microcomputador estava incorporada em *chips*, as barreiras tecnológicas para a transferência dela eram bem poucas. Devido à disponibilidade dos microprocessadores, a construção de um micro exigia capacitação tecnológica, mas não estava de modo algum fora do alcance de um engenheiro eletrônico com formação avançada. Como os microprocessadores eram produzidos por companhias de semicondutores que não produziam computadores — prossegue Evans — eles eram encontrados como uma mercadoria comum e não incorporados a produtos de demanda final como tecnologia patenteada. Ao lado de tudo isso, o relatório francês elaborado, no final da década dos setenta, por Simon Nora e Alain Minc (*A informatização da sociedade*, trad. de Luisa Ribeiro, FGV, Rio de Janeiro, 1980), antecipando a fusão das telecomunicações com a informática, chamava a atenção para a importância desta última e sua estrita vinculação aos ideais de segurança nacional (daí, inclusive, a emenda de 1984 no Trade Act norte-americano — Seção 301). O clima da ditadura militar que sofremos, buscando legitimidade em uma doutrina da segurança nacional, ensejou então, no final da década, a substituição da CAPRE pela Secretaria Especial de Informática-SEI. A esse tempo ainda, já na década dos oitenta, foi sancionada a Lei n. 7.232, que institui a Política Nacional de Informática.

O texto revogado, após distinguir *empresa brasileira* de *empresa brasileira de capital nacional*, apartava, entre estas últimas, aquelas que atuassem em *setor considerado imprescindível ao desenvolvimento tecnológico nacional* (art. 171, § 1º, II). Além disso, considerado também o preceito enunciado no § 2º do art. 171, teríamos: (a) empresas brasileiras de capital nacional; (b) empresas brasileiras de capital nacional beneficiárias da proteção e dos benefícios referidos no § 1º, I; (c) empresas brasileiras de capital nacional beneficiárias do tratamento preferencial estipulado pelo § 2º; (d) empresas brasileiras de capital nacional, de pequeno porte, às quais respeitava o princípio inscrito no art. 170, IX — note-se que não tomo como objeto de cuidados, aqui, os preceitos contemplados no art. 176, § 1º — e 44 das Disposições Constitucionais Transitórias —, no art. 222, no art. 178, § 2º e, ainda, no art. 179.[149]

A revogação do art. 171 atende aos interesses ao lado dos quais se alinhou o Poder Executivo, na persecução de um programa neoliberal. O que pretendia o governo Collor foi obtido pelo governo Fernando Henrique. Argumentava-se, nessa linha, afirmando que a distinção entre *empresa brasileira* e *empresa brasileira*

149. Considere-se, também, o art. 192, III e o art. 47 das Disposições Constitucionais Transitórias.

de capital nacional seria perniciosa ao interesse nacional [suponho se tratasse do *interesse público nacional*], visto que essa distinção criaria obstáculo ao investimento de capitais estrangeiros no Brasil. Isso, contudo, jamais foi demonstrado.

De toda sorte, ainda que isso fosse verdadeiro, teria bastado a substituição da expressão "*empresa brasileira de capital nacional*" no inciso IX do art. 170 e no § 1º do art. 176 [o que foi feito pela Emenda Constitucional n. 6/95] e alguns ajustes em especial no § 2º do art. 178 [o que foi feito pela Emenda Constitucional n. 7/95].

Relembro, à propósito, a história de um fama e do eucalipto contada por Julio Cortázar (*Histórias de Cronópios e de Famas*, trad. de Glória Rodrigues, 1972, p. 156):

"Um fama anda pelo bosque e embora não precise de lenha olha ambiciosamente para as árvores. As árvores sentem um medo terrível porque conhecem os hábitos e temem o pior. Entre elas há um belo eucalipto e o fama ao vê-lo dá um grito de alegria e dança trégua e dança catala em torno do perturbado eucalipto, dizendo assim:

"– Folhas antissépticas, inverno com saúde, grande higiene.

"Puxa um machado e bate no estômago do eucalipto, sem se importar com nada. O eucalipto geme, mortalmente ferido, e as outras árvores escutam o que ele diz entre suspiros:

"– Pensar que este imbecil não precisava mais do que comprar umas pastilhas Valda".

Assim, parece-me importante deixar bem vincada a circunstância de a revogação do art. 171 e seus parágrafos atender ao desígnio de impedir-se a concessão de qualquer proteção ou benefício às empresas nacionais. Em suma: não se pretende impedir a discriminação contra empresas e capital estrangeiro; o que se quer é impedir o apoio, a proteção, a concessão de benefícios às empresas e ao capital nacional. Esse objetivo resultou, contudo, frustrado, como demonstrarei mais adiante.

A revogação, como se pode ver, atende a interesses adversos aos da sociedade brasileira. Não devo nesta ocasião, contudo, observar senão o estritamente necessário a respeito disso. No futuro, quando vier a ser escrita a nossa História, todos os calabares serão atirados ao lugar que lhes cabe.

No quanto respeita à ciência como propulsora da tecnologia e da importância desta, seja para que se alcance a soberania econômica nacional, seja para que se possa viabilizar o desenvolvimento econômico, cumpre sopesarmos também o sentido das regras contempladas nos arts. 218 e 219 do texto constitucional.

115. O art. 218 determina promova e incentive, o Estado, o desenvolvimento científico, a pesquisa e a capacitação tecnológica. As pautas a serem adotadas para que isso seja efetivado estão indicadas nos parágrafos deste mesmo art. 218.

Diz o § 1º que a pesquisa científica terá em vista, além do progresso das ciências, o bem público. Aqui se coloca indagação tormentosa, que enuncio nos seguintes termos: a serviço de que interesses está (ou deveria estar) a Universidade?[150]

O que inspira a consagração, no texto constitucional, da regra de que ora cogito é a verificação de que, hoje, o fator determinante do crescimento econômico, parcela do desenvolvimento nacional, já não é mais tão-somente a acumulação de capital, mas, também, a acumulação de saber e tecnologia.

Esta, em verdade, a razão do declínio da importância relativa das patentes de invenção, ao qual corresponde a elevação da relevância dos contratos de *know how*: a necessidade de reservar conhecimentos técnicos acumulados impõe a manutenção em segredo — em "caixas pretas" — dos novos inventos. Por isso mesmo se impõe a revisão da noção mesma de "transferência de tecnologia". Essa *transferência* em regra não se manifesta, no mercado internacional, senão como mero *aluguel de tecnologia*. É que a tecnologia é um elemento antropológico, razão pela qual só pode haver *absorção* dela quando houver capacidade nacional de saber científico.

A tarefa de viabilizar o rompimento do processo de dependência tecnológica no qual estão embrenhadas as sociedades subdesenvolvidas é missão do Estado, ainda que a evolução tecnoló-

150. Como indaguei em outra ocasião (intervenção em debate sobre exposição de Fábio Konder Comparato, in *O desenvolvimento ameaçado: perspectivas e soluções*, Editora UNESP, São Paulo, 1988, p. 93), em que medida será necessário renovarmos a Universidade, de sorte que a sua produção cultural não se preste exclusivamente a servir de fermento à legitimação e modernização de interesses que se opõem à transformação da sociedade?

gica haja de ser empreendida pela empresa — não mais pelo indivíduo.

Se, de uma banda, o art. 218 impõe ao Estado a realização de políticas públicas, as regras inscritas no § 1º do art. 171 de outra estavam voltadas à viabilização, com a proteção e benefícios temporários que a lei podia (= devia) atribuir às *empresas brasileiras de capital nacional*, do desenvolvimento das atividades dos tipos que mencionam, em especial aquelas imprescindíveis ao desenvolvimento tecnológico nacional. É necessário enfatizar que a situação de cada sociedade diante do desafio tecnológico — situação de autonomia ou dependência — é que há de determinar o seu papel, de *sujeito* ou *objeto*, no mercado internacional.

A Lei n. 7.232/84, plenamente recebida pela nova Constituição, estava voltada à realização, no setor da informática, dos objetivos impostos pelos princípios da *soberania econômica nacional* e da *garantia do desenvolvimento nacional*, nos termos do ora revogado § 1º, I e II do art. 171. Foi objeto de debates apaixonados, tendo inclusive dado causa, porque discriminatória, em favor das empresas nacionais, a retaliações comerciais praticadas pelos Estados Unidos — é certo, diga-se, que apoiado em texto legal, pois o direito norte-americano autoriza discriminação desse tipo — contra exportadores brasileiros. É importante observarmos que além de no nosso direito positivo estarem de há muito consagradas algumas situações de reserva de mercado, tais como as que alcançam as atividades jornalísticas de qualquer espécie, inclusive de televisão e de radiodifusão, a atividade de navegação de cabotagem e, parcialmente, as atividades das instituições financeiras, outras, à margem dele subsistem — tal como a aplicável ao setor da indústria automobilística — sem nenhuma contestação, em especial das empresas multinacionais. Por outro lado, a institucionalização da Política Nacional de Informática entre nós gerou efeitos bastante positivos. Ainda que o país não se tenha libertado de todo da dependência em relação às multinacionais e à tecnologia internacional, essa dependência — como salienta Peter Evans (ob. cit., p. 24) — se transformou. Em termos quantitativos, a sua instituição possibilitou o surgimento de quatrocentas empresas nacionais no setor, com um faturamento de 1.8 bilhões de dólares norte-americanos no ano de 1987. A participação no mercado nacional, dessas empresas, era, até o governo Collor, superior a cinqüenta por cento, situação apenas superada pela dos Estados Unidos e do Japão. Por outro lado, dos empregos diretos gerados, um terço deles era ocupado por profissionais de nível superior, situação também excepcional em uma economia não desenvolvida. Em termos qualitativos, a engenharia nacional encontrou vias de inserção na atividade de concepção de tecnologias e, daí, verificou-se também o surgimento de marcas nacionais. Permitiu o surgimento e a expansão de competências técnicas exercitando atividades anteriormente inexistentes ou meramente embrionárias, economicamente insignificantes. E mais, ensejou o desenvolvimento do efeito "mecatrônico" (acoplagem da mecânica com a eletrônica), dando lugar à ampliação das possibilidades de inovação a partir da interação entre diversas tecnologias de produto e de processamento industrial. Relatório elaborado em 1988 pelo Institut für Iberoamerika, de Hamburgo, ao qual tive acesso junto à ABICOMP-Associação Brasileira de Indústria de Computadores e Periféricos, afirma: "A Política de Informática é uma política industrial setorial realista, que conseguiu reduzir consideravelmente a dependência tecnológica do Brasil num setor cujo significado para a política de desenvolvimento dificilmente se poderá sobreestimar". Por outro lado, em relatório de avaliação de políticas de informática elaborado pelo Banco Interamericano de Desenvolvimento, em 1988 — ao qual tive acesso também junto à ABICOMP — destaca-se o seguinte trecho (pp. 100-101): "uma das características mais importantes da política brasileira nessa matéria é a ênfase dada à aquisição de capacidade de elaborar projetos e de levar a cabo outros melhoramentos tecnológicos nas empresas de propriedade nacional, aplicando para isso um conjunto de regulamentos e incentivos. Os resultados alcançados até agora em volume, variedade de produtos e de modelos criados (ou adaptados) no País e grau de integração nacional são realmente impressionantes" (sic). Um dos argumentos de que se lançava mão para combater a Política Nacional de Informática chegava a ser ingênuo: dizia-se que o preço de microcomputadores importados era bastante inferior ao dos seus equivalentes nacionais; sucede que não se tratava de produtos importados, porém contrabandeados; os seus preços, se legalmente importados ou produzidos internamente por empresas estrangeiras, não seria inferior aos dos industrializados pelas empresas brasileiras de capital nacional. Em suma, valendo-me ainda de observações que desenvolvi em meu *La réserve de marché, au Brésil, pour la production de biens informatiques* (cit., p. 231), noto que, mercê da Política Nacional de Informática, o país havia encontrado um caminho firme para a conquista de autonomia, entendida esta, aqui, como a capacidade de tomar decisões e adotar valores próprios. Onde apenas havia usuários de tecnologia passaram a atuar concebedores dela. Essa capacidade, de criação de tecnologias, é um dos pressupostos daquela autonomia. Daí porque o poder das multinacionais de impor suas decisões sobre a nossa economia era relativamente reduzido. O programa neoliberal promovido pelo governo Collor e retomado pelo governo Fernando Henrique desmantelou as empresas nacionais do setor, levadas à insolvência.

116. O revogado § 2º do art. 171 determinava que, *na aquisição de bens e serviços, o Poder Público desse tratamento preferencial, nos termos da lei, à empresa brasileira de capital nacional.*

O preceito estabelecia discriminação em favor dessas empresas, como tais definidas pelo inciso II do mesmo art. 171. Discriminações dessa ordem são praticadas mesmo pelos Estados desenvolvidos, em defesa da economia nacional, em nome do princípio da sua soberania.

Exemplifico com o chamado "caso Fujitsu", noticiado pela revista *Fortune*, de 22.3.82, pp. 56 e ss. O governo norte-americano instaurou procedimento licitatório tendo por objeto a aquisição de quatrocentas e quatro milhas de fibras óticas para a ligação da rede telefônica entre Washington e Boston, a ser instalada pela American Telephone & Telegraph (AT&T). Embora a proposta da Fujitsu, empresa japonesa, fosse bem inferior à da concorrente americana, a Western Eletric — seu preço era 33% superior àquele —, o objeto da licitação foi atribuído a esta última, por razões, alegadas, de segurança nacional (*national-security*). Outra razão, no entanto, exposta por Bernie Wunder — Assistant Secretary of Commerce for communications and information — determinou essa decisão. Transcrevo trecho da *Fortune*, p. 59: "In the meantime Bernie Wunder met privately with a group of executives from telecommunications-equipment companies. According to one, Wunder asked them, 'How do we open up the AT&T market without giving it away to the Japanese?' Wunder says his concern was to protect the 'infant' U.S. fiber-optics industry. John Morgan, a legislative-affairs specialist at the Communications Workers of America, lobbied the same Congressmen and bureaucrats, and more — among them Representative Timothy E. Wirth, chairman of the House subcommittee for telecommunications — arguing that jobs would be lost if the Japanese conquered the fiber-optics market".

O preceito não inovava o ordenamento, senão na medida em que importava consagração da regra no nível constitucional: da matéria já tratava o § 2º do art. 3º do Decreto-lei n. 2.300/86, com a redação que lhe foi atribuída pelo Decreto-lei n. 2.360/87, tendo se verificado, em relação a este último preceito, o fenômeno da recepção.[151] Hoje dispõe sobre a matéria o § 2º do art. 3º da Lei n. 8.666, de 21.6.93.

151. A recepção apenas se dá na medida em que a parcela da legislação infraconstitucional de que se cuide seja *compatível com a nova ordem constitucio-*

117. Imediatamente após a revogação do art. 171 da Constituição colocou-se em questão a constitucionalidade da concessão de incentivos tributários às *empresas brasileiras de capital nacional*, como tais definidas pelo art. 1º da Lei n. 8.248, de 23.10.91: "pessoa jurídica constituída e com sede no Brasil, cujo controle efetivo esteja, em caráter permanente, sob a titularidade direta ou indireta de pessoas físicas domiciliadas e residentes no País ou de entidade de direito público interno". O § 1º deste mesmo artigo define controle efetivo de empresa. Essa definição, como se vê, corresponde precisamente àquela enunciada no texto revogado (art. 171, II).

Daí, em função dessa revogação, um parecer jurídico emitido pela Consultoria Jurídica do Ministério, e aprovado pelo Ministro da Ciência e Tecnologia — Parecer CONJUR n. 231/95, datado de 13 de novembro, publicado no *Diário Oficial da União* de 20.11.95 — afirmou ter sido revogado o incentivo instituído pelo art. 7º da Lei n. 8.248/91, atinente à dedução de até 1% do imposto de renda devido para aplicação em ações novas, inalienáveis pelo prazo de dois anos, de empresas brasileiras de capital nacional de direito privado que tenham como atividade única, ou principal, a produção de bens e serviços de informática.

Observando serem duas as teses plausíveis de cogitar, em torno dos efeitos da Emenda Constitucional n. 6/95 — (a) apesar da revogação do art. 171 da Constituição, nada obsta a que a lei ordinária faça distinção entre *empresa brasileira* e *empresa brasileira de capital nacional*, tal como o fez ainda na vigência da Emenda Constitucional n. 1/69, sem incidir em inconstitucionalidade; (b) as normas infraconstitucionais, nesse particular, ter-se-iam tornado incompatíveis com a Constituição reformada, resultando, por-

nal. A circunstância de ser ela compatível *com a ordem constitucional decaída* não conduz a sua recepção pela nova ordem. Para que esta se dê, é imprescindível — repita-se — que a parcela de legislação infraconstitucional em questão guarde compatibilidade *com a nova Constituição*. A Constituição de 1891, em seu art. 83, afirmou expressamente a recepção das "leis do antigo regime", que continuariam em vigor, enquanto não revogadas, no que explícita ou implicitamente não fosse contrário ao sistema de governo firmado pela Constituição e aos princípios nela consagrados. No mesmo sentido, o art. 187 da Constituição de 1934. Isso, no entanto, não se fazia necessário, visto que, no quanto seja compatível — repita-se — com a nova ordem constitucional, a legislação de que se cuida terá sido por elas recebida.

que não recepcionadas pela emenda, derrogadas —, o parecer adota a segunda delas, em coerência com o desígnio de impedir-se a concessão de qualquer proteção ou benefício às empresas nacionais e ao capital nacional.

São os seguintes, em breve síntese, os argumentos fundamentais que o sustentam: (i) a Emenda Constitucional n. 6/95, tendo revogado o art. 171 da Constituição, "extirpou de seu texto os conceitos de *empresa brasileira* (171, I) e de *empresa brasileira de capital nacional* (171, II) e a faculdade de concessão a estas últimas de *'proteção e benefícios especiais temporários'* (171, § 1º, I), assim como a determinação de se-lhes (sic) dar *'tratamento preferencial'* (171, § 2º)"; (ii) a Constituição de 1988 "criou os conceitos de *empresa nacional* e de *empresa brasileira de capital nacional* e, no mesmo dispositivo, em *exceção* ao princípio da igualdade — amplamente assegurado a todos pela Lei Básica, sejam pessoas físicas ou jurídicas — conferiu às segundas determinadas vantagens"; (iii) "ao atribuir vantagens de natureza excepcional a essa nova espécie (a empresa dita *brasileira de capital nacional*), *ipso facto* inadmitiu lhes fossem concedidas quaisquer outras, de mesma natureza (excepcional), que não as expressamente previstas; daí porque seria inconstitucional a concessão, a elas, de qualquer outra vantagem"; (iv) extirpado algo que era previsto constitucionalmente, a fim de que não mais componha a ordem jurídica, disso decorre um corolário lógico: "tudo quanto na esfera infraconstitucional era dependente desse dispositivo, com ele concomitantemente revogado ficou"; (v) para adequada e perfeita compreensão do sentido da Emenda Constitucional n. 6/95 cumpre indagar "qual a sua finalidade, a *mens legis*, o seu verdadeiro espírito"; e a promulgação dessa emenda decorre do seguinte: "a economia mundial tende à globalização, refletindo os instrumentos de regulação multilateral das relações comerciais verdadeiros óbices às barreiras legais que as inibam, impondo, destarte, ajuste das legislações nacionais; a tônica é a eliminação das reservas de mercado e, conseqüentemente, sua abertura para viabilizar o inter-relacionamento das economias; a realidade sócio-econômica nacional erige como pressuposto de estabilização da economia e do desenvolvimento auto-sustentado, (sic) expressivos investimentos de recursos financeiros de que reconhecidamente não dispõe o País; daí ceder passo a distinção de que se cuida, para permitir — eliminados os privilégios soerguidos a nível de exceção — o tratamento igualitário dos capitais, independentemente de sua origem. Este o verdadeiro escopo da Emenda Constitucional n. 6/95, o qual, aliás, inclusive é corroborado pelas razões expendidas na E.M. n. 37/95 (...) Induvidoso, pois, que a *mens legis* é a eliminação da distinção entre as empresas em razão da origem de seu capital"; (vi) como tudo quanto na legislação ordinária dependia do conceito de *empresa brasileira de capital nacional* resultou revogado em decorrência da revogação do art. 171 da Constituição, revogado também foi o incentivo previsto no art. 7º da Lei n. 8.248/91, conhecido como "capitalização incentivada".

É certo, no entanto, que a revogação do art. 171 da Constituição de 1988 pelo art. 3º da Emenda Constitucional n. 6/95 não inviabiliza a concessão de incentivos, pela lei ordinária, a empresa (brasileira) diferenciada pela circunstância de ser pessoa jurídica constituída e com sede no Brasil, cujo controle efetivo esteja, em caráter permanente, sob a titularidade direta ou indireta de pessoas físicas domiciliadas e residentes no País ou de entidade de direito público interno — entendendo-se por *controle efetivo da empresa* a titularidade direta ou indireta de, no mínimo, 51% (cinqüenta e um por cento) do capital com direito a voto e o exercício, de fato e de direito, do poder decisório para gerir suas atividades, inclusive as de natureza tecnológica.

A interpretação nunca é livre de pressuposições.

Desejo dizer, com isso, que ela, enquanto *compreensão*, escapa ao âmbito da ciência. A *compreensão* respeita ao *ser no mundo* (*Dasein*). Por isso ela é *experiência*, resultando sempre inútil, em qualquer "*ciência compreensiva*", qualquer tentativa de separação entre *racionalidade* e *personalidade da compreensão*.[152]

Daí a alusão de Canotilho a dois tipos de postura assumidas perante a Constituição: uma, a adotada por aqueles que optarem por concepções ideológicas e políticas substancialmente diferentes das mensagens ideológicas consagradas na Constituição; a outra é a adotada por aqueles que guardam sintonia com os princípios fundamentais atinentes à conformação política e jurídica da sociedade, que a Constituição contempla, e que, assim, exercitam um *prudente positivismo*, indispensável à manutenção da obrigatoriedade normativa do texto constitucional.[153]

Os que optam por concepções ideológicas e políticas adversas às mensagens ideológicas constitucionais em regra privilegiam a chamada "vontade do legislador", cuja consideração é hoje tida como despida de qualquer sentido.[154] Daí porque desde

152. V. meu *La doppia destrutturazione del diritto (una teoria brasiliana sull'interpretazione)*, Unicopli, Milão, 1996, pp. 69 e ss.

153. V. itens 65 (capítulo 4) e 74 do meu *Ensaio e discurso sobre...*, cit.

154. V. item 72.

logo me parece despicienda qualquer alusão ao discurso da *globalização da economia* para determinar a interpretação da Constituição de 1988 ou de qualquer emenda a ela, inclusive a número 6/95, cujo art. 3º revogou o seu art. 177.

> Não entendi, no Parecer CONJUR n. 231/95, o significado da seguinte frase: "a economia mundial tende à globalização, refletindo os instrumentos de regulação multilateral das relações comerciais verdadeiros óbices às barreiras legais que as inibam, impondo, destarte, ajuste das legislações nacionais"; tratar-se-ia de *óbices às barreiras legais que inibam as relações comerciais*? Tratar-se-ia, pois, da superação das soberanias nacionais pela *lex mercatoria*?

A respeito do discurso da *globalização da economia* reporto-me, para ser breve, ao quanto observei nos itens 13 a 15, acima. Os dados da realidade parecem-me suficientes para que se ponha em dúvida o discurso que afirma que, hoje, a tônica é a eliminação das reservas de mercado e, conseqüentemente, sua abertura para viabilizar o inter-relacionamento das economias.

Ademais, insisto em que não se pode interpretar o direito — e, pois, menos ainda, a Constituição — em tiras. Assim como jamais se aplica *uma norma jurídica*, mas sim *o direito*, não se interpretam normas constitucionais, isoladamente, mas sim a Constituição, no seu todo.[155] Por isso tenho como inteiramente descabida a interpretação isolada do texto do art. 3º da Emenda Constitucional n. 6/95 — ou da ausência do art. 171 na Constituição.

A interpretação *da Constituição* autoriza-me a concluir pela constitucionalidade, ainda após o advento da Emenda Constitucional n. 6/95, da concessão, pela lei ordinária, de incentivos a empresa brasileira diferenciada pela circunstância de ser pessoa jurídica constituída e com sede no Brasil, cujo controle efetivo esteja, em caráter permanente, sob a titularidade direta ou indireta de pessoas físicas domiciliadas e residentes no País ou de entidade de direito público interno — entendendo-se por *controle efetivo da empresa* a titularidade direta ou indireta de, no mínimo, 51% (cinqüenta e um por cento) do capital com direito a voto

155. V. item 69.

e o exercício, de fato e de direito, do poder decisório para gerir suas atividades, inclusive as de natureza tecnológica.

No próprio Parecer CONJUR n. 231/95, aliás, imediatamente depois de alusão ao fato de a Constituição, após a revogação do seu art. 171 e parágrafos, não conceituar (*conceituação constitucional*, pois) "empresa brasileira" e não determinar tratamento preferencial obrigatório para bens e serviços de informática, está escrito o seguinte: "Semelhante situação poderia, aparentemente, render ensejo a que se cogitasse de não ter sido recepcionado pela nova ordem — posto que nela não determinado, como se pretendia — o tratamento preferencial para bens e serviços produzidos no País, quando de sua aquisição pelo Poder Público. Todavia, consoante já se afirmou, no caso específico do setor de informática, há uma *política pública setorial* que estendeu aludido tratamento a certos bens e serviços produzidos sob certas condições. E tal se fez, conforme antes demonstrado, com esteios constitucionais diversos daquele inscrito no art. 171, § 1º, ora revogado, quais sejam, as disposições dos arts. 218 e 219, combinadas com os princípios dos arts. 3º, II e 170, I. Portanto, trata-se de mera aparência, eis que efetivamente recepcionada tal política pública pela Constituição emendada, até porque, nesse particular, sequer mudança houve. Daí a pertinência de se lembrar, com as razões expostas pelo Executivo, que 'as alterações propostas não impedem que legislação ordinária venha a *conferir incentivos e benefícios especiais a setores considerados estratégicos*, inexistindo qualquer vedação constitucional nesse sentido" (grifamos). De fato, inexistia e inexiste, e, no caso do setor de informática, considerado estratégico *ex vi legis* (Lei n. 7.232/84, art. 2º, VI e VII), já se tinha, por legislação ordinária, com o específico fulcro constitucional apontado, subsistente, o mencionado tratamento preferencial, que, em suma, nada mais é que um benefício especial, estímulo ou incentivo para o desenvolvimento do setor. Por isso que, em perfeita consonância com a Carta Política, iniludivelmente encontrou, de parte desta, integral recepção". Assim, segundo o Parecer CONJUR n. 231/95, a Constituição de 1988, mesmo emendada, dá fundamentação a políticas públicas de proteção e concessão de benefícios ao setor de informática. O Parecer menciona os arts. 218 e 219, combinados com os princípios dos arts. 3º, II e 170, I. Resultam estranhas, por isso mesmo, as conclusões afirmadas no Parecer CONJUR n. 231/95, mesmo porque, salvo falta de clareza na exposição ou incompreensão por culpa minha, o cerne da argumentação nele alinhada encontra-se na assertiva de que a Constituição de 1988 "criou os conceitos de *empresa nacional* e de *empresa brasileira de capital nacional* e, "ao atribuir vantagens de natureza excepcional a essa nova espécie (a empresa dita *brasileira de capital nacional*), *ipso facto* inadmitiu lhes fossem concedidas quaisquer outras, de mesma natureza (excepcional), que não as expressamente previstas; daí porque seria inconstitucional a concessão, a elas, de qualquer outra vantagem. Sendo assim — e desde que correto o quanto afirmado no Parecer CONJUR — a revogação do art. 171 e seus §§ importaria em que deixasse de existir a restrição à concessão de outras vantagens de natureza excepcional à nova espécie (a empresa dita *brasileira de capital nacional*), que não as expressamente previstas. De mais a mais, a leitura do § 1º do art. 171 revogado não me permite discernir a quais *outras vantagens, de natureza excepcional* — que não poderiam ser atribuídas à *empresa brasileira de capital nacional* — estaria a reportar-se o Parecer CONJUR. O fato é que, em verdade, a análise detida do seu texto leva-me a pensar que as conclusões nele afirmadas não encontram nenhuma referência na exposição que as antecede.

A Constituição de 1988 define como um dos *objetivos fundamentais da República Federativa do Brasil* [isto é, objetivos fundamentais *do Brasil*] o de *garantir o desenvolvimento nacional* (art. 3º, II) e, como um dos *princípios da ordem econômica*, a *soberania nacional* (art. 170, I). De outra parte, o seu art. 218 atribui ao Estado o *dever* de promover e incentivar o desenvolvimento científico, a pesquisa e a capacitação tecnológica e que o seu art. 219 define que "o mercado interno integra o patrimônio nacional e será incentivado de modo a viabilizar o desenvolvimento cultural e sócio-econômico, o bem-estar da população e a autonomia tecnológica do País, nos termos de lei federal".

A respeito do processo de desenvolvimento e da soberania nacional, reporto-me ao quanto observei nos itens 104 e 109. No que tange ao art. 219, insisto em que a integração do mercado interno ao *patrimônio nacional* se dá na medida que a Constituição o toma como expressão da *soberania econômica nacional*. Por fim, lembro que o art. 218 impõe ao Estado a realização de políticas públicas voltadas à proteção e à concessão de benefícios ao empreendimento de atividades imprescindíveis ao desenvolvimento tecnológico nacional.

Nesse quadro, assim desenhado, é que se deve questionar a adequação, à Constituição emendada, da concessão, pela lei ordinária, de incentivos a empresa brasileira diferenciada pela circunstância de ser pessoa jurídica constituída e com sede no Brasil, cujo controle efetivo esteja, em caráter permanente, sob a titularidade direta ou indireta de pessoas físicas domiciliadas e residentes no País ou de entidade de direito público interno — entendendo-se por *controle efetivo da empresa* a titularidade direta ou indireta de, no mínimo, 51% (cinqüenta e um por cento) do capital com direito a voto e o exercício, de fato e de direito, do poder decisório para gerir suas atividades, inclusive as de natureza tecnológica.

Não pertencendo, os conceitos, à esfera normativa, não podem ser *revogados*. O art. 171 da Constituição de 1988 não contemplava *conceitos*, porém *definições* de *empresa brasileira e de empresa brasileira de capital nacional*. As *definições* [jurídicas] explicitam *termos* de conceitos, no quadro de um determinado texto normativo[156] Assim teremos, *v.g.*, as seguintes *definições*: "Para os efeitos desta lei entende-se por..."; "São consideradas [para os efeitos do texto]". *Definições* podem ser revogadas, *conceitos*, não.

À revogação do art. 171 e seus parágrafos correspondeu a revogação de uma *permissão forte* para incentivos (§ 1º) e de um *dever de diferenciação* (§ 2º). Nada senão isso, nada mais do que isso.

Não obstante essa revogação, de *permissão forte* para incentivos, a Constituição [que se deve interpretar em seu todo, não em tiras] contempla *permissão fraca* para incentivos, no setor (atividades consideradas estratégicas para a defesa nacional ou imprescindíveis ao desenvolvimento do País, especialmente em setores imprescindíveis ao desenvolvimento tecnológico nacional).

Assim, da revogação da *permissão forte* no § 1º do art. 171 não decorre proibição da concessão dos incentivos; ela apenas transforma o direito, no sentido de admitir possam surgir regras que conformem o âmbito da *permissão fraca* [*v.g.*, uma lei que estabeleça limites para a concessão dos incentivos].

Em suma: parece-me inquestionavelmente óbvio não importar, a revogação do art. 171, vedação à concessão, pela lei ordinária, de incentivos a empresa brasileira diferenciada pela circunstância de ser pessoa jurídica constituída e com sede no Brasil, cujo controle efetivo esteja, em caráter permanente, sob a titularidade direta ou indireta de pessoas físicas domiciliadas e residentes no País ou de entidade de direito público interno — en-

156. V. meu *Direito, conceitos e normas jurídicas*, Ed. RT, São Paulo, 1988, pp. 70-71.

tendendo-se por *controle efetivo da empresa* a titularidade direta ou indireta de, no mínimo, 51% (cinqüenta e um por cento) do capital com direito a voto e o exercício, de fato e de direito, do poder decisório para gerir suas atividades, inclusive as de natureza tecnológica.

> O Parecer CONJUR n. 231/95, além do mais, não demonstra qualquer incompatibilidade entre os incentivos e a Constituição. E — repito — as conclusões que alcança não encontram nenhuma referência na exposição que as antecede.

Vimos já que não se interpreta o direito, nem a Constituição, em tiras, aos pedaços. A compreensão da totalidade do texto constitucional, atenção detida posta na leitura dos arts. 3º, II; 179, I; 218 e 219, fundamenta a afirmação da plena constitucionalidade do art. 7º da Lei n. 8.248/91.

A circunstância de a Constituição não excepcionar mais, no seu plano (plano constitucional), o *princípio da igualdade* nada produz de significativo — salvo o quanto acima anotei: a revogação do art. 171 e seus parágrafos, desde que correto o quanto afirmado no Parecer CONJUR, importaria em que deixasse de existir a restrição à concessão de outras vantagens de natureza excepcional à nova espécie (a empresa dita *brasileira de capital nacional*), que não as expressamente previstas.

De resto, não vejo como se possa afirmar exceção constitucional ao princípio da igualdade quando se o relacione a coisas distintas entre si, *empresas brasileiras* e *empresas brasileiras de capital nacional*. Se uma e outra não são iguais entre si, não se reclama, a pretexto de acatamento ao *princípio da igualdade*, a atribuição de tratamento jurídico igual a ambas.

Pois a igualdade, qual ensina Aristóteles,[157] consiste em que, *pour les personnes égales, la chose doit être égale*; e *à des hommes différents appartiennent des droits et des mérites différents*.

O art. 1º da Lei n. 8.248/91 contempla uma *definição legal de empresa brasileira de capital nacional*, para os seus efeitos e para os efeitos da Lei n. 7.232, de 29.10.84.

157. *La Politique* (III, 12, 1282 *b*, 20), trad. de J. Tricot, 4ª tir., J. Vrin, Paris, 1982, pp. 222-223.

Essa definição, que corresponde precisamente àquela enunciada no art. 171 da Constituição, revogado, presta-se a diferenciar dela [*empresa brasileira de capital nacional*] a *empresa brasileira*. E isso, precisamente para, cogitando da *capacitação e competitividade do setor de informática e automação*, instituir benefícios em favor da primeira.

Há conexão lógica entre os elementos diferenciais considerados, referidos ao *controle efetivo* da empresa e a disparidade de disciplinas estabelecidas em vista deles (benefícios em favor da *empresa brasileira de capital nacional*; ausência de benefícios em relação à *empresa brasileira*).[158] E, por fim, a possibilidade de planos e programas setoriais de desenvolvimento, evidentemente estruturados sobre distinções colhidas entre pessoas e entidades, é expressamente afirmada no art. 48, IV da Constituição de 1988.

Diante disso tudo — e porque, como vimos, os arts. 3º, II; 179, I; 218 e 219 da Constituição de 1988 contemplam *permissão* [ainda que *permissão fraca*, diante do que dispunha o § 1º do art. 171 revogado] para a outorga do benefício — a lei ordinária podia, para os seus efeitos, definir *empresa brasileira de capital nacional*, outorgando-lhe benefícios adequados à instrumentação de políticas públicas de promoção e incentivo à capacitação e competitividade do setor de informática e automação.

118. Diz o art. 172 que "a lei disciplinará, com base no interesse nacional, os investimentos de capital estrangeiro, incentivará os reinvestimentos e regulará a remessa de lucros".

A Constituição planta as raízes, neste preceito, de uma *regulamentação de controle* — e não de *regulamentação de dissuasão* — dos investimentos de capital estrangeiro.[159] Não os hostiliza. Apenas impõe ao legislador ordinário o dever de privilegiar o inte-

158. Faço uso, neste passo, da terminologia adotada por Celso Antônio Bandeira de Mello em seu *O conteúdo jurídico do princípio da igualdade*, 3ª ed., 12ª tir., Malheiros Editores, São Paulo, 2004, p. 45.

159. Washington Peluso Albino de Souza (*Capital estrangeiro no Brasil*, Movimento Editorial da Revista da Faculdade de Direito da UFMG, Belo Horizonte, s/data, p. 133) refere três formas de regulamentação da espécie: a regulamentação de estímulo ou de atração, a regulamentação de controle e a regulamentação de dissuasão.

resse nacional ao discipliná-lo. Cuida-se aqui, pois, tão-somente de submetê-los às limitações correntes que a ordem jurídica opõe ao exercício do poder econômico.

Observa Washington Peluso Albino de Souza (ob. cit., p. 117): "É pelo caminho do entendimento do *poder* que o jurista há de chegar ao regime jurídico dos capitais estrangeiros, como, de resto, do capital em geral" (grifo no original).

Daí porque a vinculação do legislador ordinário, na sua regulamentação, às imposições do interesse nacional, decorreria, tal como se manifesta em presença da regra, plenamente, ainda que não tivesse sido ela contemplada no texto constitucional, do princípio da soberania nacional inscrito no art. 170, I.[160]

Note-se que o art. 172 menciona "capital estrangeiro". *Capital* é noção diversa da de *empresa*. Assim, cumpre cogitarmos de investimentos de capital estrangeiro feitos por *empresas brasileiras* (art. 171, I) e por *empresas estrangeiras*. Pois é evidente que o capital das primeiras não é nacional: basta ler o enunciado do inciso II do art. 171.

119. O art. 173 define: "Ressalvados os casos previstos nesta Constituição, a exploração direta de atividade econômica pelo Estado só será permitida quando necessária aos imperativos da segurança nacional ou a relevante interesse coletivo, conforme definidos em lei".

Outrossim, dispõem os incisos XIX e XX do art. 37, o primeiro deles com a redação que lhe foi conferida pela Emenda Constitucional n. 19, de 4 de junho de 1998: "XIX — somente por lei específica poderá ser criada autarquia e autorizada a instituição de empresa pública, de sociedade de economia mista e de fundação, cabendo à lei complementar, neste último caso, definir as áreas de sua atuação; XX — depende de autorização legislativa, em cada caso, a criação de subsidiárias das entidades mencionadas no inciso anterior, assim como a participação de qualquer delas em empresa privada".

160. Neste sentido, José Afonso da Silva, *Curso de Direito Constitucional Positivo*, cit., pp. 774-775.

Dir-se-á, à primeira vista, que os preceitos estão, radicalmente alinhados no sentido apontado pelo movimento da *desregulamentação da economia*, na face que propõe a incisiva redução da presença do Estado, como agente, no campo da atividade econômica.[161]

Há inúmeros aspectos, nos preceitos, a considerar.

O art. 173 indica as hipóteses nas quais é admitida a exploração direta da atividade econômica pelo Estado, ressalvando, no entanto, "os casos previstos nesta Constituição". Trata-se, aqui, de exploração direta de *atividade econômica em sentido estrito*.[162]

Tais casos, como anotei,[163] são os previstos no art. 177 e no art. 21, XXIII.

Apenas em duas hipóteses a exploração direta de atividade econômica em sentido estrito é admitida (às empresas públicas e às sociedades de economia mista): quando essa exploração for necessária (a) aos imperativos da segurança nacional ou (b) a relevante interesse coletivo, *conforme definidos em lei*.

Deve pois *a lei* — não indica, o preceito, se lei federal, exclusivamente — definir o que se deve entender por "imperativos da segurança nacional" e por "relevante interesse coletivo".

Além desta lei, outra ainda há de existir — "lei específica" (art. 37, XIX); "autorização legislativa" (art. 37, XX) — antecedendo o surgimento de empresa estatal,[164] autarquia ou fundação. Tratarei de imediato desses dois incisos do art. 37, apenas após deitando atenção às hipóteses indicadas no art. 173.

120. O art. 37, *caput* dispõe: "A administração pública direta, indireta ou fundacional, de qualquer dos Poderes da União, dos Estados, do Distrito Federal e dos Municípios, obedecerá aos princípios da legalidade, impessoabilidade, moralidade, publicidade e, também, ao seguinte". Seguem-se vinte e um incisos e seis pa-

161. V. item 11

162. V. itens 38 e 45.

163. V. item 44.

164. Uso a expressão *empresa estatal* em lugar de empresa pública e sociedades de economia mista; v. item 50.

rágrafos. Entre tais incisos, o XIX, ao qual a Emenda Constitucional n. 19/98 conferiu nova redação — "somente por lei específica poderá ser criada autarquia e autorizada a instituição de empresa pública, de sociedade de economia mista e de fundação, cabendo a lei complementar, neste último caso, definir as áreas de sua atuação" — e o XX — "depende de autorização legislativa, em cada caso, a criação de subsidiárias das entidades mencionadas no inciso anterior, assim como a participação de qualquer delas em empresa privada".[165]

A lei não *cria* empresa estatal e fundação.[166] Ambos os incisos expressam o mesmo significado, impondo autorização do Legislativo — federal, estadual ou municipal, conforme o caso — para que possa ser constituída empresa (sociedade) ou instituída fundação. *Autorização legislativa* e *lei específica* (que *cria* autarquia e autoriza a instituição de empresa pública, de sociedade de economia mista e de fundação) são, no contexto, expressões dotadas de significados intercambiáveis. Trata-se, aí, de *lei-medida*.[167] Tanto a constituição de empresa estatal, quanto a de subsidiárias delas, bem assim a sua participação no capital de empresa privada e a criação de autarquia e a instituição de fundação devem ser previamente aprovadas pelo Poder Legislativo.

Os preceitos instrumentam o controle da expansão do Executivo pelo Legislativo. Não importam, *em si*, retenção dessa expansão; apenas impõem a participação do Legislativo no processo de decisão que se tome a respeito.

Não se distinguem, neles, empresas estatais que exploram atividade econômica em sentido estrito — objeto específico de ordenação pelo art. 173 — daquelas que prestam serviço público.[168] O controle que o Legislativo passa a exercitar quanto à conformação do "tamanho" do Executivo é bastante amplo.

165. Esses dois preceitos integraram, englobados em um só, no projeto de Constituição aprovado em primeiro turno, o Título Da Ordem Econômica — art. 202, § 1º. Apenas após, no projeto "B", que foi a discussão no segundo turno, passaram a integrar o Capítulo Da Administração Pública.

166. Dizia o inc. XIX em sua redação originária, alterado pela Emenda Constitucional n. 19/98: "somente por lei específica poderão ser criadas empresa pública, sociedade de economia mista, autarquia ou fundação pública".

167. V. meu *O direito posto e o direito pressuposto*, cit., 5ª ed., pp. 254-255.

168. V. itens 39 e ss.

Especialmente a regra contida no inciso XX, que sujeita à autorização legislativa, em cada caso — "em cada caso", note-se —, a participação de empresa estatal em empresa privada, isto é, no capital de empresa privada, dificulta a atuação das instituições bancárias oficiais (bancos de desenvolvimento, sobretudo). O preceito, ao referir "cada caso" — "em cada caso" —, não estará a aludir a *caso de cada empresa estatal*, porém a *cada caso de participação em empresa privada*. A questão é de extrema relevância para o chamado "capitalismo assistencial" (vide item 13).

A nova redação atribuída ao inc. XIX menciona simplesmente *fundação*, ao passo que a redação originária do preceito referia *fundação pública*.[169] Outrossim, essa nova redação atribui à lei complementar definir as áreas de atuação da fundação. Isso significa que a *lei específica* que *autoriza a instituição* de fundação há de ser *lei complementar*. A outra alternativa — seria necessária uma lei geral definindo as áreas de atuação das fundações — torna ainda mais dificultosa a instituição de novas fundações, objetivo nitidamente perseguido pela ideologia que inspirou a reforma administrativa instituída através dessa Emenda Constitucional n. 19/98, ideologia comprometida com o neoliberalismo e voltada à redução das dimensões do aparato estatal.

Para tanto, o Poder Executivo imaginou também a figura das "organizações sociais", das quais trata a Lei n. 9.637, de 15 de maio de 1998. Pessoas jurídicas de direito privado sem fins lucrativos, cujas atividades sejam dirigidas ao ensino, à pesquisa científica, ao desenvolvimento tecnológico, à proteção e preservação do meio ambiente, à cultura e à saúde, poderão ser qualificadas como "organizações sociais", mediante deliberação do Ministro ou titular de órgão supervisor ou regulador da área de atividade correspondente ao seu objeto social e do Ministro de Estado da Administração Federal e Reforma do Estado. Essas "organizações sociais", que existirão à margem do Estado, absorverão as atividades que vinham sendo desenvolvidas por entidades estatais, podendo receber recursos financeiros da União, bens públicos e servidores públicos, deles se valendo, à custa da União, para exer-

169. Além das *fundações públicas* (no art. 19 do ADCT), a Constituição menciona, ainda, após a Emenda Constitucional n. 19/98: (*a*) *fundações* (cf. os incisos XVII e XIX do art. 37 e o § 5º do art. 8º do ADCT); (*b*) *fundações instituídas e mantidas pelo Poder Público* (cf. art. 71, II e III; § 2º do art. 150; § 1º do art. 169 e art. 18 do ADCT); e (*c*) *fundações controladas pelo Poder Público* (cf. art. 163, II). O inc. XVII do art. 37 referia, em sua redação originária, *fundações mantidas pelo Poder Público* e o inciso XIX referia *fundação pública*.

cer tais atividades. A seleção e escolha das pessoas jurídicas de direito privado a serem qualificadas como "organizações sociais" não é procedida mediante licitação, mas por ato do Ministro ou titular de órgão supervisor ou regulador da área de atividade correspondente ao seu objeto social e do Ministro de Estado da Administração Federal e Reforma do Estado, e sem que a lei defina critérios seletivos para tanto. Em suma: atividades que vinham sendo desenvolvidas por entidades estatais nos setores do ensino, da pesquisa científica, do desenvolvimento tecnológico, da proteção e preservação do meio ambiente, da cultura e da saúde poderão ser transferidas graciosamente, com o pessoal e os bens móveis necessários ao seu desenvolvimento, a pessoas jurídicas da livre escolha das duas autoridades acima referidas. A inconstitucionalidade dessa escolha, independentemente de licitação, é flagrante.

121. O art. 173 refere *imperativos de segurança nacional* e *relevante interesse coletivo, "conforme definidos em lei"*. Apenas será admitida a exploração direta de que se cuida quando necessária a uns ou a outro.

Segurança nacional é, no contexto da Constituição de 1988, conceito inteiramente distinto daquele consignado na Emenda Constitucional n. 1/69.[170] Cuida-se, agora, de segurança atinente à defesa nacional,[171] que, não obstante, não há de conduzir, impositivamente, sempre, à exploração direta, pelo Estado, da atividade econômica em sentido estrito — comprova-o o enunciado do art. 171, § 1º, I;[172] haverá a exploração direta quando atender a *imperativos* de segurança nacional.

A *lei* referida pelo art. 173, *in fine*, que defina *segurança nacional*, há de ser, sem nenhuma dúvida, *lei federal*.

Quanto ao *relevante interesse coletivo*, impõe-se muita cautela na apreensão do seu significado. Qual o sentido da expressão? Reporto-me, neste passo, a exposição anteriormente desenvolvida, neste ensaio (v. item 106). A lei ordinária definirá *relevante interesse coletivo*, cumprindo sejam ponderados, nessa definição, todos os princípios que identifiquei no item 84.

170. Arts. 86 a 89 (na Constituição de 1967, arts. 89 a 91). Cuidava-se aí, em resumo, de prover a *segurança do Estado contra a sociedade*. V. meu *Elementos de Direito Econômico*, cit., pp. 85-86.
171. Arts. 21, III; 22, XXVIII e 91.
172. V. item 113.

Importantíssima questão é então introduzida: que *lei* é esta, que pode (= deve) definir o que se há de entender por tal? Lei federal, apenas, ou lei federal e lei estadual?

O art. 173 menciona, singelamente, "*conforme definidos em lei*". Não a tendo qualificado como *lei federal*, conclui-se tratar-se de lei produzida por quem detenha competência sobre a matéria de que trata dispor.

Cogita-se, no caso, de matéria de Direito Econômico, o que já não ocorre, de modo exclusivo, em relação ao conceito de *segurança nacional* — neste último caso, à União compete, privativamente (art. 22, XXVIII), legislar sobre defesa nacional. Ora, as matérias de Direito Econômico estão atribuídas à competência legislativa concorrente da União e dos Estados-membros (art. 24, I). E, sem dúvida, estamos, na hipótese, diante de matéria de Direito Econômico.[173] De resto, o Estado agente normativo mencionado pelo art. 174 não é apenas a União; Estados-membros são também albergados no vocábulo "Estado", no contexto deste art. 174.

Daí a conclusão de que essa *lei*, que definirá *relevante interesse coletivo*, tanto poderá ser *lei federal* quanto *lei estadual*. A esta cumprirá defini-lo desde a perspectiva do interesse (coletivo) predominantemente[174] estadual.

Não obstante, essa conclusão há de ser contraditada, pesando nessa contradita as posturas ideológicas. Dir-se-á que a Constituição se opõe à proliferação das empresas estatais exploradoras de atividade econômica em sentido estrito, tanto que sujeita a constituição das que exploram serviço público apenas a autorização legislativa (art. 37, XIX), vinculando a das primeiras não apenas a ela, mas também à configuração de uma das hipóteses enunciadas pelo art. 173. Por isso se haveria de interpretar restritivamente a cláusula "*conforme definidos em lei*", do preceito.

A questão, porém, há de ser solucionada a partir da consideração da *ideologia constitucional*[175] — e não do intérprete — à luz dos princípios.

173. V. item 111.

174. V. item 48; são válidas, também aqui, as considerações atinentes à *predominância* do interesse local.

175. V. item 73.

122. O art. 173 não estabelece distinção entre exploração direta, em regime de monopólio e em regime de participação, de atividade econômica em sentido estrito, — *intervenção por absorção* e *intervenção por participação.*[176]

Há intervenção em regime de monopólio nos casos ressalvados pelo preceito.[177] Refiro-me, contudo, a essa indistinção em relação às explorações que constituem o objeto de regulação pela regra, ou seja, àquelas necessárias aos imperativos da segurança nacional ou a relevante interesse coletivo.

Lembre-se que a Emenda Constitucional n. 1/69, no seu art. 163, fazia alusão a "monopólio de determinada indústria ou atividade, mediante lei federal, quando indispensável por motivo de segurança nacional ou para organizar setor que não possa ser desenvolvido com eficácia no regime de competição e de liberdade de iniciativa, assegurados os direitos e garantias individuais".[178-179] E o § 1º do seu art. 170 dispunha: "Apenas em caráter suplementar da iniciativa privada o Estado organizará e explorará diretamente a atividade econômica". Aí, pois, nitidamente posta a distinção.

A Constituição de 1988 não a opera. Sujeita toda exploração direta da atividade econômica, em sentido estrito, às necessidades dos imperativos da segurança nacional ou de relevante interesse coletivo. Não introduz, por outro lado, como requisito dessa exploração, lei federal.

Nova questão é então introduzida: admite, o texto constitucional, que a exploração direta de que trata o art. 173 seja empreendida em regime de monopólio?

Penso não restar dúvida não apenas à possibilidade, mas até mesmo à imperiosidade, de a exploração direta da atividade, na

176. V. item 54.

177. V. item 118.

178. A propósito desse enunciado o debate, antigo, a respeito da configuração do monopólio como alternativa ou como modalidade única de intervenção na Constituição de 1946, o art. 146, v. meu *Elementos de Direito Econômico,* cit., p. 70.

179. Muito foi debatido, na vigência da Emenda Constitucional n. 1/69, em presença do seu art. 163, se lei federal e motivos nela indicados diziam respeito apenas ao monopólio ou também à intervenção. O segundo entendimento — lei federal e motivos abrangendo a intervenção — sempre me pareceu despropositado; v. meu *Elementos de Direito Econômico,* cit., pp. 70-75 e "Informática — intervenção estatal", cit., pp. 81-84.

hipótese de imperativo de segurança nacional — então definida por lei federal — ser empreendida em regime de monopólio.

A questão se agudiza quando raciocinamos em torno da hipótese de exploração direta necessária a relevante interesse coletivo. Note-se que estas explorações podem ser desenvolvidas pelos Estados-membros e, ademais, não é adversa à Constituição a definição, em lei estadual, do que se deva entender por relevante interesse coletivo.

Argumentar-se-á observando-se, em primeiro lugar, que o § 1º dele mesmo, art. 173, sujeita todas as entidades incumbidas dessa exploração ao regime jurídico próprio das empresas privadas,[180] o que importaria a exclusão da admissibilidade de monopólio. O argumento, no entanto, não colhe frutos, visto que estão sujeitas ao preceito inscrito neste § 1º mesmo as entidades que, nos casos ressalvados pelo art. 173, atuam em regime de monopólio; neste passo, também, é fundamental a consideração da multiplicidade de regimes que alcançam as empresas estatais.[181]

Dir-se-á, de outra parte, que o parágrafo único do art. 170 assegura a todos o livre exercício de qualquer atividade econômica, o que excluiria, salvo os casos já ressalvados pelo art. 173, a possibilidade de monopólio estatal de atividade econômica. A tanto, todavia, retrucar-se-á salientando a circunstância de o preceito neste parágrafo único averbar: "salvo nos casos previstos em lei". O que ensejará nova assertiva, no sentido de que essa ressalva só afeta a intercalada "independentemente de autorização de órgãos públicos". Não me parece, contudo, possa esse último argumento prosperar; como observei anteriormente,[182] esse preceito saca sua relevância do fato de sujeitar ao *princípio da legalidade em termos absolutos* — e não, meramente, ao princípio da *legalidade em termos relativos* (art. 5º, II) — a imposição, pelo Estado, de autorização para o exercício de qualquer atividade econômica.

Penso, assim, que a definição da situação — como de monopólio ou de participação — na qual atuará diretamente o Estado, na exploração de atividade econômica em sentido estrito, há de ser informada pelo tipo de interesse que a justifique. Quando a

180. V. item 39.
181. V. item 41.
182. V. item 89.

hipótese de imperativo da segurança nacional, o monopólio, em regra, como vimos, se imporá.

Variadas, no entanto, poderão ser as manifestações de relevante interesse coletivo. Cuidando do tema do *caráter suplementar* da atuação estatal na vigência da Emenda Constitucional n. 1/69 (§ 1º do art. 170) enunciei as seguintes hipóteses: (a) atuação para suprir incapacidade ou falta de interesse momentâneo do setor privado; (b) para suprir insuficiência da oferta de determinados bens ou serviços; (c) para coibir situação de monopólio de fato; (d) para implementar a função social da propriedade (empresa) e a promoção do pleno emprego.[183] A noção de *relevante interesse coletivo* é, todavia, bem mais ampla do que a atinente ao "*caráter suplementar da iniciativa privada*". Há de ser, a primeira — repito-o —, conformada pelo conjunto dos princípios indicados no item 84.

Assim, conclusivamente, parece não entrar em testilhas com o texto constitucional a exploração direta, em regime de monopólio, quando isto resultar efetivamente necessário a relevante interesse coletivo, conforme definido em lei.

123. A leitura isolada do art. 173 e dos incisos XIX e XX do art. 37 induz, à primeira vista, a conclusão de que a Constituição restringe, rigorosamente, o surgimento de empresas estatais, em especial aquelas voltadas à exploração direta da atividade econômica em sentido estrito. Não deve porém essa conclusão ser afirmada em termos absolutos.

O preceito do art. 173 é, como estamos a ver, menos incisivo do que aqueles que a ele correspondiam nas Constituições anteriores. Desapareceu a distinção entre *intervenção por absorção* e *intervenção por participação*;[184] a *lei federal* não é mais tomada, expressamente, como requisito do monopólio; pode o Estado, no exercício da competência legislativa que lhe é atribuída pelo art. 24, I, definir relevante interesse coletivo, para os fins do art. 173; o conteúdo desta última noção é conformado pelos princípios que afetam a ordem econômica. Tudo isso, naturalmente, importa em

183. Meu "Disciplina jurídica da atividade econômica", in *Cadernos de Direito Econômico* n. 1, Ed. Resenha Tributária, São Paulo, 1983, p. 61.

184. V. item 54.

que se relembre — e não me cansarei de fazê-lo — que não se interpreta a Constituição em tiras.

Nela se encontram parâmetros a informar a necessária *desprivatização do Estado*,[185] bem assim elementos que podem nutrir o movimento da *desregulamentação* da economia.[186] Não, porém, a velas pandas. A ordem econômica que *deve ser*, projetada pelo texto constitucional, reclama o amplo fornecimento de serviços públicos à sociedade, exigindo também, por outro lado, sejam providas a garantia do desenvolvimento nacional, a soberania nacional, a defesa do meio ambiente, a redução das desigualdades regionais e sociais, o pleno emprego, entre outros fins.

As tensões entre interesses, no evolver da realidade, mercê de inúmeras motivações, poderão tanto conduzir à ampliação do campo dos serviços públicos, quanto a um novo desenho do perfil assumido pelo Estado enquanto agente econômico. Há que conjugar as imposições da *desregulamentação* com as exigências de um modelo de *sociedade de bem-estar* adequado à realidade nacional.

Retorno, aqui, à consideração da situação das empresas estatais prestadoras de serviço público, a que aludi no item 62. Note-se que, não sendo elas *concessionárias* de serviço público, não lhes aproveita o princípio do equilíbrio econômico e financeiro do contrato de concessão (v. Caio Tácito, "O equilíbrio financeiro na concessão de serviço público", in *RDA* 63/1-15, 64/15-35, 65/1-25), contemplado, na Constituição de 1988, no parágrafo único, II do seu art. 175. Serviço público prestado por empresa estatal não é atividade empreendida tendo-se em vista a produção de lucro, o que faz com que a reivindicação pela ampliação do seu campo seja adequada aos interesses do trabalho (v. item 55). Não obstante, assim como ao capital também interessa, em determinadas circunstâncias, essa ampliação (v. item 6), a ampliação das hipóteses de exploração direta, pelo Estado, poderá, nessas circunstâncias, resultar adequada, e necessária, ao interesse coletivo.

Por isso mesmo é que, no extremo, assiste razão tanto a Raul Machado Horta,[187] ao referir o "evidente conteúdo elástico e

185. V. item 13.
186. V. meu *O direito posto e o direito pressuposto*, cit., 5ª ed., pp. 135 e ss.
187. Ob. cit., p. 391.

dilatador" do preceito contido no art. 173 do texto constitucional, quanto a Manoel Gonçalves Ferreira Filho,[188] ao visualizar na cláusula "relevante interesse coletivo" o esvaziamento da vedação da exploração direta da atividade econômica pelo Estado.

Como problema iminente, no entanto, que poderia (deveria?) ser imediatamente enfrentado, coloca-se o das empresas estatais já existentes no momento da promulgação da Constituição. O tema, aqui, é de *constitucionalidade institucional* e não de *constitucionalidade normativa*. É curioso que, em especial os mais atuantes defensores da política de *desprivatização*, não tenham até então, já passado mais de ano da vigência do novo texto constitucional, se abalado em questionar a constitucionalidade (institucional) de nenhuma dessas empresas estatais exploradoras de atividade econômica em sentido estrito. Permanecerá o hábito de não se debater a estatização da economia perante o Poder Judiciário? V. item 11.

124. O tema da privatização das empresas estatais reclama alguma reflexão e o esclarecimento de aspectos que a nossa doutrina tem simplesmente ignorado, embora fundamentais para a compreensão da matéria.

Observe-se, inicialmente, a absoluta indeterminação do tema: "privatização de empresas estatais". De que empresas estatais se cuida? De todas elas? Desse tema, amplo, aberto, indeterminado, não podemos tratar adequadamente. O que podemos debater é (i) a privatização das empresas estatais prestadoras de serviço público e/ou (ii) a privatização das empresas estatais que desenvolvem atividade peculiar do setor privado, isto é, a atividade econômica a que respeita o art. 173 da Constituição de 1988. Qualquer exposição ou debate jurídico que, no Brasil, ignore essa distinção será inócua [porque será exposição ou debate sem a prévia especificação de seu objeto].

Em segundo lugar, no que tange às razões da tendência à privatização das empresas estatais, cumpre verificarmos que o discurso neoliberal, em qualquer de suas versões, advoga as privatizações como decorrência do afastamento completo, do Estado, dos mercados. Em alguns casos, contudo, as privatizações são induzidas não apenas pelo "modismo" neoliberal, antes decorren-

188. *O Estado onipresente*, cit.

do da necessidade de o Estado vender empresas estatais para "fazer caixa".

> Essa política imediatista só pode ser praticada onde e quando existam, no setor privado, demanda por empresas estatais e capacidade de compra; daí a importância da credibilidade externa angariável pelos governos de países com reduzida capacidade de poupança, que nisso se empenham inclusive mediante reformas constitucionais. Precisamente este o caso brasileiro, onde prevalecem o imediatismo e as preocupações com o curto prazo, eleitoreiras, sem compromisso com o social.

Em terceiro lugar, o verso do discurso da privatização, que reclama a "*desprivatização*" do Estado, tão ou mais importante do que a privatização de empresas estatais.[189]

> Há consenso quanto à necessidade da reforma do Estado, a fim de que ele se possa dedicar, eficientemente, à provisão dos serviços públicos essenciais e de atividades de relevância para a satisfação do interesse social [atuação em setores estratégicos, promoção do desenvolvimento tecnológico, *v.g.*]. Mas se impõe, também, discernirmos a necessidade de desprivatização do Estado, providência indispensável a sua reeticização.

Ainda mais, é necessário compreendermos que inexiste uma única fórmula acabada, genérica, a pautar qualquer política de privatização de empresas estatais. Há, por certo, empresas estatais prestadoras de serviços públicos que *podem* e até *devem* ser privatizadas, passando a ocupar a situação de concessionárias de serviços públicos; de outra parte, há empresas estatais que empreendem atividade própria do setor privado que *podem* e empresas estatais que empreendem atividade própria do setor privado que *não devem* ser privatizadas.

O que se pode dizer em relação a essa matéria é que cada caso é um caso, no quadro das circunstâncias de cada Estado; por isso, se pretendermos manifestar algum comentário a respeito da privatização de empresas estatais, nada deve ser dito genericamente; devemos analisar cada caso, um a um, conforme se apresente entre nós, no quadro da realidade nacional. O resto não passa

189. V. item 8.

de discurso vazio, sem sentido, ideológico — no sentido forte da expressão, isto é, discurso que oculta a realidade, voluntária ou involuntariamente.

Caberá no máximo a proposição de que a privatização e a reprivatização da exploração de determinada atividade econômica obedeçam aos princípios definidos no art. 37 da Constituição e de que, no caso da privatização, o Estado, preferencialmente, mantenha o controle do capital votante da sociedade, transferindo, mediante acordo de acionistas, a sua administração ao setor privado. Ademais, será oportuno lembrarmos que não há nada de novo na assim chamada "privatização de serviço público", quando procedida mediante concessão ou permissão.

Por fim, no que tange à experiência das privatizações realizadas no Brasil, não parece oportuno aqui cogitarmos das dúvidas levantadas não apenas quanto à legalidade dos procedimentos adotados tendo em vista a sua efetivação, mas também no quanto respeita à moralidade das condutas de autoridades administrativas envolvidas nesses procedimentos. É inteiramente inexplicável, de toda sorte, que algumas dessas privatizações apenas se tenham efetivado porque os compradores estrangeiros das estatais privatizadas receberam financiamentos privilegiados do BNDES. Um balanço dos resultados inteiramente negativos das privatizações realizadas até dezembro de 1998 é encontrado em Aloysio Biondi, *O Brasil privatizado*, São Paulo, 1999.

125. A Emenda Constitucional n. 5/95 — vimos já — alterou a redação do § 2º do art. 25 da Constituição, admitindo a concessão dos serviços locais de gás canalizado a empresa privada [cuja prestação anteriormente cabia unicamente a empresa estatal] e substituindo a expressão *com exclusividade de distribuição* por *na forma da lei*.

A alteração constitucional possibilita a *privatização* do serviço público de *distribuição de gás canalizado, mediante concessão*. A sua prestação há de ser empreendida nos termos de *lei estadual* que vier a dispor sobre a matéria [matéria de *prestação do serviço* = tudo quanto mencionado no parágrafo único do art. 175 da Constituição]. Se o serviço público em questão é *estadual*, evidente que a competência para dispor sobre aquela matéria é *estadual*. O Brasil é uma República Federativa... Não obstante, a União detém competência privativa para legislar sobre *energia*, assim como sobre vários outros assuntos, entre os quais *transporte* (Constituição, art. 22, IV e XI). Mas é evidente que essa competência não exclui a competência estadual acima referida, assim como não exclui a competência federal para legislar sobre transporte, a competência legislativa municipal atinente à ordenação de prestação do serviço público de transporte coletivo no âmbito local. De outra parte, é certo que as *normas gerais* contidas nas Leis ns. 8.987/95 e 9.074/95 aplicam-se aos Estados e Municípios, nos termos do que dispõe o art. 22, XXVII da Constituição de 1988. Mas apenas as *normas gerais*, tão-somente. De toda sorte, a *lei* referida pelo § 2º do art. 25 da Constituição, redação da emenda, não é lei decorrente nem do que dispõe o inciso IV, nem do que estipula o inciso XXVII, ambos do art. 22 do texto constitucional. A *lei* referida pelo § 2º do art. 25 da Constituição, redação da emenda, é, pois, *lei estadual* [porque, insisto, a distribuição de gás canalizado consubstancia serviço público de *competência estadual*].

126. A Emenda Constitucional n. 8/95 conferiu novas redações ao inciso XI e à alínea "a" do inciso XII do art. 21 da Constituição.

O inciso XI referia concessão a *empresas sob controle acionário estatal* dos "serviços telefônicos, telegráficos, de transmissão de dados e demais serviços públicos de telecomunicações". A nova redação conferida ao preceito, que menciona singelamente *serviços de telecomunicações*, refere simplesmente a *autorização, concessão ou permissão* dos serviços, o que importa em que possam vir ser *privatizados*. Este terá sido, seguramente, o objetivo maior visado pelo Poder Executivo na proposição da reforma constitucional, em coerência com o programa neoliberal e de internacionalização econômica. O interesse das multinacionais sobretudo na telefonia celular é bem marcante, articulando-se com grande eficiência.

A nova redação atribuída à alínea "a" do inciso XII corrige o texto anterior, que repetia alusão a *demais serviços de telecomunicações*, já abrangidos pelo inciso XI.

127. A Emenda Constitucional n. 9/95 conferiu nova redação ao § 1º do art. 177 e acrescentou um § 2º a este mesmo art. 177 da Constituição.

Opera-se assim a relativização do monopólio estatal do petróleo, facultando-se a contratação de empresas estatais ou privadas para realizar as atividades que vinham sendo desenvolvidas pela Petrobrás. Mais do que isso, a emenda viabiliza inclusive a privatização da própria Petrobrás.

O tema da relativização do monopólio foi considerado pelo Supremo Tribunal Federal nas ADIs 3.273 e 3.366, ao ser examinada a constitucionalidade da Lei 9.478/97. Transcrevo, a seguir, o voto que proferi nessas duas ações de inconstitucionalidades.

"01. A Lei n. 9.478/97 é a lei a que faz referência o § 1º do art. 177 da Constituição do Brasil, na redação a ele atribuída pela EC 9/95. O tratamento da matéria reclama, além da prudência de sempre, a consideração de conceitos indispensáveis a sua compreensão e a prévia superação de alguns equívocos.

"01.1 Primeiro desses equívocos: o petróleo seria bem público especial (não dominial), de uso comum da União e de uso especial por empresas particulares.

"É surpreendente que um mesmo bem público especial possa ser, concomitantemente, bem de uso comum da União e bem de uso especial por empresas particulares...

"Além disso, se fosse bem de uso especial, o petróleo – como todos os bens de uso comum e de uso especial – seria inalienável enquanto conservasse essa qualificação, isto é, enquanto afetado à sua destinação; apenas poderia ser alienado ao ser desafetado.[1] Como o que o caracterizaria como de uso especial seria a proteção do interesse coletivo e a soberania nacional, a sua desafetação implicaria precisamente em que ele já não se prestasse a prover essa proteção... A concepção do petróleo como bem de uso especial conduz à conclusão lógica, porém literalmente incompreensível, de que o petróleo é inalienável! Nada mais é necessário dizer neste apartado.

"01.2 Quanto à forma de contraprestação devida à empresa particular, trata-se efetivamente, como anteriormente afirmado, de uma escolha política. A opção pelo tipo de contrato que será adotado com as empresas que vierem a atuar no mercado petrolífero não pertence ao Poder Judiciário: este não pode se imiscuir em decisões de natureza

"1. V. Celso Antônio Bandeira de Mello, *Curso de Direito Administrativo*, 17ª ed., Malheiros Editores, São Paulo, 2004, p. 806."

política. A eleição do tipo de contrato que virá a ser assinado – valho-me da dicção de quem o afirmou, neste ponto corretamente – entre 'poder concedente' e as empresas exploradoras é, sem dúvida, uma opção política.

"Logo, bastará apartarmos o conceito de monopólio do de propriedade, o que farei mais adiante, para que certos tropeços de raciocínio sejam evitados.

"01.3 O terceiro equívoco respeita à suposição de que a transferência da propriedade do petróleo aos particulares 'não se coaduna com o regime de monopólio estabelecido constitucionalmente, porque retira da União qualquer ingerência sobre a propriedade do bem, passando apenas a regular a atividade comercial exercida pelos particulares'. Essa suposição não é verdadeira, o que demonstrarei mais adiante, aludindo ao art. 60 da lei questionada na presente ADI e ao disposto no art. 4º da Lei n. 8.176/91. O contratado, como veremos, detém a propriedade do produto, mas não é titular da sua livre disponibilidade.

"01.4 Por fim, neste passo preliminar do meu voto, desejo apontar a circunstância de o entendimento de que, a partir da Emenda Constitucional n. 9, a execução do monopólio haveria de ser efetuada mediante contrato de prestação de serviços conduziria, se acolhido, à destruição da Petrobras, como também adiante demonstrarei.

"02. A Lei n. 9.478/97, disse eu, é a lei a que faz referência o § 1º do art. 177 da Constituição do Brasil, na redação a ele atribuída pela EC 9/95.

"A esta Corte incumbe aplicar a Constituição, não reformá-la. Sua reforma, neste ou naquele ponto, há de ser empreendida pelo Poder Constituinte, não pelos Juízes do Supremo Tribunal Federal, qualquer que seja a opinião pessoal de cada um – antipatia ou simpatia – quanto à EC 9/95.

"Aplico a Constituição. A interpretação constitucional, no nível lingüístico, é *interpretação semântica*, voltando-se à determinação do *significado* das palavras e expressões contidas no texto da Constituição. Vale dizer: refere-se a 'normas reveladas por enunciados lingüísticos', estando, como observa Canotilho,[2] condicionada pelo *contexto*, na medida em que se opera em condições sociais historicamente caracterizadas. A interpretação da Constituição não é para ser procedida à margem da realidade, sem que se a compreenda como elemento da norma resultante da interpretação. A práxis social, nesse sentido, é elemento da norma, de modo que interpretações corretas são incompatíveis com teorizações nutridas em idealismo que não a tome, a práxis, como seu fundamento. Ao interpretá-la, a Constituição, o intérprete há de tomar

"2. *Direito Constitucional*, 4ª ed., Almedina, Coimbra, 1987, p. 148."

como objeto de compreensão também a realidade em cujo contexto dá-se a interpretação, no momento histórico em que ela se dá.

"03. Fazendo-o – isto é, aplicando a Constituição como um todo orgânico, ancorado na realidade – não visualizo incompatibilidade de qualquer ordem entre os preceitos atacados pela ADI e a Constituição do Brasil. A ADI, em verdade, investe contra a EC 9/95; está prenhe de antipatia em relação a ela.

"04. O monopólio pressupõe, em princípio, apenas um agente apto a desenvolver as atividades econômicas a ele correspondentes.[3]

"O monopólio (i) pode decorrer do lícito exercício de uma vantagem competitiva ou (ii) ser instituído mediante lei. O agente econômico, no primeiro caso, valendo-se de sua superioridade em relação aos competidores, logra eliminar seus concorrentes, transformando-se no único a atuar em determinado segmento da economia. Aqui, embora se dê a eliminação dos concorrentes, inexiste prejuízo à livre concorrência ou à livre iniciativa. Já no segundo caso (instituição de monopólio mediante lei, *monopólio legal*), tem-se situação diversa: aí o Estado exerce uma opção política, em razão da qual o sistema jurídico atribui a determinado agente a faculdade do exercício, com exclusividade, de uma certa atividade econômica em sentido estrito. Estabelece-se artificialmente (= pela lei) um ambiente impermeável à livre iniciativa; a ausência de concorrência é total. Qualquer outro agente econômico que se disponha a explorar a atividade monopolizada estará impedido de fazê-lo – a lei não admite essa exploração.

"Os monopólios legais dividem-se, por sua vez, em duas espécies: (i) os que visam a impelir o agente econômico ao investimento e (ii) os que instrumentam a atuação do Estado na economia.

"Transitamos, quando diante daquele primeiro tipo de monopólio, pela seara da chamada *propriedade industrial*: da e na proteção dos

"3. Veja-se Modesto Carvalhosa (*Poder econômico – A fenomenologia – Seu disciplinamento jurídico*, São Paulo, 1967, p. 30): "o vocábulo 'monopólio' tem origem na adição de duas palavras gregas: 'monos' só; 'polein' vender; *donde vender só*". No mesmo sentido, Harold G. Fox, *Monopolies and patents; a study of the history and future of the patent monopoly*, Toronto, The University of Toronto Press, 1947, p. 19. O vocábulo *monopólio* é geralmente entendido, entre nós, como expressivo da posição dominante de um agente econômico. Ora, ainda que o vocábulo passe a idéia de que seu detentor é titular de independência e indiferença no mercado, a sinonímia entre ele e a expressão *posição dominante* é equivocada. Talvez a confusão entre essas expressões tenha origem na tradução do termo 'monopoly' para as línguas latinas. 'Monopoly', como assinala Thomas E. Kauper ("Article 86, excessive prices, and refusals to deal", *Antitrust Law Journal*, v. 59, 1991, p. 443), é comparável à expressão *posição dominante*, mas não, necessariamente, a *monopólio*."

brevetos, marcas, *know-how* etc. emerge autêntico monopólio privado; ao detentor do direito de propriedade industrial é assegurada a exclusividade de sua exploração.

"O segundo tipo de monopólio legal consubstancia atuação estatal no domínio econômico: o Estado assume o exercício de determinada atividade em regime de monopólio, em cumprimento a preceito contemplado no plano constitucional.

"05. Reportando-me ao que escrevi alhures,[4] lembro que é atribuída a Aristóteles a cunhagem do vocábulo *monopólio*,[5] usado, n'*A Política*,[6] para referir expediente de que se valeu Tales de Mileto visando a enriquecer. Conta Aristóteles que o filósofo, dispondo de pequena quantidade de dinheiro, assegurou para si o direito de utilizar todos os lagares de azeite de Mileto e Quio; chegando o momento favorável, diante de demanda inesperada, Tales os sublocou, os lagares, sob as condições que desejava. Tendo assim acumulado uma soma considerável – diz Aristóteles – provou ser fácil para os filósofos enriquecer quando queiram, ainda que isso não seja objeto de sua ambição. Mas, ainda que Tales assim tenha feito prova de sabedoria, o expediente que adotou para fazer fortuna é válido para qualquer pessoa que possa assegurar a si mesmo um *monopólio*. E prossegue Aristóteles observando que certas cidades empregam esse expediente quando a busca de dinheiro: criam monopólios de certas mercadorias.

"A exploração dos monopólios pelo poder centralizado era também praticada em Roma, onde a exclusividade da atividade de comercialização do sal assegurava ao governo grande parte de suas rendas.[7] Já no final do Império, para aumentar os recursos do Estado, o número de monopólios concedidos aos particulares mediante retri-

"4. 'Monopólio de atividade econômica – Petrobras – Propriedade e empresa – Bens públicos', in *RDA* 222/361-364."

"5. Fritz Machlup, em sua clássica obra *The political economy of monopoly*, identifica a seguinte cronologia dos monopólios, na história antiga: 347 a.C. – a palavra 'monopólio' é utilizada, pela primeira vez, na Política de Aristóteles; aproximadamente 30 d.C. – Tiberius introduz a palavra 'monopólio' na língua latina em um comunicado ao Senado; aproximadamente 79 d.C. – Plinius faz referência às reclamações dos cidadãos contra os excessos dos monopólios; 483 d.C. – Zenão proíbe todos os monopólios, quer aqueles criados em virtude de decreto imperial ou da ação privada."

"6. *A Política*, I, 11, na trad. de J. Tricot, 4ª tir., Librairie Philosophique J. Vrin, Paris, 1982, p. 70."

"7. Harold G. Fox, *Monopolies and patents*, cit., p. 20, sobre o sistema de comércio na Roma antiga: 'The Roman theory of trade was that of free competition, but the practice of obtaining exclusive sale was so widespread that the Senate received many complaints on the subject' (p. 22)."

buição multiplicou-se de forma a abranger toda a distribuição de alimentos.[8]

"A prática da concessão de privilégios (*i.e.*, a concessão do direito à exploração de monopólios de determinadas atividades) pelos soberanos foi muito difundida, tanto na Idade Antiga, quanto na Idade Média.[9]

"Posteriormente, na Inglaterra, a contestação aos monopólios, até então tidos como lícitos, expressava, na realidade, contestação ao poder do monarca que os concedia. É paradigmático o 'Caso dos Monopólios',[10] de 1603, quando se decidiu pela ilegalidade do monopólio da atividade de fabricação e importação de cartas de jogo, que havia sido concedido pela Rainha a Edward Darcy. Segue-se, em 1624, o *Statute of Monopolies*, que proíbe a sua indiscriminada concessão pela Coroa – *crown-granted monopolies*, como dizem os de língua inglesa – limitando-os aos que correspondem às patentes de invenção.

"06. É bem evidente que, no evoluir do tempo, as referências feitas aos monopólios estiveram sempre vinculadas ao desenvolvimento exclusivo de uma *atividade*, geralmente a atividade de comercialização de determinado bem. Em outras palavras, a atenção social atribuída ao tema dos monopólios está, desde sempre, visceralmente ligada ao *desenvolvimento de uma atividade*, não à propriedade.

"Diz Fábio Konder Comparato:[11] 'O monopólio, portanto, diz respeito a uma atividade empresarial, nada tendo a ver com o domínio e a propriedade'. A propósito, ao dizê-lo, Fábio socorre-se de Pontes de Miranda,[12] para quem 'monopolizar não é desapropriar, nem encampar. Desapropria-se ou encampa-se sem se monopolizar, como se, havendo duas ou mais empresas que exploram determinado ramo de indústria ou de comércio, a entidade estatal desapropria os bens da empresa, ou encampa a empresa, e não se dirige contra as outras. Pode a entidade estatal desapropriar os bens de todas as empresas existentes, sem estabelecer monopólio, isto é, sem proibir que se instalem e funcionem outras empresas com a mesma atividade'.

"8. Harold G. Fox, *Monopolies and patents*, cit., p. 22. Essa política de monopólios foi regulamentada pelo Édito de Zenão (ou Zeno), de 483."

"9. Franceschelli (*Trattato di diritto industriale*, Milano, I, 1960, p. 77) dá destaque ao processo que culminou na distinção entre monopólios lícitos e ilícitos: a outorga de monopólios, na medida em que a 'causa *publicae utilitatis vel necessitatis*', era justificada."

"10. 11 Coke 84, 77 Eng.Rep. 1260 (K.B. 1603)."

"11. *Direito Público – Estudos e Pareceres*, Saraiva, São Paulo, 1996, p. 148; afirmação reiterada na p 151."

"12. *Comentários à Constituição de 1967 com a Emenda n. 1 de 1969*, 2ª ed., São Paulo, Ed. RT, 1972, t. 6, p. 86."

"07. O conceito de monopólio, efetivamente, não se presta a explicitar características da propriedade, de modo que não cabe aludirmos a *monopólio de propriedade*.

"Na medida em que *erga omnes*, a propriedade é sempre exclusiva. Isso significa que o conceito de propriedade porta em si a exclusividade (= monopólio) do domínio do bem pelo seu titular. Por isso são redundantes e desprovidas de significado as expressões 'monopólio da propriedade' ou 'monopólio de um bem'.

"08. A Constituição do Brasil enumera, em seu art. 177, *atividades* que constituem monopólio da União (*v.g.*, pesquisa e lavra das jazidas de petróleo e gás natural, refinação de petróleo, importação e exportação de produtos derivados de petróleo, transporte marítimo de petróleo bruto etc.) e, em seu art. 20, os *bens* que são de sua exclusiva propriedade (terras devolutas, ilhas fluviais, mar territorial, terrenos de marinha, recursos minerais, sítios arqueológicos etc.).[13] *Atividades* e *bens*, uma coisa distinta da outra.

"Por isso não é adversa à Constituição a existência ou desenvolvimento de uma atividade econômica sem que a propriedade do bem empregado no processo produtivo ou comercial seja concomitantemente detida pelo agente daquela atividade – o que também é afirmado por Fábio Konder Comparato.[14] Dizendo-o de outro modo: o conceito de atividade econômica (enquanto atividade empresarial) prescinde da propriedade dos bens de produção.

"09. Os juristas tradicionalmente se valem dos ensinamentos da teoria econômica para acolher a definição da empresa como 'organismos econômicos, que se concretizam na organização dos fatores de produção e que se propõem à satisfação das necessidades alheias, mais precisamente, das exigências do mercado geral';[15] o conceito de empresa firma-se na idéia de que ela é o exercício da atividade produtiva.[16] Por atividade entenda-se, como anota Oscar Barreto Filho,[17] 'a série coordenada e unificada de atos em função de um fim econômico unitá-

"13. As Constituições de 1946 e de 1967-1969 facultavam aos Poderes Públicos, sob certas condições, 'monopolizar determinada indústria ou atividade'."

"14. *Direito Público – Estudos e Pareceres*, cit., p. 152: '(...) o agente executor do monopólio não precisa ter a propriedade dos bens, móveis ou imóveis, utilizados na exploração da atividade monopolizada, podendo, por exemplo, tomá-los em arrendamento de terceiros'."

"15. Rubens Requião, *Curso de direito comercial*, 8ª ed., São Paulo, Saraiva, 1977, p. 47."

"16. Idem, p. 57."

"17. *Teoria do estabelecimento comercial*, São Paulo, Max Limonad, 1969, pp. 18 e 19. Em idêntico sentido, Sylvio Marcondes, *Problemas de direito mercantil*, São Paulo, Max Limonad, 1970, p. 136."

rio. (...) A prática reiterada' de 'atos negociais, de modo organizado e estável, por um mesmo sujeito, visando a uma finalidade unitária e permanente, cria, em torno desta, uma série de relações interdependentes que, conjugando o exercício coordenado dos atos, o transmuda em *atividade negocial*. Essa atividade (...) manifesta-se economicamente na empresa e se exprime juridicamente na titularidade do empresário e no modo ou nas condições de seu exercício'.

"Por isso a empresa (= atividade) não pode ser confundida com o complexo de bens que possibilita seu desenvolvimento (= estabelecimento).

"De outra parte, a propriedade do resultado da atividade – vale dizer, propriedade dos produtos ou serviços da atividade – também não pode ser tida como abrangida pelo monopólio do desenvolvimento de determinadas atividades econômicas.

"10. Do monopólio da atividade trata, no caso, o art. 177 da Constituição; da propriedade detida pela União em relação a determinados bens, o art. 20.

"Tem-se bem presente, destarte, a separação que se manifesta tanto no mundo do ser, quanto do dever-ser (na medida em que uma e outra suportam regulamentação segundo princípios e regras específicos), entre *atividade econômica*[18] e *propriedade*.

"Sendo assim, temos que:

"(i) é perfeitamente possível, em face da Constituição do Brasil, que um monopólio da União seja exercido mediante a utilização, para esse exercício, da propriedade de outrem; e

"(ii) a propriedade é sempre exclusiva, isso significando que o conceito de propriedade porta em si a exclusividade (= monopólio) do domínio do bem pelo seu titular; por isso, repito, são redundantes e desprovidas de significado as expressões 'monopólio da propriedade' ou 'monopólio de um bem'.

"11. Concluo este momento de meu voto relembrando que o monopólio é de *atividade*, não de *propriedade*. Isso explica porque a propriedade do resultado da lavra das jazidas de petróleo, de gás natural e de outros hidrocarbonetos fluídos pode ser atribuída a terceiros pela União, sem qualquer ofensa à reserva do monopólio, contemplada no art. 177 da Constituição.

"Cabe como uma luva, neste ponto, a lição de Fábio Konder Comparato:[19] 'O titular do monopólio público não está obrigado a explorá-lo

"18. Aqui menciono a atividade econômica em geral, não apenas em sentido estrito. Para a distinção entre *atividade econômica em sentido amplo* e *atividade econômica em sentido estrito*, v. meu *A ordem econômica na Constituição de 1988*, pp. 93 e ss."

"19. Ob. cit., p. 151; tb. p. 152."

diretamente, podendo essa exploração ser exercida por outrem, pessoa jurídica de direito público ou privado'. E prossegue: 'O único ponto discutível, nessa matéria, é o modo de se instituir a delegação do monopólio: por meio de decreto do Poder Executivo, ou por lei. No meu entender, como todo monopólio público em nosso sistema constitucional decorre de norma expressa da Constituição, que excepciona o princípio da livre iniciativa empresarial, somente a lei pode autorizar o seu exercício por pessoa diversa do titular'. No caso – digo eu – precisamente a Lei n. 9.478/97.

"A propriedade do produto da lavra das jazidas minerais atribuída ao concessionário pelo art. 176 da Constituição do Brasil é inerente ao modo de produção social capitalista. A concessão seria materialmente impossível sem que o proprietário se apropriasse do produto da exploração da jazida. O mesmo se dá quanto ao produto do exercício das atividades contratadas com empresas estatais ou privadas nos termos do § 1º do art. 177 da Constituição do Brasil. Essas contratações – contratações, note-se bem; não concessões – seriam materialmente impossíveis sem que os contratados da União se apropriassem, direta ou indiretamente, do produto da exploração das jazidas de petróleo, de gás natural e de outros hidrocarbonetos fluídos.

"Apropriação direta ou indireta – enfatizo – no quadro das inúmeras modalidades de contraprestação atribuíveis ao contratado, a opção por uma das quais efetivamente consubstancia, como anteriormente afirmado, uma escolha política. O que não cabe é reduzir as contratações com empresas estatais ou privadas, nos termos do § 1º do art. 177 da Constituição do Brasil, ao modelo da prestação de serviços. Voltarei ao tema, mais adiante.

"12. Feitas essas observações, prossigo.

"A EC 9/95 tornou relativo o monopólio do petróleo.

"O § 1º do art. 177 da CB, em sua redação originária, vedava à União 'ceder ou conceder qualquer tipo de participação, em espécie ou em valor, na exploração de jazidas de petróleo ou gás natural, ressalvado o disposto no art. 20, § 1º'.

"A redação do preceito passou a ser a seguinte:

"'A União poderá contratar com empresas estatais ou privadas a realização das atividades previstas nos incisos I a IV deste artigo, observadas as condições estabelecidas em lei'.

"Extirpada do preceito a proibição de ceder ou conceder qualquer tipo de participação na exploração petrolífera, seja em espécie (petróleo) ou em valor (dinheiro), a EC 9/95 permite que a União transfira ao 'concessionário' a propriedade do produto da exploração de jazidas de petróleo e de gás natural, observadas as normas legais. Aí um novo regime de monopólio, que é o que a EC 9/95 preconiza.

"Note-se bem: o monopólio permanece íntegro; não foi extirpado da Constituição; apenas tornou-se relativo em relação ao contemplado na redação anterior do texto da Constituição. Anteriormente, de modo bem amplo, projetava-se sobre o produto da exploração petrolífera. Ia para além da *atividade* monopolizada. A Constituição impedia que a União cedesse ou concedesse qualquer tipo de participação, em espécie ou em valor, na exploração de jazidas de petróleo ou gás natural, ressalvado o disposto no art. 20, § 1º – isto é, a participação dos Estados-membros, do Distrito Federal e dos Municípios, bem assim dos órgãos da Administração Direta da União, no resultado da exploração de petróleo ou gás natural etc. Esse preceito do parágrafo fazia, como permanece a fazer, exceção ao regime de propriedade das jazidas, matéria da *propriedade* dos bens da União (inciso IX desse mesmo art. 20).

"13. O parágrafo que substituiu o contemplado na redação original da Constituição conteve os efeitos do monopólio no plano da *atividade*, autorizando expressamente a União a contratar com empresas estatais ou privadas a realização das atividades previstas nos incisos I a IV do art. 177, observadas as condições estabelecidas em lei. Dispõe, diretamente, não sobre a *propriedade* das jazidas, mas sobre a exploração, pela União, da *atividade* monopolizada. Como essa contratação supõe, no modo de produção social capitalista, a apropriação direta ou indireta, pelo contratado, do produto da exploração da jazida, os efeitos do monopólio foram contidos no plano da *atividade*, sem projetar-se sobre o *produto* da exploração petrolífera e sem a inclusão dos riscos e resultados inerentes à atividade. Nesse sentido é que se tornou relativo em relação ao regime anterior, sem deixar, contudo, de caracterizar monopólio de *atividade*.

"Permito-me deixar dois aspectos bem vincados:

"(i) a inovação introduzida pela EC 9/95, no sentido de tornar relativo o monopólio, não se encontra na permissão de que a União contrate com empresas estatais ou privadas a sua exploração; desde anteriormente à emenda a União não estava obrigada a explorar o monopólio diretamente; desde sempre essa exploração poderia ser exercida por outrem, pessoa jurídica de direito público ou privado;

"(ii) o monopólio de que se trata tornou-se relativo precisamente porque antes da EC 9/95 projetava-se, de modo amplo, sobre o produto da exploração petrolífera; ia, neste sentido, para além da *atividade* monopolizada; a ausência dessa projeção, no regime da EC 9/95, é que o torna relativo em relação ao regime anterior.

"14. A EC 9/95 permite que a União transfira ao 'concessionário' os riscos e resultados da atividade e a propriedade do produto da exploração de jazidas de petróleo e de gás natural, observadas as normas legais.

"Ocorre, no entanto, que a Constituição não coloca esse a quem estou a chamar de 'concessionário' sob o regime do disposto no art. 176.

"Ao contrário, a ele confere tratamento diferenciado, razão pela qual estou de acordo em que os preceitos veiculados pelos §§ 1º e 2º do art. 177 da Constituição do Brasil são específicos em relação ao art. 176. E isso de modo tal que as empresas estatais ou privadas a que refere o § 1º não podem ser chamadas de 'concessionárias', eis que titulares de um tipo de propriedade diverso daquele do qual são titulares os concessionários das jazidas e recursos minerais a que respeita o art. 176 da Constituição do Brasil.

"A primeira leitura dos preceitos já evidencia que não há *concessão*, ato administrativo veiculado mediante decreto do Poder Executivo – que se dá em relação às jazidas e recursos minerais a que respeita o artigo 176 – não há *concessão*, dizia eu, no caso da contratação, com empresas estatais ou privadas, da realização das atividades previstas nos incisos I a IV do art. 177, autorizada pelo seu § 1º.

"15. Permito-me lembrar, ademais, que a propriedade não existe; existem as propriedades – a propriedade não constitui uma instituição única, mas o conjunto de várias instituições, relacionadas a diversos tipos de bens.[20] Instituições jurídicas conformadas segundo distintos conjuntos normativos – distintos regimes – aplicáveis a cada um deles.

"Um é o regime jurídico geral da propriedade do produto das explorações de que trata o art. 176 da CB; outro é o regime jurídico – especial em relação àquele[21] – do produto da exploração de jazidas de petróleo e gás natural, desdobrado do disposto nos §§ 1º e 2º do art. 177.

"Não se trata de dizer que o direito de propriedade dos primeiros é mais amplo do que o direito de propriedade destes últimos, visto que cada regime de direito de propriedade manifesta-se, existe tal e qual o ordenamento jurídico o estabelece. Mas é correto dizermos, sim, que a propriedade dos primeiros é mais ampla do que a propriedade das empresas estatais ou privadas às quais respeita o § 1º do art. 177 da CB.[22]

"20. Meu *A ordem econômica na Constituição de 1988*, cit., pp. 215-216."

"21. Os atributos da especialidade e da generalidade, que apartam as normas gerais das especiais, derivam de um juízo de comparação entre duas normas (Natalino Irti, *L'età della decodificazione*, 4ª ed., Milão, Giuffrè, 1999, pp. 53 e ss.). Norma geral e norma especial não são geral e especial em si e por si, mas sempre relativamente a outras normas. Assim, uma norma que é geral em relação à outra, pode ser tida como especial em face de uma terceira."

"22. Não há limitações aos *direitos* de propriedade; há limitações tão-somente à *propriedade*. Isso porque os regimes de propriedade são aqueles defini-

"O art. 176 – ainda que o art. 20, IX, da CB, estabeleça que os recursos minerais, inclusive os do subsolo, são bens da União – garantiu ao concessionário da lavra a propriedade do produto da sua exploração, sem estipular qualquer restrição a ela, do que decorre a conclusão de que, existindo concessão de lavra regularmente outorgada, a propriedade sobre o produto da exploração é plena.

"É erro nefando o de confundir os recursos minerais – inclusive os do subsolo, que são bens da União – isto é, as jazidas, com o que se extrai delas.

"16. No caso do petróleo e do gás natural, no entanto, a propriedade de que se cuida não é plena, mas relativa, visto que a comercialização de ambos é administrada pela União, através de uma autarquia sua, a ANP.

"Veja-se o art. 60 da lei questionada na presente ADI, observando-se que, para exportar, exige-se seja atendido o disposto no art. 4º da Lei n. 8.176/91, observadas as políticas aprovadas pelo Presidente da República, propostas pelo Conselho Nacional de Política Energética-CNPE. Nos termos do art. 2º, V, da Lei n. 9.478/97, compete ao CNPE 'estabelecer diretrizes para a importação e exportação, de maneira a atender às necessidades de consumo interno de petróleo e seus derivados, gás natural e condensado, e assegurar o adequado funcionamento do Sistema Nacional de Estoques de Combustíveis e o cumprimento do Plano Anual de Estoques Estratégicos de Combustíveis, de que trata o art. 4º da Lei n. 8.176, de 8 de fevereiro de 1991'. O CNPE[23] é órgão de assessoramento da Presidência da República, integrado por Ministros de Estado, cujas propostas são submetidas à apreciação do Chefe do Poder Executivo, órgão ao qual incumbe prover a preservação do interesse nacional. Mais: as resoluções expedidas pelo colegiado passam pelo crivo do Presidente da República.

"A *propriedade* decorrente do disposto no § 1º do art. 177 da CB é exercida pelo seu titular no quadro dessas políticas, especialmente no que respeita à liberdade de exportar, pois quem decide a respeito dessa possibilidade é o CNPE, sujeitas suas decisões à aprovação do Chefe

dos pela ordem jurídica. Vale dizer: o direito de propriedade só tem existência no contexto da ordem jurídica, tal como o definiu a ordem jurídica. Por certo que, na comparação entre ordens jurídicas distintas, poder-se-á afirmar que nesta, em relação àquela, a propriedade é mais – ou menos – dilatada, em decorrência de ser menos ou mais limitada. Não, porém, que o *direito* de propriedade aqui ou ali seja limitado, neste ou naquele grau. Cada direito de propriedade é direito integral nos quadrantes da ordem jurídica positiva que o contempla (vide Renato Alessi, *Principi di Diritto Amministrativo*, v. II, Giuffrè Editore, Milão, 1978, p. 590)."

"23. Decreto n. 3.520/00."

do Executivo, sendo posteriormente autorizada, ou não, pela autarquia.[24]

"Em suma: o contratado detém a propriedade do produto, mas não é titular da sua livre disponibilidade.

"17. Há mais, porém, a distinguir a propriedade afirmada pelo art. 176 da outra, que decorre do disposto no § 1º do art. 177. É que jazidas de petróleo ou de gás natural não são licitadas.

"O objeto da licitação, no caso, é a pesquisa e lavra inicialmente; apenas haverá propriedade de um ou outro se a pesquisa resultar frutífera. Na hipótese do art. 176 há concessão da exploração de jazida. Aqui não. Haverá exploração apenas se um ou outro – petróleo ou gás natural; ou outro hidrocarboneto fluído – vier a ser encontrado.

"Isso é suficiente para evidenciar que cogitamos de objetos distintos e que os preceitos dos §§ 1º e 2º do art. 177 são especiais em relação ao art. 176 da Constituição do Brasil; por isso são distintas as propriedades em um e outro caso.

"18. Insisto ainda em que à impossibilidade material de concessão sem que o concessionário se aproprie do produto da exploração da jazida corresponde a evidente impossibilidade da contratação prevista no § 1º do art. 177 sem que o contratado se aproprie direta ou indiretamente do produto da exploração da pesquisa e lavra do petróleo e do gás e seus derivados. A opção pelo tipo de contrato a ser celebrado com as empresas que vierem a atuar no mercado petrolífero não pertence ao Poder Judiciário: este não pode se imiscuir em decisões de caráter político. Opção pelo tipo de contrato a ser celebrado pela União e as empresas é, sem dúvida, opção política.

"De mais a mais, a suposição de que essa contratação deva ser operada sem que a propriedade do produto da exploração seja atribuída direta ou indiretamente aos contratados da União porta em si a proposta de que a Petrobras seja reduzida à condição de mera prestadora de serviços. Pois é certo, como enfatizarei mais adiante, que ela atua, no regime instalado pelo § 1º do art. 177 da Constituição do Brasil, redação da EC 9/95, na qualidade de empresa estatal que explora atividade econômica em sentido estrito e não serviço público; em regime de competição com a empresa privada, portanto.

"Seriam desastrosas, para a economia nacional, as conseqüências de eventual declaração de inconstitucionalidade do art. 26, *caput*, da Lei n. 9.478/97.

"Tornado relativo o monopólio, a Petrobras perdeu a qualidade de sua executora, que lhe fora atribuída pela Lei n. 2.004/53. Assim,

"24. Decreto n. 2.926/99."

impedidos os leilões, tal como regulados pela Lei n. 9.478/97, a Petrobras resultaria impossibilitada de dar continuidade a sua atividade de pesquisa e lavra, e sua possível exploração, do petróleo e do gás natural.

"Permito-me anotar a circunstância de, nessas condições, a Petrobras ficar impedida de renovar, de repor os seus projetos de pesquisa, imprescindíveis à manutenção do ciclo produtivo do petróleo, recurso natural não-renovável, como bem anotado pelo Autor, mas que reclama a pesquisa e descoberta de novas jazidas para a sua manutenção. Observe-se, ademais, ser notória a participação extremamente relevante da Petrobras nos blocos leiloados, alcançando, no sexto leilão realizado, 91% dos blocos adjudicados.

"19. Note-se bem que, não sendo prestadora de serviço público, a Petrobras não pode ser concebida como delegada da União.

"Embora, na dicção do Ministro Carlos Britto, possa ser tida como 'expressão do setor público, e não do setor privado da Economia', explora atividade econômica em sentido estrito, estando sujeita, portanto, ao disposto no § 1º, II, do art. 173 da Constituição do Brasil. Vale dizer: está sujeita ao 'regime jurídico próprio das empresas privadas'. Atua em regime de competição com empresas privadas que se disponham a disputar, no âmbito de procedimentos licitatórios, as contratações previstas no § 1º do art. 177 da Constituição do Brasil.

"A União não poderá, *ex vi* do disposto no inciso XXI do art. 37 da Constituição, contratá-la senão mediante processo de licitação pública que assegure igualdade de condições a todos os concorrentes, observadas as condições estabelecidas na lei prevista no § 1º do art. 177 da Constituição.[25]

"Seriam realmente desastrosas, logo se vê, para a economia nacional, as conseqüências de eventual declaração de inconstitucionalidade do art. 26, *caput*, da Lei n. 9.478/97. Impedida de licitar a contratação da realização das atividades previstas no art. 177, incisos I a IV da Constituição – objetivo da ADI – a União não poderia valer-se, diretamente, da Petrobras para tanto.

"O argumento segundo o qual esta poderia comercializar o petróleo da União porque a sua propriedade (dela, Petrobras) é detida pela

"25. A lei referida no § 1º do art. 177 da Constituição do Brasil é especial em relação à Lei n. 8.666/93; ao caso não se aplica, portanto, o disposto no inciso VIII do art. 24 desta última ('aquisição, por pessoa jurídica de direito público interno, de bens produzidos ou serviços prestados por órgão ou entidade que integre a Administração Pública e que tenha sido criado para esse fim específico em data anterior à vigência desta Lei, desde que o preço contratado seja compatível com o praticado no mercado')."

União não se sustenta. Pois é certo que mesmo para contratar unicamente a comercialização de petróleo a União teria de licitá-la. De qualquer modo a Petrobras, transformada em simples agente comercial da União, feneceria, ao passo que resultaria marcante e marcadamente sacrificada a exploração do petróleo e do gás natural entre nós.

"Vê-se bem, destarte, que quem investe contra o disposto no art. 3º da Constituição do Brasil é, na verdade, a ADI; não a lei por ela contestada.

"Ela sim, a ADI – *data venia* do eminente Ministro Carlos Britto – abespinha a Petrobras, em última instância afrontando a soberania e o desenvolvimento nacionais. Permito-me repetir: a interpretação da Constituição não é para ser procedida à margem da realidade, sem que se a compreenda como elemento da norma resultante da interpretação; interpretações corretas são incompatíveis com teorizações nutridas em idealismo que não a tome, a práxis, como seu fundamento; ao interpretá-la, a Constituição, o intérprete há de tomar como objeto de compreensão também a realidade em cujo contexto dá-se a interpretação, no momento histórico em que ela se dá. No caso, se não a História, a estória parece repetir-se. Antes se afirmava, em afronta à soberania nacional, que não existiria petróleo no subsolo brasileiro, não haveria razão a justificar a criação da Petrobras. Hoje – não importa a boa ou perniciosa intenção de quem o pretenda, ingenuamente ou não – se a pretende inviabilizar como empresa que integra o patrimônio nacional.

"20. Insisto em que a ADI, ela sim, investe contra o disposto no art. 3º da Constituição do Brasil.

"Pois é certo que, a acatar-se a linha de raciocínio nela eleito, isolado da práxis, tomando-se os textos destacadamente do todo no qual se compõem, a acatar-se essa linha de raciocínio a Petrobras já teria sido, desde 1988, desmilingüida.

"Demonstro-o.

"Dizia o § 1º do art. 177 da Constituição de 5 de outubro de 1988, em sua redação de então:

"'§ 1º. O monopólio previsto neste artigo inclui os riscos e resultados decorrentes das atividades nele mencionadas, sendo vedado à União ceder ou conceder qualquer tipo de participação, em espécie ou em valor, na exploração de jazidas de petróleo ou gás natural, ressalvado o disposto no art. 20, § 1º'.

"Aí se encontravam dois distintos comandos:

"(i) o monopólio inclui os riscos e resultados decorrentes das atividades; e

"(ii) é vedado à União ceder ou conceder qualquer tipo de participação, em espécie ou em valor, na exploração de jazidas de petróleo ou gás natural, ressalvado o disposto no § 1º do art. 20.

"Uma das interpretações possíveis desse parágrafo conduziria às seguintes conclusões:

"(a) o primeiro comando aplicava-se a todas as atividades discriminadas no *caput* do art. 177; o segundo, apenas às atividades de exploração de jazidas de petróleo ou gás natural – ressalvado o disposto no § 1º do art. 20;

"(b) a Lei n. 2.004/53 não teria sido *recebida* pela Constituição, dado que os riscos e resultados das atividades de exploração de jazidas de petróleo ou gás natural – bem assim das demais, incisos II a IV do art. 177 – sendo exclusivos da União, não poderiam mais ser atribuídos à Petrobras;

"(c) ademais, ainda que perseverasse a empreendê-las, a Petrobras não poderia participar, em espécie ou em valor, dos resultados da exploração de jazidas de petróleo ou gás natural.

"Ao aniquilamento da Petrobras – ao qual levaria a procedência da presente ADI – já se teria chegado se esse tipo de interpretação do texto do § 1º do art. 177 da Constituição de 5 de outubro de 1988, em sua redação de então, fosse consagrado.

"As conclusões não são, porém, corretas, seja porque não se interpreta a Constituição em tiras, aos pedaços,[26] seja porque – como venho insistindo – a sua interpretação não é para ser procedida à margem da realidade.

"A norma que se extrai da redação originária do § 1º do art. 177 da Constituição de 1988, no seu todo, e em especial considerando-se o disposto no parágrafo único do art. 45 do ADCT ('Ficam ressalvados da vedação do art. 177, § 1º, os contratos de risco feitos com a Petróleo Brasileiro S.A. (Petrobras), para pesquisa de petróleo, que estejam em vigor na data da promulgação da Constituição'), é a seguinte: 'São da União, ou de empresa sob seu controle acionário, os riscos e resultados decorrentes da exploração de jazidas de petróleo ou gás natural, sendo vedado à União, diretamente ou através de empresa sob seu controle acionário, ceder ou conceder qualquer tipo de participação, em espécie ou valor, nessa exploração, ressalvado o disposto no art. 20, § 1º'.[27]

"O que, de todo modo, ora importa considerarmos é a redação assumida pelo § 1º do art. 177 da Constituição nos termos da EC 9/95, em face do qual tenho como inquestionável a constitucionalidade do art. 26, *caput*, da Lei n. 9.478/97.

"26. Vide meus *Ensaio e discurso sobre a interpretação/aplicação do direito*, 2ª ed., Malheiros Editores, São Paulo, 2003, pp. 40 e 121-212 e o item 69, p. 150."

"27. Vide Carlos Eduardo Bulhões Pedreira, 'Monopólio – Gás', in *RTDP* 10/154 e ss."

"21. Um outro aspecto, como que voltando a minhas observações iniciais, desejo ainda ferir.

"É que nas democracias, estruturadas também – mas não exclusivamente – sobre o princípio da interdependência e harmonia entre os poderes, cabe ao Judiciário controlar a constitucionalidade dos atos e procedimentos do Executivo, na implementação de suas políticas públicas. Incumbe-lhe rechaçar a implementação de opções políticas, pelo Executivo, que não sejam plenamente adequadas ao todo orgânico que a Constituição é. Mas não compete ao Poder Judiciário substituir essas opções por outras, quando não afrontem, como ocorre no caso presente, a Constituição. Esta Corte está a serviço da Constituição, para afirmar a sua força normativa, não se prestando a fazer praça de verdades proclamadas por quantos se atribuam, sem que tenham recebido mandato popular para tanto, a faculdade de, com ar de certeza, proclamá-las.

"22. Alcançado este ponto, vou sucintamente ao exame dos demais preceitos atacados – § 3º do art. 26; incisos I e III do art. 28; parágrafo único do art. 43; parágrafo único do art. 51; e art. 60, *caput*.

"23. Quanto ao § 3º do art. 26, seria inconstitucional por traduzir conduta negativa da Administração (aprovação tácita dos planos e projetos de desenvolvimento e produção do bloco que couber ao concessionário se a ANP não se manifestar em cento e oitenta dias).

"A lei dá regulação, neste ponto, ao chamado *silêncio da Administração*. Aqui se trata de matéria de lei, ordenação no plano da infraconstitucionalidade, sem ofensa direta à Constituição.

"24. Em relação aos demais preceitos questionados, são próprios às contratações de que se cuida, admitidas expressamente no § 2º do art. 177. Não visualizo, aqui também, ofensa à Constituição.

"25. O art. 60, *caput*, respeita à possibilidade da exportação do produto, que, como anotei linhas acima, é administrada pela União.

"Repito: veja-se o art. 60 da lei questionada na presente ADI, observando-se que, para exportar, exige-se seja atendido o disposto no art. 4º da Lei n. 8.176/91, observadas as políticas aprovadas pelo Presidente da República, propostas pelo Conselho Nacional de Política Energética-CNPE.

"A leitura isolada do preceito é falaciosa, dando lugar a questionamento que o conhecimento da totalidade do regime estabelecido pela lei prontamente espanca. *Permissa venia*, vou repetir: o direito não pode ser interpretado em tiras, aos pedaços, senão no seu todo.

"De resto, a ANP é uma autarquia, pouco importando seja chamada de 'agência'. Como autarquia, compõe-se na unidade estrutural e sistemática[28] que a Administração é, sob a direção superior do Presi-

"28. Dicção de Eduardo Garcia de Enterria e Tomás-Ramón Fernandes, *Curso de Derecho Administrativo*, 4ª ed., v. I, Madrid, Civitas, 1983, p. 34."

dente da República, nos termos do art. 84, II, da Constituição do Brasil. A ANP não pode ser, e efetivamente não é, senão uma autarquia.

"Nenhuma inconstitucionalidade, portanto, no preceito.

"26. Sendo assim, julgo improcedente a ADI n. 3.273 e, em conseqüência, a ADI n. 3.366."

128. A Emenda Constitucional n. 13 alterou a redação do inciso II do art. 192 da Constituição, dela extirpando a referência ao órgão oficial ressegurador.

A alusão do preceito ao *órgão oficial ressegurador* implicava a existência de uma entidade estatal brasileira — o Instituto de Resseguros do Brasil — cuja atividade seria exercida em regime de monopólio. A sua alteração viabiliza a transferência do exercício dessa função ao capital estrangeiro.

129. Preceitua o art. 174: "Como agente normativo e regulador da atividade econômica, o Estado exercerá, na forma da lei, as funções de fiscalização, incentivo e planejamento, sendo este determinante para o setor público e indicativo para o setor privado".

Do exame da regra se verifica que o Estado — União, Estados-membros e Municípios — há de atuar dispondo sobre e regulando a atividade econômica, expressão aqui tomada em sentido amplo.[190] Competência normativa para tanto, em matérias de Direito Econômico, à União e aos Estados-membros atribui o art. 24, I; ademais, no mesmo sentido, inúmeros outros preceitos constitucionais, entre os quais os do parágrafo único do art. 170, dos incisos VII e VIII do art. 22, etc. Além disso, também os Municípios, como União e Estados-membros, dispõem normas de ordem pública[191] que alcançam o exercício da atividade econômica. Também se verifica, de outra parte, que o Estado promove a *regulação* da atividade econômica.

Trata-se de *normação* e *regulação* que, como já anotei neste ensaio,[192] reclamam *fiscalização*. Essa atividade, de *fiscalização*, é desenvolvida, evidentemente, em torno de um objeto. Fiscalizar sig-

190. V. item 39.
191. V. item 16.
192. V. item 39.

nifica verificar se algo ocorre, sob a motivação de efetivamente fazer-se com que ocorra — ou não ocorra. Assim, *fiscalizar*, no contexto deste art. 174, significa prover a eficácia das normas produzidas e medidas encetadas, pelo Estado, no sentido de regular a atividade econômica. Essas normas e medidas, isso é evidente — nítido como a luz solar passando através de um cristal, bem polido —, hão de necessariamente estar a dar concreção aos princípios que conformam a ordem econômica. Por isso hão de, quando atinjam a atividade econômica em sentido estrito, necessariamente configurar *intervenção sobre o domínio econômico.*[193]

Fiscalização, tal qual *incentivo* e *planejamento*, referidos pelo art. 174, serão exercidos *na forma da lei*, isto é, sob a égide do *princípio da legalidade*, aqui contemplado, todavia, ao contrário do que sucede na hipótese do parágrafo único do art. 170, como *legalidade em termos relativos* (art. 5º, II).[194]

O art. 174 menciona ainda as funções (= dever-poder) de *incentivo* e *planejamento*. Deste, tratarei em seguida, de modo apartado. Quanto ao vocábulo *incentivo*, conota, no contexto, *intervenção por indução.*[195]

A leitura da regra enunciada neste art. 174, ainda que isolada, dissociada do todo que é a Constituição, jamais poderia autorizar o entendimento segundo o qual ela, a Constituição, proscreve qualquer outra forma de intervenção que não a meramente indutiva. A interpretação da ordem econômica na Constituição — e não de uma tira, pedaço ou fragmento seu — exclui entendimento como tal. Creio ser desnecessária qualquer insistência quanto a isso.

De resto, o argumento de que à regra do art. 174 foi extraído o vocábulo "controle" — o que justificaria aquele entendimento — não tem nenhuma, absolutamente nenhuma, significação. O vocábulo não faz nenhuma falta no texto constitucional — isto é: sua inclusão, no enunciado do art. 174, não importaria nenhuma alteração no quanto se conclui da interpretação da ordem econômica na Constituição de 1988. Relembre-se: *scire legis non hoc est verba earum tenere, sed vim ac potestatem*

193. V. item 54. Neste sentido José Afonso da Silva, *Curso de Direito Constitucional Positivo*, cit., 23ª ed., p. 787.

194. V. item 89.

195. V. itens 54 e 55.

(reporto-me, neste passo, a tudo quanto exposto no Capítulo 3). Além disso, não merece crédito o argumento também porque sustentado sobre essa indizível "vontade do legislador constitucional" (v. item 66).

Assim, anteriormente à atenção que dedicarei ao planejamento, neste passo, cumpre observar, apenas, que em nenhum momento este preceito cogita do tema da *desregulamentação* ou *desregulação* da economia.[196]

130. O art. 174, como vimos, determina exerça, o Estado, na forma da lei, a *função de planejamento*, "sendo este determinante para o setor público e indicativo para o setor privado".

Cuida-se de *função*, poder-dever.[197] O Estado *deve* exercer não apenas as atividades de fiscalizar e incentivar, mas também a de *planejar*.

O § 1º deste mesmo art. 174 dispõe: "A lei estabelecerá as diretrizes e bases do planejamento do desenvolvimento nacional equilibrado, o qual incorporará e compatibilizará os planos nacionais e regionais de desenvolvimento".

Nada mais, senão o que está enunciado nestes dois preceitos, define a Constituição, no Título da ordem econômica, sobre a matéria de planejamento. Não obstante, da função de planejar tratam inúmeros outros preceitos no texto constitucional; *v.g.*: art. 21, IX e XVIII; 30, VIII; 43, § 1º, II; 48, IV; 49, IX; 58, § 2º, VI; 74, I; 84, XI; 165, § 4º; 166, § 1º, II.

Planejamento a que respeita o § 1º do art. 174 é o *planejamento do desenvolvimento nacional* — não o *planejamento da economia* ou *planejamento da atividade econômica*, observe-se desde logo.

O *planejamento*, como salientei anteriormente, neste ensaio,[198] quando referida a atuação em relação à atividade econômica em sentido estrito — *intervenção*[199] — apenas a qualifica; não configura modalidade de intervenção, mas simplesmente um método

196. V. meu *O direito posto e o direito pressuposto*, cit., 5ª ed., pp. 135 e ss.

197. V. meu *O direito posto e o direito pressuposto*, cit., 5ª ed., pp. 231, 236-238, 240, 248-249.

198. V. item 58.

199. V. item 55.

mercê de cuja adoção ela se torna sistematizadamente racional. É forma de ação racional caracterizada pela previsão de comportamentos econômicos e sociais futuros, pela formulação explícita de objetivos e pela definição de meios de ação coordenadamente dispostos.

São inconfundíveis, de um lado o *planejamento da economia* — centralização econômica, que importa a substituição do *mercado*, como mecanismo de coordenação do processo econômico, pelo *plano* — de outro o *planejamento técnico de ação racional*, cuja compatibilidade com o mercado é absoluta.[200] Quem não sabe que o planejamento é uma técnica corrente de administração empresarial?[201-202] É verdadeiramente incompreensível, nestas condições, que tantas vezes se atribua a essa técnica de atuação estatal caráter socializante, o que só pode ser creditado a ignorância da noção de *planejamento*.

Incompreensível, também, o equívoco, no qual tantos incorrem, de tomar os "planos" de estabilização monetária praticados entre nós — "Plano Cruzado", "Plano Bresser", "Plano Verão" — como experiências ou exemplos de planejamento. Pois eles são, precisamente, expressões do *não planejamento*, ou seja, de atuação estatal improvisada, *ad hoc*, sem prévia definição de objetivos. A incoerência dos que cometem esse equívoco é, ademais, absoluta: pois, se tais "planos" são expressões de planejamento, não poderiam, mercê do que dispõe o art. 174, obrigar (ser determinantes) para o setor privado. Observo que Tércio Sampaio Ferraz Júnior, ao cogitar do "Plano Verão" ("A economia e o controle do Estado", cit.), não comete tal erro.

O *planejamento* de que trata o art. 174, referido no seu § 1º, é — repito-o — *planejamento do desenvolvimento econômico*. O que diz a Constituição, em síntese, no conjunto dos preceitos aos quais

200. A esse respeito, meu *Planejamento econômico e regra jurídica*, Ed. RT, São Paulo, 1978, pp. 24 e ss.

201. V. John Kenneth Galbraith, ob. cit., pp. 23 e 29.

202. Ademais, há não apenas compatibilidade entre planejamento, de um lado, e liberdade e democracia, de outro, mas plena interação entre esses apenas aparente opostos. O planejamento pode atuar como força ampliadora das liberdades e a existência de um plano pode permitir eficiência maior dos mecanismos de controle democrático da atuação estatal (v. meu *Planejamento econômico e regra jurídica*, cit., pp. 41 e ss.).

há pouco fiz alusão, e que importa considerar, é que a União (o Executivo) elaborará planos nacionais e regionais de desenvolvimento econômico e social, planos que deverão ser aprovados pelo Congresso Nacional, com a sanção do Presidente da República; os planos nacionais serão executados pela União e deverão compreender os planos regionais, que serão executados pelos organismos regionais.

Os planos são, fundamentalmente, *normas-objetivo*, isto é, normas que definem fins a alcançar.[203] É o seguinte, pois — e apenas este —, o significado da cláusula final no art. 174 da Constituição de 1988: *a realização dos objetivos visados pelos planos nacionais e regionais de desenvolvimento é determinante para o setor público, porém meramente indicativa para o setor privado.*

Nada, absolutamente nada além disso. Ao tema do planejamento porém, ainda uma vez, adiante retornarei.[204]

Os debates, que prosseguem, a propósito da leitura do art. 174 e seu § 1º, fazem lembrar a peça de Shakespeare: *much ado about nothing*. Quanto às medidas de implementação do plano — se tiver havido planejamento —, eventualmente vincularão o setor privado não porque implementadoras do planejamento, mas sim porque expressivas de *intervenção por direção*, existindo ao par de outras que expressem *intervenção por indução* (meu *Planejamento econômico e regra jurídica*, cit., p. 45).

131. Tenho condições, após toda a longa exposição até este ponto produzida, na trilha da primeira linha de indagação postulada, de dar resposta às duas primeiras questões enunciadas no item 82.

Creio não ser necessário retornar a qualquer momento daquela exposição, para sumariar ou enfatizar este ou aquele aspecto. Tudo que foi exposto se justifica porque necessário — e indispensável — ao caminhar até o pórtico no qual ora me encontro. Aqui, volvendo os olhos para trás, na direção da vereda percorrida, ocorre-me somente dizer-me que um esforço de *interpretação principiológica*[205] é o que empreendi.

203. V. item 68 e meu *Planejamento econômico e regra jurídica*, cit., pp. 241 e ss.
204. V. item 153.
205. V. Capítulo 4, especialmente o item 70.

Os princípios, na sua interação, registram as marcas da *ideologia constitucionalmente adotada.*[206] À luz por eles projetada, na sua globalidade, parte daquelas questões é prontamente dilucidada: *a ordem econômica na Constituição de 1988 define opção por um sistema econômico, o sistema capitalista.*[207]

Já a solução a ser conferida à segunda parte delas deve, ainda, ser antecedida de algumas observações. Cuida-se de saber, então, se aquela ordem econômica define um *modelo econômico* e qual seja ele.

Relembre-se que refiro *modelo econômico* como configuração peculiar assumida pela ordem econômica (mundo do ser), afetada por determinado *regime econômico.*

132. Explicitado o sistema capitalista como aquele pelo qual faz opção a ordem econômica na Constituição de 1988, cabe indagarmos se, ao fazê-lo, o texto constitucional rejeita — ou não rejeita — a economia liberal e o princípio da auto-regulação da economia.[208]

Essa indagação é, também, prontamente respondida: há, nela, nitidamente, rejeição da economia liberal e do princípio da auto-regulação da economia. Basta, para tanto, ler o art. 170; como anotei anteriormente, neste ensaio,[209] a *ordem econômica liberal* é substituída por uma *ordem econômica intervencionista.*

Sucede que dizer que a ordem econômica na Constituição de 1988 é *intervencionista*, simplesmente, ou *neoliberal*, é nada dizer.

206. Washington Peluso Albino de Souza, *A experiência brasileira de Constituição Econômica*, cit., pp. 31-32. "*A ideologia da constituição* (averba Antonio L. Souza Franco, ob. cit., p. 255) é sempre importante para entender o seu quadro de referências — seja o discurso constitucional (muitas vezes retórico), seja o conjunto das disposições preceptivas constitucionais, sejam os programas, a integrar por actuações discricionárias dos órgãos a quem compete a execução da parte programática da constituição. Quanto mais discursiva e programática, mais carregada de ideologia estará uma constituição. Mas não haja ilusões: toda a constituição tem uma ideologia, correspondente a um quadro coerente e unilateral de princípios ou a um compromisso entre doutrinas ideológicas". V. item 73.

207. V. itens 29 e 82.

208. Vital Moreira, *A ordem jurídica do capitalismo*, Centelha, Coimbra, 1973, p. 140.

209. V. item 23.

Aqui, como ocorre freqüentissimamente, a ambigüidade das palavras nos remete a desencontros.[210] Esses desencontros, contudo, ainda mais perniciosos resultam quando o significado de certas palavras seja propositadamente ignorado — seja por quem a pronuncia, seja por quem as ouve. Cai como luva, aqui, a citação de Hobbes:[211] "A ignorância do sentido das palavras, isto é, a falta de entendimento, predispõe os homens para confiar, não apenas na verdade que não conhecem, mas também nos erros e, o que é mais, nos absurdos daqueles em quem confiam. Porque nem o erro nem o absurdo podem ser detectados sem um perfeito entendimento das palavras. Do mesmo deriva que os homens deêm nomes diferentes a uma única e mesma coisa, em função das diferenças entre suas próprias paixões. Quando aprovam uma determinada opinião, chamam-lhe opinião, e quando não gostam dela chamam-lhe heresia; contudo heresia significa simplesmente uma opinião determinada, apenas com mais algumas tintas de cólera".

A ordem econômica (mundo do dever ser) produzida pela Constituição de 1988 consubstancia um meio para a construção do *Estado Democrático de Direito* que, segundo o art. 1º do texto, o Brasil constitui. Não o afirma como *Estado de Direito Social* — é certo — mas a consagração dos *princípios da participação* e da *soberania popular,*[212] associada ao quanto se depreende da interpretação, no *contexto funcional,*[213] da totalidade dos princípios que a conformam (a ordem econômica), aponta no sentido dele.

A inexistência de contradição entre tais princípios,[214] a textura das regras constitucionais consideradas e, ainda, a atribuição, à sociedade, de legitimidade para reivindicar a realização de políticas públicas podem fazer do Estado efetivo agente — por ela responsável — da promoção do bem-estar.

À busca da realização do bem-estar a Constituição apresta a sociedade e o Estado, busca que se há de empreender não em

210. V. itens 39 e 65.

211. *Leviatã*, trad. de João Paulo Monteiro e Maria Beatriz Nizza da Silva, coleção *Os Pensadores*, vol. XIV, Editor Victor Civita, São Paulo, 1974, p. 67 (I, Capítulo XI).

212. Art. 14.

213. V. o Capítulo 4, especialmente item 66.

214. V. item 83.

nome ou função de uma ideologia, mas como imposição de determinações históricas que são mais do que ideológicas. O alcance do bem-estar é, historicamente, o mínimo que tem a almejar a sociedade brasileira.

A propósito dessas determinações históricas, averba Max Horkheimer (*Les débuts de la philosophie bourgeoise de l'histoire*, trad. de Denis Authier, Payot, Paris, 1980, pp. 88-89): "Les représentations significatives qui dominent une époque ont une origine plus profonde que le mauvais vouloir de quelques individus. Ceux-ci sont déjà insérés de naissance dans une structure sociale prédéterminée par la maniere dont les hommes y assurent leur existence. De même que le chasseur-pêcheur primitif voit non seulement son mode de vie matériel mais aussi son horizont intellectuel prescrits para le processus simple selon lequel il doit assurer sa vie; de même que la forme d'existence fondeé sur ce degré de développement primitif détermine non seulement la vie concrete des individus mais aussi ce qu'ils savent du monde extérieur, le contenu et la construction de leur répresentation du monde — de même, dans les formes sociales plus différenciées, l'être spirituel des hommes s'enchevêtre dans le processus vital du corps social auquel ils appartiennent et qui détermine leur activité. La réalité n'est pas plus une chose compacte que la conscience nést un clair miroir (comme dans la conception racionaliste) qui pourait être troublé par un souffle ignorant ou criminel, ou bien nettoyé par des initiés; l'ensemble de la réalité s'identifie au processus de vie de l'humanité, dans lequel ni la nature, ni la société, ni leurs rapports ne restent inchangés."

A ordem econômica na Constituição de 1988 — digo-o — postula um modelo de *bem-estar*.

133. Esta, a configuração peculiar assumida pela ordem econômica na Constituição de 1988, afetada por regime informado por definida *atuação estatal em relação ao processo econômico* — não apenas *intervencionismo*, pois, projetado como missão estatal.[215]

A Constituição de que cogito é a Constituição do Brasil. Não de qualquer outro Estado, desenvolvido, cujos próceres possam se lançar à aventura de desmantelamento do *Welfare State*,[216]

215. V. item 53.

216. Que se trata de aventura, tudo leva a crer. Salienta Carlos Estevam Martins ("Difícil por um lado, desejável por outro", in *Folha de S. Paulo*, 17.12.88, p. A-3): "Os liberais estão equivocados: o 'Welfare State', cujo desmantelamento pretendem efetuar, é parte integrante de um complexo sistema institucional que

desmantelamento cujas primeiras vítimas são os assalariados, mas cuja vítima seguinte será, certamente, a democracia.[217]

A Constituição de 1988, do Brasil, norma fundamental do direito brasileiro, projeta precisamente a instalação de uma sociedade estruturada segundo aquele modelo — disse-o no item 96 — e justamente visando à consolidação da democracia.

Esse modelo, que assim refiro, no seu enunciado visualizando o mínimo de precisão desejável, não é, todavia, um modelo acabado.

A ordem econômica na Constituição de 1988 é uma *ordem econômica aberta*. Nela apenas podem detectar um modelo econômico acabado aqueles que têm uma visão estática da realidade; para eles, estática também há de ser a Constituição — a uma visão estática dos fatos sociais apenas pode corresponder, já o afirmei,[218] uma visão também estática do direito.

A Constituição é um dinamismo.[219]

Assim, a ordem econômica de que cuido, a ser complementada pelo legislador ordinário, no quadro dos seus princípios — e, saliento, não há nenhum mal em que a Constituição a ele atribua essa tarefa, de dar concreção aos princípios — veicula uma ideologia que não se fecha em si própria.

O que pretendo dizer, com isso, é que ela não é maniqueísta, a ponto de justificar afirmações qual a de Hobbes:[220] "Pois não duvido que, se acaso fosse contrária ao direito de domínio de alguém, ou aos interesses dos homens que possuem domínio, a doutrina segundo a qual *os três ângulos de um triângulo são iguais a dois ângulos de um quadrado*, esta doutrina teria sido, se não objeto de disputa, pelo menos suprimida, mediante a queima de todos os livros de geometria, na medida em que os interessa-

não pode ser extirpado sem a destruição simultânea da ordem estabelecida. O fracasso das tentativas empreendidas por Reagan, Thatcher e companhia é a prova cabal de que o 'Welfare State' está perfeitamente integrado à vida das sociedades industriais avançadas".

217. Cf. Francisco de Oliveira ("Um modelo adequado para o Brasil", in *Folha de S. Paulo*, 17.12.88, p. A-3).

218. *Elementos de Direito Econômico*, cit., p. 10.

219. V. item 72.

220. Ob. e loc. cits.

dos de tal fossem capazes". Mais, pretendo dizer, ainda, que o modelo econômico postulado pela ordem econômica na Constituição de 1988 caracteriza-se — de modo análogo àquele adotado pela Lei Fundamental da República Federal da Alemanha, como salienta Eckard Rehbinder[221] — por apresentar apenas pontos de proteção contra modificações extremas, que conferem ao legislador ordinário, no entanto, campo (largo) para tomar decisões.

Esse modelo há de ser complementado pelo legislador ordinário, evidentemente tangido, também, pelos princípios e regras contempladas no bojo da Constituição.

O Tribunal Constitucional Federal da Alemanha adota algumas qualificações, enunciadas por Eckard Rehbinder (ob. cit., pp. 10-11), a serem observadas pelo legislador, que assim sumario: (a) o objetivo da lei deve estar direcionado para o bem-estar comum; (b) os meios que o legislador utilize devem ser adequados e necessários (= não deve existir um meio mais ameno que possa trazer os mesmos resultados); (c) o objetivo que deve ser alcançado não há de ser desproporcional em relação aos direitos fundamentais — assim, cumpre ponderar os resultados positivos da atuação legislativa em função da interferência que produz sobre aqueles direitos; o parâmetro para essa ponderação (análise), dos resultados positivos, não se encontra em valorações subjetivas do legislador, mas apenas na decisão da Constituição. Daí a importância da *máxima da proporcionalidade*, que — diz Rehbinder — significa para a intervenção econômica apenas que a atuação estatal não pode ultrapassar o limite da desproporcionalidade.

A segunda parte das primeiras questões propostas há de ser solucionada, destarte, na afirmação de que, de fato, *há um modelo econômico definido na ordem econômica na Constituição de 1988, desenhado na afirmação de pontos de proteção contra modificações extremas, que descrevo como modelo de bem-estar.*

134. Neste ponto cumpre indagar se essa ordem econômica efetivamente garante a instalação de uma sociedade de bem-estar.

Por certo que ela, por si só, não o garante. O que diz Fábio Konder Comparato[222] em relação à lei é também válido para a Cons-

221. Ob. cit., p. 13.
222. *Um quadro institucional para o desenvolvimento democrático,* cit., p. 403.

tituição: "a lei, isoladamente considerada, revela-se um instrumento deficiente. Pois a edição de normas não impulsiona, não cria o movimento; apenas estabelece balizas para o seu curso ordenado".

Ademais, há a considerar limitações diante das quais cessa o vigor da *Constituição dirigente*:[223] não pode ela pretender o alcance de soluções que estejam *ab initio* fora das possibilidades demarcadas pela estrutura das relações econômicas.[224] Às seqüelas da oposição entre *Constituição escrita* e *Constituição real*[225] é impossível escapar.

Ao par de tudo, ainda quando isso seja materialmente possível, a omissão do Executivo — em realizar as políticas públicas que lhe incumbem — e do Legislativo — em integrar o ordenamento jurídico, inovando-o — pode vir a aniquilar a sua força, salvo a hipótese de o Poder Judiciário a tornar efetiva.

Eis aí a importância de um Judiciário independente e forte, capaz de afirmar a função — e a função renovada — da Constituição.

Essa função, observa Fernando Herren Fernandes Aguillar ("Constituição sintética ou analítica?", in *Revista de Informação Legislativa* n. 96, p. 93), "demanda seu aparelhamento (da Constituição) de mecanismos de efetivação e compulsoriedade de suas normas", importando considerar, também, que suas normas, "embora dependentes de regulamentação, não deixam de ser imediatamente aplicáveis como informadoras da hermenêutica jurídica". V. Capítulo 3.

Do tema passo a tratar, penetrando linha crítica de indagação, a partir da consideração do tema da aplicação do direito.

Observe-se desde logo, contudo, que tratarei da *aplicação do direito*, a seguir, cuidando particularmente da sua *efetivação*, ou seja, da questão de sua *aplicação imediata*. Ao cogitar da interpretação, que consiste em *concretar o texto normativo* em cada caso, isto é, na sua *aplicação* (cf. Hans-Georg Gadamer, *Verdad y método*, 4ª, trad. de Ana Agud Aparicio y Rafael de Agapito, Ediciones Sígueme, Salamanca, 1991, p. 401), verificaremos que ambas, *interpretação* e *aplicação*, não se realizam autono-

223. V. item 27.
224. Vital Moreira, *Economia e constituição*, cit., p. 127.
225. Ferdinand Lassalle, ob. cit.

mamente. O intérprete discerne o sentido do texto sempre a partir e em virtude de um determinado caso dado (ob. cit., p. 397); por isso dizemos que a interpretação do direito consiste em *concretar a lei* [= o texto normativo] em cada caso, isto é, na sua *aplicação*. Assim, existe uma equação entre interpretação e aplicação: não estamos, aqui, diante de dois momentos distintos, porém frente a uma só operação (Enrique E. Marí, "La interpretación de la ley. Análisis histórico de la escuela exegética y su nexo con el proceso codificatorio de la modernidad", in *Materiales para una teoría crítica del derecho*, Enrique E. Marí et alii, Abeledo-Perrot, Buenos Aires, 1991, p. 236). *Interpretação* e *aplicação* se superpõem. Ora, sendo, a *interpretação*, concomitantemente *aplicação* do direito, deve ser entendida como *produção prática do direito*, precisamente como a toma Friedrich Müller (*Juristische Methodik*, 5ª ed., Duncker & Humblot, Berlim, 1993, pp. 145-146), para quem inexiste tensão entre *direito* e *realidade*; não existe um terreno composto de elementos *normativos*, de um lado, e de elementos *reais* ou *empíricos*, do outro. Por isso a articulação *ser e dever-ser* [a relação *norma-fato*] é mais do que uma questão da filosofia do direito; é uma questão da estrutura da norma jurídica tomada na sua transposição prática e, por conseqüência, ao mesmo tempo uma questão da estrutura deste processo de transposição. A *norma* é produzida, pelo intérprete, não apenas a partir de elementos que se despreendem do *texto* [mundo do dever-ser], mas também a partir de elementos do caso ao qual será ela aplicada, isto é, a partir de elementos da realidade [mundo do ser].

135. A abordagem do tema pode ser empreendida — e é recomendável que isso seja feito — desde a consideração do preceito enunciado no § 1º do art. 5º da Constituição de 1988, segundo o qual as normas definidoras dos direitos e garantias fundamentais têm *aplicação imediata*.

Direitos *e* garantias, pois — ambos —, aplicam-se imediatamente.

Vê-se desde logo, daí, que *garantias* não são tidas como subseqüentes aos *direitos*. Esta visualização, superada, é que permitiu conceber-se a existência de direitos, constitucionais, que não eram constitucionalmente garantidos. Ou seja, a existência de direitos que não se podia fruir porque, embora como direitos concebidos, sua aplicação não era juridicamente (isto é, constitucionalmente) garantida. O novo texto constitucional exclui tal concepção: direitos *e* garantias são definidos como imediatamente aplicáveis.

Aplicar o direito é torná-lo efetivo. Dizer que um direito é imediatamente aplicável é afirmar que o preceito no qual inscrito é auto-suficiente;[226] que tal preceito não reclama — porque dele independe — qualquer ato legislativo ou administrativo que anteceda a decisão na qual se consume a sua efetividade.

Como escrevi em outra oportunidade,[227] há produção do direito tanto na construção dos seus sentidos e princípios quanto na sua positivação, no ordenamento, em textos normativos. E há produção (reprodução) do direito também na sua aplicação a cada caso concreto.

> *Reproduzir*, neste sentido, é dar continuidade à existência do direito. "Estudar a reprodução de uma realidade significa estudar as condições que lhe permitem continuar a existir" (Cf. Maurice Godelier, "Reprodução", trad. de José Manuel García, verbete in *Enciclopédia Einaudi*, edição portuguesa, Imprensa Nacional, Casa da Moeda, 1986, p. 109). O *reproduto* direito é análogo ao *reproduto* animal e vegetal, na medida em que — permito-me a licença para dizê-lo assim — porta em si o DNA do direito reproduzido. Estudar a reprodução do direito do modo de produção capitalista é, assim, estudar a globalidade das instituições jurídicas capitalistas e as características que marcam esse direito e informam, decisivamente, a sua reprodução.

Afirma-se que há, na sociedade, um corpo que produz o direito positivo e a seguir, ao aplicá-lo, o reproduz. Aí o Poder Legislativo (antes dele, o Poder Constituinte) e o Poder Judiciário. Outro corpo o cumpre, isto é, *deve cumpri-lo*, pois o direito é normativo, prescreve. Aí os particulares e a Administração Pública. Esta é uma afirmação para ser questionada. Tomando-se-a ao pé da letra teremos que quem produz e reproduz o direito, conferindo soluções a problemas jurídicos concretos, é apenas aquele primeiro corpo, composto pelo Poder Legislativo e pelo Poder Judiciário. Dir-se-á, no entanto, que tal não é correto, visto que a todo o instante os particulares e a Administração Pública estão tomando decisões jurídicas e, assim, ao aplicá-lo, reproduzindo o direito. No exemplo que atribuo a Carnelutti, o homem faminto que ao passar por uma barraca de frutas não arrebata uma maçã nada

226. Cf. José Carlos Vieira de Andrade, *Os direitos fundamentais na Constituição Portuguesa de 1976*, Almedina, Coimbra, 1983, p. 256.

227. *Direito, Conceitos e Normas Jurídicas*, cit., pp. 21-22, com pequena reformulação.

mais faz do que, tomando uma decisão jurídica, aplicar o direito. Um direito positivo que, para logo se vê, privilegia a propriedade mesmo diante da fome, sem cuidar de aplacá-la. De qualquer modo, neste sentido teremos que *cumprir* o direito é também *aplicá-lo* e, nisso, *reproduzi-lo*. Aí a relação que poderíamos estabelecer:

aplicação do direito —> decisões de casos concretos —> reprodução do direito

A aplicação do direito, assim, supõe a tomada de uma decisão pela sua efetividade.

Sujeitos aplicadores do direito são o Estado — todos os seus órgãos — e os particulares.

Quando os particulares aplicam uma norma, reproduzem o direito, em termos de *cumprimento* dela.

Quando é o Estado que a aplica, essa aplicação — reprodução do direito — consiste na *imposição* do cumprimento da norma e, assim, na criação de uma norma (norma individual). Daí porque, embora a aplicação do direito suponha a preexistência da regra que é aplicada, consiste, neste caso, na *criação de uma norma*.[228]

O Poder Judiciário é o aplicador último do direito. Isso significa que, se a Administração Pública ou um particular — ou mesmo o Legislativo — de quem se reclama a correta aplicação do direito, nega-se a fazê-lo, o Poder Judiciário poderá ser acionado para o fim de aplicá-lo.

Preceito imediatamente aplicável vincula, em última instância, o Poder Judiciário. Negada pela Administração Pública, pelo Legislativo ou pelos particulares a sua aplicação, cumpre ao Judiciário decidir pela imposição de sua pronta efetivação.

O Poder Judiciário, então, estará, de uma banda, vinculado pelo *dever* de conferir efetividade imediata ao preceito. De outra, estará *autorizado* a inovar o ordenamento jurídico[229] suprindo, em cada decisão que tomar, eventuais lacunas que, não estivesse o preceito dotado de aplicabilidade imediata, atuariam como obstáculo a sua exeqüibilidade.

228. Jerzy Wróblewski, "Aplication du Droit", in *Dictionnaire Encyclopédique de Théorie et de Sociologie du Droit*, LGDJ, Paris, 1988, p. 23.

229. José Carlos Vieira de Andrade, ob. cit., pp. 256-257.

Note-se, por um lado, que a admissão da existência dessas lacunas não conflita com a afirmação, anterior, de que o preceito imediatamente aplicável é auto-suficiente. Ele o é justamente porque lacuna como tal, se se manifestar, não consubstancia impediente da sua aplicação — as lacunas existentes serão supridas pelo Poder Judiciário. De outro lado, note-se que, na atribuição dessa autorização ao Judiciário, não se vai além do que desde há muito determina o art. 4º da LICC.

136. Daí por que se afirma que, no caso, o Poder Judiciário é tangido pelo *dever* de prover a exeqüibilidade (efetividade) imediata do direito ou garantia constitucional.

O Juiz não é, tão-somente, como já observei neste ensaio,[230] a boca que pronuncia as palavras da lei. Está, ele também, tal qual a autoridade administrativa — e, bem assim, o membro do Poder Legislativo —, vinculado pelo exercício de uma *função*, isto é, de um *dever-poder*. Neste exercício, que é desenvolvido em clima de *interdependência* e não de *independência* de Poderes, a ele incumbe, sempre que isso se imponha como indispensável à efetividade do direito, integrar o ordenamento jurídico, até o ponto, se necessário, de inová-lo primariamente.[231] O processo de aplicação do direito mediante a tomada de decisões judiciais, todo ele — aliás — é um processo de perene recriação e mesmo de renovação (atualização) do direito.[232] Por isso que, se tanto se tornar imprescindível para que um direito com aplicação imediata constitucionalmente assegurada possa ser exeqüível, deverá o Poder Judiciário, caso por caso, nas decisões que tomar, não apenas *reproduzir*, mas *produzir* direito[233] — evidentemente retido pelos princípios jurídicos.[234]

230. V. itens 65 e 66.

231. Norma jurídica, segundo Renato Alessi (*Principi di Diritto Aministrativo*, 4ª ed., v. I, Giuffrè Editore, Milão, 1978, p. 5), é todo preceito expresso mediante *estatuições primárias* (na medida em que vale por força própria, ainda que eventualmente com base em um poder não originário, mas derivado ou atribuído ao órgão emanante).

232. Transcrevo, aqui, palavras de Giovanni Orru, *Richterrecht*, Giuffrè, Milão, 1985, p. 14.

233. V. Giovanni Orru, ob. cit., e Mauro Cappelletti, *Giudice legislatori?*, Giuffrè, Milão, 1984. Também José Joaquim Gomes Canotilho, *Constituição Dirigente e Vinculação do Legislador*, Coimbra Editora, Coimbra, 1982, pp. 272-277.

234. V. itens 65 e 66.

Não se pretende, nisso, atribuir ao Judiciário o desempenho de funções que são próprias do Legislativo — ou seja, a de produção de ato legislativo — ou mesmo do Executivo — ou seja, a de produção de ato administrativo. O que se sustenta — e, no caso, sob o manto do princípio da *supremacia da Constituição* — é, meramente, cumprir ao Poder Judiciário assegurar a pronta exeqüibilidade de direito ou garantia constitucional imediatamente aplicável, dever que se lhe impõe e mercê do qual lhe é atribuído o *poder*, na autorização que para tanto recebe, de, *em cada decisão que a esse respeito tomar*, produzir direito. Não se predica, aí, a atribuição, a ele, indiscriminadamente, de poder para estatuir norma abstrata e geral.

De resto, quanto ao argumento de que a atribuição dessa autorização ao Judiciário importaria violação do princípio da "separação dos poderes", cumpre tão-somente lembrar que além de o Legislativo não deter o monopólio do exercício da *função normativa*, mas sim, apenas, da *função legislativa*,[235] já de há muito se tem por superada a concepção de que a razão humana seria capaz de formular preceitos normativos unívocos, nos quais antevistas, em sua integridade, todas as situações da realidade que devem regular.[236]

Resumindo tudo o quanto até este ponto exposto, temos que a aplicação do direito supõe a tomada de uma decisão pela sua execução (efetividade). Tratando-se de direito ou garantia dotados de aplicação imediata, a aplicação da norma que os defina supõe decisão pela sua pronta exeqüibilidade (efetividade).

Se essa decisão é negada pela Administração ou pelos particulares, cumpre ao Judiciário, a isso provocado, provê-la, chegando ao ponto de, quando isso se impuser, integrar o ordenamento jurídico, produzindo — e não somente reproduzindo — direito.

O completo esclarecimento do significado da *aplicação* (do direito) a que refere o § 1º do art. 5º do texto constitucional reclama ainda, contudo, algumas outras considerações.

235. V. meu *O direito posto e o direito pressuposto*, cit., 5ª ed., pp. 229 e ss.

236. Há que repudiar, ademais, a visualização do direito como um produto da razão.

É que o conceito de aplicação coabita com os conceitos de *eficácia* — *eficácia jurídica* e *eficácia social* — e de *efetividade* do direito.

137. Temos distinguido *eficácia social* de *eficácia jurídica*.

Cogitando de ambas, José Afonso da Silva[237] afirma que "a *eficácia social* designa uma efetiva conduta acorde com a prevista pela norma; refere-se ao fato de que a norma é realmente obedecida e aplicada"; "a *eficácia jurídica* da norma designa a qualidade de produzir, em maior ou menor grau, efeitos jurídicos, ao regular, desde logo, as situações, relações e comportamentos nela indicados". Daí por que basta a *possibilidade* — não é necessária a *efetividade* — da geração de tais efeitos para que ocorra a *eficácia jurídica* da norma. E conclui José Afonso da Silva: "uma norma pode ter eficácia jurídica sem ser socialmente eficaz".

A distinção assume relevância no bojo de nossa cultura jurídica, na qual distinguimos também *vigência* de *eficácia jurídica*: uma norma pode ter *vigência*, sendo porém despida de *eficácia jurídica*, na medida em que não se possam validamente realizar as situações, relações e comportamentos nela indicados.

Note-se que José Afonso da Silva, ao mencionar a *eficácia social*, refere-a como atinente ao fato de que a norma é "realmente obedecida e *aplicada*". Como logo adiante enfatizarei, no entanto, a *eficácia social* manifesta-se — ou não se manifesta — no sentido que usarei a expressão, posteriormente ao momento da *aplicação*, pelo Estado, do direito. Relembre-se que, como vimos, a aplicação do direito, pelo Estado, consiste na criação de uma norma.

138. Paralelamente àquela distinção, contudo, doutrina mais recente — atribuído ao primeiro vocábulo diverso significado — tem distinguido entre *eficácia* e *efetividade*.

Segundo Antoine Jeammaud[238] a *efetividade* de uma norma se refere à relação de conformidade (ou, pelo menos, de não contrariedade), com ela, das situações ou comportamentos que se realizam no seu âmbito de abrangência. O conceito de *eficácia*, por ou-

237. *Aplicabilidade das normas constitucionais*, cit., 6ª ed., 2ª tir., pp. 65-66.

238. "En torno al problema de la efectividad del Derecho", in *Crítica Jurídica* (*Revista Latinoamericana de Política, Filosofia y Derecho*), Universidad Autónoma de Puebla e Universidad Autónoma de Zacatecas, v. 1 (1984), p. 6.

tro lado, sugere uma necessária referência aos fins perseguidos pela autoridade legisladora — autoridade normativa, direi eu.

Coincidem os conceitos de *efetividade* e de *eficácia social*. Já a *eficácia*, neste novo sentido atribuído ao vocábulo, designa o modo de apreciação das conseqüências das normas jurídicas e de sua adequação aos fins por elas visados.[239] *Eficácia*, então, implica realização efetiva dos resultados buscados pela norma. Esses resultados — fins — aliás, podem ser explicitados em outras normas, as *normas-objetivo*.[240]

A aplicação do direito — de uma norma ou conjunto de normas jurídicas — quando procedida pelos particulares, em termos de *cumprimento do direito*, importa, em regra, reprodução do direito.[241] Quando procedida pelo Estado, consiste na *criação de uma norma individual*. Esta norma, que impõe o cumprimento de outra norma, criada pelo Estado, em especial quando o faça o Judiciário, pode consubstanciar mera reprodução ou mesmo, quando isso se imponha, produção de direito.

Antoine Jeammaud, de um lado,[242] Oscar Correas, de outro,[243] examinando o tema da *efetividade* na *aplicação das normas por parte dos órgãos do Estado*, a classificam em:

a) *efetividade jurídica (Jeammaud)/efetividade formal (Correas)*

— que se manifesta quando realizada a conformidade de uma situação jurídica concreta ao modelo que constitui a norma (*v.g.* reconhecimento efetivo, a determinado sujeito, de que se beneficia, segundo a lei, por um direito, visto que cumpridos os requisitos prévios para tanto, nela estabelecidos) (Jeammaud); ou

— que se manifesta quando tiver sido produzida a norma individual que interpreta ou atualiza a norma aplicada;

239. Cf. Romano Bettini, "Efficacité", in *Dictionnaire Encyclopédique de Théorie et de Sociologie du Droit*, cit., p. 133.

240. V. item 70.

241. Em determinados casos, contudo — *v.g.*, na celebração de um contrato — poderá importar criação de normas individuais.

242. Ob. cit., pp. 11-12.

243. "Teoría sociológica del Derecho y Sociología Jurídica", in *Crítica Jurídica (Revista Latinoamericana de Política, Filosofía y Derecho)*, Universidad Autónoma de Puebla, n. 8, pp. 93-95.

b) *efetividade material (Jeammaud e Correas)*

— que se manifesta quando realizada a conformidade da situação de fato à situação jurídica outorgada ou imposta ao sujeito mercê da efetividade jurídica da aplicação da norma (Jeammaud); ou

— que se manifesta quando tiver sido produzida a conduta requerida pela norma individual.

139. Munidos desses novos subsídios doutrinários, teremos — retomado o ponto de partida deste trecho de minha exposição — que:

a) norma que defina direito ou garantia fundamental, à qual refere o § 1º do art. 5º do texto constitucional, é, evidentemente, dotada de *vigência* e de *eficácia jurídica* (eficácia jurídica, aqui, no sentido que à expressão é atribuído por José Afonso da Silva);

b) esta norma é de ser aplicada imediatamente — os particulares devem *cumpri-la*; o Estado tem o dever de torná-la prontamente exeqüível, impondo o seu cumprimento — razão pela qual, se a tanto acionado o Poder Judiciário, estará compelido a conferir-lhe *efetividade jurídica* ou *formal*;

c) além desse momento colocam-se os da *efetividade material* (que corresponde ao da *eficácia social*, no sentido que à expressão é atribuído por José Afonso da Silva) e da *eficácia* (no sentido que ao vocábulo é atribuído pela doutrina mais recente).

Assim, ao cogitarmos do tema da *aplicação imediata* das normas em questão, sustentamos que aos particulares incumbe prontamente cumpri-las e ao Estado, em especial ao Poder Judiciário, cumpre prontamente torná-las exeqüíveis, conferindo-lhes *efetividade jurídica* ou *formal*.

140. Resta a considerar, com brevidade, as questões da *eficácia material* e da *eficácia* (no sentido que ao vocábulo é atribuído pela doutrina mais recente).

Estou inteiramente consciente da inconveniência do uso de um vocábulo ou expressão que costumeiramente seja destinado a conotar determinado conceito para, ele ou ela mesma, conotar diverso conceito. Aqui, no entanto, não há como fugir à inconveniência. *Eficácia* é o vocábulo que tem sido usado, pela doutrina que referi, para conotar a realização efetiva dos resultados (fins) buscados pela norma; *efetividade material* é a expressão que tem sido usada, pela mesma doutrina, para conotar a idéia, corrente entre nós, de *eficácia social*. Permito-me, em respeito ao leitor, insistir em que não estou a distorcer o significado do vocábulo *eficácia*, porém tão-somente trabalhando com um *novo conceito*. Penso merecer também eu respeito, no sentido de que se me torne possível expô-lo tal como conotado pela doutrina que o acolhe.

Para fazê-lo, sucintamente, relembro, ainda outra vez, que o preceito inscrito no § 1º do art. 5º da Constituição de 1988 afirma a aplicação imediata das normas definidoras de direitos e garantias fundamentais. Isso significa que tais normas devem ser imediatamente cumpridas pelos particulares, independentemente da produção de qualquer ato legislativo ou administrativo. Significa, ainda, que o Estado também deve prontamente aplicá-las, decidindo pela imposição do seu cumprimento, independentemente da produção de qualquer ato legislativo ou administrativo, e as tornando jurídica ou formalmente efetivas.

Por essa razão é que tais normas já não têm mais caráter meramente programático, assumindo a configuração de preceitos auto-executáveis, aos quais o aplicador último do direito — o Poder Judiciário — deve conferir *efetividade jurídica* ou *formal*.

A Constituição, no entanto, não assegura que estas normas tenham *efetividade material* e *eficácia*.

Isto é, não garante que as decisões do Poder Judiciário, pela imposição de sua pronta efetivação, sejam executadas pelos seus destinatários — ou seja, não garante que sejam produzidas as condutas requeridas pelas normas individuais por ele, Poder Judiciário, criadas.

Nem, de outra parte, garante que se realizem os resultados — fins — buscados por essas normas.

Não obstante, e apesar disso, da imposição de que se lhes atribua efetividade jurídica ou formal resultam conseqüências relevantes, como passarei a demonstrar.

A brevidade dessa referência, aqui, aos temas da *efetividade material* e da *eficácia* não significa recusarmos relevância, nos estudos da Teoria Geral do Direito e da Dogmática ou Jurisprudência, a sua análise.

Esses são temas que, embora venham sendo tratados pela Sociologia do Direito, não podem ser compreendidos como enclausurados no objeto de indagação desta última, de sorte que deles não possamos — e devamos —, os que se dedicam fundamentalmente àqueles estudos, cogitar.

É oportuno relembrarmos que, para Kelsen (*Teoria Pura do Direito*, cit., pp. 292 e ss.), uma norma jurídica, assim como um sistema jurídico, perde sua validade se não é eficaz (*eficácia* como *efetividade material*).

141. As considerações que venho tecendo desde o item 134, em tom diverso do anterior, porque já indicam a exploração de uma linha de crítica do texto constitucional, reclamam determinado esclarecimento.

É que, embora a eles venha desde então me referindo, não incluo os direitos e garantias fundamentais no bojo da ordem econômica na Constituição de 1988.[244] Não obstante, como ficará claro logo em seguida, na seqüência de minhas considerações, o rumo assim tomado pela exposição se justifica. Ela própria o confirmará.

Uma das questões que atualmente mais perturba, até mesmo os que não tomam o direito como objeto de análises sócio-jurídicas, é a da não realização, na práxis de sua aplicação, dos princípios e direitos econômicos e sociais, tal como inscritos nas Constituições — o que é atribuído, por aqueles, exclusivamente a um descompasso entre rights e remedies, sem que as razões desse descompasso sejam questionadas.

A Constituição de 1988, todavia, em disposições que contemplou no § 1º do art. 5º — a mencionada afirmação de que as normas definidoras dos direitos e garantias fundamentais têm *aplicação imediata* — no inciso LXXI deste mesmo art. 5º — *mandado de injunção* — e no § 2º do art. 103 — *inconstitucionalidade por omissão* — repudia o entendimento ortodoxo segundo o qual as normas programáticas não são dotadas de eficácia (efetividade jurídica (v. "Apêndice").

142. A nova Constituição produziu impacto, globalmente considerado, bastante rico, ainda que extremamente contradító-

244. V. item 76 e nota 99 deste capítulo.

rio, sobre a sociedade brasileira. De um lado, paulatinamente vai se desnudando a evidência de que ela (a Constituição formal) não basta para superar as distorções sociais da nossa realidade — a Constituição, isoladamente considerada, não desencadeia nenhum processo de mudança social.[245] De outra parte, no entanto, inúmeras circunstâncias conduziram ao reforço da *ideologia jurídica.*

> *Ideologia jurídica* como, tal qual exposta por André-Jean Arnaud (*Critique de la raison juridique*, LGDJ, Paris, 1981, pp. 401-406) crença nas virtudes do direito; sua força é a de assegurar a reprodução dos tipos de interação jurídica previstos por quem diz o direito. Neste sentido, *v.g.* a consagração de disposições atinentes à participação popular (art. 14).

Nesta linha, em torno do mandado de injunção, autêntico processo de mitificação foi tecido. Toma-o a sociedade, ignara dos preceitos da "técnica jurídica" e do formalismo do direito, que estreitam marcantemente as vias de sua aplicação, como remédio para todos os males.

Não há, ainda, material de análise que permita o desenvolvimento de pesquisa empírica a respeito de tais efeitos. Nem, por outro lado, temos já, definidos, indicadores substanciais do comportamento que o Poder Judiciário assumirá na aplicação do texto constitucional. Não obstante, no campo da doutrina jurídica podem ser colhidos alguns subsídios, que apontam o destino que talvez esteja reservado à *afirmação constitucional*, à *inconstitucionalidade por omissão* e ao *mandado de injunção.*

143. Quanto à afirmação constitucional da aplicação imediata das normas definidoras dos direitos e garantias fundamentais, verificamos desde logo que, curiosamente, se percorrermos nossa doutrina, nela não se encontra, adequadamente enunciado, o *conceito de aplicação do direito*. O vocábulo *aplicação* é tomado sob a significação que assume na linguagem natural — "aplicabilidade significa qualidade do que é aplicável" e tem a ver com *eficácia* ; o

245. V. item 133.

conceito jurídico de aplicação (do direito) é pressupostamente conhecido, a ponto de não merecer qualquer explicitação. Assim, não é formulado, *v.g.*, como *efetivação do direito*, o que conduziria a um incômodo questionamento a propósito da distinção entre *efetividade formal* e *efetividade material*.

No que tange ao próprio enunciado da afirmação,[246] encontra-se em um parágrafo do art. 5º, que veicula direitos e garantias fundamentais. A eles também respeitam, no entanto, os arts. 6º a 17 da Constituição — e, aí, os direitos sociais, os direitos relativos à nacionalidade, os direitos políticos e aqueles atinentes à organização dos partidos políticos. Daí a indagação, que pode parecer despropositada, mas que ensejará, por certo, longos debates no torneio floreal que a discussão formal do direito instala: a aplicação imediata a que refere o § 1º do art. 5º abrange apenas os direitos e garantias fundamentais enunciados nesse art. 5º ou a generalidade deles?

A pergunta não é tão insólita quanto possa parecer à primeira vista, sobretudo porque nos artigos que se seguem ao 5º é que, entre outros, estão contemplados os direitos sociais e os atinentes à soberania popular. Doutrina e jurisprudência, como se vê, daí podem retirar subsídios extremamente ricos para alimentar a retórica de não aplicação de tais direitos, inclusive e até mesmo questionando a utilidade da instituição da inconstitucionalidade por omissão e do mandado de injunção, ao menos nesse campo: se esses direitos e garantias fundamentais são imediatamente aplicáveis, desnecessários resultariam, para induzir a sua aplicação, os dois institutos; bastaria, para tanto, que o Poder Judiciário cumprisse a Constituição. Mas — prosseguirá, como já prossegue, a doutrina tradicional[247] — não é possível dar aplicação imediata a todo direito ou garantia fundamental, até porque essa aplicação

246. A este preceito correspondem o do art. 1º, 3 da Lei Fundamental da República Federal da Alemanha ("Os direitos fundamentais a seguir discriminados constituem direito diretamente aplicável para os Poderes Legislativo, Executivo e Judiciário") e o do art. 18, 1 da Constituição de Portugal ("Os preceitos constitucionais respeitantes aos direitos, liberdades e garantias são diretamente aplicáveis e vinculam as entidades públicas e privadas").

247. Manoel Gonçalves Ferreira Filho, "A aplicação imediata das normas definidoras de direitos e garantias fundamentais", in *Revista da Procuradoria-Geral do Estado de São Paulo* 29/40 e ss., junho de 1988,

"contraria a natureza das coisas"; e aí é retomada, na sua mais completa pureza, a doutrina tradicional das normas constitucionais programáticas[248] (v. "Apêndice").

144. No que respeita ao instituto da *inconstitucionalidade por omissão*, que vai buscar inspiração no texto da Constituição de Portugal, é, nitidamente, inócuo.

Basta ler o enunciado do preceito constitucional. A declaração da inconstitucionalidade por omissão produz como resultado apenas uma comunicação ao Poder competente, para a adoção das providências necessárias, ou seja, para a edição de norma. Tratando-se de "órgão administrativo", a ele serão concedidos trinta dias para que o faça, sendo certo que, teoricamente, não o fazendo, cometerá delito de desobediência a ordem judicial. Mas — indagar-se-á — esta comunicação, que dá ciência ao órgão administrativo da declaração de inconstitucionalidade por omissão, consubstancia uma "ordem judicial"? Tratando-se do Poder Legislativo — e do Presidente da República, que, evidentemente, não é "órgão administrativo" — a comunicação é emitida sem a determinação de prazo para que o faça.

145. Quanto ao *mandado de injunção*, instituto que consubstancia inovação do nosso texto constitucional, as suas virtualidades poderão ser coartadas pelo comportamento que em relação a ele eventualmente assuma o Poder Judiciário.

Ademais, uma série de questões de ordem conceitual, da mais variada ordem, é suscitada em torno do instituto. Algumas, no primeiro momento, alcançando as raias do ridículo. Pois é certo que se cogitou até mesmo da necessidade de, dado que ainda não temos lei ordinária regulando o mandado de injunção, propor-se mandado de injunção para que se pudesse viabilizar a propositura de mandado de injunção (!!!).

Indagou-se também a que soberania se refere o inciso LXXI do art. 5º da Constituição, embora seja óbvio que aí se trata de *soberania popular* e não de *soberania nacional*.

248. V. meu *Direito, conceitos e normas jurídicas*, cit., pp. 17-18 e 123 e ss.

A propósito, averbou Fábio Konder Comparato ("Vamos despertar o soberano", in *Folha de S. Paulo*, edição de 29.12.88, p. A-3): "A respeito do mandado de injunção, cumpre dissipar uma dúvida que vem assaltando até mesmo professores de direito. A Constituição (art. 5º, inciso 71) dispõe que esse 'writ' se destina a obviar a falta de norma regulamentadora, a qual torne inviável o exercício das prerrogativas inerentes à soberania. Obviamente, não se cuida aí da soberania externa, no plano internacional, mas sim da soberania popular, fonte de todo poder político no plano interno. Aliás, na redação do substitutivo ao projeto de Constituição, elaborado pelo relator, aquele dispositivo falava explicitamente em soberania popular. Segundo declara o texto constitucional promulgado, 'todo poder emana do povo, que o exerce por meio de representantes eleitos ou diretamente, nos termos desta Constituição' (art. 1º, § 1º). Se o Congresso se recusar a cumprir a Constituição, omitindo-se em seu dever fundamental que é o de legislar, o povo irá ao Judiciário para pedir que se reconheça a característica fundamental do regime democrático: o prevalecimento da vontade popular sobre todos os que governam".

Além disso, é certo que outras questões, menos insubsistentes, são postuladas: quais os efeitos da sentença proferida no mandado de injunção? contra quem pode ele ser proposto? apenas contra o Estado ou também contra particulares? qual o conteúdo da sentença? como compatibilizar o suprimento da omissão legislativa, nela, com a "separação dos poderes" — outro dos mitos do nosso tempo — como se essa compatibilidade já não tivesse sido operada no próprio seio do texto constitucional?

Finalmente, é imperioso notar que o mandado de injunção é recurso contra a *falta de norma regulamentadora*, apenas. Assim, não é remédio contra a omissão do Estado, no sentido de obrigá-lo a realizar políticas públicas.

Questão ainda não pacificada na doutrina é a atinente à distinção que aparta os institutos do mandado de injunção e da inconstitucionalidade por omissão. Declarada esta, o Poder Judiciário cobrará do poder ou autoridade competente a edição da norma cuja inexistência definiu como inconstitucional. Já no caso do mandado de injunção, não se reclama norma; o requerente pretende a obtenção de uma prestação concreta, individualizada, para si. Exige, judicialmente, o exercício de um direito, não pede ao Poder Judiciário o suprimento de norma, mas sim, apenas, que este ajuste a situação em que se encontra ao preceito constitucional que invoca. Insisto: o Poder Judiciário, ao conceder o mandado de injunção, não se substitui ao Poder Legislativo; não produz norma, abstrata e genérica; apenas e tão-somente provê no sentido de viabilizar, dentro das condições que determinar, em cada caso, o exercício dos direitos e liberdades constitucionais e das prerrogativas inerentes à nacionalidade, à soberania e à cidadania. Por isso mesmo é que o mandado de injunção pode ser requerido contra particulares.

Poderá, talvez, permanecer irretocado, logo se vê, apesar do mandado de injunção, o quadro que Loewenstein pintou. A sociedade, inebriada pelo novo instituto, haverá de, para que possa fruir os direitos que lhe assegura o texto constitucional, aguardar, ordenadamente, o advento do momento em que "haja condições para isso".

Karl Loewenstein (ob. cit., pp. 344 e 345 — na tradução espanhola, pp. 401-402), entusiasta do Estado Novo brasileiro, com estarrecedora franqueza afirma que os *direitos fundamentais* não são "direitos no sentido jurídico", visto que não podem ser exigidos judicialmente do Estado senão quando tenham sido institucionalizados por uma ação estatal. E, mais, que "nos Estados avançados tecnicamente, uma grande parte da filosofia dos direitos sociais e econômicos se tornou concreta na legislação positiva. De outra parte, estes direitos permanecem freqüentemente, em muitos países subdesenvolvidos — e permanecem durante longo tempo —, como meros planos nominais para o futuro, até que as condições sócio-econômicas permitam sua aplicação. Mais ainda, ali onde os direitos sociais têm que esperar até que ocorram os requisitos de sua realização, cumprem um objetivo: para os detentores do poder são o estímulo que os impelirá a sua realização e para os destinatários do poder significarão a esperança de que um dia venham a ser realizados".

146. Tudo quanto venho expondo, desde o item 134, não visa senão demonstrar que, apesar do projeto nutrido pela ideologia adotada na ordem econômica na Constituição de 1988 — e nela toda, também — que pretende a instalação de um *Estado Democrático de Direito* e de uma *sociedade de bem-estar*, não é impossível seja a realização desse projeto coartada.

O texto constitucional — é certo —, entre outras tantas, exibe a virtude de impor ao Poder Judiciário o *dever* de dar aplicação aos direitos e garantias fundamentais. Resolve-se, aí, a questão da *efetividade jurídica* (formal), mas não, porém, a da *efetividade material*.

O problema da *efetividade material* das decisões judiciais que imponham ao Estado a realização de políticas públicas — não o alcance imediato dos fins, é óbvio, mas *ação*, e não *omissão* — é também atormentador, ainda que o seu descumprimento, qual o atentado contra o exercício dos direitos sociais, constitua crime de responsabilidade do Presidente da República (art. 85, III e IV).

O papel a ser cumprido pelo Judiciário, como guardião da Constituição e da ordem econômica que a partir dela é projetada, é, como anotei,[249] de extrema importância.[250]

Desídia do Executivo e do Legislativo, no entanto, associada à fragilidade e subserviência do Judiciário, poderão, então, no futuro, dar lugar à conclusão de que o novo texto constitucional não foi produzido senão para propiciar avanço nominal, que terá prosperado apenas para restaurar a *ideologia jurídica*[251] entre nós.

Poderão, ainda, ensejar a quem a analise, no futuro, a Constituição de 1988, mediante o uso dos conceitos de *efetividade jurídica ou formal*, de *efetividade material* e de *eficácia* do direito,[252] a seguinte conclusão, que enuncio como se já nesse futuro estivesse sendo escrita:

"Não tinha mais como recusar, o Poder Judiciário, *efetividade jurídica ou formal* aos direitos a que nos referimos; por isso lhes era esta (*efetividade formal*) conferida; mas lhes era recusada *efetividade material* e, por isso mesmo — porque lhes era negada esta última —, resultaram eles dotados de *eficácia*; pois é certo que alguns deles foram institucionalizados exclusivamente para que não viessem a ser realizados".

Esta, então, a descrição que poderá vir a ser feita das normas que mais importa, neste ensaio, considerar: *normas que, dotadas apenas de efetividade formal, tornam-se plenamente eficazes — isto é, são adequadas aos fins que visam*[253] *— porque não são dotadas de efetividade material.*

249. V. item 133.

250. Não foi senão por isso que tanto se lutou, na Constituinte, pela criação de um Tribunal Constitucional.

251. V. item 141.

252. V. itens 137 a 139.

253. V. item 139.

O impacto que tal descrição poderá causar sobre a *ideologia jurídica*, se verdadeiro, este é tema a respeito do qual não arrisco nenhum prognóstico.

O que pretendo, somente, é observar que a nenhum ufanismo social deve conduzir a verificação de que a ordem econômica na Constituição de 1988 propõe a instalação de uma sociedade de bem-estar — no que, sem dúvida, notável avanço social[254] — mas antes, pelo contrário, à reivindicação responsável, pela sociedade, plenamente, da *soberania popular*, reconhecida no art. 14 do texto constitucional.

147. Do futuro da ordem econômica na Constituição de 1988 cogita a terceira questão enunciada no item 82. A coleta dos subsídios que hão de permitir a construção da solução a ser a ela conferida transita pela análise da coerência, hoje, dessa ordem econômica com a realidade nacional e as aspirações das forças sociais presentes. Isto me conduz, desde logo, a tomar como tema, ainda que rapidamente, as circunstâncias que antecederam e cercaram a convocação da Constituinte.

O Poder Constituinte se manifesta no momento da ruptura da ordem anterior — a ordem que se desconstitui, para que outra seja constituída — fecundado pelas forças sociais. Esse momento, dele estivemos a carecer anteriormente à convocação da Constituinte que produziu a Constituição de 1988.[255] Essa convocação resultou de uma evolução e transformação do próprio regime implantado com o golpe de 1964.

Escreveu, em 1986, Fábio Konder Comparato (*Muda Brasil*, Editora Brasiliense, São Paulo, 1986, p. 11): "Hoje, porém, a situação brasileira é, sob muitos aspectos, original. O regime instaurado em 1964 não foi propriamente derrotado pelos adversários. Ele evoluiu e se transformou por si mesmo, sob o comando das mesmas forças que sempre o controlaram: os militares e os empresários. A classe política retomou, livremente, sua tradicional atividade, num quadro constitucional já transformado pelos antigos governantes, com a expiração da vigência do Ato Institucional n. 5, em 1978, e a eleição dos Governadores em

254. V. item 96, relembrado o diálogo entre personagens de Lewis Carrol.
255. V. meu *A Constituinte e a Constituição que teremos*, cit., pp. 35-36.

1982. O único ato verdadeiramente insurrecional da classe política teria sido a votação, sob o General Figueiredo, da emenda constitucional das eleições presidenciais diretas. Mas, como todos se recordam, o partido governamental, liderado à época por aquele que seria o primeiro Presidente da 'Nova República', liquidou, com a sua abstenção, as veleidades insurrecionais de *alguns* oposicionistas. E tudo o que, doravante, representasse, realmente, um acerto de contas com os antigos titulares do poder, foi repelido e severamente proscrito, pelos novos líderes, como ato de revanchismo".

Os militares, aspirassem efetivamente ou não a transição para a democracia, a assumiram como um desdobramento do "movimento de 1964".[256] Os empresários, por outro lado, finalmente conscientes de que o capitalismo reclama, para sua própria preservação, o compromisso democrático, prontamente se associaram ao projeto da "Nova República".

A combinação de democracia e capitalismo, dizem Adam Przeworski e Michael Wallerstein ("O capitalismo democrático na encruzilhada", in *Novos Estudos CEBRAP* 22, outubro de 1988, p. 31), "constitui um compromisso: os que não possuem instrumentos produtivos concordam com a instituição da propriedade privada do capital social, ao passo que os que possuem instrumentos produtivos concordam com instituições políticas que possibilitam a outros grupos efetivamente exigir seus direitos à partilha dos recursos e à distribuição da renda". Para uma visão crítica dessa afirmação, v. Habermas, *A nova intransparência*, cit.

É possível afirmar-se, mesmo, que as raízes econômicas da chamada "Nova República" encontram-se na reação do capital contra um processo já excessivo de estatização da economia, nutrido pelo conúbio, que escapava ao seu controle, entre militares e tecnocratas.

São extremamente significativas as palavras proferidas pelo então Presidente da Federação das Associações Comerciais do Rio Gran-

256. No texto da "ordem do dia", dos três ministros militares, que foi lida em 31 de março de 1988 (texto publicado pela *Folha de S. Paulo* de 30.3.88, p. A-4), encontra-se o seguinte trecho: "No tocante à transição para a democracia que ora vivemos, é certo que vamos encontrar suas raízes no movimento de 31 de março".

de do Sul, durante painel realizado em 12.12.84, por ocasião de seminário sobre "Intervenção do Estado na economia", promovido, no auditório da Federação das Indústrias do Estado de São Paulo, pela Associação Brasileira da Indústria de Máquinas e Equipamentos-ABIMAQ e pelo Sindicato Interestadual da Indústria de Máquinas-SINDIMAQ (os trechos da exposição aqui reproduzidos constam de transcrição de notas taquigráficas reprografada pela ABIMAQ e pelo SINDIMAQ, fls. 11 a 13): "Sabemos, perfeitamente, como empresários que somos, e portanto pragmáticos por natureza, que as discussões acadêmicas são indiscutivelmente importantes e ouvimos com muita atenção a abordagem do Prof. Eros, mas eu talvez pudesse iniciar respondendo a uma questão que ele aqui colocou: Por que não há debate judicial sobre estatização? Diria, pura e simplesmente porque o empresário entende que não vale a pena perder tempo com esse tipo de discussão, porque sabemos que a Constituição é descumprida em vários aspectos, não apenas neste. O fundamental hoje é o empresário exercer preponderantemente o seu poder de pressão, exercitar o 'lobby' nesta oportunidade em que se mudam os rumos deste país, para estancar a participação do Estado na economia. Querer aqui repetir dados sobre essa participação seria além de enfadonho inteiramente desnecessário, porque sabemos precisamente que nos últimos 20 anos fomos literalmente submetidos ao conto do vigário por parte deste sistema que se implantou em 1964 com o apoio nosso e de toda a sociedade brasileira. É a mesma estrutura de apoio que está recebendo Tancredo Neves. Existe um consenso nacional de que é necessário mudar agora. Fomos, entretanto, conduzidos através de caminhos não pré vistos (sic), não imaginamos e não concordamos com este caminho, diferente do que esperamos venha a ser tomado a partir de 1985 pois na época existia um componente que merece respeito, que é a força. Hoje temos instrumentos democráticos que nos permitem abertamente discutir e exercer o nosso poder de pressão. Mas na época, além de impedir fisicamente essa atuação do empresário, também mascaravam uma realidade nacional, porquanto não existia essa possibilidade de livremente debater e conseqüentemente as informações não circulavam e a verdade sobre a situação do país não era do conhecimento público, como é hoje. E foi perfeitamente natural o que aconteceu, porque todo esse avanço do Estado na economia é muito característico de regimes fortes, de exceção, em que a impunidade se coloca acima de tudo no Estado. As disfunções ocorreram e estamos hoje face a uma realidade, que é o exagero da participação do Estado na economia. (...) A posse do novo governo Tancredo Neves, tem um significado que é de colocar novamente os destinos do país sob a égide da classe política. E com isto temos que nos acostumarmos (*sic*). Sabemos que existem comportamentos de políticos que não são inteiramente favoráveis e até muito pelo contrário são bastante conflitantes com o que pensamos em relação ao capitalismo privado, à livre iniciativa, à defesa intransigente do lucro. Mas temos que fazer uma opção e essa opção já fizemos, que é a da democracia. A anterior, que nós também fizemos, deu no que deu. (...) Entendo que estamos, felizmente, caminhando para o melhor, porque verificamos na composição de forças do futuro governo uma nítida predominância em termos de política econômica pela iniciativa privada. Não é aleatório o apoio que verificamos desde a primeira hora por parte de Olavo Setúbal, de Antonio Ermírio de Moraes, de Abílio Diniz e de tantos outros empresários importantes. Tudo nos leva a crer que a política econômica será predominantemente conservadora, apesar dos compromissos com escolas que apresentam restrições ao processo normal da iniciativa privada, mas é claro que terá o futuro governo que se apoiar neste segmento empresarial para conter essa série de reivindicações que a partir de 15 de março ocorrerá por parte da área sindical de operários. Conseqüentemente a área social estará bastante conturbada e o governo só conseguirá fazer face a esse somatório de reivindicações, reprimidas pelo arbítrio antes, pela recessão depois, se montar uma forte sustentação na área empresarial privada, que já está caracterizada no seu governo. Isso nos traz um certo alento em termos de caminhos do futuro governo. Não tenho maiores preocupações em relação a pensamentos que divergem muito do que penso, como os apresentados por Celso Furtado, Maria da Conceição Tavares, e de tantos outros economistas que justificam através de uma série de malabarismos acadêmicos a participação do Estado na economia, criando uma série de artifícios para justificar aquilo que o pragmatismo do empresário absolutamente não aceita".

A convocação da Assembléia Nacional Constituinte, através de emenda à Constituição anterior, nasce assim em clima de incerteza quanto ao que dela se poderia esperar, seja no todo constitucional a produzir, seja no que tange a sua ordem econômica.[257] Sucedem-se momentos de perplexidade, de desconfiança na Constituinte, desconfiança sibilinamente estimulada pelo Executivo. Absurdamente, não se toma consciência de algo inquestionável: toda e qualquer convocação de Assembléia Nacional Constituinte, ainda que não exclusiva, *é inconstitucional em relação à ordem constitucional vigente;*[258] pretendia-se ocultar a circuns-

257. V. meu "Zur Wirtschaftsordnung der neuen brasilianischen Verfassung", in *Demokratie und Recht*, Heft 3/1989, pp. 369-372.

258. Aí, em outros momentos, até mesmo afirmações, despropositadas, de que a Assembléia Nacional Constituinte somente estivesse a exercer Poder Constituinte derivado (!).

tância de o Poder Constituinte então exercido ser um *poder de fato*.

Nesse clima, a impressão que ficava era a de que a Constituinte fora convocada única e exclusivamente tendo-se em vista a atribuição de legitimidade formal à "Nova República", sendo-lhe estranha a intenção de projetar mecanismos e instrumentos de transformação da sociedade brasileira.

Por isso mesmo é que o perfil adotado pela ordem econômica na nova Constituição, quando objeto de meditada reflexão, resulta surpreendente.

148. Quanto à própria ordem econômica, força é reconhecermos ser ela coerente com as estruturas da realidade nacional e aspirações das forças sociais presentes.

Retorno, neste passo, à primeira das premissas estabelecidas no item 83: não se a pode visualizar como produto de imposições circunstanciais ou meros caprichos dos constituintes, porém como resultado do confronto de posturas e texturas ideológicas e de interesses que, de uma ou de outra forma, resultaram compostos, para como peculiar estrutura ideológica aninhar-se no texto constitucional.

Esse confronto, que no seio da Constituinte intensamente se realizou, expressa fidedignamente a heterogeneidade da sociedade brasileira.

Conclusão enunciada por João Manuel Cardoso de Mello, em sua contribuição à revisão crítica da formação e do desenvolvimento da economia brasileira,[259] é a de que "a História brasileira e latino-americana é a História do Capitalismo"; "mas, ao mesmo tempo, a História brasileira e latino-americana é a História de um *determinado* capitalismo, do capitalismo tardio"; e, "reversamente, a História do capitalismo é também a nossa História" (grifo no original).

Esse nosso *determinado* capitalismo — *capitalismo tardio* — peculiariza-se nas desigualdades e contradições estruturais so-

259. Ob. cit., pp. 176-177.

bre as quais se sustenta.[260] O país só deixa de ser uma sociedade basicamente rural, passando a ser predominantemente urbana, durante as décadas dos sessenta e setenta. Os avanços de industrialização e de urbanização, no entanto, se processam de modo desuniforme, exarcebando ainda mais as desigualdades regionais. Uma parcela do setor agrário é modernizada; a outra, porém, permanece esclerosada. A urbanização se dá de modo desenfreadamente descontrolado, com o crescimento anárquico das cidades, dando lugar a um vergonhoso processo de favelização. O projeto de ordenação das metrópoles consolidadas e daquelas emergentes é comprometido, em sua raiz, pelo centralismo fiscal. A reforma tributária e a reforma administrativa, na década dos sessenta, permitiram a dinamização de uma política de subsídios inteiramente irresponsável. Reforma bancária, de um lado, e uma violenta política de "arrocho salarial", também na década desencadeada, conduzem à emergência de novas elites. O maior mercado nacional, instalado no Estado de São Paulo e sua periferia, constitui uma sociedade distinta. Criam-se condições e circunstâncias que já não permitem o reconhecimento do trabalhador brasileiro. A ele aqui são impostas as mais vis condições de existência, e mais além, no extremo oposto, encontram-se outros que, organizados em sindicatos fortes, são capazes de conquistar condições de sobrevivência.

Setores econômicos modernos coexistem com setores atrasados. Há elites de todas as classes, umas aqui, outras ali.

A heterogeneidade de interesses dominantes, repousada ademais sobre a coexistência de distintos modos de produção social, inclusive no âmbito do mesmo setor — e da mesma classe[261] —, reflete-se na Constituinte.

De um lado, as grandes empresas — bancos, multinacionais e nacionais. D'outro, o bloco dos atrasados, compreendendo as

260. Valho-me, nesta breve exposição, de texto de Wilson Cano (*Questão regional e urbanização no desenvolvimento econômico brasileiro pós 1930*, UNICAMP, 1988, texto reprografado). Algumas das observações, neste e no item seguinte tecidas, faço-as como testemunha que fui, como assessor da bancada paulista na Constituinte, de parte dos trabalhos ali empreendidos.

261. V. Philippe C. Schmitter, *Interest conflict and political change in Brazil*, Standford University Press, Standford, 1971, pp. 334-375.

regiões subdesenvolvidas, pequenas e médias empresas, o setor agrícola não empresarial. Mais além, ainda, os militares e, marcadamente, o Executivo. Todos esses interesses e mais outros, periféricos, nela se fizeram representados, ativamente. Desde os mais amplos, quais os atinentes à preservação dos instrumentos e mecanismos que viabilizam as políticas de clientela e de subsídios — mencione-se, aí, a defesa, mais do que intransigente, dos interesses da Zona Franca de Manaus[262] — até outros bem localizados e identificados.

Pelos meandros do Congresso Nacional transitavam, a exalar a posse da verdade, poder de convencimento e eficiência, desde os grupos de pressão sindical e da UDR, até "lobistas" do setor financeiro, das Associações de Magistrados, do Ministério Público, dos Procuradores do Estado, das empresas locadoras de mão-de-obra e de tantos outros. Os que representavam os interesses estrangeiros e multinacionais eram mais discretos, embora não perdessem em eficiência. Mas havia lugar, ainda, para a presença, forte, dos movimentos de participação popular.

149. Neste quadro, torna-se verdadeiramente impossível explicar a racional das votações, conformada pela super-representatividade dos Estados do Nordeste e do Centro-oeste, pela atuação do chamado "bloco conservador" (UDR — regionalistas — microempresários — "Centrão") — ideologicamente inexplicáveis em determinados aspectos, quando o bloco era cindido — e por essa irrefreável vocação de certos políticos brasileiros ao populismo.

Os conflitos entre elites, múltiplos, que a Constituinte registrou, são, seguramente, memoráveis.

Para ferir apenas um deles, tome-se o preceito inscrito no art. 47 das Disposições Transitórias, que concede anistia da correção monetária a determinados devedores por débitos decorrentes de quaisquer empréstimos concedidos por bancos e por instituições financeiras. A disposição desnuda, à evidência, a dissociação entre legalidade e moralidade. Não há ninguém — salvo, é óbvio, os beneficiários dela — que não a entenda como imoral. Consagra-se, constitucionalmente, a tese segundo a qual é

262. Art. 40 e seu parágrafo único das Disposições Transitórias.

uma estultice cumprir a lei, inclusive as leis estabelecidas entre os particulares, os contratos. Se absurda já é a anistia de débitos fiscais, sistematicamente reproduzida entre nós, a pretexto de racionalização (não seria "econômico" empenhar a máquina administrativa na sua cobrança) — o que vem configurando um estímulo ao descumprimento da ordem jurídica tributária — a anistia consagrada no art. 47 das Disposições Transitórias é mais que absurda: tranfere ao todo social o custo do benefício conferido a alguns. De outro lado, nos desdobramentos do preceito, põe-se a nu as contradições da "ética" que terá orientado a decisão da Constituinte. Não importa que os encargos decorrentes do benefício outorgado sejam compensados mediante a elevação de tributos, que a sociedade, toda ela, suportará. Mas se o Estado optasse por outra alternativa para lograr essa compensação, exemplificativamente decretando moratória da dívida pública interna e durante certo período de tempo não fazendo incidir a correção monetária sobre ela, isso seria tido como "eticamente inconcebível". O que importa considerar, no entanto, na análise do episódio da aprovação do preceito, é a circunstância de, neste entrechoque de interesses de elites, terem sido privilegiados os do setor agrário — a aprovação foi uma vitória da UDR. Aqui, neste episódio, o "coronelismo" e a burguesia agrária derrotaram o capitalismo financeiro e industrial. Toda a razão, ainda, a Vitor Nunes Leal (*Coronelismo, enxada e voto*, Editora Alfa-Ômega, São Paulo, 1975 — a primeira edição, sem indicação de editor, é de 1949 — pp. 257 e 258): "Assim como a estrutura agrária ainda vigente contribui para a existência do 'coronelismo', também o 'coronelismo' concorre para a conservação dessa mesma estrutura. (...) Não podemos negar que o 'coronelismo' corresponde a uma quadra de evolução política do nosso povo, que deixa muito a desejar. Tivéssemos maior dose de espírito público e as coisas certamente se passariam de outra forma. Por isso, todas as medidas de moralização da vida pública são indiscutivelmente úteis e merecem aplauso de quantos anseiam pela elevação do nível político do Brasil". É curioso notar, ademais, que em determinadas votações, quais as dos direitos sociais dos trabalhadores urbanos, o "coronelismo" se alinhou no sentido de aprová-los. Aqui, como em outros pontos, qual o do tabelamento dos juros em 12% (art. 192, § 3º), o estímulo ao empreendimento de uma análise multidisciplinar das votações, para a qual se tome como ponto de decolagem a heterogeneidade dos interesses de que cogito, é inescusável.

Isso não significa não se possa identificar, com marcante atuação nela, *facções* articuladoras de interesses de classe. A heterogeneidade dos interesses representados, porém, não nos permite delinear plenamente o perfil de cada uma delas.[263]

263. Análise como tal em Nicos Poulantzas, *Pouvoir politique et classes sociales — II*, Maspero, Paris, 1980, pp. 136-137.

Facção, aqui, no sentido ao vocábulo atribuído por Madison n'*O Federalista* (tradução de Heitor Almeida Herrera, Editora Universidade de Brasília, Brasília, 1984, p. 148 — Cap. 10): "um grupo de cidadãos, representando quer a maioria, quer a minoria do conjunto, unidos e agindo sob um impulso comum de sentimentos ou de interesses contrários aos direitos dos outros cidadãos ou aos interesses permanentes e coletivos da comunidade".

Pois essa heterogeneidade, superposta à coexistência de distintos modos de produção social que caracteriza a sociedade brasileira, é que, a um tempo só, confere complexidade e riqueza à ordem econômica na Constituição de 1988. Nela, o reflexo, correto, da realidade nacional. A Constituição de 1988 é, fidedignamente, a Constituição do Brasil, do Estado brasileiro e do povo brasileiro, conformado pela hegemonia dos grupos dominantes mas, concomitantemente, em potência capacitado — o povo — a projetar a sua própria hegemonia.

Na Constituição de 1988 encontramos o fundamento do nosso direito, do direito brasileiro, do direito de que falo. Deste direito, um dos direitos existentes (porque *o direito* não existe), repito, é que trato.

150. A ordem econômica na Constituição de 1988, insisto nisso,[264] não é contraditória: compõe um sistema dotado de coerência.

Isso não importa, contudo, em afirmar que contradições não tenham marcado o curso do processo de sua elaboração e, mais, que certos conceitos por ela tomados não sejam, em si mesmos, tal como formulados, contraditórios.

A consideração crítica de algumas dessas contradições, embora a vôo de pássaro, contradições que, não obstante — torno a insistir — não contaminam a coerência constitucional, poderá ser útil, contribuindo à enunciação da solução a ser conferida à última questão que neste ensaio é proposta.

151. Além de contradições, bem nutridas nos debates, nugas e nonadas consumiram tempo e a paciência da sociedade, exigindo extensas negociações.

264. V. item 83.

Aí, por exemplo, o injustificado dilema entre Constituição sintética e Constituição analítica. A propósito, averbou Fábio Konder Comparato (*Muda Brasil*, cit., p. 14): "é ridiculamente desatualizada e imprópria a discussão sobre a conveniência de se elaborar, para o Brasil atual, uma Constituição singela, com poucas disposições redigidas em estilo lacônico. Os insufladores da idéia são, ainda aí, os intelectuais do núcleo conservador, que exercem, há pelo menos cento e sessenta anos, aquela hegemonia de que falava Antonio Gramsci". E, em relação ao paradigma tomado para justificá-la: "Invocar o modelo norte-americano é, portanto, na melhor das hipóteses, laborar na ignorância". V. tb. Fernando Herren Fernandes Aguillar, ob. cit.

Uma das mais tormentosas delas verificou-se precisamente em torno dos preceitos que, correspondendo aos atuais arts. 173 e 174, no projeto da Comissão de Sistematização estavam inscritos nos arts. 202 e 203.

Dizia esse art. 202: "A intervenção do Estado no domínio econômico e o monopólio só serão permitidos quando necessários para atender aos imperativos de segurança nacional ou a relevante interesse coletivo, conforme definidos em lei".

O mesmo preceito aparecia, nas emendas do Centrão, com a seguinte redação: "A intervenção no domínio econômico e a exploração direta pelo Estado de atividade econômica, (sic) só serão permitidas quando comprovadamente necessárias para atender aos imperativos da segurança nacional ou a relevante interesse coletivo, conforme definidos em lei".

Por outro lado dispunha aquele art. 203: "Como agente normativo e regulador da atividade econômica, o Estado exercerá funções de controle, fiscalização, incentivo e planejamento, sendo este imperativo para o setor público e indicativo para o setor privado".

Nas emendas do "Centrão" aparecia, o mesmo preceito, com a seguinte redação: "Como agente normativo da atividade econômica, o Estado exercerá as funções de fiscalização, incentivo e planejamento, sendo este imperativo para o setor público e indicativo para o setor privado".

Ora, se tomarmos da classificação que proponho, das formas de intervenção no e sobre o domínio econômico,[265] verificaremos

265. V. item 54.

que os preceitos propostos pela Comissão de Sistematização, de um lado, e aqueles postulados nas emendas do "Centrão", de outro, consubstanciavam dois jogos de linguagem[266] inteiramente distintos entre si.

Assim, no jogo de linguagem da Comissão de Sistematização, o vocábulo *intervenção* pretendia *conotar atuação no domínio econômico, em regime de participação,* ao passo que, no jogo de linguagem do "Centrão", o mesmo vocábulo pretendia conotar *atuação sobre o domínio econômico, por direção.*

Os significados de *intervenção* e *monopólio,* no jogo de linguagem da Comissão de Sistematização, eram, no jogo de linguagem das emendas do "Centrão", conotados pela expressão *exploração direta* (esta — note-se — albergava tanto a atuação, no domínio econômico, *em regime de participação,* quanto aquela desenvolvida em *regime de absorção*).

É interessante observarmos que o "Centrão" não se opôs ao *intervencionismo estatal,* expressivo de regulação e controle da atividade econômica (*intervenção sobre o domínio econômico*); apenas o condicionava, tal qual a exploração direta, pelo Estado, da atividade econômica (*intervenção no domínio econômico*), à circunstância de ser comprovadamente necessário para atender aos imperativos da segurança nacional ou a relevante interesse coletivo, conforme definidos em lei. Não referia *lei federal,* por outro lado, mas apenas *lei.*

Daí a diversidade entre as redações do art. 203, propostas pela Comissão de Sistematização e pelo "Centrão". Note-se que os vocábulos *regulador* e *controle,* inseridos na redação da Comissão de Sistematização, eram desnecessários na segunda, visto que os seus significados já estavam conotados na redação do art. 202, tal como proposta pelo "Centrão".

Saliente-se que neste passo se justifica a análise tão-só das palavras e expressões cujo uso era postulado. Pois, em verdade, grande parte do tempo durante o qual o debate esteve aceso foi dedicado a nada mais do que isso. Debateu-se, de certa forma, inutilmente: o sentido dessas palavras e expressões, quaisquer

266. V. meu *Direito, conceitos e normas jurídicas,* cit., p. 60.

que fossem, já estava cunhado pelos princípios que conformam a ordem econômica.

No mais, devo tornar a insistir no quanto já salientei no item 83, rememorando, ainda, o vigor com que afasto a doutrina da vontade do legislador, mesmo do "legislador constitucional".[267]

152. Um ponto que, se adotamos perspectiva de análise crítica diante da ordem econômica na Constituição de 1988, cumpre mencionar é o referente à circunstância de nada ter ela definido a propósito da ordenação da empresa.

Determina, o § 3º do art. 173, que "a lei regulamentará as relações da empresa pública com o Estado e a sociedade". Perguntar-se-á, de pronto: por que só as relações da *empresa pública* e não, também, as das *sociedades de economia mista* com o Estado e a sociedade?[268]

Para além, no entanto, cumpre observar que a grande empresa, como organização econômica, transcende a pessoa do empresário,[269] de modo a impor-se, também, a ordenação de suas relações com a sociedade e das relações que no seu interior, entre investidores, empresários e trabalhadores, são travadas. Neste capítulo cumpriria ordenar, sobretudo, o *controle do poder de controle* dos bens de produção, poder de controle que já não pertence ao capitalista, mas sim ao empresário.

É certo que o conjunto dos princípios da ordem econômica, seus fundamentos e fins prosperam no sentido de permitir a construção, no nível infraconstitucional, dessa ordenação. Mas o texto constitucional, apesar disso, ainda é *antigo*, na medida em que não reconhece no fenômeno empresarial o seu verdadeiro caráter, estruturado sobre a projeção dos bens de produção em dinamismo. A empresa, assim, é por ela visualizada, ainda, como mero desdobramento da propriedade, o que, definidamente, além de não a explicar, é inteiramente falso.

267. V. itens 65 e 74 do meu *Ensaio e discurso sobre...*, cit.

268. V. item 40. A expressão "empresa pública" conota, no contexto deste parágrafo, *empresa estatal*.

269. Cf. Fábio Konder Comparato, *Muda Brasil*, cit., p. 55.

153. Ainda no que tange à propriedade, o tratamento conferido àquela dotada de função social é contraditório.

Deveras, esta — a *propriedade dotada de função social* — justifica-se, como vimos, pelos seus *fins*, seus *serviços*, sua *função*;[270] é justamente sua *função* que a legitima.[271]

Assim, se a partir deste ponto deixarmos fluir coerentemente o raciocínio, forçosamente concluiremos que a propriedade dotada de função social, que não esteja a cumpri-la, já não será mais objeto de proteção jurídica. Ou seja, já não haverá mais fundamento jurídico a atribuir direito de propriedade ao titular do bem (propriedade) que não está a cumprir sua função social. Em outros termos: já não há mais, no caso, bem que possa, juridicamente, ser objeto de direito de propriedade.

Logo — sigo pelo caminho de raciocínio, coerentemente — não há, na hipótese de propriedade que não cumpre sua função social, "propriedade" desapropriável. Pois é evidente que só se pode desapropriar a propriedade; onde ela não existe, não há o que desapropriar.

Em conseqüência — prossigo — se, em caso como tal, o Estado "desapropria" essa "propriedade" (que não cumpre sua função social, repita-se), indenizando o "proprietário", o pagamento dessa indenização consubstancia *pagamento indevido*, ao qual corresponderá o *enriquecimento sem causa* do "proprietário".

A hipótese, se um mínimo de coerência nos for exigido, há de conduzir ao *perdimento do bem* e não a essa estranha "desapropriação".

Note-se — quero deixar este aspecto bem vincado — que aqui não estou a propor a adoção dessa solução para os casos do tipo, ou seja, aqueles nos quais *o bem (isto é, a propriedade) dotado de função social* não a cumpre. Proposta como tal não é acatada pelo texto constitucional. Apenas exponho um raciocínio coerentemente desenrolado.

Isso, por um lado. De outro, desejo lembrar que solução como tal nada tem de nova, podendo, pelo contrário, ser visualizada ao menos no *usucapião extraordinário*, de Constantino, e no *usucapião*

270. V. item 103.
271. V. item 104.

justinianeu.[272] Basta, para tanto, que se os visualize não só como modo de aquisição da propriedade, porém no momento que antecede essa aquisição; aquisição dela supõe a sua prévia extinção. Ademais, essa mesma solução, já a consagra o nosso direito positivo quanto à propriedade industrial.[273]

É oportuno lembrar, neste passo, que, como observa Eckard Rehbinder (ob. cit., p. 11), o preceito inscrito no art. 14 (2) da Lei Fundamental da República Federal da Alemanha — "A propriedade obriga. Seu uso deve, ao mesmo tempo, servir o interesse da coletividade" — opera de modo que algumas intervenções estatais não são indenizáveis, atuando como *vinculação social* ("Sozialbindung"); manifestam-se, então, *desapropriações sem indenização.* Rehbinder menciona, aí, o caso da co-gestão, nos termos da lei de 1976 (v. item 29), e da proteção do meio ambiente.

Não obstante tudo isso, o § 4º do art. 182 e o art. 184 e parágrafos do texto constitucional invalidam a coerência da trilha de reflexão que palmilhamos. Essa contradição, de ordem conceitual, não é no entanto peculiar do nosso direito. Não a justifica, embora a explique, o fato de expressar, ela também — a função social da propriedade — princípio ideologicamente comprometido com a preservação do instituto da propriedade privada dos bens de produção. Por isso mesmo é que seu pressuposto necessário é, precisamente, a propriedade.[274]

154. Ainda uma vez, por outro lado, retorno ao tema do *planejamento.* O tratamento a ele conferido pelo texto constitucional é paupérrimo.

Vimos já[275] que o *planejamento* de que se cogita é o *planejamento técnica de atuação racional,* cuja compatibilidade com o mercado é absoluta. Cuida, a Constituição, do *planejamento do desenvolvimento econômico,* quando, em verdade deveria ter tratado, e de modo muito mais amplo, do *planejamento da ação estatal.*

272. V. José Carlos Moreira Alves, *Direito Romano,* v. I, 5ª ed., Forense, Rio de Janeiro, 1963, pp. 386-387.

273. Lei 5.772, de 21.12.71, arts. 48, 49, 93 e 94.

274. V. itens 101 e 105.

275. V. item 129.

O tema tem sido objeto da mais incisiva preocupação de Fábio Konder Comparato.[276] O ponto nodal de sua exposição, que conduz a uma proposta de reorganização das funções públicas de governo, é encontrado nas seguintes considerações: "O *government by policies*, em substituição ao *government by law*, supõe o exercício combinado de várias tarefas, que o Estado liberal desconhecia por completo. (...) Supõe o desenvolvimento da técnica previsional, a capacidade de formular objetivos possíveis e de organizar a conjunção de forças ou a mobilização de recursos — materiais e humanos — para a sua consecução. Em uma palavra, o planejamento".[277]

À noção de *planejamento técnico de ação racional (do Estado)* agrega-se, neste momento, um conteúdo bem preciso. O *government by policies* importa em que uma mudança qualitativa se opere no atuar do Estado.

O planejamento, disse-o já duas vezes no correr deste ensaio,[278] é forma de ação racional caracterizada pela previsão de comportamentos econômicos e sociais futuros, pela formulação explícita de objetivos e pela definição de meios de ação coordenadamente dispostos. Assim, a atuação estatal sob a égide de uma *Constituição dirigente*[279] há de, por força, ser empreendida prospectivamente.

Pois precisamente a *visão prospectiva* se manifesta como característica do planejamento. A visão retrospectiva, da realidade e do direito, compatível com a perspectiva da *Constituição estatutária*, já não se amolda às imposições da *Constituição dirigente*. Isso importa em que o direito já não seja mais apenas a representação da ordem estabelecida, a defesa do presente, mas também a formulação de uma ordem futura, a antecipação do porvir.[280]

É o planejamento que confere consistência racional à atuação do Estado (previsão de comportamentos, formulação de objetivos,

276. "Um quadro institucional para o desenvolvimento democrático", cit.; *Muda Brasil*, cit.; e "Planejar o desenvolvimento: a perspectiva institucional", in *Para viver a democracia*, cit., pp. 83-123 e in *O desenvolvimento ameaçado: perspectivas e soluções*, Editora UNESP, São Paulo, 1989, pp. 61-89.

277. *Para viver a democracia*, cit., p. 102.

278. V. itens 56 e 129.

279. V. item 27.

280. V. meu *Planejamento econômico e regra jurídica*, cit., pp. 73-76.

disposição de meios), instrumentando o desenvolvimento de políticas públicas, no horizonte do longo prazo, voltadas à condução da sociedade a um determinado destino.[281]

O planejamento de que cogito expressa, nestas condições, uma imposição da *Constituição dirigente*. Por isso que — estou disso convencido — é mais do que reorganização das funções públicas de governo, mediante a revisão da teoria da "separação" dos Poderes,[282] o que se reclama.

O desafio que se nos impõe, no clima instalado pela *Constituição dirigente*, desde que sejamos capazes de analisar as funções do Estado *materialmente* — não as classificando apenas segundo critério *subjetivo* —, está ancorado na necessária compreensão de que a construção, do Estado Liberal, do *Estado da lei* reclama reformulação. Substitui-o o *Estado das políticas públicas*, que se impõe atue nos quadrantes.

E mais: impõe-se-nos também a percepção de que emerge, ao lado da *função normativa*, da *função jurisdicional* e da *função administrativa*, delas distintas, a *função de planejar*.

Não se trata, pois, de retomar o tema da *funzione di indirizzo politico* (por todos, Gaetano Silvestri, *La separazione dei poteri*, II, Giuffrè, Milão, 1984, pp. 188 e ss.); cogita-se de uma *nova* função, não inserível na relação dialética entre função normativa e função administrativa.

Não estou, neste passo, senão a exercitar *visão prospectiva*, que, afinal, não há de ser concebida tão-somente como atributo — privilégio, em verdade — do direito; deve ela também beneficiar as análises do estudioso do direito.

Nesta prospecção, cumpre tomarmos como tema de indagação não apenas o *como reorganizar* as funções públicas do Estado, mas, também e prioritariamente — parece-me — o *o que organizar*.

A Constituição de 1988, como observei, é paupérrima ao tratar do tema do planejamento. Tanto maior se afigura a extensão

281. E não importa, como já enfatizei (intervenção em debate sobre a exposição de Fábio Konder Comparato, in *O desenvolvimento ameaçado: perspectivas e soluções*, cit., p. 94), se visualizarmos o homem como ser social e não apenas como indivíduo isolado em seu egoísmo, a *boutade* de Keynes.

282. V. meu *O direito posto e o direito pressuposto*, cit., 5ª ed., pp. 225 e ss.

desse pauperismo ao considerarmos ser ela, nitidamente, uma *Constituição dirigente*, marcada por múltiplos deveres, ao Estado atribuídos, de realização de políticas públicas.

155. Por certo que contradições no curso do processo de elaboração da Constituição se manifestaram. Por certo, também, que a privilegiada perspectiva de análise crítica conduz à identificação, nela, de conceitos contraditórios e de omissões.

Não obstante — e por isso mesmo, de resto — ela, e sobretudo sua ordem econômica, retratam fidedignamente a realidade nacional, a heterogeneidade da sociedade brasileira e seus múltiplos interesses, estruturados sobre a coexistência de inúmeros modos de produção social.

Repito, enfatizando-o, o que foi dito no item 148. É a *Constituição do Brasil, do Estado e do povo brasileiros*, a Constituição de 1988. Na sua ordem econômica, em especial — apesar disso não contraditória, mas coerente — encontram-se projetadas todas as contradições do nosso Estado, da nossa sociedade, do nosso povo.

Eis aí — podemos dizer, quase solenemente, ao apresentá-la — nesta Constituição, o fundamento do *direito brasileiro*.

À terceira questão proposta no item 82, no entanto, já é tempo de deitarmos incisiva e objetiva atenção.

156. "Contrairement à cette démarche il conviendrait d'établir qu'État et société sont différents l'un de l'autre. La société n'est pas unitaire mais divisée; le rôle de l'État dépend toujours du groupe social que l'État représente objectivament dans une situation déterminée" (Horkheimer).[283]

O tema do *interesse social*, penso poder assim o dizer, encontra-se na base de toda esta minha exposição, de certa forma a nutrindo. Em certos momentos terá restado bem nítida a sua relação com o *interesse público*, na — se não oposição — dissociação entre ambos. A ambigüidade ideológica de categorias quais as de interesses difusos e interesses coletivos (de quem?) não nos passou também despercebida.

283. Ob. cit., p. 69.

Algo mais, no entanto, deve ser observado. É que o *interesse social* — expressão ideológica, qual *interesse geral* — atua no sentido de legitimar o poder exercido pelos representantes institucionais da sociedade.[284]

Aqui nos colocamos diante da necessidade de explicitação dos termos da questão proposta.

Nela se indaga se a ordem econômica na Constituição de 1988 poderá, no futuro, resultar adequada a uma outra realidade social, diversa da presente. De uma realidade social, pois — deixemos tudo muito bem esclarecido —, qualitativamente diversa da presente. É isso que se indaga.

Mais incisivamente: indaga-se da possibilidade de a ordem econômica na Constituição de 1988 resultar adequada à realidade social do futuro, em um tempo no qual o Estado não represente apenas determinados grupos, mas o todo social — o que pressupõe possa deixar de ser, o interesse social, apenas representação ideológica.[285]

A questão proposta está desdobrada, como se vê, em mais de uma indagação.

Cumpre esclarecer, contudo se a ordem econômica na Constituição de 1988 poderá resultar adequada a uma outra realidade social, diversa da presente, porém anterior àquela do futuro a que acima referi. Mais: impõe-se verificar, também, se essa ordem econômica é apta a instrumentar mudanças sociais voltadas à construção dessa outra realidade social.

157. Por certo que sim.

A ordem econômica na Constituição de 1988 é mais do que "progressista", no sentido que ao vocábulo neste ensaio foi conferido.[286]

284. Cf. François Rangeon, *L'idéologie de l'intéret général*, Económica, Paris, 1986, p. 233. Rangeon, note-se, refere o *interesse geral*; tomo no mesmo sentido, contudo, aqui, *interesse social*.

285. Ideologia, aqui, não como conjunto de idéias respeitantes à ordem social, cuja função é a de orientar os comportamentos políticos coletivos (v. item 73), porém como falsa crença, falsa representação.

286. V. item 11.

Aqui, também, não me parece necessário retornar a qualquer momento de minha exposição, para sumariar ou enfatizar este ou aquele aspecto.

A ordem econômica e a Constituição de 1988, no seu todo, estão prenhes de cláusulas transformadoras. A sua interpretação dinâmica se impõe a todos quantos não estejam possuídos por uma visão estática da realidade. Mais do que divididos, os homens, entre aqueles que se conformam com o mundo, tal como está, e aqueles que tomam como seu projeto o de transformá-lo, aparta-os o fato de os segundos terem consciência de que a História — como a vida — é movimento. E de que a História não acabou, ilusão que só pode ser alimentada por quem não tenha a menor idéia das condições de vida do homem nas sociedades subdesenvolvidas.

Por certo que a ordem econômica na Constituição de 1988 pode instrumentar mudança e transformação da realidade, até o ponto, talvez, de reconformar a ideologia constitucional e mesmo, quiçá, em seu devido lugar recolocar o individualismo metodológico. Tudo dependerá de quem esteja o Estado a representar, de quais sejam os interesses que o motivam, interesses de grupos ou interesse social — e em função de que interesse estejam a exercer o poder os representantes institucionais da sociedade. Se a algum ponto cumprisse, neste final de exposição retornar, haveria de ser ele aquele a respeito do qual me detive no item 74 do meu *Ensaio e discurso sobre a interpretação/aplicação do direito*.

Por certo pode, a ordem econômica na Constituição de 1988 — Constituição dirigente, dinamismo — instrumentar a busca da realização, em sua plenitude, do interesse social.

Os homens, é certo, não fazem a História como querem, mas sim sob circunstâncias com as quais se defrontam.

CONCLUSÃO

Embora no fluir da exposição desenvolvida inúmeras conclusões tenham sido enunciadas, conclusões que não terão passado despercebidas à leitura atenta, a sua indicação, aqui, resultaria maçante.

Concluindo — e até porque aquelas conclusões se integram nas afirmações que seguem, destas sendo pressupostos — temos que:

— a ordem econômica na Constituição de 1988 define opção por um sistema, o sistema capitalista;

— há um modelo econômico definido na ordem econômica na Constituição de 1988, modelo aberto, porém, desenhado na afirmação de pontos de proteção contra modificações extremas, que descrevo como modelo de bem-estar;

— a ordem econômica na Constituição de 1988, sendo objeto de interpretação dinâmica, poderá ser adequada às mudanças da realidade social, prestando-se, ademais, a instrumentá-las.

ADENDO

Quatorze anos de vigência da Constituição de 1988 reclamam a enunciação de algumas breves considerações, como que em contraponto ao afirmado no item anterior.

Desejo enfatizar, de início, o fato de que a Constituição, sendo a *ordem jurídica fundamental de uma sociedade em um determinado momento histórico* e, pois, um dinamismo, é *contemporânea à realidade*.[1]

Assim, porque quem escreveu o texto da Constituição não é o mesmo que o interpreta/aplica, que o concretiza;[2] em verdade não existe a Constituição do Brasil, de 1988. O que realmente hoje existe, aqui e agora, é a *Constituição do Brasil, tal como hoje, aqui e agora, está sendo interpretada/aplicada*.

De início, lembro a lição de Hesse[3] a propósito da força normativa da Constituição: "(...) a Constituição jurídica está condicionada pela realidade histórica. *Ela não pode ser separada da realidade concreta do seu tempo*. A pretensão de eficácia da Constitui-

1. *Ensaio e discurso sobre a interpretação/aplicação do direito*, 2ª ed., Malheiros Editores, São Paulo, 2003, pp. 54-56.

2. Diz Pontes de Miranda (*Sistema de ciência positiva do direito*, t. II, Bookseller, Campinas, 2000, pp. 151-152): "A regra jurídica não é dada pela maioria, nem tampouco pela totalidade. Pode ser obra de muitos ou de alguns, de minorias ínfimas, ou de um só. Mas já vimos que não há que separar a aplicação e a iniciação da lei, a realização e a proposta. A expressão efetiva pode não ser a do indivíduo, nem a de alguns, nem a de muitos, nem a da maioria, nem a da totalidade; porque a totalidade que desse não seria a que aplicasse, e sim outra, porque entre elas há a mesma diferença que entre dois momentos: o momento de elaboração e o momento de aplicação concreta. No costume é que teríamos a simultaneidade, a confusão, a coincidência ou como quer que a isso se chame; mas no próprio costume a regra é traçada, não por um ato, e sim por muitos, de modo que resulta de membros de totalidades distintas".

3. Konrad Hesse, *A força normativa da Constituição*, trad. de Gilmar Ferreira Mendes, Sergio Antonio Fabris Editor, Porto Alegre, 1991, p. 94.

ção *somente pode ser realizada se se levar em conta essa realidade.* (...) Constatam-se os limites da força normativa da Constituição quando a ordenação constitucional não mais se baseia na natureza singular do presente (*individuelle Beschaffenheit der Gegenwart*)" (grifo meu).

Ora, para que efetivamente corresponda — hoje, aqui e agora — à natureza singular do presente, a Constituição do Brasil há de ser intrepretada de modo que do seu texto seja extraída a normatividade indispensável à construção de uma sociedade livre, justa e solidária; à garantia do desenvolvimento nacional; à erradicação da pobreza e da marginalização, bem assim à redução das desigualdades sociais e regionais; à promoção do bem de todos; à afirmação da soberania, da cidadania e do valor social do trabalho, bem assim do valor social da livre iniciativa; à realização da justiça social.

O fato é que, nela, a interpretação/aplicação do princípio da dignidade da pessoa humana ilumina a concretização dos princípios veiculados pelos artigos 1º, 3º e 170 da Constituição; mas a interpretação/aplicação, desses mesmos princípios, concomitantemente, ilumina a concretização do principio da dignidade da pessoa humana.

Ao Poder Judiciário, especialmente ao Supremo Tribunal Federal, incumbe interpretar a Constituição no quadro da realidade presente, atualizando-a, de modo que ela seja conformada a essa realidade, até porque apenas assim poderá manifestar-se a sua plena força normativa; essa força normativa será assegurada tão-somente na medida em que as normas dela extraídas reflitam essa natureza singular, no momento da sua produção.

Aos demais operadores do direito, em especial os advogados, no desempenho da mais autêntica luta pelo direito — ressoa a voz de von Ihering — cumpre batalharmos para que seja assim. O momento histórico que vivemos nos convoca a tanto.

Explico-me, de modo sucinto.

A *compreensão* — observei em outra ocasião[4] — escapa ao âmbito da ciência. *Compreender* é algo *existencial*; é *experiência*.

4. *Ensaio e discurso sobre a interpretação/aplicação do direito*, 2ª ed., cit., pp. 100 e ss.

E assim é porque a hermenêutica está ancorada na facticidade e na historicidade, de modo que entre a linguagem, instrumento necessário de que nos utilizamos para apreender o objeto a ser compreendido — os textos normativos, no caso da interpretação jurídica — e esse objeto interpõem-se os mundos da cultura e da história.

Por isso, o que se compreende, no caso da interpretação do direito, é algo — um "objeto" — que não pode ser conhecido independentemente de um "sujeito".

Partindo sempre de uma *pré-compreensão*, o processo de interpretação dos textos normativos ganha dinamismo, no seu momento seguinte, em um *movimento circular*, o *círculo hermenêutico*.

O resultado da interpretação [= a norma] é produzido ao final deste percurso.

O que desejo afirmar é a circunstância de o momento histórico que vivemos instalar um novo ponto de partida, um novo horizonte de *pré-compreensão*, construído e moldado desde a manifestação do sufrágio popular no dia 27 de outubro de 2002.

Desde esse novo horizonte de *pré-compreensão* desdobra-se o movimento circular que compõe o *círculo hermenêutico*, findo o qual a contemporaneidade da Constituição do Brasil afirma-a como sendo como que uma *nova Constituição — a Constituição do Brasil, tal como hoje, aqui e agora, deverá ser interpretada/aplicada.*

Encerro estas anotações com as palavras de Hermann Heller,[5] pronunciadas na Festa da Constituição, organizada pela Associação Alemã dos Estudantes, em agosto de 1930: "Prometemos defender a Constituição de Weimar contra todas as agressões dos ideólogos da violência. Se estes agressores continuarem a falar com ironia da democracia das cédulas eleitorais, nós lhes diremos claramente o seguinte: 'nós sabemos perfeitamente que não é possível garantir a segurança de um Estado simplesmente com cédulas eleitorais e daremos prova desta convicção, de maneira

5. Hermann Heller. "Forme et liberté dans la Constitution du Reich", trad. G. Marmasse, in *Les juristes de gauche sous la République de Weimar*, org. Carlos Miguel Herrera, Éditions Kimé, Paris, 2002, p. 101.

prática, no instante em que vocês ousarem tentar um golpe de Estado. Então nós defenderemos a Constituição de Weimar, se necessário, pelas armas!'".

Que a nós baste, para que a força do sufrágio popular seja acatada, apenas uma arma: a da correta interpretação/aplicação da Constituição do Brasil.

APÊNDICE
(Constituição Dirigente e Vinculação do Legislador)

1. Entre os dias 21 e 22 de fevereiro de 2002, em seminário promovido pelo Programa de Pós-Graduação em Direito da UFPR – "Jornadas sobre a *Constituição Dirigente* em Canotilho" –, estiveram reunidos, na Pousada Cainã, próxima a Curitiba, alguns professores de Direito. O objetivo desse grupo de docentes, reunidos por iniciativa do professor Jacinto Nélson de Miranda Coutinho, foi o de debater o "Prefácio" de José Joaquim Gomes Canotilho à 2ª edição do *Constituição dirigente e vinculação do legislador*. Esteve entre nós, também, o professor António José Avelãs Nunes, da Faculdade de Direito da Universidade de Coimbra.

Entendeu-se adequado e oportuno esse debate em razão da afirmação, assumida e apregoada por quem não importa identificar ou qualificar, de que Canotilho teria decretado a morte da Constituição dirigente.

O autor efetivamente diz, ao final do "Prefácio", em um trecho de certa frase, que "a Constituição dirigente está morta...".

O texto foi debatido na manhã do dia 21 e, à tarde, durante quase três horas mantivemos novo debate, desta vez com o próprio professor Canotilho, ele desde Coimbra, em uma videoconferência. A transcrição desse debate – em verdade uma grande entrevista que por ele nos foi concedida – espero venha a ser publicada.

De todo modo, privilegiado pelos esclarecimentos prestados pelo professor Canotilho, passo a observar, como que a produzir uma resenha desse "Prefácio", o quanto segue.

2. A mim parece de todo modo necessário, anteriormente a qualquer consideração sobre o tema – para não cairmos no vazio –, discernirmos o significado de "Constituição dirigente", no pensamento de Canotilho.

Diz ele [2001:11] que o título do seu livro – *Constituição dirigente e vinculação do legislador* – "aponta já para o núcleo essencial do debate a empreender: *o que deve (e pode) uma Constituição ordenar aos órgãos legiferantes e o que deve (como e quando deve) fazer o legislador para cumprir, de forma regular, adequada e oportuna, as imposições constitucionais*".

E, adiante [2001:11-12] – após observar que perguntar pela "força dirigente" e pelo "carácter determinante" de uma lei fundamental implica, de modo necessário, uma indagação alargada, tanto no plano teorético-constitucional como no plano teorético-político, sobre a função e estrutura de uma Constituição –, propõe a seguinte questão: "Deve uma Constituição conceber-se como 'estatuto organizatório', como simples 'instrumento de governo', definidor de competências e regulador de processos, ou, pelo contrário, deve aspirar a transformar-se num plano normativo-material global que determina tarefas, estabelece programas e define fins? Uma Constituição é uma lei do Estado e só do Estado ou é um 'estatuto jurídico do político', um 'plano global normativo' do Estado e da sociedade?".

A idéia de Constituição dirigente – diz ainda o autor [2001:14] – ganha relevo no modelo de Constituição-programa, mas é considerada como uma "introversão" do pensamento constitucional no modelo de Constituição-garantia.

Mais adiante, [2001:224] o Canotilho afirma que, no seu trabalho, a Constituição dirigente "é entendida como o bloco de normas constitucionais em que se definem fins e tarefas do Estado, se estabelecem directivas e estatuem imposições. A Constituição dirigente aproxima-se, pois, da noção de Constituição programática".

3. É extremamente importante notarmos, por outro lado, que o livro do Canotilho tem como tema a Constituição dirigente (i) e a vinculação do legislador (ii) – coisas diversas, uma não se superpondo à outra.

Não obstante, a leitura afoita que muitas vezes tem sido feita da obra do Canotilho conduz a equívocos inadmissíveis, que alguma reflexão poderia evitar.

Ao final do livro – Parte IV [2001:473 e ss.] – estão alinhadas as teses propostas pelo autor, sendo extremamente oportuna a rememoração de algumas delas.

> "5.10 A delimitação da intensidade vinculativa das normas constitucionais impositivas implica a distinção entre imposições constitucionais e *normas programáticas* (essencialmente normas determinadoras dos fins do Estado e normas enunciadoras de tarefas estaduais). *As imposições constitucionais são permanentes mas concretas; as normas determinadoras de tarefas ou definidoras de fins são imposições permanentes mas abstractas.*" [2001:481]
>
> "7.2 Os direitos fundamentais a prestações não devem confundir-se com as *normas programáticas* e com as *imposições constitucionais.*" [2001:483]
>
> "10.7 O *programa constitucional de governo* concebe-se também como programa em conformidade com a Constituição, devendo distinguir-se de outras figuras afins com as quais anda sistematicamente confundido (programa eleitoral e partidário, acordo partidário-governamental e acordo programático governamental)." [2001:487]
>
> "11.3 A *historicidade da Constituição* significa apenas que os homens, através de acções materiais, tentam conformar o *futuro*, de acordo com os condicionalismos das circunstâncias concretas (lógica de situação)." [2001:488]

Basta a reflexão sobre essas quatro teses para que o leitor perceba que o Canotilho não assenta a Constituição dirigente de que cogita em um otimismo voluntarista, idealisticamente associológico e acientífico. [2001:488]

E, mais, quem leu o livro apenas pelas orelhas há de surpreender-se ao saber que o autor sustenta, na tese 6.12, [2001:482-483] que: "O *incidente de inconstitucionalidade por omissão legislativa* é de difícil operatividade prática no caso de omissões absolutas, podendo apenas constituir um instrumento de defesa com efeitos *inter partes* nos casos de omissões relativas".

4. Canotilho [2001:V] abre o "Prefácio" à 2ª edição de sua tese de Doutoramento de 1982 observando que "o texto e o contexto são indissociáveis" e que – muitos tomando essa sua obra como um filho enjeitado pelo seu progenitor – é necessário afirmar-se que: "Os filhos não se enjeitam. Crescem, reproduzem-se e morrem como qualquer mortal". E, coetaneamente a esse movimento – Canotilho não o disse, mas eu o digo agora –, com o passar do tempo amadurece também o progenitor.

Daí o repto enfrentado pelo autor da tese de 1982, "explicar, mesmo *per suma capita*, a actual situação do dirigismo e programaticidade constitucionais".

Fazendo-o, o autor produz um ensaio que consubstancia uma nova obra. A chave para a compreensão da primeira e da segunda – o "Prefácio" – encontra-se na circunstância de uma e outra serem obras datadas.

Diz o Canotilho: [2001:V-VI]

> "Na altura em que a nossa tese de Doutoramento apareceu nos escaparates, as idéias centrais das teorias da Constituição reconduziam-se, por um lado, à problematização da *socialidade* constitucional, das normas-fim, das normas-tarefa e das normas programáticas e, por outro lado, à defesa da *juridicidade* estatal, das normas de garantia, das normas de defesa perante o poder. (...). Os acontecimentos políticos do fim da década de 70 e da década de 80 revelavam sinais contraditórios. Nalguns países, como Portugal e Brasil, a queda das Ditaduras fornecia o pretexto constituinte para novos textos constitucionais narrativamente emancipatórios. A programaticidade congénita da Constituição Portuguesa de 1976 e da Constituição Brasileira de 1988 procurava substituir uma outra programaticidade – a programaticidade conservadora-corporativista da Constituição Portuguesa de 1933 e a programaticidade da Constituição Brasileira de 1946, vinda já do anterior texto de 1934. Os textos constitucionais inseriam-se, pois, no movimento da modernidade projectante, optimisticamente crente na força transformadora das normas constitucionais".[1]

A partir daí o autor do "Prefácio" passa a tratar do mal-estar da Constituição e do pessimismo pós-moderno (i), das incertezas epistêmicas da diretividade constitucional (ii) e da Constituição dirigente e da teoria da Constituição.

1. Cumpre lembrar que a tese de Doutoramento do Canotilho foi escrita sob o impacto da Constituição Portuguesa de 1976, mas, ao contrário, a Constituição Brasileira de 1988 foi constituída tal como é também porque já existia aquela mesma tese.

E conclui: [2001:XXIX-XXX]

"Em jeito de conclusão, dir-se-ia que a Constituição dirigente está morta se o dirigismo constitucional for entendido como normativismo constitucional revolucionário capaz de, por si só, operar transformações emancipatórias. Também suportará impulsos tanáticos qualquer texto constitucional dirigente introvertidamente vergado sobre si próprio e alheio aos processos de *abertura* do direito constitucional ao *direito internacional* e aos *direitos supranacionais*. Numa época de cidadanias múltiplas e de múltiplos de cidadanias seria prejudicial aos próprios cidadãos o fecho da Constituição, erguendo-se à categoria de 'linha Maginot' contra invasões agressivas dos direitos fundamentais.

"Alguma coisa ficou, porém, da programaticidade constitucional. Contra os que ergueram as normas programáticas a 'linha de caminho de ferro' neutralizadora dos caminhos plurais da implantação da cidadania, acreditamos que os textos constitucionais devem estabelecer as premissas materiais fundantes das políticas públicas num Estado e numa sociedade que se pretendem continuar a chamar de direito, democráticas e sociais."

5. A morte decretada da Constituição dirigente é, como se vê, muito, extremamente, relativa – se é que se pode morrer não em termos absolutos... Nem o filho foi enjeitado pelo seu progenitor, nem faleceu, senão apenas amadureceu.

Ora, esta minha afirmação padece de um vício do qual não consigo – e nem pretendo – livrar-me. O vício de afirmar que não existe *o direito*; existem apenas *os direitos*. [Grau 2003:19-21] Logo, o que existe são *as Constituições*, somente.

Quando cogitamos da concretização da Constituição e de sua força normativa, é de uma determinada Constituição que cogitamos. De modo que uma teoria da Constituição não deverá jamais funcionar como "linha de caminho de ferro" neutralizadora[2] das análises de cada Constituição, uma a uma, o que nos levará à conclusão de que cumpre formularmos distintas teorias da Constituição.[3-4]

2. Aqui vai uma glosa a Canotilho.

3. A respeito desse ponto, aliás, o próprio Canotilho, respondendo a uma questão formulada pelo professor Luiz Roberto Barroso durante a videoconferência do dia 21 de fevereiro de 2002, observou que talvez seja o caso "de não

É extremamente oportuna, a propósito, a premissa adotada por Gilberto Bercovici [1999:35] ao tratar do tema da Constituição dirigente: "Ao debruçarmo-nos sobre a problemática da Constituição dirigente, ou seja, sobre a Constituição que define fins e objetivos para o Estado e a sociedade, precisamos fixar-nos ao texto de uma determinada Constituição. Isso porque o texto constitucional é o texto que regula uma ordem histórica concreta, e a definição da Constituição só pode ser obtida a partir de sua inserção e função na realidade histórica. Esse é, nas palavras de José Joaquim Gomes Canotilho, o 'conceito de Constituição constitucionalmente adequado'".

É isso: a Constituição é a ordem jurídica fundamental de uma sociedade em um determinado momento histórico; e, como ela é um dinamismo, [Grau 2003a:147 – referente à 8ª ed. deste livro; v. item 72 desta 9ª ed.] é contemporânea à realidade.[5] Quem escreveu o texto da Constituição não é o mesmo que o interpreta/aplica, que o concretiza.[6]

Por isso podemos dizer que em verdade não existe a Constituição, do Brasil, de 1988. Pois o que realmente hoje existe, aqui e agora, é a Constituição do Brasil, tal como hoje, aqui e agora, está sendo interpretada/aplicada.[7]

falarmos em teoria da Constituição, falarmos talvez da teoria das Constituições".

4. Lembro, ademais, neste passo, a observação de Norbert Elias [1994:18] quanto à conveniência de não se construir no ar uma teoria geral e, em seguida, descobrir-se se ela concorda com a experiência.

5. V. Grau 2003b:54-56.

6. Diz Pontes de Miranda: [2000:151-152] "A regra jurídica não é dada pela maioria, nem tampouco pela totalidade. Pode ser obra de muitos ou de alguns, de minorias ínfimas, ou de um só. Mas já vimos que não há que separar a aplicação e a iniciação da lei, a realização e a proposta. A expressão efetiva pode não ser a do indivíduo, nem a de alguns, nem a de muitos, nem a da maioria, nem a da totalidade; porque a totalidade que desse não seria a que aplicasse, e sim outra, porque entre elas há a mesma diferença que entre dois momentos: o momento 'a' de elaboração e o momento 'b' de aplicação concreta. No costume é que teríamos a simultaneidade, a confusão, a coincidência, ou como quer que a isso se chame; mas no próprio costume a regra é traçada, não por um ato, e sim por muitos, de modo que resulta de membros de totalidades distintas".

7. Refiro-me à interpretação/aplicação do Direito tal como a descrevo em meu *Ensaio e discurso sobre a interpretação/aplicação do Direito.* [2003b]

6. Ora, se tomarmos a *Constituição dirigente* como aquela oposta à *Constituição estatutária* ou *orgânica*, [Grau 2003a:66-68 – referente à 8ª ed. deste livro; v. item 27 desta 9ª ed.] teremos que a atual Constituição Brasileira permanece *dirigente*.

Deveras, a Constituição do Brasil não é um mero "instrumento de governo", enunciador de competências e regulador de processos; mas, além disso, enuncia diretrizes, fins e programas a serem realizados pelo Estado e pela sociedade. Não compreende tão-somente um "estatuto jurídico do político", mas sim um "plano global normativo" da sociedade e, por isso mesmo, do Estado Brasileiro.

Daí ser ela a *Constituição do Brasil*, e não apenas a Constituição da República Federativa do Brasil.

Os fundamentos e os fins definidos em seus arts. 1º e 3º são os fundamentos e os fins da sociedade brasileira.[8]

Outra questão, diversa dessa, é a relativa à sua eficácia jurídica e social e à sua efetividade. [Grau 2003a:274 e ss. – referente à 8ª ed. deste livro; v. ns. 136 e ss. desta 9ª ed.]. De todo modo, o legislador está vinculado pelos seus preceitos, ainda que sob distintas intensidades vinculativas, conforme anotava o Canotilho já na 1ª edição de sua tese, ao cogitar genericamente dessa questão.

Mas é certo que ela contém textos normativos que, transformados em normas por força da sua interpretação/aplicação – e essa transformação apenas se dá na medida em que os fatos, a realidade, sejam tomados como objeto da atividade de interpretação/aplicação pelo intérprete[9] –, produzem conseqüências jurídico-normativas. Vale dizer: textos normativos dotados de eficácia normativa vinculante, como salientaram Vezio Crisafulli, José Afonso da Silva, Paulo Bonavides e tantos outros – entre os quais o próprio Canotilho.

8. Para compreendê-lo completamente será necessário o rompimento do equívoco de contrapor-se Estado e sociedade, aquele um momento desta; v. item 11, adiante.

9. Lembre-se que a norma constitucional não tem existência autônoma em face da realidade, como observa Bercovici, [1999:39] apoiando-se em Konrad Hesse.

7. Penso já ser tempo de abandonarmos o uso dessa expressão, "normas programáticas", que porta em si vícios ideológicos perniciosos.

Essas assim chamadas normas "programáticas" são normas dotadas de eficácia normativa, seguramente. O adjetivo não desqualifica o substantivo a que vem acoplado.

A propósito, revendo texto que escrevi há mais de 20 anos, [Grau 1981] seguidamente pergunto-me por que terá sido esquecida a lição do Tribunal Constitucional da República Federal da Alemanha que, em acórdão já de 29 de janeiro de 1969 (*NJW* 1969, *Heft* 14, pp. 597-604), assumiu o entendimento nos seguintes termos enunciado, parcialmente na síntese de Rolando E. Pina: [1973:72 e ss.]

> a) Quando a teoria sobre normas constitucionais programáticas pretende que na ausência de lei expressamente reguladora da norma esta não tenha eficácia, desenvolve uma estratégia mal-expressada de não vigência (da norma constitucional), visto que, a fim de justificar-se uma orientação de política legislativa – que levou à omissão do Legislativo –, vulnera-se a hierarquia máxima normativa da Constituição.
>
> b) O argumento de que a norma programática só opera seus efeitos quando editada a lei ordinária que a implemente implica, em última instância, a transferência de função constituinte ao Poder Legislativo, eis que a omissão deste retiraria de vigência, até a sua ação, o preceito constitucional.
>
> c) Não dependendo, a vigência da norma constitucional programática, da ação do Poder Legislativo, quando – atribuível a este a edição de lei ordinária –, dentro de um prazo razoável, não resultar implementado o preceito, sua mora implica violação da ordem constitucional.
>
> d) Neste caso, tal mora pode ser declarada inconstitucional pelo Poder Judiciário, competindo a este ajustar a solução do caso *sub judice* ao preceito constitucional não implementado pelo legislador, sem prejuízo de que o Legislativo, no futuro, exerça suas atribuições constitucionais.

Este não é o momento adequado para um discurso sobre os diferentes graus de intensidade vinculativa das normas constitucionais, mas insisto neste ponto: a Constituição do Brasil é – tem sido – uma Constituição dirigente, e vincula o legislador. E, ainda que tenha sido múltiplas vezes emendada, seu cerne, que identifico fundamentalmente nos preceitos dos seus arts. 3º, 1º e 170, resta intocado.

Os que, entre nós, inimigos da Constituição dirigente, negam essa vinculação dão prova cabal de que, aqui, a doutrina do direito público anda na contramão da evolução da nossa doutrina do direito privado, no seio da qual germina uma muito rica "constitucionalização do direito civil".[10]

8. Não obstante, o Canotilho, como bem se vê da leitura do penúltimo parágrafo do "Prefácio", [2001:XXIX] toma da idéia de Constituição dirigente também sob outro sentido, ou seja, como "normativismo constitucional revolucionário capaz de, por si só, operar transformações emancipatórias".[11]

Isso traz à lembrança a afirmação de Robespierre, [1999:130] ao formular a teoria do governo revolucionário: "A meta do governo constitucional é conservar a República: a do governo revolucionário é fundá-la".

Daí dizermos que esse "normativismo constitucional revolucionário" manifesta-se no momento de instalação de uma nova ordem constitucional, a seguir, contudo, deflagrando-se o movimento de *conservação da República*, que se manifesta como uma *pausa*.

Pausa, no entanto, não como cessação de movimento, porém no sentido atribuído ao vocábulo por Montesquieu, [1973:161][12] como um caminhar em harmonia, do Legislativo, do Judiciário e do Executivo.

10. Cf., *v.g.*, Bercovici, [1999:42-43] Fachin [2000] e Tepedino. [1998]

11. Neste sentido é que a idéia de Constituição dirigente envolve firmemente a consideração do sujeito histórico e da atividade de transformação (o projeto transformador da modernidade).

12. "Eis, assim, a constituição fundamental do governo de que falamos. O corpo legislativo sendo composto de duas partes, uma paralisará a outra por sua mútua faculdade de impedir. Todas as duas serão paralisadas pelo Poder Executivo, que o será, por sua vez, pelo Poder Legislativo. Estes três Poderes deveriam formar uma pausa ou uma inação. Mas como, pelo movimento necessário das coisas, eles são obrigados a caminhar, serão forçados a caminhar de acordo."

É, contudo, essencial, para a conservação da República, a vinculação do legislador, pois não há governo constitucional sem essa sua vinculação à Constituição, ainda que conforme diferentes graus de intensidade vinculativa.

Pois é certo que o *normativismo constitucional revolucionário* e a *programaticidade constitucional (vinculação do legislador)* não estão no mesmo plano, seqüencialmente, mas superpostos, de modo que a exclusão do primeiro não significa qualquer necessária amputação na idéia de Constituição dirigente. Ainda que o primeiro seja ultrapassado, há de ficar a *vinculação do legislador* como condição indispensável da conservação da República.

9. A alusão do Canotilho [2001:XX-XXIII] ao *constitucionalismo moralmente reflexivo através da mudança da direção para a contratualização* merece também detida atenção.

Temo que a *lei dirigente* não possa ceder lugar ao *contrato* sem sacrifício da própria democracia, eis que a isso acabam conduzindo "desconstitucionalização" e "desregulamentação".

A adesão ao constitucionalismo moralmente reflexivo implica a recusa da exposição hegeliana sobre o Estado – tema em que adiante tocarei –, alentando-se sobre a indevida superposição de neoliberalismo e globalização. É absolutamente nítido – ao menos para mim – ser a globalização um fenômeno histórico, resultante da revolução da informática, da microeletrônica e das telecomunicações, ao passo que o neoliberalismo é uma ideologia.[13] O fato de essa ser a ideologia hegemônica não basta – ou não deveria bastar – para sufocar a consciência crítica dos que insistem no hábito – é verdade que fora de moda – da reflexão...

É necessário insistirmos, ademais, em que a Constituição dirigente não substitui a política; ao contrário, a Constituição dirigente nada mais faz do que sujeitar a política a fundamentação constitucional. [Bercovici 1999:40] Nisso a força da *ideologia cons-*

13. A mundialização – observou Lionel Jospin [2001:16] – é uma questão de natureza política, que exige uma resposta política, a resposta dos governos: "Les associations et les organisations non-gouvernementales n'ont pas une légitimité ni une capacité d'agir du même ordre que celle que confère la souveraineté, surtot lorsque celle-ci procède du suffrage universel. Le rôle des États reste donc déterminant".

titucionalmente adotada,[14] com vinculação das políticas públicas a ela. [Comparato 1997; Bucci 2001:239 e ss.]

Neste sentido, aliás, o entendimento do Canotilho acima transcrito e que se lê no último parágrafo do "Prefácio": [2001: XXX]

> "Alguma coisa ficou, porém, da programaticidade constitucional. Contra os que ergueram as normas programáticas a 'linha de caminho de ferro' neutralizadora dos caminhos plurais da implantação da cidadania, acreditamos que os textos constitucionais devem estabelecer as premissas materiais fundantes das políticas públicas num Estado e numa sociedade que se pretendem continuar a chamar de direito, democráticas e sociais".

10. Diz ainda o Canotilho, no penúltimo parágrafo do "Prefácio", [2001:XXIX] que a Constituição dirigente suportará impulsos tanáticos se, introvertidamente, vergar-se sobre si própria, alheia aos processos de *abertura* do direito constitucional ao *direito internacional* e aos *direitos supranacionais*.

Essa observação me faz lembrar com quanto de hipocrisia investem, os inimigos da Constituição dirigente, contra ela.

Curiosamente, recusam o dirigismo das Constituições nacionais, mas admitem esse mesmo dirigismo nos tratados, tornan-

14. Observei, em outra ocasião, [Grau 2003a:208-209 – referente à 8ª ed. deste livro; v. item 73 desta 9ª ed.] que uma das pautas que pronunciadamente concorre para limitar o elenco das soluções corretas a que pode chegar o intérprete da Constituição é a da *ideologia constitucional*. O Direito – e, muito especialmente, a Constituição – é não apenas ideologia, mas também nível no qual se opera a cristalização de mensagens ideológicas. Por isso que as soluções de que cogitamos somente poderão ser tidas como corretas quando e se adequadas e coerentes com a ideologia constitucionalmente adotada. A alusão a uma *ideologia adotada na ordem jurídica* é encontrada no conceito de Direito Econômico formulado por Washington Peluso Albino de Souza. [1980:3] Cuida-se, então, de ideologia que se expressa nos "princípios adotados na *ordem jurídica*, significando que esta é a que se comprometerá com o aspecto político, quando tomada enquanto Direito Positivo". [Souza 1980:33] Esta ideologia, perfeitamente determinável e definível no bojo do discurso constitucional, vincula o intérprete, de sorte, precisamente, a repudiar a postura, aludida por Canotilho, [1983:224] assumida por quantos optam por concepções ideológicas dela diferentes, e a ensejar o exercício, pelo mesmo Canotilho referido, de um *prudente positivismo*, indispensável à manutenção da obrigatoriedade normativa do texto constitucional.

do-se repentinamente amigos dedicados, no caso da União Européia, de uma *supraconstituição dirigente*. Bastam-me as lembranças à existência de um Banco Central europeu, que edita normas cogentes, e ao caso Francovich, aliás mencionado no "Prefácio". [2001:XXVIII-XXIX]

Respondendo a uma pergunta minha, durante a entrevista do dia 21 de fevereiro, o Canotilho, após referir os que condenavam a existência de "um entulho programático que não era vinculativo" na Constituição dirigente, observou:

> "Agora, quando está nos tratados internacionais, já toda a gente vem dizer que é preciso levar a sério, é imperatividade e normatividade que aponta para igualdade entre homens e mulheres. É imperatividade que aponta para a igualdade real, é imperatividade que aponta para a coesão social, é imperatividade agora (...) do Tratado de Amsterdã, que aponta pelos direitos sociais dos trabalhadores. Ou seja, é nessa perspectiva que eu afirmei existir uma certa deslocação; ou seja, a imperatividade desloca-se dos textos constitucionais para os textos internacionais, de organizações supranacionais, mas coloca sempre o problema final, porque esta dimensão normativa, este programa, tem uma maldade congênita quando está numa Constituição nacional, e tem uma bondade natural quando está num tratado internacional, porque é bom 'fora portas' e porque é um mal 'entre muros'. E é este o problema que eu queria focar quando me referi a esta deslocação da diretiva para o terreno internacional".

11. As Constituições dirigentes existirão enquanto forem historicamente necessárias[15] – disse o Canotilho, respondendo a uma

15. Não obstante, quero afirmar, neste ponto, não ser ingênuo. Sei perfeitamente que o dispositivo de legitimação que sustenta o poder está amparado por um *discurso de ordem* e pelo *imaginário social* – instâncias distintas, mas não independentes, dele. [Marí 1993:220] O *discurso da ordem* é o lugar da razão, preenchido fundamentalmente pelo Direito, mas também ocupado pela Moral, pela Filosofia Política, pela Religião. O espaço da lei é o espaço da razão, ao passo que o *imaginário social* interpela as emoções, a vontade e os desejos. [Marí 1993:225-227] Ensina Enrique Marí: [1993:230] "Mientras el discurso del orden combina predominantemente un repertorio de signos de la razón, el imaginario social teje signos alegóricos y analógicos procedentes tanto de los fantasmas profanos como de la religión. Pero el entretejido global de estos signos con la fuerza y el discurso del orden no conforma una operación irracional, es por el contrario expresión de la más alta racionalidad del dispositivo del poder como

questão do professor Marçal Justen Filho, no correr dessa mesma entrevista.

Entre nós, porque somos a sociedade que hoje somos, essa existência é necessária, tal qual a do Estado, seguramente.

O indivíduo – como ensina o velho Hegel – obtém sua liberdade substancial ligando-se ao Estado como à sua essência, como ao fim e ao produto da sua atividade. Se o Estado é o espírito objetivo, então só como seu membro o indivíduo terá objetividade, verdade e moralidade. A associação como tal – associação dos indivíduos no Estado – é o verdadeiro conteúdo e o verdadeiro fim, [dos indivíduos] e o destino dos indivíduos está em

condición de reproducción ideológica de la infraestructura económica de una formación social". E mais: [1993:239] "Así como el imaginario social es condición de reproducción del discurso del orden en el dispositivo del poder, el dispositivo del poder, enfocado en su modelo político-jurídico, es condición de reproducción de las formas de producción". Ora, a compreensão disso torna mais claro o que escrevi ainda em 1989, [Grau 2003a:286-287] embora afirmando ser a nossa Constituição de 1988 uma Constituição dirigente:

"Desídia do Executivo e do Legislativo, no entanto, associada à fragilidade e subserviência do Judiciário, poderão, então, no futuro, dar lugar à conclusão de que o novo texto constitucional não foi produzido senão para propiciar avanço nominal, que terá prosperado apenas para restaurar a *ideologia jurídica* entre nós.

"Poderão, ainda, ensejar a quem a analise, no futuro, a Constituição de 1988, mediante o uso dos conceitos de *efetividade jurídica ou formal*, de *efetividade material* e de *eficácia* do direito, a seguinte conclusão, que enuncio como se já nesse futuro estivesse sendo escrita: 'Não tinha mais como recusar, o Poder Judiciário, *efetividade jurídica ou formal* aos direitos a que nos referimos; por isso lhes era esta (*efetividade formal*) conferida; mas lhes era recusada *efetividade material* e, por isso mesmo – porque lhes era negada esta última –, resultaram eles dotados de *eficácia*; pois é certo que alguns deles foram institucionalizados exclusivamente para que não viessem a ser realizados'.

"Esta, então, a descrição que poderá vir a ser feita das normas que mais importa, neste ensaio, considerar: *normas que, dotadas apenas de efetividade formal, tornam-se plenamente eficazes – isto é, são adequadas aos fins que visam – porque não são dotadas de efetividade material.*

"O impacto que tal descrição poderá causar sobre a *ideologia jurídica*, se verdadeiro, este é tema a respeito do qual não arrisco nenhum prognóstico.

"O que pretendo, somente, é observar que a nenhum ufanismo social deve conduzir a verificação de que a ordem econômica na Constituição de 1988 propõe a instalação de uma sociedade de bem-estar — no que, sem dúvida, notável avanço social –, mas antes, pelo contrário, à reivindicação responsável, pela sociedade, plenamente, da *soberania popular*, reconhecida no art. 14 do texto constitucional."

participarem de uma vida coletiva; quaisquer outras satisfações, atividades e modalidades de comportamento *encontram seu ponto de partida neste ato substancial e universal.*

Convém relermos o § 260 do *Princípios da Filosofia do Direito*: [Hegel 1959:256-257]

> "Daí provém que nem o universal tem valor e é realizado sem o interesse, a consciência e a vontade particulares, nem os indivíduos vivem como pessoas privadas unicamente orientadas pelo seu interesse e sem relação com a vontade universal; deste fim são conscientes em sua atividade individual. O princípio dos Estados Modernos tem esta imensa força e profundidade: permitirem que o espírito da subjetividade chegue até a extrema autonomia da particularidade pessoal ao mesmo tempo que o reconduz à unidade substancial, assim mantendo esta unidade no seu próprio princípio".

Isso significa que não há espaço para a liberdade individual senão no seio do Estado, senão enquanto os indivíduos permaneçam ligados ao Estado como à sua essência, como ao fim e ao produto da sua atividade individual.

A minimização das responsabilidades políticas empalmadas pelo Estado em benefício de leis pretensamente naturais, que passariam a guiar nossos destinos, conduzirá ao sacrifício ainda maior da sociedade e ao surgimento de um "Estado Javert", policialesco, autoritário, mesquinho.

12. São extremamente ricos tanto o "Prefácio" quanto a entrevista da tarde do dia 21 de fevereiro de 2002. A leitura leal do primeiro e tudo quanto nos disse o Canotilho nessa tarde, com a modéstia dos que se abrem para o saber, desenham o perfil do autêntico intelectual social, antípoda do que poderemos chamar de "intelectual individualista possessivo". Este não compartilha suas dúvidas. Seja porque não as tem, seja porque as esconde de si próprio – essas dúvidas que necessariamente são produzidas pela reflexão –, temeroso de que sua aura se desvaneça – o que é, no caso, inevitável.

Tem-se falado, ora para criticar, ora com certa afetuosidade, em um "Canotilho II". É bom que seja assim, porque o verdadeiro intelectual é aquele que se renova saturnianamente, devorando suas próprias idéias, para reconstruí-las incessante e permanentemente. A pausa na reflexão, ela, sim, é a morte absoluta do que se julga sábio. Também por ser já um outro Canotilho – e porque há de ser outros, amanhã e depois –, todos eles permanecem a nos ensinar.

Junho de 2002

Bibliografia

BERCOVICI, Gilberto. [1999] "A problemática da constituição dirigente: algumas considerações sobre o caso brasileiro". *Revista de Informação Legislativa* 142. Ano 36. Abril-junho/1999.

BUCCI, Maria Paula Dallari. [2001] *Direito Administrativo e políticas públicas*. Tese. São Paulo.

CANOTILHO, José Joaquim Gomes. [1983] *Direito Constitucional*. 3ª ed. Coimbra, Livraria Almedina.

———. [2001] *Constituição dirigente e vinculação do legislador*. 2ª ed. Coimbra, Coimbra Editora.

COMPARATO, Fábio Konder. [1997] "Ensaio sobre o juízo de constitucionalidade de política públicas". *Estudos em homenagem a Geraldo Ataliba-2*. São Paulo, Malheiros Editores.

ELIAS, Norbert. [1994] *O processo civilizador*. v. I, trad. de Ruy Jungmann. Rio de Janeiro, Jorge Zahar Editor, Rio de Janeiro.

FACHIN, Luiz Edson. [2000] *Teoria crítica do Direito Civil*. Rio de Janeiro, Renovar.

GRAU, Eros Roberto. [1981] "Doação a instituição religiosa e a Emenda Constitucional n. 1/69". *Revista da Faculdade de Direito da Universidade de São Paulo* LXXVI/255 e ss. (também in *Revista da Procuradoria-Geral do Estado de São Paulo* 18/57 e ss.).

———. [2003] *O direito posto e o direito pressuposto*. 5ª ed. São Paulo, Malheiros Editores; 6ª ed., 2005.

———. [2003a] *A ordem econômica na Constituição de 1988*. 8ª ed. São Paulo, Malheiros Editores; 11ª ed., 2006.

———. [2003b] *Ensaio e discurso sobre a interpretação/aplicação do Direito.* 2ª ed. São Paulo, Malheiros Editores; 3ª ed., 2005.

HEGEL. [1959] *Princípios da Filosofia do Direito.* Trad. de Orlando Vitorino. Lisboa, Guimarães Editores.

JOSPIN, Lionel. [2001] "Discurso" pronunciado no dia 6 de abril de 2001, na Universidade Cândido Mendes, no Rio de Janeiro. *Le Monde* 18 de abril de 2001, p. 16.

MARÍ, Enrique. [1993] *Papeles de Filosofia.* Buenos Aires, Editorial Biblos.

MONTESQUIEU. [1973] *O espírito das leis.* Trad. de Fernando Henrique Cardoso e Leôncio Martins Rodrigues. Coleção *Os Pensadores,* v. XXV/156 e ss. São Paulo, Editor Victor Civita.

PINA, Rolando E. [1973] *Cláusulas constitucionales operativas y programáticas.* Buenos Aires, Astrea.

PONTES DE MIRANDA, F. C. [2000] *Sistema de ciência positiva do Direito.* t. II. Campinas, Bookseller.

ROBESPIERRE, Maximilien de. [1999] *Discursos e relatórios na Convenção.* Trad. de Maria Helena Franco Martins. Rio de Janeiro, EDUERJ.

SOUZA, Washington Peluso Albino de. [1980] *Direito Econômico.* São Paulo, Saraiva.

TEPEDINO, Gustavo. [1998] *Temas de Direito Civil.* Rio de Janeiro, Renovar.

BIBLIOGRAFIA

ADLER, Emanuel. "Ideological *guerrillas* and the quest for technological autonomy: Brazil's domestic industry". *International Organization*. Verão de 1986.

AGUILLAR, Fernando Herren Fernandes. "Constituição sintética ou analítica?". *Revista de informações legislativa* n. 96.

ALCMEÃO de Cróton. *Os filósofos pré-socráticos*. Org. de Gerd A. Bornheim. São Paulo, Cultrix, 1985.

ALESSI, Renato. *Principii di Diritto Amministrativo*. 4ª ed. Milão, Giuffrè, 1978.

ALEXY, Robert. *Theorie der Grundrecht*. Frankfurt am Main, Suhrkamp, 1986.

ALMEIDA, Carlos Ferreira de. *Direito Económico*. Lisboa, Associação Acadêmica da Faculdade de Direito de Lisboa, 1979.

ALVES, José Carlos Moreira. *Direito romano*. 5ª ed. Rio de Janeiro, Forense, 1963.

ANDERSON, Perry. "Balanço do neoliberalismo". *Pós-neoliberalismo*, 1ª reimpressão. Org. de Emir Sader e Pablo Gentili. São Paulo, Paz e Terra, 1995

ANDRADE, José Carlos Vieira de. *Os direitos fundamentais na Constituição de 1976*. Coimbra, Almedina, 1983.

ARISTÓTELES. *La politique*. Trad. de J. Tricot. 4ª tir. Paris, J. Vrin, 1982.

ARNAUD, André-Jean. *Critique de la raison juridique*. Paris, LGDJ, 1981.

ASCARELLI, Tullio. *Corso di Diritto Commerciale – Introduzione e Teoria dell'Impresa*. 3ª ed. Milão, Giuffrè.

ATALIBA, Geraldo. *República e Constituição*. São Paulo, Ed. RT, 1985; 2ª ed., 3ª tir. São Paulo, Malheiros Editores, 2004.

AUCOC, Léon. *Conférences sur l'Administration et le Droit Administratif*. 2ª ed. Paris, Dunod Éditeur, 1882.

AVELÃS NUNES. *Do capitalismo e do socialismo*. Coimbra, Atlântida Editora, 1972.

———. "Noção e objecto da economia política". Separata do *Boletim de Ciências Econômicas*, v. XXXVII, Coimbra, 1995.

———. *Neoliberalismo e direitos humanos*. Lisboa, Editorial Caminho, 2003.

BACHOF, Otto. *Normas constitucionais inconstitucionais?* Trad. de José Manuel M. Cardoso da Costa. Coimbra, Atlântida, 1977.

BALDASSARRE, Antonio. *Globalizzazione contro democrazia*. Roma, Laterza, 2002.

BALIBAR, Etienne. *L'Europe, l'Amérique, la guerre*. Paris, La Découverte, 2003.

BANDEIRA DE MELLO, Celso Antônio. *O conteúdo jurídico do princípio da igualdade*. 3ª ed., 13ª tir. São Paulo, Malheiros Editores, 2005.

———. *Curso de Direito Administrativo*. 17ª ed. São Paulo, Malheiros Editores, 2004; 20ª ed., 2006.

———. "Eficácia das normas constitucionais sobre justiça social". *RDP* 57/58. São Paulo, Ed. RT.

———. *Prestação de serviços públicos e Administração Indireta*. São Paulo, Ed. RT, 1973.

BARASSI, Lodovico. *Proprietà* e *Comproprietà*. Milão, Giuffrè, 1951.

BARBOSA, Rui. "Privilégios exclusivos na jurisprudência constitucional dos Estados Unidos". *Obras Completas*. V. XXXV, t. II. Rio de Janeiro, Ministério da Educação e Cultura, 1963.

———. *Jurisprudência de Direito Administrativo — Domínio e intervenção do Estado*. Rio de Janeiro, Fundação Casa de Rui Barbosa, 1981.

BARCELLONA, Pietro. *Diritto privato e processo economico*. 2ª ed. Nápoles, Jovene, 1977.

———. *Intervento statale e autonomia privatta nella disciplina dei rapporti economice*. Milão, Giuffrè.

BARRETO, Tobias. "Um discurso em mangas de camisa". *A questão do Poder Moderador e outros ensaios brasileiros*. Petrópolis, Vozes, 1977.

BEARD, Charles A. *Una interpretación económica de la Constitución de los Estados Unidos*. Trad. de Héctor Sáenz y Quesada. Buenos Aires, Arayú, 1953.

BELLUZZO, Luiz G. "O desafio da perestroika". *Isto É-Senhor* n. 1.047, edição de 11.10.1989.

———. "Prefácio". In OLIVEIRA, Carlos Alonso Barbosa de, e MATOSO, Jorge (coords.). *Crise e trabalho no Brasil*. São Paulo, Editora Escrita, 1996.

BELMONTE, José. *La Constitución — Texto y contexto*. Madri, Prensa Española, 1978.

BERCOVICI, Gilberto. "A problemática da Constituição dirigente: algumas considerações sobre o caso brasileiro". *Revista de Informação Legislativa* 142. Ano 36. Abril-junho/1999.

BERMAN, Marshall. *Tudo que é sólido desmancha no ar*. Trad. de Carlos Felipe Moisés e Ana Maria L. Ioriatti. São Paulo, Cia. das Letras, 1986.

BETTINI, Romano. "Efficacité". *Dictionnaire Encyclopédique de Théorie et de Sociologie du Droit*. Paris, LGDJ.

BILAC PINTO. "O declínio das sociedades de economia mista e o advento das modernas empresas públicas". *Estudos sobre a Constituição brasileira*. Rio de Janeiro, Fundação Getúlio Vargas, 1954.

BIONDI, Aloysio. *O Brasil privatizado*. São Paulo, Editora Fundação Perseu Abramo, 1999.

BOBBIO, Norberto. *Dalla struttura alla funzione*. Milão, Edizione di Comunitá, 1977.

———. *Teoria dell'ordinamento giuridico*. Turim, Giappichelli, 1960.

BONAVIDES, Paulo. *Curso de Direito Constitucional*. 18ª ed. São Paulo, Malheiros Editores, 2005.

BOUDON, Raymond. *A ideologia*. Trad. de Emir Sader. São Paulo, Ática, 1989.

BOULANGER, Jean. "Principes généraux du droit positif et droit positif". *Le Droit Privé Français au milieu du XXe siècle (Études offertes a Georges Ripert)*. Paris, LGDJ, 1950.

BOURGOIGNIE, Thierry. *Éléments pour une théorie du Droit de la Consommation*. Bruxelas, Story-Scientia, 1988.

BRAGA, José Carlos de Souza. *Economia e fetiche da globalização capitalista*. Texto mimeografado, 1996.

BRUM, Nilo Bairros de. *Fundamentos retóricos da sentença penal*. São Paulo, Ed. RT, 1980.

BUCCI, Maria Paula Dallari. *Direito Administrativo e políticas públicas*. Tese. São Paulo, 2001.

CAETANO, Marcello. *Manual de Direito Administrativo*. Rio de Janeiro, Forense, 1970.

———. *Princípios fundamentais de Direito Administrativo*. Rio de Janeiro, Forense, 1977.

CAMPOS, Lélio Candiota. "Atividade econômica do Estado". *RDM* 41. São Paulo, Ed. RT.

CANO, Wilson. *Questão regional e urbanização no desenvolvimento econômico brasileiro pós 30*. Texto reprografado, São Paulo, UNICAMP, 1988.

CANOTILHO, José Joaquim Gomes. *Constituição dirigente e vinculação do legislador*. Coimbra, Coimbra Ed., 1982; 2ª ed. 2001.

———. *Direito Constitucional*. 2ª, 3ª e 4ª eds. Coimbra, Almedina, 1980, 1983 e 1987.

——— e MOREIRA, Vital. *Constituição da República Portuguesa anotada*. 2ª ed. Coimbra, Coimbra Ed., 1984.

CAPPELLETTI, Mauro. *Giudice legislatori?* Milão, Giuffrè, 1984.

CARBONNIER. *Flexible Droit*. 2ª ed. Paris, LGDJ, 1971.

CARNELUTTI, Francesco. *Como nace el derecho*. Trad. de Santiago Sentís Melendo e Marino Ayerra Redin. Buenos Aires, Ediciones Jurídicas Europa-América, 1959.

———. *Sistema di Diritto Processuale Civile*. Pádua, CEDAM, 1936.

CARREAU, Dominique; JUILLARD, Patrick, e FLORY, Thiebaut. *Droit international économique*. Paris, LGDJ, 1978.

CARRIÓ, Genaro. *Notas sobre Derecho y lenguaje*. 3ª ed. Buenos Aires, Abeledo-Perrot, 1986.

CARROL, Lewis. *Alice's ad'ventures in Wonderland. The annoted Alice*. Editado por Martin Gardner. Londres, Penguin Books, 1970.

CARVALHOSA, Modesto. *Considerações sobre o Direito Econômico*. Tese, São Paulo, 1971.

CASTANHEIRA NEVES. *Curso de introdução ao estudo do Direito*. Ed. policopiada, Coimbra, 1971-1972.

———. *Questão-de-fato — Questão-de-direito*. Coimbra, Almedina, 1967.

CERRONI, Umberto. *La libertad de los modernos*. Trad. de R. de la Iglesia. Barcelona, Martinez-Roca, 1972.

CHAPUS, René. *Droit Administratif général*. 9ª ed., t. 1. Paris, Montchrestien, 1995.

CHENOT, Bernard. *Organisation économique de l'État*. 2ª ed. Paris, Dalloz 1965.

CIRNE LIMA, Ruy. *Pareceres (Direito Público)*. Porto Alegre, Livraria Sulina, 1963.

———. *Princípios de Direito Administrativo*. 5ª ed. São Paulo, Ed. RT, 1982.

COCO, Giovanni. *Crisi ed evoluzione nel diritto di proprietá*. Milão, Giuffrè, 1965.

COELHO DA ROCHA. *Instituições de Direito Civil*. Republicação. São Paulo, Saraiva, 1984.

COHEN, Élie. *L'ordre économique mondial – Essai sur les autorités de régulation*. Paris, Fayard, 2001.

COLLIARD, Claude-Albert. *Libertés publiques*. 5ª ed. Paris, Dalloz, 1975.

COMPARATO, Fábio Konder."Ensaio sobre o juízo de constitucionalidade de política públicas. *Estudos em homenagem a Geraldo Ataliba-2*. São Paulo, Malheiros Editores, 1997.

———. "Função da propriedade dos bens de produção". *RDM* 63. São Paulo, Ed. RT.

———. "Reflexões sobre o método do ensino jurídico". *Revista da Faculdade de Direito da Universidade de São Paulo*, v. LXXIV, 1979.

———. "Segurança e democracia". *Direito, cidadania e participação*. Org. de Bolivar Lamounier, Francisco C. Weffort e Maria Victoria Benevides. São Paulo, T. A. Queiroz, 1981.

———. "Um quadro institucional para o desenvolvimento democrático". In JAGUARIBE, Hélio et alii. *Brasil, sociedade democrática*. Rio de Janeiro, José Olympio, 1985.

———. "Vamos despertar o soberano". *Folha de S. Paulo*, edição de 29.12.1988.

———. *Ensaios e pareceres de Direito Empresarial*. Rio de Janeiro, Forense, 1978.

———. *Muda Brasil*. São Paulo, Brasiliense, 1986.

———. *O desenvolvimento ameaçado: perspectivas e soluções*. São Paulo, Ed. UNESP, 1988.

———. *O poder de controle na sociedade anônima*. 3ª ed. Rio de Janeiro, Forense, 1983.

———. *Para viver a democracia*. São Paulo, Brasiliense, 1989.

CORDEIRO, Antônio Menezes. *Direito da Economia*. Lisboa, Associação Acadêmica da Faculdade de Direito de Lisboa, 1986.

CORREAS, Oscar. "Teoria sociológica del Derecho y Sociologia Jurídica". *Crítica Jurídica (Revista Latinoamericana de Política, Filosofia y Derecho)* n. 81, Universidad Autónoma de Puebla.

CORTÁZAR, Julio. *Histórias de Cronópios e de Famas*. Trad. de Gloria Rodrigues. Rio de Janeiro, Civilização Brasileira, 1972.

COSTA, Philomeno Joaquim da. *Autonomia do Direito Comercial*. São Paulo, Ed. RT, 1956.

COUTO E SILVA, Almiro do. "Privatização no Brasil e o novo exercício de funções públicas por particulares. Serviço público 'à brasileira'". *RDA* 230/44.

CRISAFULLI. "Per la determinazione del concetto dei principi generali del Diritto". *Revista Internazionale de Filosofia del Diritto*, v. XIX. Ano XXI, série II, jan.-abr. de 1941.

DAHRENDORF, Ralf. *Quadrare il cerchio*. 4ª ed. Trad. de Rodolfo Rini. Editorial Laterza, 1995.

DALLARI, Dalmo de Abreu. "O Estado-instrumento". *Folha de S. Paulo*, edição de 23.7.1989.

DAVID, René. "Prefácio". In KHALIL, Magdi Sobhi. *Le dirigisme économique et les contracts*. Paris, LGDJ, 1967.

DE LAON, Iean. *Le corps dv Droict François, contenant la conference des ordonnances royavx, et covstvmes observees av Royaume de France*. Paris, MDC.

DE VITA, Anna. *La proprietà nell'esperienza giuridica contemporanea*. Milão, Giuffrè, 1969.

DEL VECCHIO, Giorgio. *Direito, Estado e Filosofia*. Sem indicação do tradutor. Rio de Janeiro, Politécnica, 1952.

DELPÉRÉ, Francis. "Les affaires courants en Belgique – Observations sur la loi de continuité du service public". *Service public et libertés – Mélanges offerts au professeur Robert-Édouard Charlier*. Paris, Éditions de l'Université et de l'Enseignement Moderne, 1957.

DIEGO, F. Clemente de. "El método en la applicación del Derecho Civil". *Revista de Derecho Privado*. T. III. Madri, 1916.

DÍEZ-PICAZO, Luis. *Experiencias Jurídicas y Teoría del Derecho*. Barcelona, Ariel, 1983.

DOUÉRIN, Matthieu. "Idéal-type libéral et légitimation individualiste". *Prétentaine* n. 5, Institut de Recherches Sociologiques et Anthropologiques (IRSA), Université Paul Valéry, Montpellier III, maio de 1996.

DUFOUR, Gabriel. *Traité général de Droit Aministratif appliqué*. 2ª ed., t. III. Paris, Cotillon Éditeur, 1854.

DUGUIT, Leon. *Las transformaciones del Derecho Público y Privado*. Trad. de Adolfo G. Posada, Ramon Jaén e Carlos G. Posada. Buenos Aires, Editorial Heliasta, 1975.

———. *Traité de Droit Constitutionnel*. 3ª ed., t. 2. Paris, E. de Boccard, 1928.

DUJARDIN, Philippe, e MICHEL, Jacques. *Marx et la question du Droit*. Maspero, Presses Universitaire de Grenoble, 1978.

DWORKIN, Ronald. *Taking rights seriously*. 5ª impressão. Londres, Duckworth, 1987.

ECO, Umberto. *Tratado geral de semiótica*. Trad. de Antonio de Pádua Danesi e Gilson Cesar C. de Souza. São Paulo, Perspectiva, 1980.

EISENMANN, Charles. *Cours de Droit Administratif*. D.E.S. de Droit Public 1949-1950, Le Cours de Droit.

ELIAS, Norbert. *O processo civilizador*. v. I. Trad. de Ruy Jungmann. Rio de Janeiro, Jorge Zahar Editor, 1994.

ELSTER, Jon. *Marx hoje*. Trad. de Plínio Dentzien. São Paulo, Paz e Terra, 1989.

EMPÉDOCLES de Agrigento. *Os filósofos pré-socráticos*. Trad. de Gerd A. Bornheim. São Paulo, Cultrix, 1985.

ESPIELL, Héctor Gross. "El nuevo orden económico internacional". In CASTAÑEDA, Jorge et alii. *Derecho Económico Internacional*. México, Fondo de Cultura Económica, 1976.

ESSER, Josef. *Principio y norma en la elaboración jurisprudencial del Derecho Privado*. Trad. de Eduardo Valenti Fiol. Barcelona, Bosch, 1961.

EVANS, Peter. "Informática — A metamorfose da dependência". Trad. de Paulo Lopes e Kevin Mundy. *Novos Estudos CEBRAP* n. 15, jul. de 1986.

FACHIN, Luiz Edson. *Teoria crítica do Direito Civil*. Rio de Janeiro, Renovar, 2000.

FARJAT, Gerard. *Droit Économique*. 2ª ed. Paris, PUF, 1982.

———. *Droit Privé de l'Économie*. Paris, PUF, 1975.

FERRARA, Francesco. *Interpretação e aplicação das leis*. 3ª ed. Trad. de Manuel A. Domingues de Andrade. Coimbra, Arménio Amado Editor, 1978.

FERRAZ JÚNIOR, Tércio Sampaio. "A economia e o controle do Estado". Parecer publicado in *O Estado de S. Paulo*, edição de 4.6.1989.

———. "A relação meio/fim na teoria geral do Direito Administrativo". *RDP* 61. São Paulo, Ed. RT.

———. *Introdução ao estudo do Direito*. São Paulo, Atlas, 1989.

FERREIRA FILHO, Manoel Gonçalves. "A aplicação imediata das normas definidoras de direitos e garantias fundamentais". *Revista da Procuradoria-Geral do Estado de São Paulo*, v. 29, jun. de 1988.

———. "O Estado onipresente". *Folha de S. Paulo*, edição de 10.12.1987.

———. *Do processo legislativo*. São Paulo, Saraiva, 1968.

FIGUEIREDO, Lúcia Valle. *Empresas públicas e sociedades de economia mista*. São Paulo, Ed. RT, 1978.

FOUCAULT, Michel. *Historie de la sexualité*, v. 1 ("La volonté de savoir"). Paris, Gallimard, 1976.

FRANCO, Antônio L. Sousa. *Noções de Direito da Economia*. Lisboa, Associação Acadêmica da Faculdade de Direito de Lisboa, 1982-1983.

FRONDIZI, Arturo. *Petroleo y política*. Buenos Aires, 1965.

GABBA. *Teoria della retroattivitá delle leggi*. 3ª ed. Milão, Unione Tip. Editrice, 1891.

GADAMER, Hans-Georg. *Verdad y método*. 4ª ed. Trad. de Ana Agud Aparicio e Rafael de Agapito. Salamanca, Ediciones Sígueme, 1991.

GALBRAITH, J. K. *O novo Estado Industrial*. Trad. de Álvaro Cabral. Rio de Janeiro, Civilização Brasileira, 1968.

GALGANO, Francesco. *Il Diritto Privato fra Codice e Costituzione*. Bologna, Zanichelli, 1979.

———. "Las instituciones de la economía capitalista". Trad. de Jean Hennequin. *Crítica Jurídica (Revista Latinoamericana de Política, Filosofía y Derecho)* n. 1, Universidad Autónoma de Puebla e Universidad de Zacotecas.

———. *Storia de Diritto Commerciale*. 2ª ed. Bologna, Il Mulino, 1980.

GARCÍA DE ENTERRÍA, Eduardo. *La Constitución como norma y el Tribunal Constitucional*. Madri, Civitas, 1982.

———. *Legislación delegada, potestad reglamentaria y control judicial*. Madri. Tecnos, 1970.

———. *Reflexiones sobre la ley y los princípios generales del Derecho*. Madri, Civitas, 1980.

GENRO, Tarso. "Aspectos sociais e políticos". *Sindicalismo*. Coord. de Aryon Sayão Romita. São Paulo, Ed. LTr, 1986.

GODOLIER, Maurice. "Reprodução". *Enciclopédia Einaudi*. Trad. do verbete de José Manuel Garcia. Edição portuguesa. Imprensa Nacional — Casa da Moeda, 1986.

GOMES, Orlando. *Direito Econômico*. Col. Antunes Varella. São Paulo, Saraiva, 1977.

GORDILLO, Agustín. *Introducción al Derecho Administrativo*. Buenos Aires, Abeledo-Perrot, 1966.

GRAU, Eros Roberto. "*Joint ventures* e consórcios de tecnologia e a lei de informática, *RDP* 83/293 e ss.

———. *La doppia destrutturazione del diritto (una teoria brasiliana sull'interpretazione)*. Unicopli, Milão, 1996.

———. "Autorização para o exercício de iniciativa econômica — Agências de turismo". *RDM* 49. São Paulo, Ed. RT.

———. "Como garantir a informação ao povo". *Problemas e reformas — Subsídios para o debate constituinte*. São Paulo, Departamento Editorial da OAB-SP, 1988.

———. "Desistência de desapropriação de ações". *RT* 587. São Paulo, Ed. RT.

———. "Disciplina jurídica da atividade econômica". *Cadernos de Direito Econômico* n. 1. São Paulo, Resenha Tributária, 1983.

———. "Doação a instituição religiosa e a Emenda Constitucional n. 1/69". *Revista da Faculdade de Direito da Universidade de São Paulo* LXXVI/255 e ss. 1981 (também in *Revista da Procuradoria-Geral do Estado de São Paulo* 18/57 e ss.).

———. "Empresas estatais ou Estado empresário". *Curso de Direito Administrativo*. Coord. de Celso Antônio Bandeira de Mello. São Paulo, Ed. RT, 1986.

———. "Informática — Intervenção estatal". *RDP* 83/84. São Paulo, Ed. RT.

———. "Intervenção estadual em município". *RDP* 26. São Paulo, Ed. RT.

———. "La réserve de marché, au Brésil, pour la production de biens informatiques". *Revue Internacionale de Droit Économique*. 1989-2.

———. "Lucratividade e função social nas empresas sob controle do Estado". *RDM* 55. São Paulo, Ed. RT.

———. "Permissões de transporte coletivo rodoviário". *RDP* 77. São Paulo, Ed. RT.

———. "Saque de títulos de crédito contra a Administração Direta". *RDP* 68. São Paulo, Ed. RT.

———. "Serviço público de distribuição de gás canalizado: competência municipal, exclusividade e âmbito da prestação". *RDP* 84. São Paulo, Ed. RT.

———. "Zur Wirtschaftsordnung der neuen brasilianischen Verfassung". *Demokratie und Recht*. Heft 3/1989.

———. *A Constituinte e a Constituição que teremos*. São Paulo, Ed. RT, 1985.

———. *Direito Urbano*. São Paulo, Ed. RT, 1983.

———. *Direito, conceito e normas jurídicas*. São Paulo, Ed. RT, 1988.

———. *O Direito posto e o Direito pressuposto*. 6ª ed. São Paulo, Malheiros Editores, 2005.

———. *Ensaio e discurso sobre a interpretação/aplicação do Direito*. 3ª ed. São Paulo, Malheiros Editores, 2005.

———. *Planejamento econômico e regra jurídica*. São Paulo, Ed. RT, 1978.

GRAY, JOHN. *False dawn*. Londres, Granta Books, 1999.

GREENBERG, Edward S. "A regra de classe sob a Constituição". *A Constituição norte-americana*. Robert A. Goldwin e William A. Schambra Editores. Rio de Janeiro, Forense Universitária, 1986 (sem indicação do tradutor).

GUERRA FILHO, Willis. *Metodologia jurídica e interpretação*. Texto inédito.

GUESTIN, Jacques. *Traité de Droit Civil — Les obligations — Le contrat*. Paris, LGDJ, 1980.

HABERMAS, J. "A nova intransparência". Trad. de Carlos Alberto Marques Novaes. *Novos Estudos CEBRAP* n. 18, set. de 1987.

———. *Der philosophische Diskurs der Moderne*. 1ª ed. Frankfurt am Main, Suhrkamp, 1988 (trad. italiana: *Il discurso filosofico della modernità*. Trad. de Emilio Agazzi. 2ª ed. Roma, Laterza, 1988; e trad. francesa: *Le discours philosophique de la modernité*. Trad. de Christian Bouchindhomme e Rainer Rochlitz. Paris, Gallimard, 1988).

———. *Legitimationsprobleme im Spatkapitalismus*. Frankfurt am Main, Suhrkamp, 1973 (trad. brasileira: *A crise de legitimação no capitalismo tardio*. Trad. de Vamireh Chacon. Rio de Janeiro, Tempo Brasileiro, 1980).

———. *Zur Rekonstruktion des Historischen Materialismus*. Frankfurt am Main, Suhrkamp, 1976 (trad. espanhola: *La reconstrución del materialismo histórico*. Trad. de Jaime Nicolás Muniz e Ramón Garcia Cotorelo. Madri, Taurus, 1981).

HASSEMER, Winfried. "Hermenéutica y Derecho". *Anales de la Cátedra Francisco Suarez* n. 25. Universidad de Granada, 1985.

HAURIOU, Maurice. *Notes d'arrêts* 3. t. III. Paris, La Mémoire du Droit, 2000.

HEGEL. *Princípios da Filosofia do Direito*. Trad. de Orlando Vitorino. Lisboa, Guimarães Editores, 1959.

HELLER, Hermann. *Teoría del Estado*. Trad. de Luís Tobio. 8ª reimpressão. México, Fondo de Cultura Económica, 1977.

———. "Forme et liberté dans la Constituition du Reich". Trad. de G. Marmasse. In *Les juristes de gauche sous la République de Weimar*. Org. Carlos Miguel Herrera. Éditions Kimé, Paris, 2002.

———. "Stato di diritto o dittatura?", in *L'Europa e il fascismo*. Milão, Giuffrè, 1987.

HESSE, Konrad. *A força normativa da Constituição*. Trad. de Gilmar Ferreira Mendes. Porto Alegre, Sergio Antonio Fabris Editor, 1991.

HOBBES. *Leviatã*. Trad. de João Paulo Monteiro e Maria Beatriz Nizza da Silva. Col. *Os Pensadores*, v. XIV. São Paulo, Editor Victor Civita, 1974.

HOHFELD, W. N. *Conceptos jurídicos fundamentales*. Trad. de Genaro Carrió. Buenos Aires, Centro Editor de América Latina, 1968.

HORKHEIMER, Max. *Les débuts de la philosophie bourgeoise de l'histoire*. Trad. de Denis Authier. Paris, Payot, 1980.

HORTA, Raul Machado. "A Ordem Econômica na nova Constituição: problemas e contradições". *A Constituição brasileira — 1988 — Interpretações*. Rio de Janeiro, Forense, 1988.

IHERING, Rudolf von. *A evolução do Direito*. Salvador, Progresso, 1956.

———. *Der Zweck im Recht*. 2ª ed. modificada. Leipzig, Breitkopf & Hartel, 1884.

———. *Jurisprudencia en broma y en serio*. Trad. de Román Riaza. Madri, Editorial Revista de Derecho Privado, 1933.

———. *O Espírito do Direito romano*. Trad. de Rafael Benaion. Rio de Janeiro, Alba, 1943.

IRTI, Natalino. *L'ordine giuridico del mercato*. 3ª ed. Roma, Laterza, 1998.

———. *Norma e luoghi – Problemi di geo-diritto*. Roma-Bari, Laterza, 2002.

JACQUEMIN, Alex, e SCHRANS, Guy. *Le Droit Économique*. 2ª ed. Paris, PUF, 1974.

JEAMMAUD, Antoine. "En torno al problema de la efectividad del Derecho". *Crítica Jurídica (Revista Latinoamericana de Política, Filosofia y Derecho)* n. 1. Universidad Autónoma de Puebla e Universidad Autónoma de Zacotecas, 1984.

———. "Les principes dans le Droit Français du Travail". *Droit Social* n. 9/10, set.-out. de 1982.

JESCH, Dietrich. *Ley y Administración*. Trad. de Manuel Heredero. Madri, Instituto de Estudios Administrativos, 1978.

JOSPIN, Lionel. "Conferência". *Le Monde*, edição de 18.4.2001, p. 16.

———. "Discurso" pronunciado no dia 6 de abril de 2001 na Universidade Cândido Mendes, no Rio de Janeiro. *Le Monde* 18 de abril de 2001, p. 16.

KELSEN, H. *Teoría general del Derecho y del Estado*. Trad. de Eduardo García Maynez. México, Imprensa Universitária, 1949.

———. *A Justiça e o Direito Natural*. Trad. de João Baptista Machado. Coimbra, Arménio Amado, 1963.

———. *Teoria Pura do Direito*. Trad. de João Baptista Machado. 5ª ed. Coimbra, Arménio Amado, 1979.

KHALIL, Magdi Sobhy. *Le Dirigisme Économique et les Contrats*. Paris, LGDJ, 1967.

LACHAUME, Jean-François, BOITEAU, Claudie, e PAULIAT, Hélène. *Grands services publics*. 2ª ed. Paris, Armand Colin, 2000.

LAFER, Celso. *Paradoxos e possibilidades*. Rio de Janeiro, Nova Fronteira, 1982.

LARENZ, Karl. *Derecho de Obligaciones*. Trad. de Jaime Santos Briz. Madri, Ed. Revista de Derecho Privado, 1958.

———. *Methodenlehre der Rechtswissenschaft*. 5ª ed. Berlim, Springer, 1983 (trad. espanhola da 4ª ed., de 1979. *Metodologia de la Ciencia del Derecho*. Trad. de Marcelino Rodrígues Molinero. 2ª ed. Barcelona, Ariel, 1980).

———. *Richtiges Recht*. Munique, C. H. Beck, 1973 (trad. espanhola. *Derecho justo*. Trad. de Luis Díez-Picazo. Madri, Civitas, 1985).

LASSALE, Ferdinand. *Que é a Constituição?* 2ª ed. São Paulo, Kairós, 1985.

———. *A essência da Constituição*. Trad. de Walter Stönner. Rio de Janeiro, Editora Liber Juris, 1985.

LEÃES, Luiz Gastão Paes de Barros. "O Conceito Jurídico de Sociedade de Economia Mista". *RDA* 79/12.

LEAL, Victor Nunes. *Coronelismo, enxada e voto.* São Paulo, Alfa-Ômega, 1975.

LEGAZ Y LACAMBRA. "Los principios generales del Derecho". *Revista del Instituto de Derecho Comparado* n. 19. Barcelona, 1962.

LEW, Julian D. M. "La loi applicable au contracts internationaux dans la jurisprudence des tribunaux arbitraux". *Le contract économique international.* Bruxelas/Paris, Bruylant/A. Pedone, 1975.

LINOTTE, D., e MESTRE, A. *Services Publics et Droit Public Économique.* Paris, Téchniques, 1982.

LOEWENSTEIN, Karl. *Verfassungslehre.* 3ª ed. Tübingen, J. C. B. Mohr (Paul Siebeck), 1975 (trad. espanhola. *Teoría de la Constitución.* Trad. de Alfredo Gallego Anabitarte. 2ª ed. reimpressa. Barcelona, Ariel, 1979).

LUMIA, Giuseppe. *Lineamenti di teoria e ideologia del Diritto.* 3ª ed. Milão, Giuffrè, 1981.

MADISON. *O Federalista.* Trad. de Heitor Almeida Herrera. Brasília, Ed. Universidade de Brasília, 1984.

MAMMANA, Cláudio. *Transfer of technology in the fields of informatics: the brasilian case.* Texto inédito pronunciado em conferência na Universidade de Londres, 1984.

MANITAKIS, Antonis. *La liberté du Commerce et de l'Industrie.* Bruxelas, Bruylant, 1979.

MARÍ, Enrique. *Papeles de Filosofía.* Buenos Aires, Editorial Biblos, 1993.

———, *et alii.* "La interpretación de la ley. Análisis histórico de la escuela exegética y su nexo con el processo codificatorio de la modernidad". *Materiales para una teoría crítica del derecho.* Abeledo-Perrot, Buenos Aires, 1991.

MARTINS, Carlos Estevam. "Difícil por um lado, desejável por outro". *Folha de S. Paulo*, edição de 17.12.1988.

MARX, K. *El Capital.* Trad. de Wenceslao Roces. 5ª ed. México, Fondo de Cultura Económica, 1968.

MAXIMILIANO, Carlos. *Hermenêutica e aplicação do Direito.* 6ª ed. Rio de Janeiro, Freitas Bastos, 1957.

MAZZONI, Pierandrea. *La proprietà-procedimento.* Milão, Giuffrè, 1975.

MEIRELLES, Hely Lopes. *Direito Administrativo brasileiro.* 32ª ed. São Paulo, Malheiros Editores, 2006.

MELLO, João Manuel Cardoso de. *O Capitalismo tardio.* 7ª ed. São Paulo, Brasiliense, 1988.

MENEZES CORDEIRO. *Direito da Economia.* Lisboa, Associação Acadêmica da Faculdade de Direito, 1986.

MERINO, Daniel Moore. *Derecho Económico*. Santiago, Ed. Jurídica de Chile, 1962.

MIAILLE, Michel. *El Estado del Derecho*. Trad. de Jean Hennequin. Universidad Autónoma de Puebla, 1985.

———. *Une introduction critique au Droit*. Paris, Maspero, 1976.

MILIBAND, Ralph. *Socialismo para una época de escepticismo*. Trad. de Raúl Elvir M. Madrid, Editorial Sistema, 1994.

MIRANDA, Jorge. *Manual de Direito Constitucional*. 2ª ed. reimpressa. Coimbra, Coimbra Ed., 1987.

MONCADA, Luis S. Cabral de. *Direito Económico*. Coimbra, Coimbra Ed., 1986.

MONTESQUIEU. *O espírito das leis*. v. XXV. Trad. de Fernando Henrique Cardoso e Leôncio Martins Rodrigues. Col. *Os Pensadores*. São Paulo, Editor Victor Civita, 1973 (pp. 156 e ss.).

MOREIRA, Vital. *A ordem jurídica do capitalismo*. Coimbra, Centelha, 1973.

———. "Economia e Constituição". Separata do *Boletim de Ciências Económicas*, v. XVII. Faculdade de Direito, Coimbra, 1974.

MOREIRA NETO, Diogo Figueiredo. "O Estado e a Economia na Constituição de 1988". *Revista de informação legislativa* n. 102.

MÜLLER, Friedrich. *Juristische Methodik*. Berlim, 5ª ed., Duncker & Humblot, 1993.

NEUMANN, Franz. *Estado democrático e Estado autoritário*. Trad. de Luiz Corção. Rio de Janeiro, Zahar Editores, 1969.

NORBERT, Elias. *O processo civilizador*. vol. II. Trad. de Ruy Jungmann. Rio de Janeiro, Jorge Zahar, 1993.

NORA, Simon, e MINC, Alain. *A informatização da sociedade*. Trad. de Luísa Ribeiro. Rio de Janeiro, Fundação Getúlio Vargas, 1980.

NOVAIS, Jorge Reis. "Contributo para uma teoria do Estado de Direito", separata do volume XXIX do Suplemento ao *Boletim da Faculdade de Direito da Universidade de Coimbra*, Coimbra, 1987.

NUNES, A. J. Avelãs. "Os sistemas económicos". Separata do *Boletim de Ciências Económicas*. Coimbra, 1973.

NUZZO, Mario. "Proprietà e impresa nella Costituzione", in *Proprietà privata e funzione sociale*. Seminario diretto dal Prof. Francesco Santoro Passareli. Pádua, Cedam, 1976.

OFFE, Claus. *Capitalismo desorganizado*. Trad. de Wanda Caldeira Brant. São Paulo, Brasiliense, 1989.

OLIVECRONA, Karl. *Law as a fact*. 2ª ed. Londres, Stevens & Soons, 1971.

OLIVEIRA, Francisco de. "Neoliberalismo à brasileira". *Pós-neoliberalismo*. Org. de Emir Sader e Pablo Gentili. 1ª reimpressão. São Paulo, Paz e Terra, 1995.

———. "Um modelo adequado para o Brasil". *Folha de S. Paulo*, edição de 17.12.1988.

ORRU, Giovanni. *Richtrrecht*. Milão, Giuffrè, 1985.

ORWELL, G. *Animal Farm*. Londres, Penguin Books, 1951.

PATRÍCIO, José Simões. *Curso de Direito Econômico*. 2ª ed. Lisboa, Associação Acadêmica da Faculdade de Direito de Lisboa, 1981.

PERELMAN. *La lógica jurídica y la nueva retórica*. Trad. de Luis Díez-Picazo. Madri, Civitas, 1979.

PERLINGIERI, Pietro. *Introduzione alla problematica della "proprietà"*. Camerino, Jovene, 1971.

PIEPENBROCK, Rudolf. *Der Gedanke eines Wirtschaftsrechts in der Neuzeitlichen Literatur bis zum Ersten Weltkrieg*. Koln, Carl Heymanns, 1964.

PIMENTA BUENO. *Direito Público brasileiro e análise da Constituição do Império*. Rio de Janeiro, Ed. do Ministério da Justiça e Negócios Interiores, 1958.

PINA, Rolando E. *Cláusulas constitucionales operativas y programáticas*. Buenos Aires, Editorial Astrea, 1973.

PONTES DE MIRANDA. *Sistema de ciência positiva do direito*. T. II, Bookseller, Campinas, 2000.

POLANYI, Karl. *A grande transformação – As origens da nossa época*. Trad. de Fanny Wrobel. 2ª ed. Rio de Janeiro, Campus, 2000.

POULANTZAS, Nicos. *Nature des choses et Droit*. Paris, LGDJ, 1965.

———. *Pouvoir politique et classes sociales — II*. Paris, Maspero, 1980.

———. *Nature des choses et droit*. Paris, LGDJ, 1965.

POUND, Roscoe. *Justiça conforme a lei*. Trad. de E. Jacy Monteiro. São Paulo, Ibrasa, 1965.

PRZEWORSKI, Adam, e WALLERSTEIN, Michael. "O capitalismo democrático na encruzilhada". *Novos Estudos CEBRAP* n. 22, out. de 1988.

QUADRI, Giovanni. *Diritto Pubblico dell'Economia*. Nápoles, SEN, 1977.

RAMONET, Ignacio. *Le Monde Diplomatique*, edição de abr. 2001, p. 1.

RANGEON, François. *L'ideologie de l'intéret général*. Paris, Economica, 1986.

RÁO, Vicente. *O direito e a vida dos direitos*. 2º v. Reedição. São Paulo, Max Limonad, 1960.

REALE, Miguel. "Constituição e economia". *O Estado de S. Paulo*, edição 24.1.1989.

———. "Estruturas jurídico-políticas contemporâneas". *RDP* 13. São Paulo, Ed. RT.

———. "Inconstitucionalidade de congelamentos". *Folha de S. Paulo*, edição de 19.10.1988.

———. "O Estado no Brasil". *Folha de S. Paulo*, edição de 19.9.1989.

———. *Lições preliminares de Direito*. São Paulo, José Bushatsky, 1974.

REALE JÚNIOR, Miguel. *A ordem Econômica na Constituição*. Texto inédito a ser publicado pela Ed. RT.

REHBINDER, Eckard. "Die Wirtschftsverfassung der Bundesrepublik Deutschland". *Schriften der Deutsch Brasilianischen Juristenvereinigung*. v. 8. Frankfurt am Main, Peter Lang, 1989.

REICH, Norbert. "Introducción a la edición española del libro *Mercado y Derecho*". *Revista de Derecho Mercantil* n. 178. Madri, 1985.

———. *Mercado y Derecho*. Trad. de Antoni Font. Barcelona, Ariel, 1985.

RENNER, Karl. *Gli istituti del Diritto Privato a la loro funzione giuridica*. Trad. de Cornélia Mittendorfer. Bologna, Il Mulino, 1981.

RIVERO, J. "Conclusion (du Colloque)". *Les déréglementations*. Institut Français de Sciences Administratives. Paris, Economica, 1988.

ROBESPIERRE, Maximilien de. *Discursos e relatórios na Convenção*. Trad. de Maria Helena Franco Martins. Rio de Janeiro, EDUERJ, 1999.

ROSANVALLON, Pierre. *Le libéralisme économique – Histoire de l'idée de marché*. Paris, Éditions du Seuil, 1989.

ROSS, Alf. *El Concepto de Validez y Otros Ensayos*. Trad. de Genaro Carrió e Osvaldo Paschero. Buenos Aires, Centro Editor de América Latina.

RUIZ, Alícia E. C. "La ilusión de lo jurídico". *Crítica Jurídica (Revista Latinoamericana de Política, Filosofia y Derecho)* n. 4, Universidad Autónoma de Puebla, 1986.

SALAMA, Pierre. "Para uma nova compreensão da crise". *Pós-neoliberalismo*. Org. de Emir Sader e Pablo Gentili. 1ª reimpressão. São Paulo, Paz e Terra, 1995.

SALGADO, Joaquim Carlos. *A idéia de justiça em Hegel*. São Paulo, Edições Loyola, 1996.

SAMPAIO DÓRIA. "Autonomia dos Municípios". *Revista da Faculdade de Direito de São Paulo*, v. XXIV.

SANTAMARÍA PASTOR, Juan Alfonso. *Principios de Derecho Administrativo*. v. II. Madri, Editorial Centro de Estudios Ramón Areces, 1999.

SANTI ROMANO. *Fragmentos de un dicionario jurídico*. Trad. de Santiago Santís Melendo e Marino Ayerra Redin. Buenos Aires, Ed. Jurídicas Europa-América, 1964.

———. *Principii di Diritto Costituzionale Generale*. 2ª ed. Milão, Giuffrè, 1947; trad. de Maria Helena Diniz. São Paulo, Ed. RT, 1977.

SANTOS, Roberto. "Sindicalismo e mudança social: problemas de reorganização do sindicato no Brasil". *Sindicalismo*. Coord. de Aryon Sayão Romita. São Paulo, Ed. LTr, 1986.

SARTRE, Jean Paul. Entrevista concedida a Bernard Pingaud. In: *Estruturalismo — Antologia de Textos Teóricos*. Seleção e introdução de Eduardo Prado Coelho. Barcelos, Portugália Editora, 1968.

SASSON, Albert. "La conservation des ressources vegetables". *La recherche* n. 181, out. de 1986.

SAVATIER, René. *Du Droit Civil au Droit Public*. 2ª ed. Paris, LGDJ, 1950.

———. *La théorie des obligations*. 3ª ed. Paris, Dalloz, 1974.

SCHMITTER, Philippe C. *Interest conflict and political change in Brazil*. Standford, Standford University Press, 1971.

SCHULZ, Fritz. *History of roman legal science*. Oxford, Clarendon Press.

SEMAMA, Paolo. *Linguagem e poder*. Trad. Wamberto Hudson Ferreira. Brasília, Ed. Universidade de Brasília, 1981.

SENADO FEDERAL. *Constituição do Brasil e Constituições estrangeiras*. Brasília, 1987.

SILVA, José Afonso da. *Aplicabilidade das normas constitucionais*. 6ª ed., 3ª tir. São Paulo, Malheiros Editores, 2004.

———. *Curso de Direito Constitucional Positivo*. 26ª ed. São Paulo, Malheiros Editores, 2006.

SILVESTRI, Gaetano. *La separazione dei poteri*. Milão, Giuffrè, 1984.

SMITH, Adam. *An Inquiry into the Nature and Causes of the Wealth of Nations*. Chicago, Encyclopaedia Britannica, 1952.

SOUZA, Washington Peluso Albino de. "A experiência brasileira de Constituição Econômica". *Revista de informação legislativa* n. 102. Brasília, Senado Federal, abr.-jun. de 1989.

———. "O discurso 'intervencionista' nas Constituições brasileiras". *Caderno de Direito Econômico* n. 1. São Paulo, Resenha Tributária. 1983.

———. "Poder Constituinte e a Ordem Jurídico-Econômica". *Revista da Faculdade de Direito da Universidade Federal de Minas Gerais*, v. 30, ns. 28/29. Belo Horizonte, 1985/1986.

———. *Capital estrangeiro no Brasil.* Belo Horizonte, Movimento editorial da Revista da Faculdade de Direito da Universidade Federal de Minas gerais, s/d.

———. *Direito Econômico.* São Paulo, Saraiva, 1980.

———. *Do econômico nas Constituições vigentes.* Minas Gerais, ed. da Revista Brasileira de Estudos Jurídicos, 1961.

SPANTIGATI, Federico. *Manual de Derecho Urbanístico.* Trad. de Traduciones Diorki. Madri, Editorial Montecuervo, 1973.

SUNDFELD, Carlos Ari. "Função social da propriedade". *Temas de Direito Urbanístico* 1. Coord. de Adílson Abreu Dallari e Lúcia Valle Figueiredo. São Paulo, Ed. RT, 1987.

TÁCITO, Caio. "O equilíbrio financeiro na concessão de serviço público". *RDA* 63. Rio de Janeiro, Fundação Getúlio Vargas.

TELLES JÚNIOR, Godofredo da Silva. *O Direito Quântico.* 5ª ed. São Paulo, Max Limonad, 1980.

TEPEDINO, Gustavo. *Temas de Direito Civil.* Rio de Janeiro, Renovar, 1998.

TORRE-SCHAUB, Marthe. *Essai sur la construction juridique de la catégorie de marché.* Paris, LGDJ, 2002.

VAZ, Manuel Afonso. *Direito Económico.* Coimbra, Coimbra Ed., 1984.

VENÂNCIO FILHO, Alberto. *A intervenção do Estado no domínio econômico.* Rio, Fundação Getúlio Vargas, 1968.

VERNENGO. *La interpretación jurídica.* México, Universidad Nacional Autónoma de México, 1977.

VIDIGAL, Geraldo. "A Ordem Econômica". *A Constituição brasileira — 1988 — Interpretações.* Rio de Janeiro, Forense 1988.

———. *Fundamentos do Direito Financeiro.* São Paulo, Ed. RT, 1973.

———. *Teoria geral do Direito Econômico.* São Paulo, Ed. RT, 1977.

VILANOVA, Lourival. *As estruturas lógicas e o sistema do Direito Positivo.* São Paulo, Ed. RT, 1977.

WARAT. *Mitos e teorias na interpretação da lei.* Porto Alegre, Síntese, 1979.

WEBER, Max. *Economia y sociedad.* Trad. de José Medina Echeverria e outros. México, Fondo de Cultura Económica, 1969.

WRÓBLEWSKI, Jerzy. "Application du Droit". *Dictionnaire Encyclopédique de Théorie et de Sociologie du Droit.* Paris, LGDJ, 1988.

———. "Principes du Droit". *Dictionnaire Encyclopédique de Théorie et Sociologie du Droit*. Direção de André-Jean Arnaud. Paris, LGDJ, 1988.

———. *Constitución y teoría general de la interpretación jurídica*. Trad. de Arantxa Azurza. Madri, Civitas, 1985.

* * *

0344

GRÁFICA PAYM
Tel. (011) 4392-3344
paym@terra.com.br